The Politics of the Powerful Families
During the Eastern Jin

东晋门阀政治

[百岁诞辰纪念版]

田余庆 著

北京大学出版社
PEKING UNIVERSITY PRESS

图书在版编目（CIP）数据

东晋门阀政治：百岁诞辰纪念版 / 田余庆著. -- 6 版. -- 北京：北京大学出版社, 2024.9. -- ISBN 978-7-301-35473-5

Ⅰ. D691.2

中国国家版本馆 CIP 数据核字第 20241CX335 号

书　　　名	东晋门阀政治（百岁诞辰纪念版） DONGJIN MENFA ZHENGZHI（BAISUI DANCHEN JINIANBAN）
著作责任者	田余庆　著
责任编辑	刘　方　张　晗
标准书号	ISBN 978-7-301-35473-5
出版发行	北京大学出版社
地　　　址	北京市海淀区成府路 205 号　100871
网　　　址	http://www.pup.cn　新浪微博 @ 北京大学出版社
电子邮箱	编辑部 wsz@pup.cn　总编室 zpup@pup.cn
电　　　话	邮购部 010-62752015　发行部 010-62750672 编辑部 010-62707742
印　刷　者	北京中科印刷有限公司
经　销　者	新华书店
	880 毫米 × 1230 毫米　A5　13 印张　280 千字 1989 年 1 月第 1 版　1991 年 12 第 2 版 1996 年 5 月第 3 版　2010 年 1 月第 4 版 2012 年 4 月第 5 版 2024 年 9 月第 6 版　2025 年 5 月第 4 次印刷
定　　　价	98.00 元

未经许可，不得以任何方式复制或抄袭本书之部分或全部内容。
版权所有，侵权必究
举报电话：010-62752024　电子邮箱：fd@pup.cn
图书如有印装质量问题，请与出版部联系，电话：010-62756370

自　序

《东晋门阀政治》一书，论述从公元 4 世纪初年至 5 世纪初年的百余年间，江左几家侨姓门阀士族与司马氏皇权结合而运转的政治历史。东晋门阀士族的兴替和门阀政治的发展以至消亡，从本书首尾相衔的各题中，大致可以看出其内在的关系。

本书前七题，依次论述各家士族当政时期的历史，借以显示东晋门阀政治的阶段性。为了弄清某些比较隐晦的历史内容，作了较多的考证。《后论》之作，一方面是想把前面各题的论述加以贯通，以明本书脉络所在；另一方面是想对作为本书主旨的东晋门阀政治的内涵外延，试作补充说明。

门阀政治，中国学者见仁见智，原无一致的理解。国外著作也颇有异说，多数人接受贵族政治的解释而对具体问题各有主张。有的学者释之为寡头政治。这种种解释无疑包含了许多精辟之见。只是，学者们或多或少地受西方古史研究影响，无形中假借了西方古史概念，一般不太重视中国古代久已形成皇权政治传统这一历史背景。而且，中外学者多是概括江左五朝、江左六朝，甚至整个魏晋南北朝历史而笼统地谈门阀政治，也就是说，他们倾向于认为门阀政治在中国历史上一直存在了几个世纪之久，而较少从发展中考察门阀政治。

本书所指门阀政治，质言之，是指士族与皇权的共治，是一种在特定条件下出现的皇权政治的变态。它的存在是暂时的。它来自皇权政治，又逐步回归于皇权政治。本书定名为《东晋门阀政治》，原意并不是截取历史上门阀政治的一个段落加以研究。在作者看来，严格意义的门阀政治只存在于江左的东晋时期，前此的孙吴不是，后此的南朝也不是；至于北方，并没有出现过门阀政治。门阀士族存在并起着不同程度政治作用的历史时期，并不都是门阀政治时期。这是本书的核心思想，也是本书《后论》企图着重说明的问题。

本书偏重于政治史方面的研究，但不是全面的东晋政治史；它以江左几家侨姓士族的兴衰为线索进行考察，但也不同于各个士族门户的个案研究。书中旁及军事、地理、文化、经济诸问题，只限于阐明门阀政治的需要，一般不作详尽论述，以免骈枝之累。

文稿写成后陆续请北京大学历史系周一良教授、祝总斌教授看过，在材料和论点上都得到他们精心指正，谨此致谢。

本书有参考未备、论断不当、史料失误以及其他不妥之处，统祈读者赐正。

作者
1986 年 1 月于北京

目 录

释"王与马共天下" ……………………………… 001
  一　西晋诸王与王国士人 / 001
  二　司马越与王衍 / 008
  三　司马睿与王导　门阀政治格局的形成 / 019
  四　关于"不与刘、石通使"问题 / 031

论郗鉴
  ——兼论京口重镇的形成 ……………………………… 044
  一　小　引 / 044
  二　郗鉴的密谋 / 048
  三　郗鉴与王导 / 062
  四　郗鉴与京口经营 / 083
  五　余　论 / 114

庾氏之兴和庾、王江州之争 ……………………………… 118
  一　庾氏之兴　庾亮巩固门阀政治 / 118

二　庾亮出都以后的政治形势 / 127

　　三　庾、王江州之争 / 132

　　四　襄阳的经略 / 146

桓温的先世和桓温北伐问题 ……………………………… 156

　　一　桓温先世的推测 / 156

　　二　桓彝事迹杂考 / 173

　　三　永和政局与永和人物 / 187

　　四　桓温北伐与东晋政争 / 199

　　五　简文帝遗诏问题 / 208

陈郡谢氏与淝水之战 ……………………………………… 223

　　一　谢鲲、谢尚与谢安 / 223

　　二　北府兵 / 240

　　三　淝水之战前后的陈郡谢氏 / 246

　　四　淝水之战与灭吴之战的比较 / 259

　　五　北方民族关系与淝水之战性质问题 / 270

门阀政治的终场与太原王氏 ……………………………… 288

　　一　小　引 / 288

　　二　"骥王"世家 / 289

　　三　孝武帝与皇权政治 / 297

　　四　主相相持与太原王氏 / 306

　　五　小　结 / 321

刘裕与孙恩

　　——门阀政治的"掘墓人" ················ 328

　　一　晋末的北府兵 / 328

　　二　北府将乐安高氏 / 339

　　三　道术与政治 / 346

　　四　孙恩、卢循、徐道覆的家族背景 / 354

　　五　孙恩、刘裕与次等士族 / 363

后　论 ················ 371

　　一　旧族门户和新出门户 / 371

　　二　东晋侨姓门阀士族的主要来源 / 377

　　三　门阀政治

　　　　——皇权政治的变态 / 382

　　四　门阀政治和流民 / 390

　　五　门阀士族的经济基础 / 393

　　六　门阀士族的文化面貌 / 398

　　七　门阀政治的暂时性和过渡性 / 403

改版题记 ················ 408

释"王与马共天下"

一 西晋诸王与王国士人

《晋书》卷九八《王敦传》:"〔元〕帝初镇江东,威名未著,敦与从弟导等同心翼戴,以隆中兴。时人为之语曰:'王与马,共天下。'"①

《南史》卷二一史臣论曰:"晋自中原沸腾,介居江左,以一隅之地,抗衡上国,年移三百,盖有凭焉。其初谚云:'王与马,共天下。'盖王氏人伦之盛,实始是矣。"

琅邪王氏诸兄弟与晋琅邪王司马睿,在特定的历史条件下结成密切关系。王导以他所居司马睿左右的关键地位,艰苦经营,始奠定东晋皇业和琅邪王氏家业在江左的根基,因而有"王与马共天下"之语。王与马的结合,开启了东晋百年门阀政治的格局。

---

① 《通鉴》太兴二年(320)录"王与马共天下"之语,谓其时"敦总征讨,导专机政,群从子弟布列显要"云云,得实。"王与马共天下"局面的形成,王敦所起的实际作用不比王导小。本文从中枢政局着眼,只论王导。

东晋初年诸帝，待王导以殊礼，不敢以臣僚视之。《世说新语·宠礼》："元帝正会，引王丞相登御床，王公固辞，中宗（元帝）引之弥苦。王公曰：'使太阳与万物同晖，臣下何以瞻仰？'"① 元帝对王导，素以"仲父"相尊。成帝给王导手诏，用"惶恐言""顿首""敬白"；中书作诏则用"敬问"。成帝幸王导宅，拜导妻；王导元正上殿，帝为之兴②。

"王与马共天下"，并不是时人夸张之词，而是一种确有实际内容的政治局面。《晋书》卷六《元帝纪》，永昌元年（322）王敦兵入石头，元帝遣使谓敦曰："公若不忘本朝，于此息兵，则天下尚可共安也。如其不然，朕当归于琅邪，以避贤路。"同书卷九八《王敦传》记元帝言曰："欲得我处，但当早道，我自还琅邪，何至困百姓如此！"元帝此时不敢以君臣名分责王敦，只得委曲求全，企图维持与王氏的共安。他请求王敦不要擅行废立之事，不要破坏"共天下"的局面。如果王敦执意独吞天下，破坏共安，元帝无以自持，就只有避住琅邪国邸这一条路可走。

征之历史，"共天下"之语，古已有之，并不始于两晋之际的王与马。《史记》卷八五《吕不韦列传》，不韦为子楚谋秦王之位，子楚感激，顿首曰："必如君策，请得分秦国与君共之。"

---

① 《晋书》卷六五《王导传》略同，"元帝正会"作"帝登尊号"，无"中宗引之弥苦"句。

② 分见《晋书》卷六五王导、卷三九荀奕、卷七八孔坦等传，卷一二《天文志》以及《太平御览》卷三九五引《晋中兴书》。参看《十七史商榷》卷四八《敬司徒王导下（不）》条。

子楚允诺吕不韦共有秦国,这就是后来子楚得立为庄襄王,并以吕不韦为丞相,封文信侯,食河南雒阳十万户的缘由。《史记》卷七《项羽本纪》,汉五年刘邦击楚,诸侯约而不至。张良曰:"楚兵且破,〔韩〕信、〔彭〕越未有分地,其不至固宜。君王能与共分天下,今可立致也。"《汉书》卷一《高祖纪》记此事,"共分天下"即作"共天下",师古注曰:"共有天下之地,割而分之。"这就是刘邦发使割陈以东傅海之地与韩信,割睢阳以北至谷城之地与彭越的缘由。

由于时代的推移变化,裂土以"共天下"的情况,西汉以后已经不存在了。"王与马共天下",不再是指裂土分封关系,而是指在权力分配和尊卑名分上与一般君臣不同的关系。王与马的这种名器相予、御床与共的关系,发生在东晋创业、元帝壮年继嗣之时,不是末世权宠礼遇非凡,也不是阿衡幼主僭越名分一类不正常的情况。王导以一代名相处此而当世多不以为非分,这在历史上是罕见的。①

为什么江左会出现这种政治局面呢?总的说来,偏安江左是八王之乱和永嘉之乱的产物,而江左政权依赖于士族,则是门阀制度发展的结果。士族高门与晋元帝"共天下",归根到底可以从这里得到解释。但是这还不能说明为什么是琅邪王氏而不是别

---

① 明于慎行《谷山笔麈》卷四《相鉴》谓:"自古大臣殊礼,至于赞拜不名而止,过则不臣矣。"于氏盖就北周人宰宇文护故事立论如此,并谓至宇文护,"诏诰及百司文书,并不得称公(护)名,甚于赞拜不名矣。……当此之时,识者已为之寒心矣"。于氏所论不及东晋王导事,似欠周全。

的高门士族与晋元帝"共天下"的问题。晋元帝与琅邪王氏之间，尚有其历史的和地域的特殊原因，使之相互固结，因而形成王与马的特殊关系。

西晋诸王，或随例于太康初年就国，在其封国内有一段较长的活动时间；或虽未就国，但与封国有较多的联系。他们一般都重视与封国内的士人结交，甚至姻娅相连，主臣相托[1]，形成比较密切的个人和家族关系。东汉守、相例辟属内士人为掾，此风在西晋时犹有遗留。西晋诸王辟王国人为官之事，史籍所载不乏其例。《华阳国志·后贤志》：常骞，蜀郡江原人，"以选为国王侍郎，出为绵竹令，国王[2]归之，复入为郎中令。从王起义有功，封关内侯，迁魏郡太守，加材官将军……"按同书《大同志》太康八年（287）[3]成都王颖受封四郡，蜀郡在其封内。由

---

[1] 诸王与王国官有君臣名分，至刘宋时始有诏禁止。《宋书》卷六一《江夏王义恭传》载，孝武帝欲削弱王侯，讽有司就江夏王义恭及竟陵王诞希旨所陈九事增广为二十四事，其一为"郡县内史相及封内官长于其封君既非在三，罢官则不复追敬，不合称臣，宜止下官而已"。诏可其奏。按，州郡长吏与掾属间有君臣名分，东汉已是如此，诸王与王国官属有君臣名分，更不待言。

[2] 按前一"国王"疑当作"王国"，后一"国王"疑当作"国人"。刘琳《华阳国志校注》（巴蜀书社，1984年），于前一"国王"亦谓"当作王国"，于后一"国王"则未出校语。任乃强《华阳国志校补图注》（上海古籍出版社，1987年）第659页注[2]则说："'国王侍郎'，谓在邺之王府官；'出为绵竹令'，自邺出也。'国王归之'，颖复召还之也。"此说似嫌牵强。

[3] 据《晋书》卷三《武帝纪》，成都王颖始受封在太康十年，同书卷五九颖本传，谓太康末受封邑。

此至永宁、太安年间，蜀乱，成都王颖徙封荆州南郡四县（《晋书》卷一五《地理志》）为止，历时十余年之久。所以司马颖与成都王国士人关系甚多，是可能的。《晋书》卷九〇《良吏·杜轸传》，成都人杜轸，子毗，"成都王颖辟大将军掾"；轸弟烈，"为成都王颖郎中令"，皆属此例。《世说新语·贤媛》注引《晋诸公赞》：孙秀，"琅邪人。初，赵王伦封琅邪，秀给为近职小吏。伦数使秀作书疏，文才称伦意。伦封赵，秀徙户为赵人，用为侍郎"。孙秀于赵王伦篡位后为中书令，政皆决之。《世说新语·仇隙》注引王隐《晋书》以及今本《晋书》卷五九《赵王伦传》皆著其事迹，更是显例。《晋书》卷五四《陆机传》《陆云传》，机、云兄弟，吴郡人，吴王晏出镇淮南，先后辟机、云兄弟为王国郎中令。《抱朴子·自序》丹阳葛洪，父为吴王晏郎中令，而丹阳亦吴王所食三郡之一。此皆王国辟属内士人之例。依成都国、琅邪国、赵国、吴国诸例推之，司马睿一系之琅邪王与琅邪国内士人交往，因而形成比较牢固的历史关系，是当然之事。

诸王所辟或所与交游的王国士人，如果出于国内著姓士族，其关系可能更为不同。司马睿之祖司马伷于西晋平吴之前徙封琅邪王，其时琅邪国内最显门第，当数临沂王氏。据《晋书》卷三三《王祥传》，琅邪临沂王祥于曹魏黄初年间为徐州别驾，讨破利城兵变，时人歌曰："海沂之康，实赖王祥；邦国不空，别驾之功。"《北堂书钞》卷七三引王隐《晋书》，谓王祥"以州之股肱，纠合义众"，可证王祥有宗族乡党势力可资凭借。自此以后，王祥位望日隆，历居魏、晋三公之职，王氏宗族繁衍，名士辈出。像琅邪王氏那样业已显赫的家族，本不待琅邪王的辟举以光门户；而琅邪王欲善接国人以广声誉，却特别要与琅邪王氏结交。司马伷（死于太康四年，283）、司马觐（死于太熙元年，290）以及司马睿三代相继为琅邪王，与琅邪王氏家族交好联姻，前后历数十年之久。所以王氏兄弟与晋元帝司马睿在述及王、马关系时，总说是朋友之情、手足之谊。例如王导与晋元帝"契同友执"①，"有布衣之好"②；晋元帝曾对王敦说，"吾与卿及茂弘（王导）当管鲍之交"③；王廙是晋元帝姨兄弟，他在疏中说，元帝与他"恩侔于兄弟，义同于交友"④。除王氏以外，琅邪国内其他士族如诸葛氏、颜氏以及各色人才，司马睿亦广为结交，以尽其用。当司马睿过江为镇东将军时，《晋书》卷七七《诸葛恢传》谓："于时王氏为将军，而恢兄弟及颜含并居显要，刘超以忠谨掌书命，时人以帝善任一国之才。"⑤"一国"，琅邪国也。

王、马关系固然有个人情谊为纽带，但又不仅如此，它更是一种以家族集团利益为基础，长期发展起来的相互为用的政治关系。如果家族集团利益发生矛盾，个人情谊一般就不起什么作用

---

① 《晋书》卷六五《王导传》。
② 《世说新语·言语》"顾司空未知名"条注引邓粲《晋纪》。
③ 《晋书》卷九八《王敦传》。
④ 《晋书》卷七六《王廙传》。
⑤ 按诸葛恢为琅邪阳都人，颜含及刘超均琅邪临沂人。《北齐书》卷四五《文苑·颜之推传》载《观我生赋》："吾王所以东运，我祖于是南翔。"原注："晋中宗以琅邪王南渡，之推琅邪人，故称吾王。"这也可证诸王与王国士人的密切关系。

了。所以当西京覆没，元帝将立时，王敦居然"惮帝贤明，欲更议所立"①；明帝初立时，"敦素以帝神武明略，朝野之所钦信，欲诬以不孝而废焉"②。元帝惮王氏家族太强，也图用亲信以抑王氏。当王氏家族极力抗拒此举，甚至王敦以清君侧为名起兵叛乱时，以恭谨见称的王导实际上也站在王敦一边。所以"共天下"云云，并不是王与马平衡的稳定的结合，而是在一定的政治环境下出现，又依条件的变化而变化的政治现象。当王氏家族认为有必要又有可能废立或自代时，"王与马共天下"的平衡局面就会有破裂的可能。当王氏家族的权势盛极而衰时，别的家族也可以起而代替王氏，居于与司马氏"共天下"的地位。

南宋陈亮有感于晋宋偏安，如出一辙，山河破碎，吊古伤今，在所作《念奴娇·登多景楼》一阕中发问慨叹："六朝何事，只成门户私计！"门阀政治，也就是"门户私计"的政治，严格说来，只限于东晋，孙吴时还没有，南朝时又成过去，"六朝"云云，是陈亮误解之词。而东晋一朝的门阀政治，则是贯彻始终，发其端者，是琅邪王氏。

琅邪王氏王导、王敦兄弟与司马氏"共天下"，开创了东晋门阀政治的格局，建立了祭则司马、政在士族的政权模式，维持

---

① 《晋书》卷六五《王导传》。
② 《晋书》卷六《明帝纪》，未著年月。按《世说新语·方正》"王敦既下"条及注引刘谦之《晋纪》以及《太平御览》卷四八引《晋中兴书》均载此事。《御览》所载温峤反对王敦之谋，有"当今谅暗之际"语，可知事在元帝已死、明帝初立之时。余嘉锡《世说新语笺疏》（中华书局，1983年）有考。

了一个世纪之久。诠释两晋之际的王、马关系，探索其形成发展的历史脉络，是理解东晋一朝门阀政治的重要一步。

二　司马越与王衍

"王与马共天下"政治格局的形成，既是琅邪王与琅邪王氏的地域结合，又有其历史原因。王马结合的历史渊源，可以追溯到西晋八王之乱后期即东海王司马越与成都王司马颖对峙期间司马越与王衍的关系。

八王之乱后期，惠帝子孙全都死亡，惠帝兄弟成为其时司马皇统中血统最近的亲属。成都王颖抢得了皇位继承权，称皇太弟，居邺城遥制洛阳朝政。东海王越是八王之中最后参与乱事的藩王。按血统关系说，东海王越是司马懿弟东武城侯司马馗之孙，高密王司马泰之子，于武帝、惠帝皇统是疏而又疏，同成都王颖居于惠帝兄弟地位者大不一样。按食邑数量说，成都王本食四郡，东海王只食六县，大小轻重迥不相同。永兴元年（304）七月荡阴战后，惠帝被劫入邺，成都王颖更成为决定性的政治力量。但是不久，党于东海王越的幽州刺史王浚发兵攻邺，成都王颖和惠帝以及皇室其他近属逃奔洛阳，被河间王颙部将裹胁入关。这时候，惠帝兄弟辈二十五人中，只剩下成都王颖（原来的皇太弟，入关后被废）、豫章王炽（入关后新立的皇太弟，后来的晋怀帝）和吴王晏（后来的晋愍帝司马邺之父）①。惠帝和宗

---

① 参阅《通鉴》永兴元年十二月丁亥条。

室近属悉数入关,广大关东地区没有强藩控制,这是东海王越填补空缺、扩充势力的大好时机。东海王越的势力就是趁这个机会扩充起来的。

荡阴败后,司马越回东海国,又收兵下邳,取得徐州,控制江淮,进行了大量的活动①。从此,徐州地区成为他的广阔后方。他部署诸弟司马腾、司马略、司马模分守重镇以为形援。然后他移檄征、镇、州、郡,自为盟主,并于光熙元年(306)把惠帝从长安夺回洛阳。接着,惠帝暴死,成都王颖、河间王颙相继被害,继立的晋怀帝完全在司马越的掌握之中。司马越在皇族中已没有强劲的对手,八王之乱至此告终。胜利的司马越赢得了疮痍满目的山河,也独吞了八王之乱的全部恶果。匈奴刘渊、羯人石勒的军队动辄威胁洛阳,使司马越不遑宁处。

司马越并不具备皇室近属的名分,号召力有限。因此他力求联络关东的士族名士,利用他们的社会地位和实际力量来支撑自己的统治。关东是士族比较集中的地方,他们的向背,在很大程度上影响着司马越统治的命运。但是关东士族同宗室王公一样,在十几年的大乱中受到摧残。有些人鉴于政局朝秦暮楚,尽量设法避祸自保。名士庾敳见王室多难,害怕终婴其祸,乃作《意

---

① 《晋书》卷七一《孙惠传》,记孙惠此时以书干谒司马越,谓越"虎视东夏之藩,龙跃海隅之野(指在东海国和东方各地活动,并收兵下邳),西咨河间(河间王颙),南结征镇(征南司马虓,督豫州;镇南刘弘,督荆州,均党于越),东命劲吴锐卒之富(扬州刘准),北有幽并率义之旅(幽州越党王浚,并州越弟司马腾),宣喻青徐(青州越弟司马略,徐州司马楙),启示群王,旁收雄俊,广延秀杰,纠合携贰"云云。这大体是其时司马越势力分布图。

赋》以寄怀，宣扬荣辱同贯、存亡均齐思想。还有一些人逃亡引退，如吴士张翰、顾荣辞官南归，颍川庾衮率领宗族，聚保于禹山、林虑山。这种种情况，反映了很大一部分士族名士的避世思想和政治动向。司马越必须在星散的士族名士中找到有足够影响的人物列于朝班之首，才能号召尽可能多的士族名士来支持他的统治。夙有盛名的琅邪王衍被司马越看中，他们密切合作，共同经营一个风雨飘摇的末代朝廷。

王衍郡望虽非东海，但却是东海的近邻。王衍家族的社会地位，高于东海国的任何一个家族。王衍是其时的名士首领，以长于清谈为世所宗。据说此人终日挥麈谈玄，义理随时变异，号曰"口中雌黄"，朝野翕服。《世说新语》一书，记载了清谈家王衍的许多轶事。不过王衍的玄学造诣，声大于实，史籍中除了记他祖述何晏、王弼"贵无"思想和反对裴頠的"崇有"之说等寥寥数语以外，不言他对玄学究竟有什么贡献。清人严可均辑《全晋文》，竟找不到王衍谈玄内容的任何文字材料。王衍死前曾说："呜呼！吾曹虽不如古人，向若不祖尚浮虚，勠力以匡天下，犹可不至今日。"① 从此，王衍就以清谈误国受到唾骂，至于千百年之久。

王衍主要是一个政治人物。他口头上虽说"不以经国为务"，自称"少不预事"，但青年时代就"好论纵横之术"。以后除了一个短时间以外，王衍始终居于朝廷高位。王衍之女，一为愍怀太子妃，一适贾充之孙贾谧。可见他在西晋末年宫廷倾轧这

---

① 《晋书》卷四三《王衍传》。

一大事中既结后党,又结太子,两边观望,期于不败。王衍另一女为裴遐妻,而裴遐是东海王司马越妃裴氏从兄。王衍通过裴遐,又同东海王越增加了一重关系。以上种种,都是王衍所结的政治婚姻,反映王衍在政界活动的需要。他被石勒俘获,临死犹为石勒"陈祸败之由",并且"劝勒称尊号"。他恋权而又虚伪,服膺名教与自然"将无同"的信条。他和司马越作为西晋末代权臣,除了操纵皇帝,剪除异己,羁縻方镇,应付叛乱以外,没有推行过任何有积极意义的措施。

司马越与王衍,是一种各有图谋的政治结合。司马越以其宗王名分和执政地位,为王衍及其家族提供官位权势;王衍则为司马越网罗名士,装点朝堂。当时北方名士团聚在王衍周围的,数量很多,其中的王敦、谢鲲、庾敳、阮修,号为王衍"四友"[①]。由于王衍的引荐,诸王、诸阮以及谢鲲、庾敳、胡毋辅之、郭象、卫玠等名士都被司马越所延揽,南士也有辟于司马越府者,所以史称越府"多名士,一时俊异"[②]。这些人祖尚玄虚,多半没有政治能力,在司马越的卵翼之下醉生梦死,等待着命运的安排。他们之中多数人陆续过江,庇托于江左政权;有些名士则同王衍一起被石勒俘杀。

---

① 《晋书》卷四三《王澄传》。《世说新语·品藻》"王大将军下"条谓庾敳、王衍、王澄、胡毋辅之为王敦四友。同条注引《八王故事》、《晋书》卷四九《胡毋辅之传》又另有说,不备录。

② 《世说新语·赏誉》。《晋书》卷五〇《庾敳传》谓"越府多俊异"。按越府僚佐可考者不下五六十人,其中绝大部分为当时士族名士。

东海王越妃出河东裴氏。西晋时裴氏与王氏齐名，时人以两家人物逐个相比，以八裴方于八王。裴妃兄裴盾、裴邵，都是司马越的重要助手，也是司马越联系士族名士的又一桥梁。不过裴盾、裴邵没有来得及过江。裴邵随司马越出项城，死于军；裴盾后降匈奴，被杀。裴氏与司马越个人关系虽密，但其家族不出于河南，与司马越府掾属多出于河南士族者，毕竟有所不同。这种河北河南的畛域之见，当渊源于昔日司马颖居邺、司马越居洛阳而相互对立的历史。裴氏家族重要人物与其他河北士族一样，罕有过江者，因而裴氏家族没有在东晋政权中取得相应的地位，以继续发挥像王氏家族那样的政治作用。

由上可知，惠帝末年和怀帝时的西晋朝廷，以司马越、王衍为核心操持政局，由士族名士装点其间，实质上就是司马越与王衍"共天下"。可以说，这是"王与马共天下"最早的一种组合，一个形态。

在司马越、王衍操纵之下，另一个王与马相结合的政治中心正在形成，这就是晋琅邪王司马睿与琅邪王导在徐州开启的局面。

王氏家园所在的琅邪国，是司马睿的封国。司马睿的琅邪国与司马越的东海国相邻，都在徐州。司马睿的祖父司马伷曾出为镇东大将军、假节、都督徐州诸军事，镇下邳，《晋书》卷三八本传称其"镇御有方，得将士死力"。后来，当司马越收兵下邳，准备西迎惠帝时，起用琅邪王司马睿为平东（后迁安东）将军监徐州诸军事，留守下邳，为他看管后方。司马睿受命后，请王衍从弟、参东海王越军事的王导为司马，委以重任。由司马越、王衍在洛阳的关系,派生出司马睿和王导在徐州下邳的关系,王导在司马睿军府中的重要地位,可想而知。

司马越物色司马睿,还有历史渊源。司马越与司马颖对峙之时,司马睿与其从父东安王司马繇先居洛阳,后居邺城。那时司马越已通过辟于越府的王导对司马睿施加影响。荡阴战后,司马繇被司马颖杀害,这更坚定了司马睿在成都王颖和东海王越之争中投向东海王越一边的决心。司马睿在王导劝诱下南逃洛阳,转回琅邪国,在那里接受了司马越的号令。从种种迹象看来,司马睿、王导同莅徐州下邳,不是偶然的组合,而是司马越、王衍精心的策划与安排。洛阳司马越与王衍的组合、下邳司马睿与王导的组合,都是日后建康"王与马共天下"的前奏。

不过,情况还是有区别的。洛阳司马越、王衍的组合,掌握实权的是司马越;而徐州下邳司马睿、王导的组合,王导却起着主导作用。那时,司马睿还是一个"恭俭退让","时人未之识"① 的一般宗室成员,而王导已经具有政治阅历和名望,可以把司马睿置于自己的影响之下。《王导传》叙述这一段关系时说:"〔导〕参东海王越军事。时元帝为琅邪王,与导素相亲善。导知天下已乱,遂倾心推奉,潜有兴复之志。帝亦雅相器重,契同友执。帝之在洛阳也,导每劝令之国。会帝出镇下邳,请导为安东司马,军谋密策,知无不为。"透过这一段夹杂着攀附之辞的叙述,我们可以看出,司马睿在北方所经历的大事,几乎全出王导的主动筹谋。王导在邺城、洛阳、下邳,早已发现了司马睿

---

① 《晋书》卷六《元帝纪》。

"奇货可居"，很像当年吕不韦在邯郸发现了秦国的子楚一样。子楚曾约定分秦国与吕不韦共之，而司马睿后来实际上与王导共享东晋天下。

永嘉政局，纷乱异常。刘渊等交侵于外，怀帝、司马越构嫌于内，州郡征镇叛服不常，流民暴动此伏彼起。司马越、王衍力图在政治上、军事上加强控制，抢据要冲，以维持残破局面。在这种形势下，永嘉元年（307）九月，司马睿受命以安东将军都督扬州江南诸军事，偕王导南渡建邺。这是司马睿、王导同镇下邳两年以后的事。其时，王衍为门户自全之计，"说东海王越曰：'中国（按指中原）已乱，当赖方伯，宜得文武兼资以任之。'乃以弟澄为荆州，族弟敦为青州。因谓澄、敦曰：'荆州有江汉之固，青州有负海之险，卿二人在外而吾留此（按指洛阳），足以为三窟矣。'"① 孙盛《晋阳秋》记此事，谓王衍辞诸弟时曰："今王室将卑，故使弟等居齐楚之地，外可以建霸业，内足以匡帝室，所望于二弟也。"② 依孙盛所记，王衍经营"三窟"，并不是消极地效狡兔之求免于死，而是欲乘王室卑微之时图谋霸业。以后的事实表明，王衍追求的霸业没有实现于齐楚，而实现于扬州的江南；不是假手于王澄等人，而是假手于王导。这是王衍始

---

① 《晋书》卷四三《王衍传》。《通鉴》系此于永嘉元年十一月，后于司马睿镇建邺二月。

② 《世说新语·简傲》"王平子出为荆州"条注引《晋阳秋》。按此与《晋书》王衍、王敦等传都说王敦出刺青州，《通鉴》亦同。而《世说新语·识鉴》"潘仲阳（滔）见王敦"条注引《汉晋春秋》、《通鉴》永嘉元年十一月乙亥条《考异》引《晋阳秋》，并谓其时王敦出刺扬州。

料所未及的，因为他设想的"三窟"均在长江以北，并未包括扬州江南部分。

从人物构成和历史渊源说来，扬州一窟，同样是司马越、王衍势力所派生出来的。扬州江南窟成，齐楚已乱，王马天下，只有于此经营。但是此时洛阳尚有怀帝，名分不可僭越，因此形势暂时还不是很明朗的。五行家看到王导在建邺"潜怀翼戴之计"，待机脱离洛阳以称霸江左的事实，谓其时江左"阴气盛也"。① 这反映晋室社稷南移的可能性，已在时人的估计之中。

司马睿渡江一举，开启了东晋南朝在江左立业局面。不过这不是司马越、王衍的初衷。在司马越、王衍的全盘部署中，渡江的直接目的究竟何在呢？

司马睿、王导受命过江，从军事、政治上说，是为了填补陈敏被消灭后江左的真空，使之同江淮、荆楚呼应，保障徐州，并为中原掎角。这一点与江左原来的政治形势有关，将在本文下节详论。从经济上说，很可能有替坚守中原的司马越、王衍搜括江南财富，特别是漕运江南粮食的目的。

原来，陈敏在洛，为尚书仓部令史，建议于执政曰："南方米谷皆积数十年，时将欲腐败，而不漕运以济中州，非所以救患周急也。"② 因此陈敏得以出为合肥、广陵度支。他后来击败石

---

① 《晋书》卷二七《五行志上》："孝怀帝永嘉四年四月，江东大水。时王导等潜怀翼戴之计，阴气盛也。"

② 《晋书》卷一〇〇《陈敏传》。同书卷五九《东海王越传》越致敏书："将军建谋富国，则有大漕之勋。"

冰，割据米谷丰裕的扬州江南诸郡，也得力于所统运兵。《水经·淮水注》谓陈敏于中渎水域穿樊梁湖北口，下注津湖径渡，以改变湖道纡远状况，缩短了江淮间的航程。此事内容尚有疑点，不可全信，亦非全诬①。《太平御览》卷六六引顾野王《舆地志》，谓陈敏在丹阳境开练湖，而练湖之开与维持丹阳、京口间运河航道有密切关系。《舆地纪胜》卷七引《舆地志》，谓京口城南有丁卯港，港有埭，为京口运河航道重要设施，据说"晋元帝子裒镇广陵，运粮出京口，为水涸，奏请立埭，丁卯制可，因以为名"。按司马裒镇广陵，开丁卯埭，为建武元年（317）事，在陈敏于扬州江南开练湖以济运河之后十年。这些维修江南运河的史实，都与陈敏离都的初衷切合。又，司马睿、王导在徐州时本有漕运任务。徐州治所下邳，当泗水通途。《水经·泗水注》：宿预，"晋元皇之为安东也，督运军储而为邸阁"②。司马睿与王导南来，沿中渎水下广陵，过江而达建邺③，也是蹑陈敏之迹。根据这许多迹象，我推测，司马睿、王导奉命南来，本有与陈敏相同的漕运江南粮谷以济中州的经济目的。

细察王衍"三窟"之说和其后事态发展，可以认为司马睿、王导受司马越、王衍之命南来，并不是为越、衍南逃预作准备。

---

① 参田余庆《汉魏之际的青徐豪霸》文中"广陵之役与中渎水道问题"一节，《秦汉魏晋史探微》（重订本），中华书局，2004年。

② 《初学记》卷八河南道"邸阁"引《西征记》："宿预城下邳之中路旧邸阁"，当即指此。

③ 《太平御览》卷一七〇引《建康图〔经〕》："西晋乱，元帝自广陵渡江"云云。

司马越和王衍始终不见有南逃的打算。我们知道，司马越是在逗留东海、收兵下邳以后才得以成为独立力量的。他的军队以徐州人尤其是徐州东海国人为多。洛阳宫省宿卫，也都被司马越换成东海国将军何伦、王景的东海国兵。永嘉四年（310）冬司马越声称为讨伐石勒而离洛，还以何伦和坚决支持司马越的"乞活"① 帅李恽等军，奉东海王妃裴氏和世子毗守卫洛阳，监视宫省。这些情况，说明司马越、王衍势力的地方色彩很浓。他们只求死守正朔所在的中原，而不曾考虑偏安江左。其时镇东将军、都督扬州诸军事周馥建策迎天子都寿春，也被拒绝，周馥以此为司马越、司马睿的军队夹攻致死，这就是史臣所谓"祖宣（馥字）献策迁都，乖忤于东海"② 一事。司马越的战略意图，是依托徐州，守住洛阳，自为游军与石勒（以后还有苟晞）周旋。王衍是支持司马越这一战略意图的。当洛阳由于刘渊、石勒的攻击而人心浮动，迁都避难呼声甚紧时，"衍独卖车牛以安众心"③。后来，司马越、王衍拥军东行，越于道中病死而托后事于衍，衍必欲扶越柩归葬东海，以至于在东行道中为石勒部众追及，王公士庶十余万人俱死。何伦、李恽拥裴妃及世子毗逃离洛阳，世子

---

① 关于"乞活"来历及其政治动向，参看周一良《乞活考——西晋东晋间流民史之一页》一文，见其《魏晋南北朝史论集》（中华书局，1963年）。本文"不与刘、石通使"一节对此亦有所论述。

② 《晋书》卷六一《周馥传》。参看同书卷二九《五行志下》"豕祸"条。周馥事涉统治阶级中其他矛盾，但也表明司马越、王衍无意南迁。

③ 《晋书》卷四三《王衍传》。

和三十六王①都落入石勒之手，何伦东走归下邳，李恽北走广宗②，时在永嘉五年（311）。

司马越、王衍拥众东行，从战略战术上看不出有其他用意，只是反映了他们以及他们的将士"狐死首丘"的愿望而已。《晋书》卷三五《裴楷传》载东海王越妃兄徐州刺史裴盾大发良人为兵，司马越死，裴盾"骑督满衡便引所发良人东还"，也是东方将士只图奔返家乡之证。

司马越、王衍一心东归而无南渡意图，客观上便利了司马睿、王导在江左独立经营。东方青、兖、豫、徐诸州士族名士则多有在胡骑侵逼之下南走建康者，昔日司马越府俊异陆续归于司马睿府，成为司马睿府"百六掾"的主干，有助于司马睿、王导势力的壮大，而且也显示出麇集江左的这一集团是洛阳朝廷事实上的继承者。尔后，江左的门阀士族大体上都是出于昔日司马越府的僚属。

与司马越、王衍一心东归成为对照的，是阎鼎的西行。阎鼎，天水人③，也出于东海王越府参军。他鸠集西州流人数千，

---

① 此据《晋书》卷五九《东海王越传》。同书卷五《怀帝纪》、《魏书》卷九五《石勒传》数各不同。

② 李恽及"乞活"部众均并州人，故不东奔，但也不回并州。其奔广宗，盖欲附司马越党幽州刺史王浚。浚旋以恽为青州刺史。广宗的上白，遂为"乞活"的一个重要据点。

③ 《晋书》卷六〇《阎鼎传》。阎鼎实际上是巴西安汉人，吴仕鉴《晋书斠注》据《新唐书》卷七三下《宰相世系表三下》有考。又，秦王是唯一尚存的晋武帝的后裔，名分居先。尽管他操纵在西人之手，只要他尚在，建康的司马睿就不敢称帝。所以建兴四年愍帝被俘，五年司马睿只称晋王；是年冬愍帝死，翌年司马睿始称帝。

欲还乡里。洛阳沦陷后,他翼戴秦王(后来的晋愍帝)西奔长安。裹胁而行的以荀藩、荀组为首的行台诸人多关东人,不愿西去,或者逃散,或者被杀。由此可见,其时除有前述河南、河北的畛域之分以外,还有关东、关西的畛域之分,这在士族人物中确实是一个重大问题,影响着政局的发展。

西晋统治者进行的八王之乱以及随后出现的永嘉之乱,既摧残了在北方的西晋政权,也毁灭了几乎全部西晋皇室和很大一部分追随他们的士族人物。吴人孙惠在上司马越书中说:"自先帝公王,海内名士,近者死亡,皆如虫兽。"① 王衍一伙惨死在石勒之手,又增加了一堆尸骸。他们在北方彻底失败了。残存的长安朝廷落入西州人之手,也不可能维持多久。只有他们派出的司马睿和王导,在建邺植下了根基。由于皇族劫余无多,建邺的司马睿更不得不依傍具有号召力量的士族琅邪王导。这样,在北方具有雏形的"王与马共天下"的局面,在南方就成为一个新朝政权的基本结构。

三 司马睿与王导 门阀政治格局的形成

永嘉元年(307)九月,司马睿偕王导渡江至建邺。晋室政治中心,自此逐渐南移江左。西晋灭亡以后,江左的东晋政权维持了一个世纪的统治。

关于南渡,据知有如下三种记载。

---

① 《晋书》卷七一《孙惠传》。

《晋书》卷六《元帝纪》:"永嘉初,〔元帝〕用王导计,始镇建邺。"《世说新语·言语》"顾司空(和)未知名"条注引邓粲《晋纪》:"导与元帝有布衣之好,知中国将乱,劝帝渡江,求为安东司马,政皆决之,号仲父。晋中兴之功,导实居其首。"王导于南渡之事起了重大作用,有"中兴之功",这是毫无疑义的。但是他当时还受制于司马越与王衍,不可能独自做出这件大事的决断。司马睿于越、衍,关系尚浅,也不可能决定南渡大计。所以,司马睿"用王导计"始渡江之说似嫌简单,不尽符合当时的情况。

《晋书》卷五九《东海王越传》:"初,元帝镇建邺,裴妃之意也,帝深德之。"东海王妃裴氏的家族地位,已见前述。妃兄裴盾为徐州刺史时,司马睿为安东将军监徐州诸军事,二人共治下邳。妃兄裴邵辟司马睿安东府长史,与安东府司马王导"二人相与为深交"①。所以裴妃对于司马睿、王导渡江之事,自然是知情而又关切,说她表示过这种意愿,是完全合理的。后来,东海王世子毗陷于石勒,下落不明;裴妃被掠卖,东晋既建,始得过江。司马睿为报答司马越和裴妃恩德,以皇三子冲奉越后为东海王世子,以毗陵郡为其封国,又以毗陵犯世子讳,改名晋陵。这些都说明裴妃对于南渡是起过巨大作用的。但把渡江大事说成

---

① 《晋书》卷三五《裴楷传》。《三国志·魏志·裴潜传》注引《晋诸公赞》载侍中王旷与司马越书曰:"裴邵(邵)在此虽不治事,然识量弘淹,此下人士大敬附之。"这些都说明司马氏、王氏、裴氏的密切关系。王旷书当系旷弃丹阳居下邳时作。

只是裴妃个人的意愿促成,也不妥当。

《晋书》卷八〇《王羲之传》:"羲之……父旷(一作广),淮南太守。元帝之过江也,旷首创其议。"按王旷为淮南之前居丹阳太守职。《晋书》卷一〇〇《陈敏传》谓敏起事后,"扬州刺史刘机、丹阳太守王广(旷)等皆弃官奔走"。王旷与刘机曾经同治秣陵,他们商议军情的文书,今天还保存了一些片段①。关于王旷倡议渡江之事,东晋人裴启所撰《语林》说:"大将军(敦)、丞相(导)诸人在此时闭户共为谋身之计,王旷世弘(旷字世弘)来在户外,诸人不容之。旷乃剔壁窥之,曰:'天下大乱,诸君欲何所图谋?'将欲告官。遽而纳之,遂建江左之策。"②按《语林》成书于哀帝隆和时,多载人士语言应对之可称者,"大为远近所传,时流年少,无不传写,各有一通"。其中偶有道及谢安的不实之词,为谢安所纠③。所记王旷建策一事,当时王氏子孙具在,未闻异词,应当基本可信。王旷建策,时间当在永嘉元年三月至七月,即陈敏败亡至司马睿初受都督扬州江南之命之间,地点估计是在下邳。

以上三说④,各从不同方面反映了一些真实情况,可以互相补充,而不是互相排斥。它说明南渡问题不是一人一时的匆匆决

---

① 《太平御览》卷三三七王旷《与扬州论讨陈敏计》。

② 《太平御览》卷一八四引。

③ 《世说新语》文学、轻诋等篇及注引《裴氏家传》《续晋阳秋》。

④ 三说之外另有一说。《南齐书》卷五二《文学·丘灵鞠传》灵鞠谓人曰:"我应还东掘顾荣冢。江南地方数千里,士子风流皆出此中。顾荣忽引诸伧渡,妨我辈途辙,死有余罪。"这是丘灵鞠自以仕途不顺的愤懑之词,并非叙事,可不置论。

断,而是经过很多人的反复谋划。概括言之,南渡之举王氏兄弟曾策划于密室,其中王旷倡其议,王敦助其谋,王导以参东海王越军事,为琅邪王司马睿的关键地位主持其事;裴妃亦有此意,居内大力赞助;最后决策当出自司马越与王衍二人,特别是司马越。《太平御览》卷一七〇引顾野王《舆地志》:"东海王越世子名毗。中宗为越所表遣渡江,故改此(按指毗陵)为晋陵。"按表遣虽然只是一种形式,但不经司马越上表这一形式,司马睿、王导就无从被派遣过江,过江后亦无法统凭据。至于司马睿本人,如《晋书》卷五九《八王传·序》所说:"譬彼诸王,权轻众寡,度长絜大,不可同年",所以他在南渡问题上只能是被动从命,无决断权。

过江以后,司马睿也并不是江左政局草创中不可须臾离的人物。尊经阁本《世说新语》"元帝始过江"条汪藻《考异》[①]:司马睿过江两个月后,"十一月,太妃薨为(于?)本国琅邪,上便欲奔丧,顾荣等固留,乃止。上即表求奔丧,诏听。二年三月,上还琅邪国,四月葬太妃,上还建康"。[②] 这一详细的时间表,说明司马睿甫过江,即操持奔丧之事,并不因南迁始尔而抽身不得,循请夺情。这是由于坐镇江东,稳定局势,主要不是靠

---

① 本书所用《世说新语》汪藻"叙录""考异""人名谱"等资料,均据王先谦《世说新语》校订本(上海古籍出版社,1982年)所附该书尊经阁本(日本珂珞版影宋本)。

② 《晋书》卷六《元帝纪》记此事甚略,只说"属太妃薨于国,自表奔丧,葬毕,还镇"。

司马睿,而是靠王导。有王导在,有王导辅翼晋琅邪王司马睿的格局,江左政治就有了重心。这正是南渡后"王与马共天下"的具体反映。"王与马共天下"并不像《晋书》卷九九《王敦传》所说那样,只是司马睿过江后王敦、王导一时"同心翼戴"的结果。可以说,过江以前已经具备了"共天下"的许多条件,过江以后始得有天下而共之。

能够实现南迁,还由于江南士族名士合力消灭了陈敏势力,为司马睿扫清了进入建邺的障碍。陈敏的兴败,南士的向背,其中都有王与马的活动。

原来,西晋灭吴后,江东被认为是多事的地方,所谓"吴人轻锐,难安易动"①。西晋以东南六州将士更守江表,吴人多有不自信之心。晋武帝晚年,曾有封"幼稚王子"于吴之议,时刘颂为淮南相,认为此议"未尽善",主张以"壮王""长王"出镇②。八王之乱前夕,吴王晏始受封,但是并未之国。六州将士更守江表之制当亦难于继续维持。江东既无强藩,又乏重兵,羁縻镇压,两皆落空。

八王之乱后期,江南士族名士深知洛阳政权已难维持,亟须一个像孙策兄弟那样的人物来号令江东,保障他们家族的利益。他们在江东没有找到合适的人,而在江北找到了陈敏。他们起先拥护陈敏,为敏所用。司马越在下邳收兵,也联络陈敏,想借助他消灭自己在北方的对手。但是陈敏过江后既排斥江东士族,企

---

① 《晋书》卷五二《华谭传》晋武帝策问华谭语。
② 《晋书》卷四六《刘颂传》。

图独霸江东；又自加九锡，声称自江入沔汉①，奉迎銮殿，以与司马越争雄。所以南士与司马越都不能容忍陈敏。这时倡议反对陈敏的关键人物，恰是与南士有广泛交往②，又居东海王越府为军咨祭酒的广陵华谭③。华谭致书陈敏帐下的义兴周玘、吴郡顾荣等人，一方面指责陈敏"上负朝廷宠授之荣，下孤宰辅（按指司马越）过礼之惠"；另一方面又言顾荣、贺循等"吴会仁人，并受国宠"，而欲以"七第顽冗，六品下才"的寒士陈敏为江东的孙策、孙权，以图保据，非但无成，抑且自贻羞辱④。华谭此信，显然是受命于司马越、王衍，目的是告诫南士，如果要保障江东士族利益，只有反戈一击，消灭陈敏，与司马越合作。顾荣、甘卓、纪瞻同华谭一样，都曾居司马越幕府，与越有旧，遂与周玘定策灭敏。

　　从陈敏兴败之中，王、马与南士各自做出了自己的估量。王、马理解到江东形势亟待强藩出镇，否则还可能出现第二个陈敏；南士则准备接受从北方来的强藩，只要他们有足够的名分和权威而又尊重南士的利益。这样，司马睿与王导才得以在南士的

---

① 自江入沔汉，据《晋书》卷四《惠帝纪》永兴二年（305）十二月条，《通鉴》同。《晋书》卷一〇〇《陈敏传》作自江入河，误。因为当时惠帝在长安，陈敏循沔汉可以与长安联系，而不必通过大乱的黄河流域。

② 《三国志·吴志·孙綝传》注引《文士传》谓华谭父（《晋书》谭传作谭祖）融，"江都人，祖父避乱，居山阴蕺山下"，与吴士张温有深交。华融世仕吴，所以华谭与吴士多交往。

③ 华谭为越府军咨祭酒，见《晋书》卷一〇〇《陈敏传》，谭传失载。

④ 《晋书》卷一〇〇《陈敏传》。

默许下过江，而过江后的首要任务，就是尽力笼络南士，协调南北门阀士族的利益。关于这一点，已故的陈寅恪先生有《述东晋王导之功业》① 一文，引证丰富，论议入微，这里不多说了。

《晋书》卷六五《王导传》云：琅邪王司马睿"徙镇建康，吴人不附，居月余，士庶莫有至者，导患之。会〔王〕敦来朝，导谓之曰：'琅邪王仁德虽厚，而名论犹轻。兄威风已振，宜有以匡济者。'会三月上巳②，帝亲观禊，乘肩舆，具威仪，敦、导及诸名胜皆骑从。吴人纪瞻、顾荣皆江南之望，窃觇之③，见

---

① 见《金明馆丛稿初编》，上海古籍出版社，1982年。

② 按三月上巳修禊之事，《续汉书·礼仪志上》、《宋书·礼志二》皆有记。《后汉书·周举传》、同书《袁绍传》亦记上巳。历来都说禊事取三月上巳日行之，后来则固定于三月初三，仍称上巳。宋元人周密《癸辛杂识》续集下"十干纪节"条，谓"上巳当作十干之己，盖古人用日例以十干，如上辛、上戊之类，无用支者。若首午尾卯，首未尾辰，则上旬无巳矣"。清人王应奎《柳园随笔》卷三亦引此。清人宋凤翔《过庭录》卷一五则驳周密之说，以为上己之说不合《后汉书·袁绍传》章怀注所谓建除祛灾之法。异说纷纭，并识于此，以备参考。关于巳，可参《日知录》卷三二"巳"条。关于上巳节的其他种种，可参看劳干《上巳考》，台北《"中研院"民族学研究所集刊》第29集；宋兆麟《上巳节考》，《中国历史博物馆馆刊》总第13—14期。至于定禊事为三月三日，似始于东汉。《晋书》卷五一《束晳传》，晋武帝"尝问挚虞三日曲水之义，虞对曰：'汉章帝时平原徐肇以三月初生三女，至三日俱亡，村人以为怪，乃招携之水滨洗祓，遂因水以泛觞，其义起此。'"《续齐谐记》同。宋王楙《野客丛书》卷一六则谓"自汉以前，上巳不必三月三日，必取巳日。自魏以后，但用三月三日，不必巳也"。

③ 贵人、名士出行，时人丁道旁窥其风采，盖当时习俗如此。参看《世说新语·企羡》"王丞相拜司空"条及"孟昶未达"条。此风至南朝犹在。《颜氏家训·勉学》：梁时贵游子弟"从容出入，望若神仙"。

其如此，咸惊惧，乃相率拜于道左"。据说南士因此应命而至，"吴会风靡，百姓归心焉。自此以后，渐相崇奉，君臣之礼始定"。《通鉴》据王敦拜扬州的年月，于此条的真实性有怀疑，因而有所删削，并于《考异》中著其原委。其说确否，姑置不论。但《王导传》此段叙述另有可疑之处。顾荣等人参与过中朝政治活动，被辟于号称"多俊异"的东海王越府，又经历了拥护陈敏和推翻陈敏的整个过程，于晋末形势、司马睿出镇建邺的背景以及王导偕来的目的，应当是熟知的。何况司马越以王导佐司马睿监徐州军事已逾二年，而徐州下邳居南北要冲，顾荣等人何得于司马睿、王导南渡时对司马睿的身份、王导等北士的态度一无所知，必于徘徊半载之后偶于道旁偷视，始定出处？又观禊之事也有可疑。司马睿、王导至建邺，在永嘉元年九月。《晋书·王导传》言司马睿在建邺"居月余，士庶莫有至者"，下叙"会三月上巳帝亲观禊"，此三月无疑为永嘉二年三月。前引尊经阁本《世说新语》汪藻《考异》谓永嘉元年十一月太妃薨，司马睿欲奔丧而不果，又谓"二年三月，上还琅邪国，四月葬太妃"，然后南还。据此可知，永嘉二年三月上巳，司马睿已在艰中，即令他还未启程归国，尚留建邺，也不可能有"帝亲观禊"之事，因而也不可能有骑从率拜诸情节。所以，这种故事性的描述是不足信的。但是其中所反映的王、马关系和敦、导地位，以及南士尚存的猜疑心理，应当是近实的。

永嘉南渡后，王导始终居机枢之地，王敦则总征讨于上游，王氏家族近属居内外之任，布列显要者人数甚多。沙门竺道潜深交于元帝、明帝、庾亮等人，出入宫省，自称以"朱门"为

"蓬户"，在政治上颇有影响。而此人据说也是王敦之弟①。王氏家族诸兄弟子侄之间也时有矛盾，甚至互相杀戮，如王敦杀王澄、王棱，王敦败死后王舒沉王含、王应于江，等等。虽然如此，以王导、王敦为代表所构成的王氏家族势力是非常牢固的，这使"王与马共天下"的局面在江左维持了二十余年，直到庾氏家族兴起，抑制王氏并凌驾于王氏为止。而且，即令是在庾氏代兴，王氏家族权势发展越过了自己的顶峰以后，王氏家族的社会、政治势力以及文化影响仍旧不衰。《南史》卷二四史臣论曰："昔晋初度江，王导卜其家世，郭璞云：'淮（按指秦淮）流竭，王氏灭。'观夫晋氏以来，诸王冠冕不替，盖亦人伦所得，岂唯世禄之所传乎！"王氏人伦斯得，冠冕不替，在江左与秦淮共长久，其基业即奠定于"王与马共天下"的年代。

明帝太宁二年（324），王敦准备第二次东下，夺取建康。其时"清君侧"的口实已不存在，大军下都，自然有兴废之举。钱凤问王敦曰："事克之日，天子云何？"敦曰："尚未南郊，何为天子？便尽卿兵势，唯保护东海王及裴妃而已。"② 王敦答语突兀，历代论者及注家似乎都未尝措意及此，不见何解释。我认为"王与马共天下"既滥觞于西都的司马越与王衍，王敦眼

---

① 此据《高僧传》卷四《竺道潜传》。《世说新语·德行》注谓"僧法深（按即道潜），不知其俗姓，盖衣冠之胤也"。余嘉锡据此疑法深非王敦之弟，不出琅邪王氏，见《世说新语笺疏》。又《高僧传》卷四《竺法崇传》附释道宝传，谓道宝本姓王，琅邪人，晋丞相王导之弟。事亦难于考实。

② 《魏书》卷九六《司马睿传》。《晋书》卷九八《王敦传》略同。

中但重司马越、裴妃而轻司马睿,重司马越在晋室的统绪而不重司马睿的地位,所以才作此语。除此以外,我认为此语还具有更为实际的意义,可能涉及兴废问题,值得留意。

如前所叙,司马睿将帝之时,王敦已有"更议所立"的企图;王敦初引叛军入建康时,元帝又有归位琅邪"以避贤路"之语。王敦拟更立者是谁,史无明文。细味语气,似乎还不是指王敦本人而是另有物色,不过此时还没有迹象表明他属意于谁。

我们知道,王氏兄弟拥司马睿过江,系由司马越所表遣,而裴妃出过主意。江左得有东晋局面,不能不感激东海王越与裴妃。晋元帝对他们"深德之",王氏兄弟自然亦"深德之"。东海王越死,裴妃于大兴中渡江,这在江东是一件大事,不能不引起某种政治波澜。元帝以少子冲为东海王国世子,当即波澜之一。王敦下都,无视晋明帝的存在而独以裴妃及东海王冲为念,嘱钱凤尽力保护。王敦入都后,又表示欲废明帝①。这些也是裴妃渡江以后的波澜。从种种波澜之中,我推测王敦有废明帝而代之以东海王冲的意图。王敦欲废明帝而代之以东海王冲,这实际上只能是把东晋政权完全转移到自己手中的一个过渡。王敦如果得立东海王冲,当然也可以废东海王冲而自立,不过这需要一个过程。

东海王冲之封可能成为东晋政治上的麻烦问题,东晋朝野对此迹象似乎早已有所觉察。干宝《搜神记》卷七:"晋元帝建武元年七月,晋陵东门有牛生犊,一体两头。京房《易传》曰:

---

① 参看《世说新语·方正》"王敦既下"条余嘉锡笺疏。

'牛生子，二首一身，天下将分之象也。'"《宋书·五行志》《晋书·五行志》均同。《开元占经》卷一一七引《搜神记》则曰："元帝大兴中，割晋陵郡封少子（按指封己之少子冲为东海王世子），以嗣太傅东海王。俄而世子母石婕妤疾病，使郭璞筮之……曰：'世子不宜裂土封国，以致患悔，母子华贵之咎也……'其七月，曲阿县有牛生子，两头……石氏见（其图）而有间。或问其故，曰：'晋陵，主上所受命之邦也。凡物莫能两大，使世子并封，方其气焰以取之，故致两头之妖，以为警也。'"按古人往往利用自然间或社会中某些变异现象解释政治大事，《五行志》所载及郭璞之筮，即属此类。颇疑时人观察形势，早有王敦将利用东海王冲以遂其谋的忧虑，故托物妖以为警戒。晋明帝和东海王冲虽然是同父异母兄弟，但在统胤上一出琅邪，一绍东海，王敦废彼立此，即是使东晋由琅邪王国的统胤改变为东海王国的统胤，以便利自己予取予求。王敦未得至都，即已病笃，仓促之中，命王应在己死后立即代晋自立，建朝廷百官，以求先发制人，因此也就完全暴露了欲立东海王冲的实际目的。这是发生在后的事，与上述对王敦保护东海王冲和裴妃之命的解释并无冲突。

我们还可以用同样的理由来解释另一史料。太兴四年（321）七月，王导拜司空。《晋书》卷三五《裴楷传》："既拜，叹曰：'裴道期、刘王乔在，吾不得独登此位。'"按王导拜司空，是晋元帝为防王敦而以戴渊镇合肥、刘隗镇淮阴以后八天的事，拜王导为司空实际上是元帝在处理王、马关系问题上所采取的一项平衡措施，主要不是对王导特加崇敬。其时王敦构乱将发，王导际遇艰难，处境微妙，说不定有覆族之虞。裴道期即裴邵，裴妃之兄，王导在司马睿平东府的同僚，随司马越、王衍出军死难。刘王乔即刘畴，刘隗从弟，蔡谟每叹若使刘畴过江，"司徒公之美选也"，见《晋书》卷六九。王导思及裴邵、刘畴，主要当是从人才方面着眼。裴邵人才是否足以与王导同登三事，姑置不论。但是我们可以分析，如果王导与裴邵得以以越府旧谊而又共事睿府，也许东晋初年那种艰难境遇就不至于出现了。王导于此思念裴邵，于叹惜人才之外，或许也是表示对司马越与裴妃的思念之情。不过这只能算推测之词，存此备考。

《魏书》卷九六《司马睿传》以及同书卷三三《张济传》，均谓江左"主弱臣强"；《十七史商榷》卷四九，谓"晋少贞臣"。这些都是确当之论。其实从西晋后期以来，惠、怀、愍帝都是权臣的掌中物，其时已是"主弱臣强"，且"少贞臣"，不独江左如此。不过西晋的权臣是宗室强王，士族名士往往要依附于他们才能起作用。东晋则不然，士族名士本人就是权臣，宗室王公也要仰食于士族名士。"五马渡江"，除元帝一马之外，其余四马，即彭城、汝南、南顿、西阳诸王，都因不见容于士族权臣而丧生。据《世说新语·仇隙》，元帝用谯王承刺湘州以扼王敦，为王敦弟王廙所杀，多年以后，承妻泣谓子无忌曰："王敦昔肆酷汝父，假手世将（廙）。吾所以积年不告汝者，王氏门强，汝兄弟尚幼，不欲使此声著，盖以避祸耳！"琅邪王氏门强如此，以至宗室不敢道其杀亲之仇，这正是强烈地反映了门阀政治的特性。如果说西晋自武帝以来，士族名士是司马氏皇权（包括强王权力）的装饰品，那么东晋司马氏皇权则是门阀政治的装饰品；西晋尚属皇权政治，东晋则已演变为门阀政治。东晋皇权既然从属于门阀政治，皇帝也就只是士族利用的工具而非士族效忠的对象，"贞臣"自然是少而又少了。史家每诟病《晋书·忠义传》，言其人物事迹多有于晋不忠不义者，原委之一，即在于此。当王敦以诛刁协、刘隗起兵时，王导实际上站在王敦一边，时人并不以王导为逆，也不以刘隗、刁协为忠。士族权臣可以更易，而"主弱臣强"依旧。当琅邪王氏以后依次出现颍川庾氏、谯郡桓氏、陈郡谢氏等权臣的时候，仍然是庾与马、桓与马、谢与马"共天下"的局面。由此可见，王与马的结合所开启的江东政局，奠定了东晋一朝政局的基础，影响是深远的。至于琅邪王氏能与司马氏"共天下"而终于不能篡天下，这应当从门阀士族之间彼此牵制和南北民族矛盾这两方面求得解释，而不能只从权臣个人忠奸求之。如果门阀士族的状况及其彼此关系发生了重大变化，南北民族关系出现了重大变化，如果历史出现了这种情况，司马氏的天下也不是不能篡取的。不过这是晋宋之际的问题。十余年的义熙之政就是为了解决这一问题，本书将在最后论及。

四 关于"不与刘、石通使"问题

《廿二史考异》卷一八晋穆帝永和七年条曰："东晋君臣虽偏安江左，犹能卓然自立，不与刘、石通使。旧京虽失，旋亦收复①。视

---

① 按指东晋三次收复洛阳之事，一为永和七年至兴宁三年（351—365），一为太元九年至隆安三年（384—399），一为义熙十二年至东晋之末（416—420）。

南宋之称臣称侄，恬不为耻者，相去霄壤矣。讵可以清谈轻之哉！"钱大昕所言清谈误国问题，本文不置论。所言晋宋短长问题，南宋人读史伤时，多有论及，钱氏盖本之宋人议论，我们在此且略加申叙。

袁燮《絜斋集》卷六《策问》"历代国祚"条曰：司马氏"间关渡江，蕞尔微弱，不数年而建中兴之业。王、苏之变，国势复岌岌矣，以弱制强，卒清大憝。苻、石之雄，非晋所可敌也，胜于淝水，焚其聘币。曾不见中国之为弱……"其"边备"条曰："尝怪晋氏之东，江左可谓微弱，而未尝辄与议和。石勒来聘，遽焚其币，不知何恃而敢然也！"其卷七《论战》又曰："晋之渡江，国非不弱，而未尝肯与敌和。石勒来聘，辄焚其币。……盖强敌在前，晋人朝思夕虑，求胜敌之策，所以克保其国。"袁燮主要是伤时而发此议，他主张南宋不求战亦不应惮战，特别推崇东晋焚币拒和一事。焚币，即《晋书》卷六《成帝纪》咸和八年（333）正月丙子"石勒遣使致赂，诏焚之"之事。王应麟《困学纪闻》卷一三曰："焚石勒之币，江左君臣之志壮矣。僭号之国十六，而晋败其一（原注：苻坚），灭其三（原注：李势、慕容超、姚泓）。不可以清谈议晋。"王应麟同样是重视焚币之事而生感慨。清人阎若璩校勘王书，于此处有中肯之言曰："王氏得毋自伤其本朝乎！"

钱大昕强调晋人"不与刘、石通使"，义同于上引袁、王赞许焚币之言。我认为，东晋"不与刘、石通使"，除了表现东晋君臣的民族气概以外，尚有其不得不然的历史理由。而这一点与本文主旨有所关涉，前人似未道及。所以，我在这里探索其背景，解释其原因，以见从八王之乱后期到东晋建国以后，也就是"王与马共天下"局面形成和确立的这段时间内，民族关系发展的某种连续性。

胡族驰骋中原，发端于八王之乱后期成都王司马颖和东海王司马越对峙的那个阶段。司马越和司马颖在诸胡族中各结羽党为援，借其力以仇杀异己。他们是引胡骑入中原的直接祸首。八王之乱演而为永嘉之乱，永嘉之乱演而为"五胡乱华"，其终极原因在于百余年来各胡族社会的逐渐封建化、农业化和各胡族逐渐内徙，而东汉、魏、晋政权又无力阻止这一内徙的历史趋势。这里面包含着民族矛盾。但是在开头的时候，诸胡族作为八王之乱内战双方各自的同盟者起兵，则主要表现为诸王对抗而非民族对抗。至少可以说，在那个阶段，民族对抗包含于诸王对抗之内，从属于诸王对抗，还没有成为一种独立的对抗形式。

八王之乱结束后，司马颖原来所联结的刘、石，陷两京，俘怀、愍，成为北方的胜利者。而司马越的一党却在江左立定了脚跟，因而表现为刘、石与东晋的南北对峙。这时，情况变了，无论在北方社会内部，还是在南北之间，民族矛盾都占据主要地位。江左的王、马在对待北方各胡族的态度上，继承了司马越、司马颖对峙期间的既成事实，以司马越之友、司马颖之敌为友，以司马越之敌、司马颖之友为敌。司马越、司马颖的对立关系，影响着江左政策的许多方面，其中也包括江左对北方诸胡族敌友态度的区分。江左"不与刘、石通使"，与此背景有直接联系，至少在江左政权建立后的一个时期内是这样。

荡阴战后，司马越之党幽州刺史王浚，与司马越之弟并州刺史司马腾，共起兵讨伐司马颖。王浚率鲜卑、乌桓突骑南下攻邺。后来司马越西迎惠帝，王浚又以鲜卑、乌桓突骑为先驱。幽州的鲜卑、乌桓，尤其是其中的鲜卑段部，遂成为一支在王浚控制下遥助司马越逐鹿中原的重要力量，也成为以后影响江左政治的一个因素。

王浚、司马腾起兵反司马颖之时，匈奴人刘渊行宁朔将军监匈奴五部军事，随颖在邺，请为颖发匈奴五部兵，以其二部击司马腾，三部击王浚。刘渊自魏末至晋，为匈奴任子在洛、邺等地，本人汉化很深，长期周旋于西晋官僚之间，熟悉西晋政局。他得到太原王氏等并州望族的支持，其五部之众又已布满并州诸郡县，势力颇强。刘渊起兵时，司马颖已经失势，匈奴军虽然打着司马颖的旗号，实际上却是一群无羁之马，一支不受控制的独立的军事、政治力量，但其锋芒始终指向司马颖之敌，即司马越及其所属诸军。

鲜卑、乌桓起兵，所支持的是司马越；匈奴起兵，所支持的是司马颖。既然司马越与司马颖势不两立，胡人双方也势不两立。由此可知"五胡乱华"的直接起因，是各胡族统治者分别参与西晋统治者之间的内乱。据《晋书》卷一○一《刘元海载记》，刘渊起兵助颖，其从祖刘宣反对；刘宣力主结鲜卑、乌桓为援，联合各个胡族共同反晋，以求兴匈奴邦族，复呼韩邪之业。刘宣认为西晋的宗王都是匈奴的仇敌，所以坚决反对起兵拯救任何一个西晋宗王。刘渊则另有心机，认为匈奴不起兵则已，起兵当为"崇冈峻阜"，而不能为"培塿"。从浅处理解，刘宣欲结鲜卑、乌桓反晋以夺取政权，看起来像是"崇冈峻阜"，但事成之后与鲜卑、乌桓共有天下,以夷统华,终究还是"培塿"。从深处理解,刘渊援司马颖起兵,先已分享强藩名分;如果能进一步从司马颖手里取得政权,那就是中原正朔,上国衣冠,华夷都将归心于他。这就是说,先附司马颖为"培塿",正是为了最终成为"崇冈峻阜"。观刘渊以后建国称汉,追尊刘禅,俨然是光复汉家旧业,而不以呼韩邪单于自居,其心机怀抱,似确如此。

为了对抗匈奴刘渊之众,司马腾在并州,乞师于代北的鲜卑拓跋部首领猗㐌、猗卢兄弟,企图借拓跋部力量从北面对匈奴进行牵制。光熙元年(306),司马越以刘琨代司马腾镇并州,刘琨同样倚靠鲜卑拓跋部为援,还与幽州的鲜卑段部保持密切关系。

成都王司马颖入关后,被迫取消了皇太弟称号。司马颖故将公师藩起兵赵魏,声言拥颖反越。流落冀州的羯人石勒联络马牧帅汲桑及其他胡人起兵,投入拥颖反越的公师藩军。公师藩被杀后,汲桑、石勒继续拥兵反越,并且与并州的刘渊结合,成为司马越在东方的劲敌。司马越致陈敏书说:"羯贼屯结,游魂河济,鼠伏雉窜,藏匿陈留,始欲奸盗,终图不轨。"① 石勒成为心腹之患,司马越是深感寒心的。

石勒是被司马越弟司马腾从并州掠卖于冀州的大量羯人之一,与司马腾有深仇。他起兵后投向公师藩,采取拥颖反越的政治态度,是必然的。当刘琨入并,司马腾离并东来时,州郡吏民

---

① 《晋书》卷一〇〇《陈敏传》。

万余人随腾到冀州就食,号为"乞活"。以上两种力量,即被司马腾掠卖的石勒之类和随司马腾东来的"乞活",同样来自并州,但由于与司马腾的历史关系不同,政治态度也截然相反,石勒始终与司马越兄弟为仇,"乞活"则始终支持司马越兄弟而与石勒对抗。

这样,八王之乱的最后一幕,即司马越与司马颖的对抗,由于各种势力的参与,就进一步扩大化和复杂化,不再是单纯的诸王之争。对垒双方,一方为成都王司马颖、匈奴刘渊、刘聪、羯人石勒等等,另一方为东海王司马越、鲜卑拓跋部、鲜卑段部和"乞活"等等。敌对双方阵线分明,冤冤相报,屠杀无已时,动乱愈演愈烈,仇恨愈结愈深。永嘉元年(307)春,汲桑、石勒声言为司马颖复仇,入邺杀司马腾,又杀腾子确;冬,"乞活"为腾复仇,杀汲桑于乐陵。《乐府诗集》卷八五《并州歌》曰:"奴为将军(按指汲桑)何可羞,六月重茵披衲裘,不识寒暑断人头。雄儿田兰为报仇,中夜斩首谢并州。"① 歌中田兰为"乞活"帅,并州指司马腾。此歌当是"乞活"军中所唱,赞扬田兰为并州刺史司马腾报仇而斩汲桑之事,是司马越、司马颖两方势力冤冤相报的一例史证。最后,石勒追杀王衍和大批王公名士,焚司马越尸,俘司马越子;而匈奴刘渊、刘曜又与石勒配合,先后颠覆了司马越操纵的晋怀帝和越侄司马保钳制的晋愍帝

---

① 《并州歌》多异文,备见逯钦立辑《先秦汉魏晋南北朝诗》(中华书局,1983年)中《晋诗》卷九。逯辑题作《军中为汲桑谣》,似未能点明歌词的主旨所在。

这两个司马氏朝廷，使司马越和王衍家族在北方经营的政治势力完全覆灭。此后，匈奴刘氏和羯人石氏先后在北方立国，而"乞活"势力则长期留存于北方以与刘、石抗衡。

驰骋中原的刘、石既始终与司马越、王衍为敌，当然把由司马越、王衍派生的江左政权当作敌人。江左政权由于历史的原因而"不与刘、石通使"，也是势所必然的。何况当时北方刘、石势盛，咄咄逼人，欲通使求和亦非易事。刘、石忙于对付北方各种反对势力，也忙于应付本族内部无穷无尽的权力之争，事实上也还无暇顾及江左，一时还没有对江左形成严重而又持续的军事压力。这种情况，又使江左政权得以和辑内部，暂安一隅，无须汲汲于与刘、石通使，甚至敢于焚石勒之币以示决心。这就是前引钱大昕语的历史背景。

王导、司马睿不但继承了司马越、王衍执政时期形成的与刘、石对抗的政策，也把北方存留的拥越反颖势力，包括一些民族势力，作为自己的盟友，与之共抗不共戴天的刘、石。洛阳陷落后，司马睿即有讨刘、石之檄。《魏书》卷九六《司马睿传》：永嘉六年"睿檄四方，称与穆帝（按指拓跋猗卢）俱讨刘渊（按当作刘聪），大会平阳"。此事《晋书》及《魏书·序纪》均不载。《晋书》卷五《怀帝纪》：是年二月癸丑，"镇东大将军、琅邪王睿上尚书，檄四方，以讨石勒"。不过，无论是讨刘之檄，还是讨石之檄，都只是司马睿按其既定方针对刘、石表现的一种敌对姿态而已，并不意味司马睿有力量足以采取军事行动。至于司马睿称与拓跋猗卢共同行动，虽符合司马越与拓跋部的历史关系，但也不意味果真有过与拓跋猗卢共同出兵之事。不过从这里可以看出，由于历史的原因，司马越之友，虽胡人亦江左政权之友。此时江左政权与北方政权的矛盾，并不纯粹是汉胡民族矛盾；或者说，胡汉民族矛盾之中仍然留存着相当多的其他因素。

洛阳沦陷后的中原地区，匈奴、羯胡猖獗，能暂时抵挡他们的，是曾与司马越、司马腾相结的鲜卑段部和鲜卑拓跋部。鲜卑段部曾多次与刘、石作战。《晋书》卷六三《邵续传》，邵续本为成都王颖参军，后受王浚之命转向东海王越阵容，成为北方坞壁抗胡的一支重要力量。王浚为石勒所破后，鲜卑段部的段匹䃅，"遗书要〔邵〕续俱归元帝，续从之"。石勒攻邵续，段匹䃅救之，"〔石〕勒素畏鲜卑"，乃撤兵东走。同卷《李矩传》，李矩屯荥阳，刘琨遣人率鲜卑五百骑过李矩营，与匈奴刘曜军队对阵。"屠各（按为匈奴之一种）旧畏鲜卑"，望见鲜卑兵，不战而走。邵、李两传所记石勒及屠各均畏鲜卑，此二事《通鉴》均系于建兴二年（314），可知鲜卑（主要是鲜卑段部）是洛阳陷后北方抑制刘、石的重要力量，因而也是江左结盟的主要对象。

司马睿登基，领衔劝进①者主要都是在北方抗拒刘、石的人物，如刘琨、段匹䃅、邵续、慕容廆等，这些人中的多数，过去都与司马越有过联系。司马睿建立东晋后，继续与这些人所遣过江的代表人物保持比较特殊的关系。刘琨遣赴建康上表的长史温

---

① 《艺文类聚》卷一三载刘琨等劝进表凡四，《文选》卷三七及《晋书》卷六《元帝纪》录其一。元帝报刘琨令，《艺文类聚》卷一三及《晋书》卷六二《刘琨传》各录一通。

峤，是刘琨的姻亲。太原温氏非第一流门第，温峤本人亦非第一流人物①，而于江左又别无功绩。但他过江后即结好于王导、庾亮等人，政治影响很大，名望蒸蒸日上。这除了他本人才能因素以外，同他作为刘琨政治代表的身份亦当有关系。东晋对段匹䃅亦复如是。刘琨为段匹䃅所害，东晋为了修好段氏，不为刘琨发哀，温峤上疏理之②，始获允准。段匹䃅有弟名段实（段秃）者，在建康为将军③。元帝之初，鲜卑段末波也曾通使于江左。邵续遣至建康的代表是刘胤。邵续之婿刘遐亦间道遣使受元帝节制。上述所有的人，都曾在江左政治、军事活动中起过作用。

在论及司马越联合鲜卑诸部，司马颖联合刘、石以相抗衡的历史背景时，有一事甚可注意。据《魏书》卷三三《张济传》，东晋之末，后秦攻击洛阳的东晋军，晋雍州刺史杨佺期乞师于北魏常山王拓跋遵，北魏遣张济报杨佺期。杨佺期谓张济曰："晋魏通和，乃在往昔，非唯今日。……与君便为一家，义无所讳。洛城救援，仰恃于魏，若获保全，当必厚报。如其为羌所乘，宁使魏取……"《通鉴》录此事于安帝隆安三年（399）七月，文

---

① 《世说新语·品藻》"世论温太真"条："世论温太真（峤）是过江第二流之高者。时名辈共说人物第一将尽之间，温常失色。"

② 温峤疏文，见于《敦煌石室佚书》所收写本《晋纪》，今本《晋书》失载。

③ 将军段头，见《晋书》卷六《明帝纪》。《魏书》卷九七《司马睿传》谓为段匹䃅之弟段秃。按段实原在李矩军中为司马，见《晋书》卷六三《李矩传》。其归建康，当在李矩南奔失败之后。

中"晋之与魏,本为一家",胡注曰:"谓猗卢救刘琨时也"①,甚是。南渡之初,东晋的王、马,一方面仇视刘、石而不与之通使,另一方面远结鲜卑拓跋部以制刘、石。这既是司马越当年阵容形势的延续,又合乎远交近攻这一古老的用兵传统。当然,由于北方民族兴败形势复杂,远联拓跋这种既定方针并非不间断地延续至东晋末年,只是当年猗卢援刘琨的事迹,影响特别久远,到东晋末年还在人们的头脑里起着作用罢了。

《晋书》卷一〇《安帝纪》隆安二年(398)"十二月己丑,魏王珪即尊位,年号天兴"。王鸣盛于《十七史商榷》卷四五"拓跋魏书法"条说,《晋书》这种"魏王珪即尊位"的书法,与《晋书》所书其他各国"僭即位"一类者大不相同,因而断言"晋臣之词决不如此,唐人所追改也"。我认为王鸣盛从唐人追改求解释固可考虑,从江左政权在历史上与拓跋部的关系中求解释亦属可能。《晋书》记事,对拓跋魏另眼相看,不用贬词,例证甚多。《晋书·愍帝纪》建兴四年(316)三月,记"代王猗卢薨"。代王名号本为晋室所封,所以《晋书》认同猗卢的代王身份,是合情合理的。王氏所举另一处,即卷九《孝武帝纪》太元十一年(386)曰:"代王拓拔珪始改称魏",此事在《宋书》卷九五《索虏传》中则作"自称曰魏",暗寓僭越之意,与《晋书》不一样。所以我认为,大概东晋官方文书,对北魏事本来就另有书法。上引杨佺期语,曰"通和",曰"一家",曰

---

① 关于猗㐌、猗卢与晋司马腾、刘琨关系,参《魏书·序纪》及《魏书》卷二三《卫操传》所载晋光熙元年(306)卫操所立碑文。

"宁使魏取",等等,所反映的即是这种对等的、结盟的历史关系,与"焚石勒之币""不与刘、石通使",正好形成对比。东晋与拓跋部基于历史原因所形成的亲近关系,到刘宋时不复存在,这一来是由于晋鼎已移,传统已断;二来是由于拓跋部业已坐大,威胁南方之故。

刘、石起兵,导源于越、颖对立,表现为诸王对抗,已如上述。但他们一旦兵起,民族矛盾就会逐渐显露出来。北士过江者,于刘、石多有家仇,邓攸弃子事是其显例。南渡人士在江左招魂葬亲,一时蔚为风气。《通典》卷一○三建武二年(318)袁瓌上表请禁断招魂葬,所列入葬人物有尚书仆射曹馥、监军王崇、太傅司马刘洽等人,一皆下诏禁断。东海王妃裴氏南渡后,亦请招东海王越魂卜葬广陵,元帝特许之[①]。晋室王公士族名士死于刘、石者如此之多,江左王、马自然不能与刘、石通使以招众怒。由此可见,江左不与刘、石通使,除历史原因外,尚有现实的考虑。如果南北遣使通好,本来虚弱的东晋抗胡政权就不可能继续团聚南来的士族和流民,也不足以慰吴姓士民之心,因而抗胡政权本身也会失去立足之点,失去存在的价值。

历史的理由与现实的考虑,促使王、马政权不得不采取这种"不与刘、石通使"的态度。照理,在东晋初建阶段,王、马应当同仇敌忾,不共戴天,亟思所以报复刘、石。王、马表面上确

---

① 此据《晋书》卷八二《袁瓌传》。同书卷五九《东海王越传》,裴妃欲招魂葬越而元帝不许,"裴妃不奉诏,遂葬越于广陵。大兴末,墓毁,改葬丹徒"。考虑到元帝深德裴妃,似以《袁瓌传》为得。

实持此态度,但是实际上又并非如此。

在南渡士族中,王导有"江左管夷吾"①之誉,又曾作"勠力王室,克复神州"②的豪言。但是王导并没有一匡九合的抱负,只是尽力于笼络南士,和辑侨姓,以图苟安。司马睿之所急,也是在江左建立霸业,并不真正以中原为念。史言司马睿"方拓定江南,未遑北伐"③,确是事实。终司马睿之世,终王导之世,他们未尝以北伐为务,在抗御刘、石方面始终是消极的。永嘉六年(312)石勒治军葛陂,威胁建康,江左派去抵拒的人,不是王敦之类的实力人物,而是南士纪瞻。愍帝使至建康,希望江左遣军北进,以减轻关中承受的军事压力,也被拒绝。迨至长安不守,愍帝出降,司马睿、王导故作姿态,扬言北伐而不出师,卒以"督运稽留"罪杀令史淳于伯以塞责,成为江左一宗冤狱。对曾为东海王越典兵参军的祖逖的北伐,他们也多方掣肘。朱熹谓"元帝与王导元不曾有中原志。收拾吴中人情,惟欲宴安江沱耳",又谓"当是时,王导已不爱其如此(按指祖逖北伐事),使戴若思辈监其军,可见如何得事成!"④ 朱熹居南宋偏安之世,对北伐问题看得格外清楚。王、马朝廷居衮职而真正以"克复神州"为念的人,可说是绝无仅有。他们的最高愿望,只

---

① 《世说新语·言语》及注,《晋书》卷六五王导、卷六七温峤传。元帝亦以管仲目王导,尊之为仲父。

② 《世说新语·言语》、《晋书》卷六五《王导传》。

③ 《晋书》卷六二《祖逖传》。

④ 《朱子语类》卷一三六。

在于保境苟安，尽量避免刺激刘、石，而无其他。在此以后，侨人逐渐安于所居，南北分割局面随之为人们所接受，北伐口号也丧失了原有的意义，往往成为强臣增益权威的一种手段，因而总是得不到朝野一致的支持。

石勒于老暮之年致币与江左修好①，自然是考虑到灭东晋既不可能，北方内部又不稳定，为子孙守业计，宁与江左言和。江左拒和，事诚可嘉；未与刘、石通和，亦属事实。但袁燮言东晋"朝思夕虑求胜敌之策"，钱大昕言其"卓然自立"，似皆溢美之词，历史事实未必真正如此。

---

① 《晋书》卷一〇五《石勒载记下》，勒咸和七年死，年六十。按七年为八年之误，点校本已出校记。石勒致币，在其死年。

论郗鉴[①]
——兼论京口重镇的形成

一 小 引

《晋书》卷六《明帝纪》史臣曰:"维扬作寓,凭带洪流,楚江恒战,方城对敌,不得不推诚将相,以总戎麾。楼船万计,兵倍王室,处其利而无心者,周公其人也。"

《晋书》史臣所论,盖以"五马"渡江以来,王敦于荆、江诸州讨平华轶、杜弢、王机、杜曾,功业积累,造成了凭陵晋室的形势,卒以兴兵叛晋。自此以后,居上游者多踵王敦之迹,处其利而有心,恃兵恣擅,力图以此巩固门户利益,压倒竞争对手,甚者意在移晋室之鼎。而卫护晋室者,则联络其他士族人物以制上游强藩,或思另树强藩于京师左近以固根本,抗衡上游。东晋之初变乱迭起,争夺无已,都是循此轨辙。这种冲突,在国

[①] 郗鉴之姓,今俗读为希。按郗,《广韵》在上平六脂,《晋书音义》作丑脂反,《通鉴》注作丑之反,《通鉴释文》作丑饥反。钱大昕《十驾斋养新录》卷十二有考。今人郗姓习从俗读,但旧读不能不知,故附志于此。

家体制上是地方与中枢之争，在地理位置上是上游下游之争，在出场人物上则是士族门户之争。东晋门阀政治，可以说是门阀士族在相争中求发展而又维持东晋于不坠的政治。

在中国古代的王朝政治中，出总戎麾的绛、灌、卫、霍之臣，历代皆有，这种人的行事并非皆如东晋的王敦。王敦之所以为王敦，东晋强藩之所以多如王敦，其历史的原因，一是皇权不振，一是士族专兵。一旦皇权力求振兴，士族无力专兵，门阀政治就会逐渐出现变化，不过这已是淝水战后的事了。

西晋琅邪王司马睿于八王之乱后期，受东海王司马越的派遣，出驻建邺。西晋咸宁定制，琅邪本为大国。但是由于八王之乱中政局变化的结果，南渡时的琅邪王，与八王之乱中的诸王相比，权轻众寡，不可同年。琅邪王司马睿以旁支弱藩而又"寄人国土"①，本来不具备继统的资格。只是由于两京陷落，怀、愍被掳，武、惠嫡属尽死于难，晋室在北方已无立足余地，才使僻远的江东成为正朔所在之地。琅邪王以际遇而得帝位，并没有法统、实力、功劳的凭借，因而也不可能拥有哪怕像晋武帝有过的

---

① 《世说新语·言语》"元帝始过江"条。尊经阁本汪藻《考异》有敬胤驳"寄人国土"之说，以为其时中朝朝廷仍存，琅邪王为中朝方伯在建业，"何谓为寄也？"敬胤此议近人类皆从之。今按：言"寄人国土"者，吴、丹阳、吴兴等三郡本为武帝子吴王晏封国，琅邪王镇此，是寄治吴国之土，故《世说新语》所记"寄人国土"本不误也。两京陷后，琅邪王改称晋王，曾为史臣非议，谓"建小晋于大晋之中"。疑琅邪土改称晋土，就是为了易吴国为晋国，改变"寄人国土"的状况，为以后即晋帝位作准备。至于顾荣所谓"陛下勿以迁都为念"，则确实是以元帝即位以后的言语，误置于琅邪王初过江之时。或者"陛下"为"殿下"之误写。

那种不算强大的皇权。

士族专兵是东晋特有的现象，前于此的汉、魏、西晋没有，后于此的南朝也没有。东晋士族专兵，始作俑者是琅邪王敦，一般说来，是由于士族已成为强大的社会阶层，琅邪王氏更居其首；特殊说来，是由于皇权不振，不足以控制士族。士族有兵可专，则是由于北方流民不断南来，补充着兵的队伍。士族依以统兵作战的武将，是久事疆场的流民帅。

《南齐书》卷一七《舆服志》曰："乘舆传国玺，秦玺也，晋中原乱，没胡，江左初无之，北方人呼晋家为白板天子。"①《太平御览》卷六八二引《玉玺谱》曰："元帝东渡，历数帝无玉玺，北人皆曰司马家是白板天子。"《通鉴》晋永和八年（352）六月胡注："江南之未得玺也，中原谓之白板天子。"按天子无传国玺而被讥为白板天子，犹言自署天子，如同无信物根据的板授之官②。程大昌《演繁露》卷一〇注："白板天子，言不得玺，

---

① 传国玺，玉玺，永嘉末没胡后，永和八年始归东晋，见《晋书》卷七九《谢尚传》。东晋无天子玉玺，凡四十二年。在此期间，东晋乘舆别有六玺，皆金为之，亦见《南齐书·舆服志》。白板、板授，或作白版、版授。

② 板授，诸家解释有歧义。《通鉴》宋孝建元年（454）二月条胡注："晋宋之制，藩方权宜授官者谓之版授"，得其简要。此"板授"亦作"白板"，常与"台除"相对而言，例见《真诰》卷一五《阐幽微第一》、《宋书》卷五《文帝纪》元嘉二十七年（450）、同书卷六《孝武帝纪》大明五年（461）。故《通鉴》齐永明十一年（493）七月引"或曰：未经敕用者谓之版授"。同条胡注又曰："宋泰始初（按当指466年）南攻义嘉，军功者众，版不能供，始用黄纸"，则此时版授又重于黄纸也。

如无告命官也。"白板天子是没有权威的天子,它的存在,靠若干家士族的支撑。每家士族为了门户利益,都力图挟制天子,使其他士族屈从于己。所以东晋天子只有在各家士族门户地位平衡、利益均沾的条件下才能自存,而要长期保持这种平衡,使之不被破坏,又是十分困难的事。《晋书》卷六《元帝纪》谓"中宗(元帝)失驭强臣,自亡齐斧"。齐斧,受以征伐,象征权威。实际上,元帝从来就没有驾驭强臣的"齐斧",强臣也不允许元帝握有这种"齐斧"。王敦之乱,正是元帝欲用刁协、刘隗为"齐斧"以驭强臣而促成的,其结果是"齐斧"未效,强臣先叛。

虽然如此,东晋政权毕竟还是维持了一个世纪之久。其政局的发展,就是几家门阀士族势力由平衡进入不平衡,经过复杂的演化又进入新的平衡。与此相应,东晋政局由稳定到动乱,由动乱回复新的稳定。每一次这样的变动,居位的士族就被新的门户代替。在皇权不振、士族专兵情况没有改变的条件下,这种循环往复的历史过程将一直进行下去。平衡的维持,稳定的取得,往往有赖于"处其利而无心者"这样的强臣。在少数这样的强臣中,郗鉴是最早的也是最重要的一人。东晋朝廷得以维持,东晋门阀政治格局得以延续,郗鉴起过很大的作用,关于这一点,治晋史者似乎未曾充分留意。

二　郗鉴的密谋

(一) 东晋初年的兵力状况

郗鉴，高平金乡人，汉献帝时御史大夫郗虑玄孙。郗虑是经学大师郑玄的弟子。据《晋书》卷六七《郗鉴传》，郗鉴"博览经籍"，"以儒雅著"，不改郗虑家风，属于东汉以来的儒学旧族。在两晋之际，从时尚考虑，郗氏家族仕宦既不特别显达，人物又不预挥麈谈玄之流，与王、裴诸族相比较，郗氏在士族阶层中并不属于很高的门第。

郗鉴起家，据本传说："东海王越辟为主簿，举贤良，不行。"又据《晋书》卷五六《江统传》，东海王越于永嘉元年（307）为兖州牧，以江统为别驾，委以州事。江统应东海王越之命，举郗鉴为贤良。这就是说，郗鉴通过江统，在政治上与东海王越有过一定的关系，但是并不深固。洛阳沦陷后，郗鉴未南渡，与宗族乡党千余家保据峄山（邹山），受琅邪王司马睿委署为兖州刺史，三年众至数万。以后，郗鉴被石勒侵逼，始辗转南移，于元帝永昌元年（322）七月退保合肥，时距洛阳之陷已是十一年整了。纪瞻荐郗鉴于晋元帝，元帝征鉴为尚书，入居京都。

关于郗鉴南来，《晋书》没有明言其规模是率部还是举家。陶弘景《真诰》卷一五《阐幽微第一》注曰：郗鉴"永昌元年率诸流民来渡江东"云云。从郗鉴南行先驻合肥，以后频繁往来于合肥、建康之间的情况看来，郗鉴率有流民是可信的。但南来流民大体上是屯驻合肥,未得过江。流民帅所率流民不得过江而至建康,这在当时是通例,不独郗鉴所部如此。所以《真诰》谓郗鉴"率诸流民来渡江东",只不过笼统言之,并不确切。郗鉴以流民帅的身份,置流民于合肥而本人被征入朝。征诏郗鉴,这是东晋元帝表示对他寄予信任的一种姿态,当然也有羁縻而观察之的意思。郗鉴自不愿置其所统部曲于不顾,使自己丧失可恃的实力。所以他本人继续与所率流民保持联系,频繁地往还于合肥、建康之间。

郗鉴南来之时,王敦叛乱已经开始。王敦在京都改易百官,转徙方镇,并杀戮"南北之望"的戴渊、周顗等人。但是,默许王敦兴兵抗拒刘隗、刁协的士族人物,并不支持王敦篡夺东晋政权,太原王峤、太原温峤、陈郡谢鲲等都有表示,甚至王敦从弟王彬也反对王敦。王敦只得暂还武昌,遥制朝政。明帝即位后,王敦准备再次起兵,乃移镇姑孰,屯于湖,有另立东海王冲的图谋。明帝惧王敦之逼,出郗鉴镇合肥,依其流民力量以为外援。王敦不愿郗鉴以流民为朝廷掎角,乃表请郗鉴为尚书令,郗鉴只得又返京都。这时距郗鉴南来刚过一年,但他已逐步陷入士族门户斗争的旋涡之中,成为影响东晋政局的一个颇为重要的人物。

郗鉴重回建康,据本传说,"遂与帝谋灭敦",这是很值得注意的一个信息。郗鉴灭王敦之谋,内容如何,史籍无征。据下年(太宁二年,324)明帝讨伐王敦时郗鉴的擘划,参以《晋书》卷七四《桓彝传》明帝将讨敦,"拜彝散骑常侍,引参密谋"之事,可知郗鉴所谋主要是用流民帅的兵力以制王敦。其时门阀士族虽不支持王敦篡夺，也还没有坚决站在朝廷一边。朝廷对王敦尚不具备明显的优势。所以明帝只能筹之于较低的士族人物郗鉴、桓彝，而郗、桓筹兵，也只能求之于门阀士族以外的流民。这是影响明、成两朝政局的一件大事，值得细细探索。

明帝时，东晋的兵力状况是十分困难的。拥兵强藩除王敦外，还有陶侃、祖约诸人。陶侃已被王敦遣镇广州，未能参与荆、扬事态。祖约在豫州，继统祖逖军队，屯驻寿春，这支军队历来不服王敦。《世说新语·豪爽》："王大将军始欲下都处分树置，先遣参军告朝廷，讽旨时贤。祖车骑（逖）尚未镇寿春，瞋目厉声语使人曰：'卿语阿黑（原注：敦小字也）何敢不逊，催摄面去。须臾不尔，我将三千兵槊脚令上。'王闻之而止。"① 尊经阁本汪藻《考异》注曰："旧云'王敦甚惮祖逖'。或云王有异志，祖曰：'我在，伊何敢！'闻乃止。"但是祖氏与朝廷亦不相得，用祖约豫州之师以抗王敦，是不可能的。

除了这几处强藩以外，东晋军既寡弱，又无粮廪。《晋书》卷二六《食货志》："元帝为晋王（建武元年，317），课督农功，诏二千石长吏以入谷多少为殿最。其非宿卫要任，皆宜赴农，使军各自佃作，即以为廪。"《晋书》卷七八《丁潭传》："今之兵士或私有役使，而营阵不充。"这些都是王敦之乱稍前的材料。《晋书》卷六七《温峤传》温峤上军国要务七条，"议奏多纳之"。其第三条曰："诸外州郡将兵者及都督府非临敌之军，且

---

① 此段文字，余氏笺疏、徐氏校笺句读均如此。我疑"讽旨"是讽朝廷之旨，故句读以作"……告朝廷讽旨。时贤祖车骑……"较胜，但未敢遽断。

田且守。又先朝使五校出田,今四军五校有兵者及护军所统外军,可分遣二军出,并屯要处。缘江上下,皆有良田,开荒须①一年之后即易。"《晋书》卷七〇《刘超传》,超入为射声校尉,"时军校无兵",超以其为义兴太守时的"义随"为宿卫禁军。《晋书》卷八八《孔坦传》,朝廷使吴兴内史孔坦募江淮流民②为军。这些都是王敦之乱稍后的材料。王敦乱前乱后,朝廷军力军食艰难,既然都是如此,王敦乱中,情况应当也是这样。看来无兵可用,是东晋朝廷面临的极大困难,解决的办法只有一途,就是尽可能征发流民。

(二) 流民与流民帅

流民南来,情况各异,有的是分散行动,有的是由大族率领;有的零星渡过长江,有的大股滞留江北。司马睿南渡后,流民一度零散地涌入东吴,数量不详。《食货志》载应詹表曰:"间者流人奔东吴,东吴今俭(按,指太兴二年三吴大饥,死者甚夥之事),皆已反还。江西良田,旷废来久,火耕水耨,为功差易。宜简流人,兴复农官,功劳报偿,皆如魏氏故事……"应詹所谓流民返还江西,当是大率言之,其中有未还者,多成为士族大姓的僮客。稍后东晋颁行给客制度以及征发流民为僮客者为兵,主要就是针对这些留在扬州江南诸郡流民的。

扬州上游,豫州一带,亦有流民络绎南行,被东晋政府拦截

---

① 须,待也。它本作虽。周家禄校勘记谓,"虽"下脱"难"字。若尔,此句当读作"开荒虽难,一年之后即易"。按,两读皆可通,作"须"略胜。

② 按,当指江淮流民之散在吴兴郡者。

于江北。《晋书》卷五九《汝南王亮传》附《西阳王羕传》：司马羕"南渡江，元帝承制，更拜抚军大将军，开府，给千兵百骑，诏与南顿王宗统流人以实中州。江西荒梗，复还"。司马羕"放纵兵士劫钞，所司奏免羕官，诏不问"。按西阳王羕纵兵劫钞之事，亦见《晋书》卷六六《陶侃传》。永嘉时陶侃为武昌太守，"时天下饥荒，山夷多断江劫掠①。侃令诸将诈作商船以诱之。劫果至，生获数人，是西阳王羕之左右。侃即遣兵逼羕，令出向贼……羕缚送帐下二十人，侃斩之。自是水陆肃清，流亡者归之盈路"。西阳王羕左右诈为山夷以劫行旅，当即羕统流民以实中州时事。羕还台后，流民南至江、荆之路始得通畅。《晋书》卷八一《刘胤传》："自江陵至于建康三千余里，流人万计，布在江州。"这是成帝咸和时事，明帝时当已有此形势。

东晋扬州近郡，农民兴发甚难，征流民为兵，就成为势在必行之举。尚在道路转徙的流民，生计未立，无籍可稽，一般说来，还难于成为征发对象。对于他们，必须先有一个使之著籍的过程。眼下可以征发的，只能限于已经庇托于大姓、定居营生的流民②。因此，晋元帝时出现了一些处置流民的法令。

据《隋书》卷二四《食货志》，东晋之初，"都下人多为诸

---

① 《宋书》卷九七《蛮传》豫州蛮条：西阳有五水蛮，"所在并深阻，种落炽盛，历世为盗贼，北接淮汝，南极江汉，地方数千里"。山夷当即此蛮。

② 使流民著籍而征发为兵，似是此时朝廷聚兵的一个主要途径。另一个途径是募兵。成帝咸和时孔坦为吴兴内史，朝廷"使坦募江淮流人为军"，因乱东还的殿中兵也有应募者，见《晋书》卷七八《孔坦传》。元帝、明帝时当亦有募兵，不过难测数量多少。这种募兵大概不会是已著籍的流民。

王公贵人左右佃客、典计、衣食客之类，皆无课役"，于是而有给客制度的出现。据《南齐书》卷一四《州郡志上》南兖州条，晋元帝时，"百姓遭难，流移此境。流民多庇大姓以为客。元帝太兴四年（321）诏以流民失籍，使条名上有司，为给客制度。而江北荒残，不可检实"。太兴四年的给客制度限于流民之失籍者，地域只是都下及扬州江南诸郡。制度规定流民皆条其名上有司，并规定为客者皆注家籍，即附籍于主人户中，其用意在于使流民有名可稽，使国家在一定程度上可以掌握这些流民。《晋书》卷九一《儒林·徐邈传》，东莞徐澄之与臧琨率子弟并闾里士庶千余家南渡江，家于京口，遂世为京口人。依情理度之，徐氏、臧氏所率流民居京口者，以社会地位论，既有士有庶；以经济状况论，当有地主、僮客与自耕农。但要进一步指实这种区分，估计各自所占的比例，探究这些人所受给客制度的影响，则是困难的事。

给客制度本身，还不是东晋直接征发流民为兵。但是流民既已著籍，东晋朝廷征发他们就有了根据，所以出现了同年所颁"免中州良人遭难为扬州诸郡僮客者，以备征役"的诏令，见《晋书》卷六《元帝纪》。这是以诏令形式放免已沦为私家僮客的流民而征发之，而其直接目的正是为了加强军队以对付王敦。"发僮"，当即《晋书》卷九八《王敦传》永昌元年（322）王敦请诛刘隗疏中所谓"免良人奴，自为惠泽"之事。良人奴不是指良人之奴，而是指流民本为良人如今沦落为奴者；发以为兵，当即"兵家"，其身份同于客。"发客"，当亦是发以为"兵家"，例同《晋书》卷六九《刁协传》"取将吏客使转运"及同书卷六四《司马元显传》发"免奴为客者"为兵。晋元帝在同一年之内所行给客制度和发僮客为兵二事，都是针对流民而发，都是为了对付王敦。所以被征发者，其万人配刘隗镇淮阴，万人配戴渊镇合肥，名曰备胡，但实际目的是一目了然的。同时，检校流民也是为了限制南北大族荫占流民的特权，这又成为王敦起兵的口实，成为南北大族多支持王敦起兵的一个重要原因。

发流民之为僮客者为兵，被门阀士族视为一项可一而不可再的弊政。强发之兵也不堪驱使，没有战斗力。所以王敦第一次南下时，刘隗、戴渊之兵还救京师，一战即溃。虽然如此，当面临王敦第二次起兵威胁的时候，东晋可以用来对付王敦的力量还是只有流民。不过，朝廷绝不能再采取征发流民之为江南诸郡僮客者的老办法，而是利用麇集在江北和淮域的流民集团，并且不破坏流民集团中原有的统属关系。这就是太宁二年（324）郗鉴与明帝密谋用流民帅的力量对抗王敦的背景。郗鉴本人就是流民帅之一，他知道流民帅有为朝廷所用之可能，由他向明帝提出有关的建议，是比较合适的。

屯驻于江淮之间受东晋委署的流民帅，多数曾有在北方抗拒胡羯的历史。他们所统的武装力量长期相随，多少具有私兵性质。东晋朝廷不得不重视他们，又不敢放心大胆地使用他们。他们是东晋的一支唯一可用的兵力，可又是朝廷不能完全信赖的兵力。一般说来，东晋是按照流民帅原有的地位高低和兵力多寡，委之以太守、刺史、将军之号，划分大致的地盘，羁縻于长江之外，拒绝他们过江南来。对于已经到达或者将要到达长江的流民帅，东晋往往以军事理由促其北返。祖逖率众南来，行达泗口，琅邪王司马睿"逆用"之为徐州刺史。后来祖逖率部众一度过江，居于京口，但是立足未久，又受命以豫州刺史名义，率部北返，活动在淮北地区。苏峻率部众由青州泛海入长江，达于广陵，不久也受命北返彭城作战，历官淮陵内史、兰陵相。蔡豹以清河太守避难南行，司马睿以为临淮太守、徐州刺史。蔡豹本传不谓率众，但他在祖逖为徐州刺史时任徐州司马，后来一直在江淮间与徐龛、石虎作战，亦当是率众南来不得过江的流民帅。庾敳之甥、褚裒从兄褚翜，曾为流民帅，率邑人自保于豫州界，后来单马至许昌投奔行台荀藩、荀组，转至江东。褚翜虽无部曲或部曲无多，元帝犹出之江外，为淮南内史。在黄河南北抗拒石勒的邵续，曾列名劝进表，其婿刘遐间道遣使受元帝节度，但刘遐之军也只是活动于下邳、彭城、泗口一带，最南不过临淮。

一般说来，拥众南来而止于江淮间的流民帅，或者门户不高，或者虽有门户背景但本人不具备名士风流旨趣，与东晋政权及当朝士族是格格不入的。祖逖出于北州旧姓，但据其本传，逖本人"好侠"，"有豪气"，史臣谓其"思中原之燎火，幸天步之多艰，原其素怀，抑为贪乱者矣"。蔡豹出陈留高门，而其本传谓豹"有气干"，其素质不类士族子弟。苏峻本传谓其"本以单家，聚众于扰攘之际"，门第与品格均不得入于士流。刘遐、郭默诸将也都出自寒微，习于行阵。只有郗鉴，门第条件初备，气质出众，足以出入门阀政治之中，故得以尚书之职征辟台城。但是郗鉴部属仍然只能屯驻合肥，他本人出镇时也屡居江北，与上述诸人大体相同。

　　名义上附晋的流民帅，曾长期置身于北方多种政治势力之间，须随时窥测形势，以谋自存。他们南来后对于东晋政权若即若离，在政治上保留有相当大的独立性，甚至于玩忽朝命，跋扈专横。他们雄踞一方，各行其是，无王法亦无军纪，有的还要靠打家劫舍，拦截行旅以筹给养，连祖逖所部也是这样。《晋书》卷六二《祖逖传》：祖逖"宾客义徒皆暴桀勇士"，盗窃攻剽，祖逖则分享赃货。《世说新语·任诞》："祖车骑过江时公私俭薄，无好服玩。王、庾诸公共就祖，忽见裘袍重叠，珍饰盈列，诸公怪之。祖曰：'昨夜复南塘（按在秦淮河南岸）一出。'祖于时恒自使健儿鼓行劫抄，在事之人亦容而不问。"祖逖的行径，与北方坞主郭默"以渔舟抄东归行旅"（《晋书》卷六三《郭默传》）、魏浚"劫掠得谷麦"（同书同卷《魏浚传》）完全一样。尊贵如西阳王羕，当其统流民于江西之时，也是放纵部属"断江劫掠"，与其他流民帅同。

　　郗鉴本人，杀人越货之事亦在所难免。《真诰》卷八《甄命授第四》："郗回（按即郗鉴子愔，字方回）父无辜戮人数百口，取其财宝，殃考深重。愽（原注：谓应作怨字）主恒讼诉天曹，早已申对……""太元真人答许长史。（原注：郗回父鉴，清俭有忘（志）行，不应杀掠如此。或是初过江时摆并所致，不尔则在京时杀贼有滥也。）"《真诰》卷十一、十二谓郗鉴为鬼官，《太平广记》卷二八还有郗鉴为神仙之事。郗鉴为道教徒，本传无征，但郗愔佞道则是确事。不管怎样，《真诰》记郗鉴杀人越货之事及其所作解释，当有晋、宋史料或口碑为参考，不是妄言。

流民帅南来附晋者在东晋门阀政治中无所依傍，一般说来，一是力图站稳脚跟，保全势力，二是志在立功，以求发展。东晋对他们的态度，虽视其效忠程度而有所不同[①]，但总的说来是严密防制的。祖逖矢志北伐，义无反顾，对东晋无丝毫不臣之迹，但也不见容于晋室。其时琅邪王司马睿以子司马绍（按即后来的晋明帝）、司马裒先后镇广陵，扼制南渡通道，实际上也有节制流民帅使不得南渡之意。王导以从弟王舒为司马裒的司马，无异在广陵安排一支王与马的联合势力。司马裒旋死，王舒遂镇广陵。

　　王舒在广陵，节制流民帅不使南渡，非常严格。《晋书》卷八一《蔡豹传》，豹退守下邳，徐龛击其辎重，"豹既败，将归谢罪，北中郎将王舒止之。……元帝闻豹退，使收之。使者至，王舒夜以兵围豹……执豹，送至建康斩之"。蔡豹有战败之失，罪不至死，蔡豹之死，疑与他的流民帅身份以及企图南来情节有关。流民帅在北方多少有过战功，在阻滞石勒南下，保护江左政权方面起过作用。正因为如此，东晋朝廷更是提防他们，唯恐他们有恃功反噬之心。这正是东晋政权非常虚弱，只以门户利益为重的一种表现。

　　流民帅少有内辅京师以备宿卫的机会，与东晋政权互相猜忌，所以他们也都不愿脱离自己的部属和集团，贸然过江，以为朝廷缓急之用。他们最担心的是被朝廷夺兵。祖逖过江，其兄

[①] 流民帅中效忠而为朝廷信任之例，如褚翜从淮南受戴渊之遣赴王敦之难，遂为京师五校之一。苏峻之难，翜为侍中在成帝左右，有忠贞之誉。事见《晋书》卷七七《褚翜传》。

纳、弟约均居官建康，遴本人也曾被征为琅邪王军咨祭酒，但遴仍居京口，不离部众。王敦首次进逼京都，元帝曾召居兰陵相的流民帅苏峻讨伐王敦，苏峻观望形势，迟回不进，也是由于有所顾忌。此当为永昌元年（322）春间之事，其时郗鉴尚未南来，流民帅与东晋朝廷之间，尚未打通关节。

（三）用流民帅平王敦之乱

郗鉴与明帝密谋讨伐王敦，在太宁元年（323）八月间。翌年七月，王敦所遣王含、钱凤之兵临建康，越十五日即有苏峻、刘遐等流民帅之兵迅援建康，扭转了局势，乱事悉平。由苏峻受诏入援而"迟回不进"，到苏峻等火速进卫建康，转变如此之大，我认为必有郗鉴（可能还有桓彝）折冲于朝廷与流民帅之间所起的作用。但是事密无闻，今天只能在零散史料中钩稽探赜，以约略窥其梗概。

关于刘遐、苏峻诸军入援始末，《晋书》纪传散载事迹如下：

《郗鉴传》：太宁元年郗鉴自合肥还台，"遂与帝谋灭敦"。传文既而叙王含、钱凤攻逼京都，郗鉴固辞卫将军军号之事，而不言议召苏峻、刘遐。

《刘遐传》：遐于太宁初移屯泗口。王含反，遐与苏峻俱赴京都，未言有诏见召。

《苏峻传》：王敦复反，郗鉴议召峻及刘遐入援。

《王敦传》：王导自建康遗王含书曰："得征北①告，刘遐、

---

① 征北指王导从弟王邃。《元帝纪》永昌元年十月"以下邳内史王邃为征北将军都督青、徐、幽、平四州诸军事，镇淮阴"。

陶瞻、苏峻等深怀忧虑，不谋同辞。……是以圣主发赫斯之命，具如檄旨。"檄旨指同传所载明帝讨王敦之诏，其中调遣兵将一段提到刘遐、苏峻，但通篇不及郗鉴。看来"不谋同辞"云云并非真正"不谋"，只是王邃、王导不知或佯作不知郗鉴有密谋于其间，故有此语。

《明帝纪》：太宁二年六月丁卯，广设军号，以王导为大都督，温峤、卞敦、应詹、郗鉴、庾亮、卞壶等各有军务职守，其中郗鉴为行卫将军、都督从驾诸军事。诏征徐州刺史王邃、豫州刺史祖约、兖州刺史刘遐、临淮太守苏峻、广陵太守陶瞻等还卫京师。《明帝纪》于军事调遣交代清楚，只是无点睛之笔，没有点出擘划主要来自郗鉴，以及郗鉴本人固辞军号之事。

记载此事近于全豹的，是《通鉴》，但是也有重要遗漏。《通鉴》太宁二年六月丁卯记事，其广设军号以及以郗鉴为卫将军、都督从驾诸军事，据《明帝纪》；郗鉴固辞卫将军军号事，据《郗鉴传》；郗鉴请诏征苏峻、刘遐，据《苏峻传》；刘遐、苏峻军迅速入援，据《刘遐传》及《苏峻传》；于郗鉴所请诏征苏、刘以外，还诏征王邃、陶瞻等人以为衬托，据《明帝纪》。《通鉴》叙事翔实可靠，只是没有把郗鉴请诏征刘遐、苏峻之事，及郗鉴与明帝谋灭王敦之事联系起来考察。据我看来，前一事正是后一事的具体内容，因为灭王敦之谋首要的问题在于弄清有什么武力可以使用。郗鉴请明帝诏征流民帅，有首策之功，所以得以在灭王敦之役中受卫将军都督从驾诸军事之命；但是由于他与明帝相处的历史不长，他又不能不顾王导、庾亮、温峤、卞壶诸人而贸然出就卫将军之职。

郗鉴以流民帅的地位，为晋明帝擘划用流民帅以灭王敦之策，获得了很大的成功。引流民帅入京都，对东晋有危险性，自然为当朝所忌讳。如果不是像郗鉴这样有一定的门户背景和社会地位、与王敦势力没有瓜葛而又持重效忠朝廷的人，是不可能做出这种重要策划的。郗鉴过江不早，与王、马关系不深，但由于有此功劳，遂得跻身于江左门阀政治之中，而高平郗氏也得以在此后逐步上升为第一流侨姓士族。

用流民帅解决朝政中的重大问题，虽收到很大的效果，但毕竟遗留了一些不利于朝廷的影响。苏峻得历阳内史职，控建康上游门户，骄溢自负，颇有异志。他拒绝庾亮内征之命，说："讨贼外任，远近从命，至于内辅，实非所堪。"优诏至，苏峻仍不从诏，表请"乞补青州界一荒郡，以展鹰犬之用"。苏峻来自青州，部属当多青州人，荒郡之请，表明他决计不脱离部属而入辅朝廷。他对台使说："往者国危累卵（按指王敦再叛之事），非我不济，狡兔既死，猎犬理自应烹，但当死报造谋者（按指庾亮）耳。"于是而有苏峻、祖约的叛乱。至于刘遐，他在追逐王含时"颇放兵房掠"，恣纵不羁。刘遐旋死，朝廷以其部曲给予单马南奔的郭默，刘遐亲戚故旧不乐他属，遂以叛晋。郭默领刘遐部曲后报效东晋，助平苏峻之乱，被征为右军将军。但是郭默以家世气质论毕竟也是流民帅之流，如果没有更为特殊的原因，也难在东晋门阀政治中安身立命。《晋书》卷六三《郭默传》郭默谓刘胤曰："我能御胡而不见用。右军主禁兵，若疆场有虞，被使出征，方始配给，将卒无素，恩信不著，以此临敌，少有不败矣。"郭默也在平苏峻、祖约之后被陶侃擒斩。于是，由郗鉴策划而一度进入东晋政治领域的几个重要的流民帅,都被消灭了。

苏峻其人其事,在东晋民间似乎还留有一些影响。《六朝事迹编类》"蒋帝庙"条谓:"苏峻之难,钟山神同蒋侯为助,且曰:'苏峻为逆,当共诛锄之。'后果斩峻。"但苏峻败死以后,建康民间曾立其像,称苏侯神。今本《搜神记》卷五、《北堂书钞》卷一四五和《太平御览》卷九三六引《续搜神记》,都有苏侯神事。《通典》卷五五《淫祠兴废》,谓东晋不典之祠非一,穆帝升平中何谨请汰废淫祠,不果行。宋武帝永初二年普禁淫祠,苏侯神当在禁中;孝武帝孝建初又修葺所禁神庙,并加苏侯为骠骑大将军。据《宋书》卷九九《元凶劭传》,刘劭杀父自立后被围困于建康,曾迎祀苏峻像于宫内。南朝诸史载苏侯神祠事不少,地点及于建康之上游(如《南史》卷三二《张冲传》)和下游(如《南齐书》卷二八《崔祖思传》)。苏峻为晋叛臣而得于晋天子辇下立像受祀,其故难明。或者,苏峻以流民帅入援,驰骋建康城下,自南塘大破钱凤兵,奠立了灭王敦胜利基础,晋人念其功而遗其过欤?姑志于此,以备参考①。

---

① 本书撰写既竟,得见川胜义雄《六朝贵族制社会研究》(日本岩波书店1982年版),书中也注意到晋明帝听从郗鉴建议,召苏峻、刘遐援京师,依靠这些"北来兵团"平定了王敦之乱,并消灭了助王敦叛乱的吴兴豪族沈氏、钱氏势力这一事实(见该书第228—232页"北来流人兵团和王敦之乱"一节),但并未细究原委。川胜为日本研究六朝史富有成就的学者之一,不幸于1984年逝世。

三　郗鉴与王导

(一) 郗、王家族的结合

郗鉴在北时，曾受东海王越之辟；稍后，又受琅邪王睿委署。他与东海王越和琅邪王睿的这种关系虽然并不深固，但对于他的南奔却有直接影响。郗鉴过江，不负旧谊，除了效忠元帝、明帝外，对于昔日举主江统的后人，亦深相交结，尽力提携。郗鉴显达，辟江统子虨为司空掾，又请为司马；檄统次子惇为兖州治中，辟太尉掾。江虨亦曾与辅政的会稽王司马昱共荐郗鉴子愔。郗鉴对于居中枢之任的门阀士族，也力图多方联系。

郗鉴南来，以流民帅而得迅速进入建康朝堂，主要是得力于纪瞻。《晋书》卷六八《纪瞻传》：“时郗鉴据邹山，屡为石勒等所侵逼。瞻以鉴有将相之才，恐朝廷弃而不恤，上疏请征之，曰：'……伏见前辅国将军郗鉴少立高操，体清望峻，文武之略，时之良干。昔与戴若思同辟，推放荒地，所在孤特，众无一旅，救援不至。然能绥集残余，据险历载，遂使凶寇不敢南侵。但士众单寡，无以立功。既统名州，又为常伯，若使鉴从容台阁，出内王命，必能尽抗直之规，补衮职之阙。自先朝以来，诸所授用，已有成比。戴若思以尚书为六州都督、征西将军，复加常侍；刘隗镇北，陈眕镇东。以鉴年时，则与若思同；以资，则俱八座。况鉴雅望清重，一代名器。圣朝以至公临天下，惟平是与。'”纪瞻力荐郗鉴"补衮职之缺"，其政治意向是希望郗鉴在王敦叛乱迫在眉睫之时站在晋元帝一边，抗拒王敦。其时戴渊以六州都督拥兵屯驻合肥,与屯驻淮阴的刘隗同为晋元帝所倚重。第二年,戴渊自合肥奉诏入卫建康,所率军队一触即溃,戴渊亦被王敦杀害。接着,郗鉴应征自峄山南来,所率部曲即屯驻于戴渊刚刚撤离的合肥,填补了戴渊留下的空缺,郗鉴本人则拜尚书入官建康。这些当与纪瞻疏荐有直接关系。郗鉴虽有时望,但以流民帅而得入官建康,如果没有有力人物为之援引,是不可能的。

郗鉴孤身入建康事,还有值得分析的地方。合肥是当时军事要地,与建康为掎角,本不宜由流民帅入驻。郗鉴先是于"永昌初征拜领军将军,既至,转尚书,以疾不拜"。领军掌宿卫之任,也不是远来流民帅郗鉴所宜领。所以郗鉴一到建康,就有转拜尚书之事,而郗鉴不会不懂内情,因而"以疾不拜"。等到王敦势逼,明帝才真正有了用郗鉴势力以为外援的要求,遂有对郗鉴假节镇合肥之授,郗鉴才有了回到他所统流民的驻地合肥的机会。可是,王敦又不愿接受这一于己不利的事实,上表以郗鉴回建康为尚书令。由此看来,郗鉴南来后得入东晋上层集团,虽经纪瞻荐引,毕竟还是有此一段若隐若现的曲折过程。其中关键之处是,从朝廷说来,郗鉴可为己用,但他毕竟是流民帅,必须小心谨慎对待,有所防范;从郗鉴本人说来,他虽然可以在王敦之乱中为朝廷奥援,但不能脱离随他南来的兖州流民群体,否则他将失去依靠,一事无成。

纪瞻是南士冠冕,对琅邪王司马睿立足建康,继承帝位,出力甚多,影响甚大。朝廷为了应付王敦之乱,以纪瞻为领军将军。他于宿卫六军中威望最高,六军对他敬惮祗肃。据《北堂书钞》卷六四引《晋起居注》，晋制："领军闲无上直之劳，可得从容养疾。"其时纪瞻年迈在病，朝廷以之为领军，意在借重其威望而又得遂其闲养。王敦再逼京都，明帝请瞻"卧护六军"。而郗鉴适有都督从驾诸军事之命，宿卫六军除已知护军应詹、左卫庾亮在前应敌之外，其余部分当在从驾诸军之中。不过六军寡弱无力，真正起作用的，是以郗鉴密谋而得入援的流民帅。纪瞻对郗鉴的荐举，起了立竿见影的作用。

郗鉴南来，王敦再叛，政治形势非常微妙。原来王敦初叛，是在与执政王导的默契下进入建康的，其直接目的是清君侧，所谓君侧，指明是刘隗、刁协、戴渊等一批王氏家族的仇人。《晋书》卷九八《王敦传》载王导遗王含书，有云："昔年佞臣乱朝，人怀不宁，如导之徒，心思外济。"这是王导明确承认本与王敦同谋。据《晋书》卷六九《周顗传》，王敦初叛入京，杀周顗、戴渊，都曾咨之于王导。王导后来说："吾虽不杀伯仁（周顗），伯仁由我而死，幽冥之中，负此良友！"其实由王导而死者，不只周顗，还有戴渊。后来王敦再叛，以台中军情告王含者也是王导。上引导遗含书，一则说"得征北（王邃，王导从弟）告，刘遐、陶瞻、苏峻等深怀忧虑，不谋同辞"；再则说"导所统六军，石头万五千人，宫内后苑二万人，护军（应詹）屯金城六千人。刘遐已至，征北昨已济江万五千人"。与王敦、王含通关节的王导，却又是明帝所令征讨王敦、王含的大都督、假节。这就是王敦再叛时形势微妙之所在。王导所统六军，当即纪瞻"卧护"的宿卫六军，可知王导还拥有某种势力可以影响京师形势。而王导的六军，其中的一部分又正是明帝欲置之于郗鉴都督从驾诸军事之下的。由此可见，郗鉴与王导之间，也存在一种微妙关系。

其实郗鉴得以自峄山南来，王导就曾起过作用，据《纪瞻传》，我们知道，纪瞻在荐郗鉴疏的末尾赘言："是以臣寝顿陋巷，思尽闻见，惟开圣怀，垂问臣导，冀有毫厘万分之一。"这就是说，郗鉴部众南来和征郗鉴入朝诸事，还需要得到王导的首肯，否则不会被朝廷接纳。

微妙的关系，尖锐的形势，需要南来不久的郗鉴确定自己的政治态度，尤其是对琅邪王氏的政治态度。

从郗鉴尔后的行事看来，他的政治态度首先是支持东晋，不赞同王敦的无君之心。郗鉴由合肥入朝时，王敦截留之于姑孰，与论中朝人物乐广、满奋。郗鉴力言中朝愍怀太子之废、赵王伦篡立之时，乐广处倾危之朝不可得而亲疏，柔而有正；而满奋则是失节之士，不可与乐广同日而语。这就无异向王敦表明，自己不愿党同于王敦。其次，郗鉴也没有党同于戴渊之辈以与琅邪王氏为敌，宁愿折冲于士族诸门户之间，以求政局之稳定。后来他固辞卫将军军号，反映了他不愿凌驾诸士族的谦退立场。郗鉴既不苟同于一方，就免不了在当轴诸士族之间时而与此、时而与彼发生矛盾。王敦乱平后，在应否追赠周札的问题上，这种矛盾一度表现得很尖锐。

义兴周氏是有名的"江东之豪"。王敦首逆，周札都督石头诸军事，开门应敦，使晋军败绩。王敦出于疑忌，又族灭周氏。王敦事平，周氏故吏讼周氏之冤，请加追赠，引起朝廷激烈争论，其意见备见《晋书》卷五八周札、卷六七郗鉴诸传。卞壶以札开门延敌,不宜追谥。王导认为"札开石头,忠存社稷,义在忘生",与谯王无忌、周顗、戴渊等死难之臣一样,合乎人臣之节,应一例追赠,不应厚彼薄此。显然,王导是袒护王敦的。郗鉴议同卞壸,而与王导针锋相对。他说:"若敦前者之举义同桓、文,则先帝可为幽、厉邪!"由于王氏权重,朝廷竟从导议,而卞、郗之议不行。这场尖锐的论战,说明其时郗鉴、王导关系并不和谐,虽然这还不是当时政局的关键所在。

东晋政局,成帝即位(太宁三年,325)后为之一变。成帝冲幼,王导、卞壸、郗鉴、庾亮等七人同受明帝遗诏辅政。接着,庾后(庾亮妹,成帝太后)临朝称制,庾亮居帝舅之尊,地位迅速上升,政之大要,皆决于亮。朝廷立即出现了庾亮与王导的明争暗斗,成为政局中的主要矛盾。郗鉴处于这一矛盾之间,力求抑制矛盾的发展,起稳定时局的作用。

庾、王家族,早先在元帝、明帝时共同利益尚多,矛盾本来并不显著。元帝过江后未即帝位以前,有用申、韩以张皇权之意。《晋书》卷四九《阮孚传》:孚"渡江,元帝以为安东参军。……时帝既用申、韩以救世,而孚之徒未能弃也"。按元帝为安东将军,在永嘉元年七月至五年五月(307—311)。据《元帝纪》,其时"王敦、王导、周顗、刁协并为腹心股肱",所以"用申、韩"并非特意针对琅邪王氏。《晋书》卷七三《庾亮传》:"时〔元〕帝方任刑法,以《韩子》赐皇太子。亮谏以申、韩刻薄伤化,不足留圣心。太子甚纳焉。"其时已在建武、太兴之际,王氏坐大,庾氏有此谏,足见王、庾之间尚得相安。后来王敦有意称兵,深忌庾亮而外崇重之,庾亮忧惧去官,旋复参与平乱。尽管如此，庾亮与王导尚无特殊冲突发生。

明帝经历了王敦之乱的剧烈震动，对王氏家族更有戒心，亲庾亮、疏王导的意向越来越明显。《太平御览》卷五九三引《语林》："明帝函封诏与庾公，信误致与王公。王公开诏，末云：'勿使冶城公①知。'导既视，表答曰：'伏读明诏，似不在臣，臣开臣闭，无有见者。'明帝甚愧，数日不能见王公。"按裴启著《语林》，成书时上距明帝才四十来年，所载掌故多可信。即令情节有违，要当为其时人对王、庾关系观感的反映。明帝成年在位，"潜谋独断"（《明帝纪》），虽袒庾而不纵庾，庾、王之间还不具备公开进行倾轧的政治气候。

到了成帝之时，母后称制，庾氏坐大，情况就不一样了。《晋书》卷七三《庾亮传》史臣曰："牙尺垂训，帝念深于负芒。"《晋书》卷三二《后妃传下》赞曰："持尺威帝。"按《困学纪闻》卷一三引殷芸《小说》："诸庾诛南顿王宗，帝问'南顿何在？'答曰：'党〔苏〕峻作贼，已诛。'帝知非党，曰：'言舅作贼，当复云何？'庾后以牙尺打帝头云：'儿何以作尔语？'帝无言，惟张目熟视。"《成帝纪》记此事略同，惟不言牙尺打头。南顿王宗被杀在咸和元年（326）十月，时成帝始六岁。虽然庾后于三年三月即死，但庾氏兄弟羽翼已成，权势在

---

① 冶城公即王导。王导宅在冶城，吴时鼓铸之所。据《世说新语·轻诋》注引王隐《晋书·戴洋传》及《太平御览》卷一七〇引《晋书》，王导久病，问术士戴洋，戴洋为言云云，导乃令移治于石城。

握,其锋芒所及,除排抑宗室①以外,主要是针对盘根错节的王导。所以成帝即位后,庾、王倾轧就立即公开化了。

原来受遗诏辅政的七人当中,卞壶以忠直闻,与庾亮对直省中,共参机要。首先起来约束以司徒录尚书事的王导的,就是卞壶。《晋书》卷七〇《卞壶传》云:"〔明〕帝崩,成帝即位,群臣进玺。司徒王导以疾不至。壶正色于朝曰:'王公岂社稷之臣邪?大行在殡,嗣皇未立,宁是人臣辞疾之时?'导闻之,乃舆疾而至。"

《卞壶传》又云:"是时王导称疾不朝,而私送车骑将军郗鉴。壶奏以导亏法从私,无大臣之节;御史中丞钟雅阿挠王典,不加准绳,并请免官。虽事寝不行,举朝震肃。"卞壶以罪加王导,比上引"岂社稷之臣"的责难又进了一步。按《北堂书钞》卷五九引《晋中兴书》:"卞壶为尚书令,奏王导居官无敬。"《初学记》卷一一、《太平御览》卷二〇一引《晋中兴书》,"居官无敬"均作"专任无敬"。"无敬",当即晋律所谓"不敬"。《晋书》卷三〇《刑法志》张斐注律上表曰:"亏礼废节谓之不敬。"卞壶以称疾不朝而私送郗鉴事奏弹王导"亏法从私,无大臣之节",与晋律以"亏礼废节"为"无敬""不敬"之科正合,

---

① 严格说来,排抑宗室是庾、王合谋。南顿王宗之死,系庾亮遣右卫将军赵胤收之。据《晋书》卷五七《赵诱传》附子胤传,诱事王敦;胤事王敦、王导,为王导从事中郎,又得为护军将军。传称"胤杀宗,于是王导、庾亮并倚杖之"。

其罪可至免官①。

卞壸两次罪责王导，此事与庾亮有无关系，史无明证。但是当庾、王矛盾滋生之时卞壸作此表现，无疑是对庾亮有利的。值得注意的是，王导在受到卞壸前一次抨击之后，仍然不顾嫌疑，私送郗鉴赴徐州之任，使卞壸再得口实。这足以证明庾亮用事以来，王导、郗鉴这两个家族开始出现了密切关系，而这种密切关系当然是针对庾氏专权的。琅邪王氏在王敦之乱后要想维持其家族势力于不坠，必须在有实力的朝臣中寻求支援。而琅邪王氏在政治上的继续存在，在当时又是约束庾氏专恣、稳定东晋政局的必要条件。郗鉴支持王导，王导联结郗鉴，其背景就是这样。

家族之间的相互支援，婚和宦是重要途径。宦，指仕途的提携，如明帝时王导为司徒，辟郗鉴子郗昙。婚，指互为婚姻以相固结，如王氏两代娶郗氏女。《世说新语·雅量》："郗太傅在京口，遣门生与王丞相书求女婿。丞相语郗：'信君往东厢任意选之。'"② 郗鉴选中了王导侄王羲之，嫁女与焉。郗、王二族交

---

① 按卞壸所奏王导"无敬""不敬"，罪只免官，与"大不敬"罪至弃市者本不相同，但程树德《九朝律考》则将此二科混淆为一。其《汉律考》以涉此二科之例裒辑一处，不加区分；其《晋律考》但有"大不敬"，无"无敬"之例。其实，前于程氏之书的沈家本《汉律摭遗》卷三，已论"不敬"与"大不敬"并非一科，惜未用卞壸奏弹王导之事以为例证。

② 《晋书》卷八〇《王羲之传》略同，惟太傅作太尉。按太尉为郗鉴最后官位，死前一年始受。郗鉴未尝做太傅，太傅盖郗鉴死后赠官太宰之讹。太尉、太傅（太宰）皆以鉴最高官位称鉴，史籍此例甚多，非谓郗、王婚事发生在郗鉴临死前后。

好，所以郗氏求婿，首先选定琅邪王氏这一家族，然后于此家族范围内访求之。这就是说，婚姻先是求族，然后择人。郗、王通家，子弟交游甚密。《郗愔传》愔在临海，"与姊夫王羲之、高士许询（恂）并有迈世之风，俱栖心绝谷，修黄老之术"云云。王羲之兰亭修禊中相与赋诗者有郗昙，诗见冯惟讷《诗纪》卷三三。王羲之《杂帖》，有不少与郗氏书柬，备见《法书要录》。郗昙墓中有许多王羲之书法遗物，见《陈书·始兴王伯茂传》。

郗、王以政治利益相近而交好联姻的事，是在成帝时特定条件下出现的。时过境迁，姻娅关系虽还存在，家族之间却渐趋疏远，甚至出现嫌隙。《世说新语·贤媛》："王右军郗夫人谓二弟司空（愔）、中郎（昙）曰：'王家见二谢（谢安、谢万），倾筐倒庋，见汝辈来，平平尔。汝可无烦复往。'"此时陈郡谢氏门户日就兴旺，故郗夫人有此语。虽然如此，郗昙女仍嫁王羲之子献之。《世说新语·德行》："王子敬（献之字）病笃，道家上章应首过，问子敬由来有何异同得失。子敬云：'不觉有余事，唯忆与郗家离婚。'"注引《王氏谱》："献之娶高平郗昙女，名道茂，后离婚。"《法书要录》卷一○载《王羲之与高平郗公书》，系为献之求婚郗氏而写的王氏"祖宗职讳"，所具王氏婚媾关系甚详。献之婚后离异，另尚简文帝女余姚公主。王氏弃旧图新，攀援帝室，道义上有损，难逃内疚。这也许是王献之临死时上章首过①的原因。不过，这些都是王导、郗鉴死后几十年的事情，与王导、郗鉴并无关系。

---

① 按上章首过为道家礼法，郗、王均道教世家。

(二) 苏峻乱平后的江州

苏峻之乱，又一次引起东晋政局的剧烈变动。原来，执政的庾亮一意孤行，坚持征召有平王敦之功的流民帅苏峻（时为历阳太守）入朝，为苏峻所拒，酿成动乱。乱平后京邑丘墟，物议沸腾。庾亮为了平息群情，不得不暂退一步，请求外镇以求自效。咸和四年（329）三月，庾亮以豫州刺史出镇芜湖，中枢政柄又入王导之手。王导修治残缺，勉力经营。他否定了温峤请求迁都豫章、三吴豪杰请求迁都会稽之议，改善了帑藏空竭的困难状况，政局又趋稳定。咸和六年冬，烝祭太庙，诏归胙于王导，且命导无下拜，王导声望达于顶点。但是这时王氏分处内外的兄弟群从辈死丧略尽，王氏门户势力远不足以支撑王导当权，何况具有特殊地位的庾亮又近在肘腋之间。然而王导终于得以排除困难，掌握政权，使王氏家族地位历久不衰。此中原因，除王导自己"善处兴废"以外，主要是由于郗鉴屯驻京口，以军事实力支持王导。郗鉴的一些措置，使庾亮出镇之后庾、王相持的十二年中，东晋政局维持了表面的平静，没有再出现类似王敦、苏峻之乱那样的内战，东晋元气得以缓慢复苏，这是颇有积极意义的事。

庾亮镇芜湖的次月，江州刺史温峤死。温峤原是北方刘琨所属，奉刘琨之命南来劝进，又预平王敦之乱，为东晋功臣。王敦平后，温峤得居江州。温峤无王、庾那样的门户影响，也无上游荆州陶侃那样的军事实力，只是处于下游庾、王与上游陶侃之间的缓冲地位，起调节上下游的作用。温峤死，朝廷以刘胤继为江州刺史。刘胤是列名于劝进表的北方流民首领邵续所遣赴建康的使者，在江左诸门阀士族间无所依傍。刘胤为江州刺史，出于温峤之意。刘胤在出身、经历以及与东晋政权关系等方面，都与温峤相近。他受温峤荐，代温峤为江州刺史，于理，江州仍当缓冲于上下游势力之间。但是刘胤"不恤政事，大殖财货，商贩百万……商旅继路，以私废公"，为有司奏免①。其时后将军郭默应诏为右军将军。《晋书》卷六三《郭默传》谓默"当发，求资于胤。时胤被诏免官，不即归罪"，默诈称被诏诛胤，传胤首于京师。王导似存心利用这一形势控制江州于自己手中，削弱上游方镇，所以立刻承认这一既成事实，以郭默为江州刺史②。荆州陶侃抢先下手，起兵讨郭默，斩之，陶侃遂得以兼有荆江二州之地，破坏了平衡局面。时在咸和五年（330）五月。

郭默事起突兀，乍看似乎是武将火并，无关大局。但是寻绎史实，发现其中有一些甚可注意的问题。郭默本是北方一坞主，

————————

① 《晋书》卷八一《刘胤传》。《太平御览》卷三三引《三十国春秋》谓刘胤以疾被征为左将军，与此异。刘胤货殖，温峤熟知。《太平御览》卷七〇四引《语林》："刘承胤（胤字）少有淹雅之度，王、庾、温公皆素与周旋，闻其至，共载看之。刘倚被囊，了不与王公言，神味亦不相酬。俄顷宾退，王、庾甚怪，此意未能解。温曰：'承胤好贿，被下必有珍宝，当有市井事。'令人视之，果见向囊皆珍玩焉，与胡父谐贾。"按此当为刘胤为江州刺史以前之事。

② 按郭默在北方，原属刘琨系统，见《晋书》卷六三《李矩传》。郭默与温峤有旧，由他来接替温峤江州刺史一职，符合王敦乱平后几个家族划分上游势力范围的原则，这也许是王导允许郭默刺江州的根据。所以《陶侃传》陶侃致书王导反对此举时，只是说"郭默杀方州，即用为方州"之不当，而没有说郭默不具备出刺江州的条件。

只身南来，刘遐死后，得领遐部曲，预平苏峻有功。论经历和实力，郭默同样是流民帅，所以苏峻乱平以后郭默也有何去何从问题。《郭默传》："徵为右军将军。默乐为边将，不愿宿卫。及赴召，谓平南将军刘胤曰：'我能御胡而不见用。右军主禁兵，若疆埸有虞，被使出征，方始配给。将卒无素，恩信不著，以此临敌，少有不败矣……'"① 郭默以流民帅而遭疑忌，是意料中事；朝廷诏徵入辅，实际上是欲夺其兵，与苏峻当年境况一样。

从郭默事中，我们看到的问题是：一、郭默事是流民帅问题的余波。二、郭默事发生在江州，江州居上下游之间的缓冲地位。相继居江州的温峤、刘胤、郭默，就其身份和历史背景而言有相似之处。郭默在江州滋事，意在利用上下游之间的以及下游庾、王二族之间的矛盾，以图获利。其结果却破坏了江州的缓冲地位，使江州成为此后上下游争夺的目标。三、陶侃近水楼台，先取江州，制造既成事实，逼迫王导承认，也逼迫庾亮承认②。自此陶侃居上游而坐大，不得不既与王导也与庾亮滋生新的矛盾。不过由于王导居中枢地位，与庾亮退避豫州者有所不同，所以陶、庾矛盾一般还超过不了陶、王矛盾，也超过不了庾、王矛盾。

下面，我们试就庾、王矛盾和陶、王矛盾，以及在这些矛盾中郗鉴所起的作用，进行探索。

---

① 《北堂书钞》卷八四、《太平御览》卷二三八引《晋中兴书》叙此事，称郭默为"远人"，郭默自谓为右军将军内辅是"更用虚名"。

② 陶侃死后又发生庾、王二族中庾怿、王允之对江州的激烈争夺。

(三) 郗鉴在陶、王矛盾和庾、王矛盾中的作用

《晋书》卷七三《庾亮传》："时（按在咸康中）王导辅政，主幼时艰，务存大纲，不拘细目。委任赵胤、贾宁等诸将，并不奉法，大臣患之。陶侃尝欲起兵废导，而郗鉴不从，乃止。至是，亮又欲率众黜导，又以咨鉴，而鉴又不许。"郗鉴两次不同意藩镇起兵废黜王导之谋，是这一阶段东晋政局得以相对稳定，内战未再发生的关键所在。

王导为政"务存大纲，不拘细目"，是他一贯的作风，晚年更是如此。《世说新语·政事》："丞相末年略不复省事，正封箓诺之，自叹曰：'人言我愦愦，后人当思此愦愦。'""丞相末年"就是指咸康中，也就是庾、王对峙最为紧张的时候。王导愦愦为政，主要目的是和辑士族，求得彼此利益的均衡，特别是使庾、王之间相安无事。

王导在建康执政，必须有相当的武力留在身边以为支持，因而不得不罗致武将赵胤、贾宁辈。《晋书》卷五七《赵诱传》，谓赵胤父赵诱"淮南人也，世以将显"，父子历事王敦、王导，为琅邪王氏故旧。《晋书》卷七八《孔愉传》，王导"将以赵胤为护军，愉谓导曰：'中兴以来，处此官者周伯仁（𫖮）、应思远（詹）耳。今诚乏才，岂宜以赵胤居之邪？'导不从"。贾宁事迹见《世说新语·赏誉》"何次道尝送东人"条注引《晋阳秋》及《魏书》卷九六《司马睿传》。贾为长乐人，初自结于王敦所属王应、诸葛瑶，后投苏峻为其谋主，又降王导。看来贾宁也是琅邪王氏故旧，他虽曾与人共劝苏峻杀王导等诸大臣，但降王导后仍被重用。王导所保全的降将，还有路永、匡术、匡孝等

人。温峤曾反对王导褒显降人之事,见《温峤传》。王导欲引用匡孝,《王濛传》谓王濛致笺王导曰:"开国承家,小人勿用",不可"令泾渭混流,亏清穆之风"。会稽孔愉与从子孔群本与匡术有隙,王导为了保全匡术,令匡术于座劝孔群酒以释孔氏之嫌。凡此诸事,都说明王导兄弟辈死亡既尽,实力已衰,不得不蓄意庇护武人、降将,以供驱使,虽受到士族名士的强烈反对亦在所不顾。这些人客观上都起了支持琅邪王氏家族地位的作用。其中的路永投降石虎,但那是王导死后的事①。

王导虽以武人、降将为爪牙,但是在战略上所依恃的,却是以京口为屯兵之所的郗鉴。陶侃、庾亮欲起兵废黜王导,都要咨之于郗鉴,而郗鉴则具有举足轻重的否决之权。陶侃、庾亮如果逆郗鉴之意而勉强行事,势必形成内战,当权之辈饱受王敦、苏峻之祸,是不敢贸然一试的。

陶侃、庾亮起兵废黜王导之谋,其情况分别如下。

关于陶侃起兵之谋　《庾亮传》亮与郗鉴笺曰:"昔于芜湖反覆,谓彼(按指王导)罪虽重,而时弊国危,且令方岳道胜,亦足有所镇压,故共隐忍,解释陶公。自兹迄今,曾无悛改。"按庾亮以咸和四年(329)镇芜湖,至咸和九年陶侃死,始并有陶侃的荆、江之地而改镇武昌。"芜湖反覆"云云,自指庾亮于其旧治与郗鉴往复商酌陶侃欲废王导之事。庾、郗终

---

① 《晋书》卷七三《庾翼传》,翼于建元元年(343)七月谋北伐,曾请路永出屯合肥。《晋书》卷八《穆帝纪》永和元年(345)八月"石季龙将路永屯于寿春"。路永降石氏当即其出屯合肥以后事,时王导已死数年。

于以"时弊国危"为词,劝阻陶侃;又以"方岳道胜"相约,即方镇联合,以制中枢。当其任的方镇,当然是指居武昌的荆州刺史陶侃、居芜湖的豫州刺史庾亮、居京口的徐州刺史郗鉴。这次废王导之谋,是陶侃发动,郗鉴反对,庾亮居中斡旋。

此事具体时间,当在咸和五年(330),即庾亮居芜湖的次年,也就是郭默擅杀江州刺史刘胤,王导循势以郭默为江州刺史的时候。据《陶侃传》,陶侃致书王导曰:"郭默杀方州,即用为方州;害宰相,便为宰相乎?"陶侃居然以"害宰相"为喻,杀气腾腾①。王导仍曲为解释说:"默居上流之势,加有船舰成资,故苞含隐忍,使其有地。一月潜严,足下军到,是以得风发相赴,岂非遵养时晦②以定大事者邪?"陶省书笑曰:"是乃遵养时贼也。"陶侃遂自起兵斩郭默,兼领荆、江。陶侃既不惜与中枢相抗而弄兵,估计有可能以攻郭默之师顺流下都。下都必经豫州庾亮地界,故有庾、郗"芜湖反覆"之事。庾亮与郗鉴笺续谓"主上自八九岁以及成人"云云。按陶侃杀郭默之年,即咸和五年,成帝正九岁,这是陶侃谋废王导在咸和五年的旁证。而所谓"以及成人"的时候,则是庾亮谋废王导之年,即咸康

---

① 陶、王交恶,陶对王一贯盛气相凌,咄咄逼人。《世说新语·方正》:"梅颐(按当作赜)尝有惠于陶公,后为豫章太守,有事,王丞相遣收之。侃曰:'天子富于春秋,万机自诸侯出。王公既得录,陶公何为不可放?'乃遣人于江口夺之。"此可与"害宰相"语参读。

② "遵养时晦",晋人习用语,出《诗·周颂·酌》,意谓养其暗昧以成其恶,然后取之。

四年至五年，时成帝十七岁至十八岁。

陶侃之谋未遂，郗鉴坚持反对当然是主要原因。庾亮不充分支持陶侃之谋，不给予充分合作，也是原因之一。庾、陶二人在苏峻乱前本不协调，积怨颇深，赖温峤弥合其间，始得共平苏峻。苏峻乱平后，庾、陶在共抗王导的问题上形成了某种共同利益，但庾、陶之间的矛盾依然存在。陶侃居上游所形成的军事压力，既然可以压王导，自然也可以压庾亮。而且由于庾亮的豫州毗邻江、荆，所感压力比扬州更甚。《陶侃传》侃"潜有窥窬之志"，如果此志得酬，庾亮未必能保全自己。可以说，庾亮毋宁是为了自保，才不得不对陶侃废黜王导之谋采取比较现实的态度。

庾亮虽对陶侃"外事推崇"，但陶侃毕竟"望非世族"，自知东晋门阀政治樊篱不是他所能突破的，所以"季年怀止足之分，不与朝权"，曾请逊位还长沙国，死前又要求归葬长沙，并移寻阳父母墓于封国之内，以示谦退。但是陶侃死后，庾亮终于蓄意消灭陶氏后人，咸康五年又杀陶侃子陶称。《真诰》卷一六《阐幽微第二》原注：庾亮咸康六年于镇病亡，"未病时乃独见陶侃乘舆来让之，于此得病而亡"。颜之推《还冤记》："晋时庾亮诛陶称后，咸康五年冬节会，文武数十人忽然悉起，向阶拜揖。庾惊问故，并云陶公来。陶公是称父侃也。庾亦起迎陶公扶（此字疑衍）。两人悉是旧怨。传诏左右数十人皆操伏戈。陶公谓庾曰：'老仆举君自代，不图此恩，反戮其孤，故来相问陶称何罪，身已得诉于帝矣。'庾不得一言，遂寝疾，八年一日死

(按当作六年正月一日死)。"① 《真诰》与《还冤记》中神怪情节自不足信,但是其中反映庾、陶宿怨以及陶侃季年希图弥合并荐庾亮代镇荆、江之事,当是可信的,可以补充正史。

陶侃废王导之谋,王导自然知情,所以他除了依靠京口郗鉴之助以外,还力图加强自己在建康的实力,以备不虞。这又是王导重用降将的背景。

咸和九年(334)六月,陶侃死,庾亮加督江、荆等州,自芜湖移镇武昌。庾亮离芜湖,建康暂释重负,王导获得部署力量的机会。咸康元年(335)四月,发生了石虎寇历阳之事。此事疑点甚多,实际内容当是王导利用时机,制造口实,以便进行军事调遣,加强自己在建康的地位。

《晋书》卷七《成帝纪》于石虎入寇下记:"加司徒王导大司马,假黄钺,都督征讨诸军事以御之。……遣将军刘仕救历阳,平西将军赵胤屯慈湖,龙骧将军路永戍牛渚,建武将军王允之戍芜湖。"按此诸人,赵胤为王导亲信,路永为降将,刘仕亦武将为王导所信者,王允之则为王舒之子、王导之侄。他们各自率军,同时溯流而上,把庾亮豫州治所附近要地夺取到手。更值得注意的是《成帝纪》续云:"司空郗鉴使广陵相陈光帅众卫京师。"陈光其他事迹,尚见于《晋书》卷七七《蔡谟传》,曰:蔡谟代郗鉴刺徐州镇京口,"时左卫将军陈光上疏请伐胡,诏令攻寿阳。谟上疏曰:'……今征军五千,皆王都精锐之众。又光

---

① 《法苑珠林》卷九二入此事于《赏罚篇·感应缘》,谓此出《冤魂志》,当即《还冤记》。

为左卫，远近闻之，名为殿中之军……'"陈光，《晋书》只此二见①。他本为郗鉴部属，奉派入卫建康，王导不疑而用之，遂成为殿中精锐之师，没有再回归郗鉴徐州建制。由此可见，王导利用时机加强自己的军事实力，得到郗鉴的大力支持。

关于庾亮起兵之谋　《庾亮传》庾亮致郗鉴笺云："主上自八九岁以及成人，入则在宫人之手，出则唯武官小人，读书无从受音句（疑章句之误），顾问未尝遇君子……主之少也，不登进贤哲以辅导圣躬；春秋既盛，宜复子明辟，不稽首归政。甫居师傅之尊，成人之主，方受师臣之悖。主上知君臣之道不可以然，而不得不行殊礼之事……"按："武官小人"，指赵胤、贾宁、匡孝之辈，已见前。"春秋既盛，宜复子明辟，不稽首归政"云云，指咸康元年（335）成帝加元服后王导犹不归政于成帝。"师傅之尊"，指咸康四年五月王导为太傅事。"行殊礼"，则成帝一朝多有②。排比上述诸事年月，知庾亮所谋废黜王导之事，当在咸康四年五月王导为太傅至咸康五年七月王导死前。

庾亮致郗鉴笺，《通鉴》系于咸康四年六月，是由于此月

---

①　尊经阁本《世说新语》汪藻《考异》"祖士少道王右军"条注引王隐《晋书》及今本《晋书》卷八一《桓宣传》、卷一〇〇《祖约传》有邵陵人陈光，为流民帅，曾降桓宣，又投石勒，其事迹早于郗鉴遣陈光入卫京师数年，似是一人。

②　成帝幼时见导每拜；成帝给导手诏用"惶恐言""顿首言""敬白"；中书作诏用"敬问"；成帝幸王导宅，拜王导妻；导元正上殿，帝为之兴；咸和六年冬蒸祭太庙，诏归胙于导；等等。

王导拜丞相，故以王导他事连类及之。我认为庾亮谋废王导，事体甚大，当有某种机遇可以利用或有某种行动为之准备，像陶侃发兵诛郭默而有顺流以废王导之谋一样。而咸康四年史籍所载，上下游之间并无特殊情况发生。第二年，即咸康五年，庾亮突然从梁州魏兴撤出其弟庾怿所部，千里疾行，远屯江州之半洲，增强了庾氏对建康的顺流之势。这一异常事态，疑与庾亮废王导之谋有关，所以系庾亮此谋于咸康五年，似更近实。

庾、王矛盾，风传甚广。《王导传》："于时庾亮以望重地逼，出镇于外。南蛮校尉陶称间说亮当举兵内向。或劝导密为之防。导曰：'吾与元规休戚是同，悠悠之谈，宜绝智者之口。则如君言，元规若来，吾便角巾还第，复何惧哉！'又与称书，以为'庾公帝之元舅，宜善事之'。于是谗间遂息。时亮虽居外镇，而执朝廷之权，既据上流，拥强兵，趣向者多归之，导内不能平。常遇西风尘起，举扇自蔽，徐曰：'元规尘污人。'"《世说新语·雅量》"有往来者云"条记此事，注引《中兴书》曰："于是风尘自消，内外缉穆"；《王导传》亦有"于是谗间始息"之说。这些断语，虽不甚符合历史实际，但庾、王矛盾转缓则是事实。

庾亮废王导之谋不遂，如《庾亮传》之说也是郗鉴起了决定作用。郗鉴以外，还有不赞同的人士，甚至庾亮征西府内，也有反对意见。征西长史孙盛曾密谏庾亮。《晋书》卷八二《孙盛传》："时丞相王导执政，亮以元舅居外，南蛮校尉陶称谗构其间，导、亮颇怀疑贰。盛密谏亮曰：'王公神情朗达，常有世外之怀,岂肯为凡人事邪?此必佞邪之徒,欲间内外耳。'亮纳之。"孙盛所谓王导不肯为"凡人事",当是庾亮以王导有篡晋之举为起兵口实,而孙盛为之剖辩,庾亮因而纳之。由此推测,庾亮致郗鉴笺谓"彼(王导)罪虽重"之语,除隐喻王导曾助长王敦乱事以外,似尚特有所指。此外,王导在庾亮自芜湖移镇武昌后,已经不失时机地加强了建康上游的防御力量,也使庾亮未得轻举妄动。

庾、王交恶,当时人所共知。王导老谋深算,不事声张,并图杜绝"悠悠之口",这是王导"善处兴废"的一种表现。但是只靠王导的政治才能并不足以息庾亮之谋。郗鉴拥兵京口,力拒庾亮而助王导,才使咸康政局未生大变,使琅邪王氏地位不坠。《庾亮传》史臣曰:"……向使郗鉴协从,必且戎车犯顺,则〔庾亮〕与夫台、产、安、桀①,亦何以异哉!"咸康五年七月至咸康六年一月,王导、郗鉴、庾亮相继死亡,倾轧始告结束。

论述郗鉴、王导关系时,不能不注意郗鉴在护卫王导之外,还有规王导所短的事实。唐写本《世说新语·规箴》:郗鉴"以王丞相末年多可恨,每见必欲苦相规诫。王公知其意,每引作它言。临当还镇,故命驾诣丞相,翘鬓厉色,上坐便言:'方当永别,必欲言其所见。'意满口重,辞殊不溜。王公摄其次曰:'后面未期,亦欲尽所怀,愿公勿复谈。'郗遂大瞋,冰衿(矜)

---

① 吕台、吕产、上官安、上官桀,均西汉外戚之有逆迹者。

而出，不得一言"①。王导末年愦愦，颇有乱政，郗鉴厉色进言，必有纠其愦愦之政的具体意见。这正是郗鉴不在其位，旁观者清以及郗鉴处乱世而有其方的表现，是王导所不能及的。

东晋初年政局，三五年一大变，变则干戈扰攘，台城丘墟。社会的重心在门阀士族，一族强则思压倒他族，遂成乱阶。本非门阀士族的流民帅，亦思凭借际遇，起兵谋利。螳螂在前，黄雀随后，胜利者要想稳操政柄，是十分困难的。长此以往，江左抗胡政权，势必在内乱中冰消瓦解。所以郗鉴引流民帅以平王敦，助王导以抗衡陶侃、庾亮，得利者不仅在司马家及琅邪王氏而已。苏峻乱平后，江左相对安定，无内战七十年，遂得以拒胡族于淮汉，息斯民于江左，郗鉴所起的积极作用，是巨大的。

王夫之《读通鉴论》卷一三曰："东晋之臣，可胜大臣之任者，其唯郗公乎！"大臣之任，不重在操持庶政，而重在执道经邦，东晋皇权不振，大臣更应如此。郗鉴南来后，最重要的邦国大计，莫过于协调当权诸门阀士族之间的关系，杜绝觊觎，以稳定一个抗胡政权，使人民得以生存。郗鉴在这方面的作为，与其

---

① 他本《世说新语》于此条甚多异字。如"诣丞相，翘鬚厉色"作"诣丞相，丞相翘鬚厉色"，重"丞相"二字，义不可通。又如"冰矜（矝）"当为"冰衿"或"冰襟"之误。嵇康《家诫》有"冰矜"一词。《新出魏晋南北朝墓志疏证》（罗新、叶炜编，中华书局，2005年）第58页李伯钦墓志（2001年出土），志文有"桂质冰襟"，意即襟怀高洁。但他本亦有可正写本之处，如"方当永别"作"方当乖别"，"辞殊不溜"作"辞殊不流"，均较写本为长。本书所用《世说新语》唐写本资料，据王先谦《世说新语》校订本（上海古籍出版社，1982年）所附罗振玉影印唐写本残卷。

他门阀士族之居位者相比较,可称述者较多,可指责者较少。王夫之所论,是有道理的。

四 郗鉴与京口经营

(一) 三吴的战略地位

如前所论,郗鉴得以否定陶侃、庾亮下都废黜王导之谋,主要在于他以徐州刺史据有京口,于建康有举足轻重之势。京口成为东晋的重镇,是一个历史过程,有多方面的原因,不只是出于权宜的考虑,也不是一朝一夕之功。京口重镇的形成,发端在郗鉴。

徐州地境,《禹贡》谓"海岱及淮"。西汉十三州部之一的徐州,大体即是这个区域。江左流寓之初,徐州地境南移,据淮南北以迄江北之地,居刺史任者先后为蔡豹、卞敦、王邃、刘遐,治所则随军事形势而进退,但都在长江以北。郗鉴继刘遐为徐州刺史,治广陵①。

---

① 西晋时,徐州督将的军号皆以东为称,以其地居洛阳之东也。愍帝建兴(313—316)之初,司马绍(即后来的东晋明帝)受命镇广陵,犹拜东中郎将。其时司马绍以王导从弟王舒为司马。建武元年(317)司马睿称晋王,以王子司马裒镇广陵,军号始不称东。司马裒亦以王舒为司马。是年裒死,王舒代镇,除北中郎将监青徐二州军事。从此以后,徐州督将军号遂相沿以北为称,因而产生了北府之号。《世说新语·排调》"郗司空拜北府"条注引《南徐州记》曰:"旧徐州都督以东为称。晋氏南迁,徐州刺史王舒加北中郎将,北府之号,自此起也。"此言近实。唯王舒但监青、徐军事,未尝为徐州刺史,其时徐州刺史实为蔡豹,治所亦不在广陵。

《郗鉴传》，苏峻乱，陷台城，郗鉴自广陵遣人间道至江州，谓温峤曰："今贼谋欲挟天子东入会稽，宜先立营垒，屯据要害，既防其越逸，又断贼粮运。然后静镇京口，清壁以待贼。贼攻城不拔，野无所掠。东道既断，粮运自绝，不过百日，必自溃矣。"温峤深以为然。郗鉴首倡"静镇京口"之议，本来只是针对苏峻自历阳过江以后，东晋军队无后方供应，欲取三吴以为依托的图谋而发，并未估计到京口此后将成为东晋南朝系建康安危的重镇。

此时，郗鉴处境比较特殊。他以引流民帅平王敦之功，得为都督徐兖青三州诸军事、兖州刺史（后加刺徐州）、假节，并预明帝遗诏辅政诸大臣之列。但是他由于对王敦的看法不尽同于王导，在周札赠官问题上与王导发生过尖锐冲突；而且，郗鉴的流民帅身份，同祖约、苏峻一样，所以也难得见信于执政的庾亮，没有机会居中枢之任。咸和二年十一月，祖约、苏峻初起兵，庾亮甚虑全盘皆乱，局面不可收拾，因此不许各地兴兵勤王。《世说新语·容止》注引《晋中兴书》："温峤及三吴欲起兵卫帝室，亮不听，下制曰：'妄起兵者诛。'"郗鉴于时欲率广陵之众赴难，"诏以北寇，不许"。但同时或稍后，虞潭受命督三吴、晋陵、宣城、义兴诸郡军事；张闿宣太后诏于三吴令速起兵；桓彝则兴兵于宣城。温峤更不顾制书所禁，早在苏峻济江之前一月，即咸和三年（328）正月自武昌东下，军于寻阳，声称入援建康。只有郗鉴不同，他小心从事，不敢妄动，必待苏峻济江、台城陷落、庾亮出奔、陶侃东下之后，在广陵"城孤粮绝，人情业业，莫有固志"的情况下，才不得不以江北流民盟主地位，刑白马，誓三军，以示效忠东晋，然后，才有上述向温峤提出的"静镇京口"的建议。而且，他还必待到陶侃委署都督扬州八郡军事后，始自广陵济江；济江以后亦不能据京口而守之，必得与陶侃等人会师，以听调遣。这些情况，说明郗鉴自知在苏峻之乱中如何自处，是一个敏感的问题，必须谨慎从事，不得稍有专擅，否则将授人以柄。

以陶侃为盟主的陶、温、庾联军，于咸和三年五月顺流东下，屯驻建康城西秦淮河口的查浦、蔡洲。郗鉴军所筑白石垒，亦移交给庾亮军驻守。郗鉴则专注东方，王舒的浙东军、虞潭的浙西军，俱受郗鉴节度。苏峻遣将管商、张健等寇掠三吴，又遣人出江乘掠京口以东。这样，当陶侃联军与苏峻叛军在建康附近相持的同时，又形成了京口以南以迄三吴一带的东方战场，因而郗鉴得以逐步实现其"静镇京口"以断苏峻东路的计划。

东方战场的形成，与三吴地区在江左的战略地位有密切关系，而三吴地区的战略地位，又有其历史的、地理的原因，须要稍作追叙。

西晋灭孙吴以后，三吴是"难安易动"[①]的地方。西晋用东南六州将士戍守江表，唯恐三吴有事。吴士在洛阳受到歧视，也增加了吴人的不自信之心。以后，王导助琅邪王司马睿协调侨旧士族利益，使多数三吴士族逐步进入东晋统治集团，而没有成为一种长期独立于侨姓士族以外的政治势力。在江左以后出现的纷纭的政治事件中，三吴士族往往分为两部分，与侨姓士族内部斗

---

① 晋武帝语，见《晋书》卷五二《华谭传》。

争的两造分别结合。江左的几次叛乱，情况就是这样。建兴元年（313）吴兴周玘谋反司马睿，与之同谋的是镇东祭酒东莱王恢。永昌元年（322）王敦反叛，吴兴沈充起兵响应，同郡钱凤为王敦谋主。王敦在请诛刘隗疏中，诉隗"复依旧名，普取出客"一事，其所"普取"的应是江南士族豪强地主的佃客①，因为侨姓士族的佃客是没有"旧名"可检的。王敦既为南士争利，所以就有南士沈充、钱凤之辈支持王敦。另一方面，南士站在东晋朝廷一边的，人数更多。《晋书》卷七六《虞潭传》："王含、钱凤等攻逼京都，潭遂于本县（会稽余姚）招合宗人及郡中大姓，共起义军，众以万数。"孔坦亦曾在会稽起兵。这都是南士用武力支持司马氏政权之证。总之，东晋朝廷有事，往往牵动三吴；建康内战，三吴就会出现东方战场。《通鉴》太宁二年（324）沈充司马顾飏说沈充，有"并东西军之力"②之语，胡注曰："东军谓沈充军（按起自吴兴），西军谓王含、钱凤等军（按在建康附近）也。"叛军有东西军，东晋官军同样有与之应对的东西军。

在这种背景下，苏峻乱起，江左也迅速形成分别称为东军和西军的两个战场。东方郡县，一方面有人暗降苏峻，反对东晋朝廷，如《王舒传》所说"临海、新安诸山县并反应贼"；另一方面又有更多的南士支持东晋郡守，兴兵讨伐苏峻，抵抗苏峻东

---

① 唐长孺《魏晋南北朝史论拾遗》，中华书局，1983年，第162—163页。

② 《晋书》卷九八《王敦传》，此作"并东南众军之力"，南字误，点校本《晋书》已出校。

来。《晋书》卷七七《蔡谟传》:"苏峻构逆,吴国内史庾冰出奔会稽。〔峻〕乃以谟为吴国内史。谟既至,与张闿、顾众、顾飏等共起义兵,迎冰还郡。"吴国义军之起,主要得力于顾众、顾飏兄弟。《晋书》卷七六《顾众传》:"苏峻反,王师败绩,众还吴,潜图义举。……前陵江将军张悊为峻收兵于吴,众遣人喻悊,悊从之。众乃遣郎中徐机告谟曰:'众已潜合家兵,待时而奋……'"同传临平人范明"率宗党五百人",合顾众等军凡四千人,进讨苏峻部将张健。丹阳义兵则为张闿、陶回所聚。《晋书》卷七六《张闿传》:张闿本孙吴张昭曾孙,世居丹阳,遂为丹阳人。苏峻据建康,"使闿持节权督东军"。张闿既与顾众兄弟组织吴国义兵,又与陶回共督丹阳义兵,并以米谷济郗鉴军。《晋书》卷七八《陶回传》:陶回,丹阳人。苏峻起兵,"王师败绩,回还本县收合义军,得千余人,并为步军,与陶侃、温峤等并力攻峻,又别破(峻将)韩晃"。吴兴义兵由太守虞潭所聚,虞潭家僮尽遣为兵。

上引《张闿传》张闿受苏峻命"权督东军",此东军大抵指东方诸郡原有的郡兵。《晋书》卷七六《王舒传》:"峻闻舒等兵起,乃赦庾亮诸弟以悦东军",此东军则指南士所聚义兵。这两者都是东晋东方战场的军队。

由于东方各郡义军纷起,乃有陶侃以王舒监浙东诸军事,虞潭监浙西诸军事,均受都督扬州八郡诸军事郗鉴节度之命。

江左内战中东方战场的存在,说明南士在本籍既易招合部曲家兵,又具有广泛的政治影响。东晋如能牢固地控制三吴,南士的力量就能为东晋朝廷所用,三吴就能成为东晋的战略后方,这对于巩固建康,是一个极重要的因素。所以郗鉴都督东南八郡,既是为了抵御苏峻的需要,又是为了东晋长期的战略需要。

(二) 会稽——三吴的腹心

三吴成为东晋的战略后方,还有经济上的原因,这就是建康的粮食供应,建康以下长江两岸军队的给养,都要仰给三吴。

《舆地纪胜》卷七"丁卯港"注引《舆地志》:"晋元帝子裒镇广陵,运粮出京口,为水涸,奏请立埭,丁卯制可,因以为名。"按东晋琅邪王司马裒镇广陵,在建武元年(317)六月至十月,丁卯埭即此年所开,今镇江市东南郊运河沿岸有丁卯桥,当是古丁卯埭所在处。广陵军粮,赖三吴所产,经运河北出京口运来。苏峻乱时,江南漕运断绝,因而据广陵的郗鉴"城孤粮绝";而郗鉴过江后军在京口,得暂仰张闿自丹阳、晋陵就近供给米谷。苏峻扰三吴得手,粮食较充,故得以米万斛溯流供给豫州祖约。郗鉴就是根据这些情况,建议于曲阿一带立垒断苏峻三吴粮运。由此可见,三吴米谷,是交战双方赖以进行战争的物质基础。

江南地方,由今苏南以迄浙东,今天都是产粮之地。但是在东晋,丹阳、晋陵还很贫瘠,产粮区在此以南的三吴。三吴开发潜力最大的地方,首推会稽,是三吴的腹心所在。据《三国志·吴志·钟离牧传》,会稽永兴(今浙江萧山)稻田,亩产至三斛之多。《晋书》卷七七《诸葛恢传》,恢为会稽太守,晋元帝语恢曰:"今之会稽,昔之关中,足食足兵,在于良守。"会稽有此条件,所以苏峻叛乱前夕,王导谋树外援,出弟王舒为会稽内史;而苏峻兵起,有挟持成帝东奔会稽以为久计的图谋;乱平以后，建康残破，三吴之豪也请迁都会稽。

由于会稽具有优越的经济条件，在南北对峙形势中又较安全，所以东晋成、康以后，王、谢、郗、蔡等侨姓士族争相到此抢置田业，经营山居，卸官后亦遁迹于此，待时而出。《宋书》卷九三《隐逸·王弘之传》载谢灵运与庐陵王义真笺曰："会境既丰山水，是以江左嘉遁并多居之。但季世慕荣，幽栖者寡，或复才为时求，弗获从志……"这样，会稽又具有特殊的政治地位，栖迟会稽的门阀士族人物，其动静出处，在政治上极具影响。

会稽郡除有这些作用以外，在军事上也有很大的重要性。据吴廷燮《东晋方镇年表·序》，东晋方镇，扬本畿甸，荆地分陕，徐曰北府，豫曰西藩。江、兖、雍、梁，亦称雄剧，益、宁、交、广，斯为边寄。这些州虽轻重不同，但都有都督刺史以为镇守，当时所谓"军州"。军州以外，以郡的地位而得列为方镇者，只有会稽内史一职。吴廷燮说："会稽内史都督五郡军事，亦方镇也。"五郡，即是会稽（治今绍兴）、临海（治今临海）、东阳（治今金华）、永嘉（治今温州）、新安（治今淳安）。

会稽本为郡，成帝咸和二年（327）十二月，当苏峻初起兵时，东晋朝廷徙元帝子琅邪王昱为会稽王①，会稽乃改郡为国。大概言之，东晋一朝凡是东方有事，则会稽内史以居职者资望深浅重轻，分别带都督五郡军事、监五郡军事、督五郡军事衔，无

---

① 司马昱徙会稽王，在王导出王舒为会稽太守以为外援后不久，一王一马，反映了东晋对会稽的重视。

事时除另有原因者外，一般不带。咸和二年十一月，以吴兴太守虞潭"督三吴、晋陵、宣城、义兴五郡军事"①，似为会稽内史督五郡军事职之滥觞。史籍可考的会稽内史带督五郡军事衔者，从王舒开始，前后共九人，具如下表，内史而不带都督军衔者不在此内。

	始任年	资料出处
王　舒	咸和二年（327）	《晋书·王舒传》
郗　愔	咸安元年（371）	《晋书·郗愔传》
王　蕴	太元五年（380）	《晋书·王蕴传》
王　荟	太元十年（385）	《晋书·王荟传》
谢　琰	隆安三年（399）	《资治通鉴》
刘牢之	隆安四年（400）	《资治通鉴》
何无忌②	义熙元年（405）	《晋书·何无忌传》《建康实录》③
司马休之	义熙六年（410）	《晋书·司马休之传》
孔季恭	义熙八年（412）	《宋书·孔季恭传》

---

① 《晋书》卷七六《虞潭传》。虞潭所督实为包括会稽在内的六郡，作五郡误。六郡地境除会稽一郡外，与此后五郡所督者不同。

② 本书初版漏列何无忌，承台湾"中研院"史语所刘增贵先生在书评中指出（《新史学》第1卷第2期，台北，1990年6月），谨致谢忱。

③ 何无忌为会稽内史，《建康实录》卷一〇系于义熙元年三月；何无忌为会稽内史都督五郡军事，义熙二年迁都督江、荆二州军事江州刺史，见《晋书》卷八五《何无忌传》。《水经·渐江水注》："晋司空何无忌之临郡也，起亭于山椒，极高尽眺矣。"是何无忌确有临会稽郡之事。按何无忌死赠司空，

根据上表，参考其他资料，我们可以看到如下一些问题：

第一，王舒以后四十余年中，未见置都督会稽五郡军事，说明至少这四十余年中，会稽一带无大动乱，这反映了郗鉴经营京口以后东方局势长期安定的成果。

第二，郗愔、王蕴、王荟出任此职，都另有原因，并非由于会稽五郡有事。郗愔居其职，出于桓温对于他让出镇京口的徐兖二州刺史地盘的酬答，反映桓、郗矛盾。王蕴居其职，出于谢安对于王蕴让出镇京口的徐州刺史地盘的安排，反映谢、王矛盾。王荟居其职，出于谢安不允许王荟出就江州刺史以壮桓冲声势而采取的一种妥协，反映桓、谢矛盾。郗愔、王蕴、王荟三人在士族中属于谦退的人物，他们居此职，都是在其门户不甚得势之时执政者采取的权宜措施，并不反映东方局势真有需要。东方真有需要，是在谢琰任职以镇压东方农民暴动之时，在王舒以后七十余年，这七十余年中，会稽五郡都是比较安定的。

第三，任此职者除东晋末年的刘牢之、何无忌以外，都是门阀士族人物，包括琅邪王氏（舒、荟）、高平郗氏（愔）、太原王氏（蕴）、陈郡谢氏（琰）、会稽孔氏（季恭）以及东晋皇族（休之）。其中除孔季恭外，都是侨姓士族。按居其职者的门望说来，与居扬州、荆州、徐州的人物相当①。

第四，东晋末年孙恩、卢循义军在会稽郡境活动时期，此职先由徐州刺史谢琰，后由北府主将刘牢之兼充。北府主将成分变化，由门阀士族出任变为次等士族的武将出任，会稽都督亦然。

---

① 会稽太守、内史，历来以门望居之，南朝亦然。

所以何无忌得援例为会稽都督。北府主将兼任会稽都督以后，东方诸郡逐渐不直接由朝廷而由北府就近控制，会稽都督的权势亦随之转轻。卢循退出会稽五郡地界以迄于刘宋建国的这段时间里，会稽的军事价值下降，其中当刘裕或其宗族居职京口之时，情况更是如此。《宋书》卷三《武帝纪下》永初二年（421）正月，"罢会稽郡府"，吴廷燮认为即是罢置都督会稽军事一职，甚是。

第五，会稽都督最后任职者为南士孔季恭，亦有缘由。据《晋书》卷八五《何无忌传》及《宋书》卷五四《孔季恭传》，刘裕击卢循时，何无忌曾于元兴三年（403）说刘裕于会稽山阴起兵，以讨伐建康的桓玄。刘裕谋于山阴土豪孔季恭（名靖，以字行，孔愉之孙），孔季恭劝刘裕待桓玄正式篡位时举义。《金楼子》卷六《杂记》："孔静（即靖）居山阴，宋武微时以静东豪，故往候之。静时昼寝，梦人语曰：'天子在门。'觉寤，即遣人出看，而帝亦适至。静虚己接对，仍留帝宿。……贼平，京都以静为奋威将军、会稽内史"云云。按此事《太平御览》卷一二八引《述异记》略同，唯多出孔静延入刘裕，"结交赠遗，临别执帝手曰：'卿后必当大贵，愿以身嗣为托。'帝许之"诸语。由此可见刘裕与孔季恭定交甚早，孔助刘裕平定建康，功劳颇大。《南史》卷二七《孔靖传》，谓刘裕本欲于山阴起事，孔靖以路远止之。刘裕曾率军屡次出入山阴，得孔季恭赠给甚厚。以后，刘裕出于酬答旧谊，乃以孔季恭居会稽都督之职。不过到了这时，会稽都督已没有什么实际作用了。

第六，会稽五郡，在当时人看来确实自成一个区域，不但军事上如此。《世说新语·仇隙》：王羲之与王述情好不协，"彼此嫌隙大构。后蓝田（述）临扬州，右军（羲之）尚在郡（会稽），初得消息，遣一参军诣朝廷，求分会稽为越州"。王羲之不愿屈居王述之下，乃作此请，说明会稽等郡有可分之势。此议在东晋虽未成为事实。但宋孝建元年（454）割会稽五郡为东扬州[①]，实际上实现了王羲之先前之议。

(三) 建康、会稽间的交通线

会稽、建康之间，必须维持便当的交通，才能适应会稽地位的需要。由会稽至建康，通常是西行过钱塘，北上吴郡，西北经晋陵（今常州）、曲阿（今丹阳）至京口，然后溯长江西上而达。京口是这条交通线的枢纽。

回顾历史，当年孙权在江东数迁治所，就是沿着这条交通线移动的。孙氏起自富春，地属吴郡而东邻会稽。孙氏自淮上回江东后，本以吴为治所。其时孙权主要是对山越用兵，无暇外顾，设治于吴，是比较安全便当的。随着形势的发展，孙吴势力扩及长江中游，僻处湖海之间的吴地，就不再符合需要。为了便于与黄祖作战，孙权于建安十三年（208）迁治所于京口（当时称京城）。赤壁之战时，孙权就在这里屯驻。建安十六年，孙权由京口溯流西上，徙治于秣陵，并改秣陵为建业。《三国志·吴志·张纮传》注引《献帝春秋》载孙权曰："秣陵有小江百余里，可以安大船。吾方理水军，当移据之。"小江指秦淮水。为了保卫

[①] 大明三年（459）又改扬州六郡为王畿，改东扬州为扬州，大明八年复孝建元年之旧。见《宋书》卷三五《州郡志一》，同书卷六《孝武帝纪》。

建业，孙权在建业城西秦淮水入江处修筑石头城；又于巢湖以南修濡须坞，以防来自上游的侵逼。《义门读书记》卷二八曰："城石头以备陆，作濡须坞以备水，然后建康势壮。"以后吴国曾两度暂迁武昌，但建业始终是吴国的政治中心，这种情况，历东晋南朝不变。

孙权沿此路线离吴会经京口而至建业，从此建业逐步繁荣起来，而吴会至建业的交通路线，也就具有极为重要的作用，居间联系建业与吴会之地，则是京口。《三国志·吴志·孙韶传》孙权由丹阳（郡治建业）引军经京城归吴，《孙权传》孙权由建业出庱亭（在今常州西北①）还吴，都是取道于此。

由会稽过钱塘，经吴、京口以达建业的交通线，主要是一条水道，水道各段交通，形成都很早，但情况不尽相同。兹按照浙东运河、江南运河钱塘晋陵段、江南运河晋陵京口段、京口建康航道、破冈渎这五个部分，分述如下。

浙东运河 从会稽郡治山阴西至钱塘，东迄余姚以接余姚江，早有运河相连，即后世所谓浙东运河。浙东地区，《水经·沔水注》谓："万流所凑，涛湖泛决，触地成川，枝津交渠。"据《吴越春秋》卷六，越王立国其地，"以船为车，以楫为马"。同书卷一〇，范蠡去越，"乘扁舟出三江，入五湖"，三江盖指

---

① 庱亭位置，《元和郡县图志》《太平寰宇记》《读史方舆纪要》等书所记大体相同。而《通鉴》东晋咸和三年六月胡注引丁度曰："庱亭在吴兴。庱，丑升翻。"今本丁度《集韵》（上海古籍出版社，1983年）卷六则曰："庱，丑拯切，亭名，在吴。"

越地今曹娥、浦阳、钱塘，其时或已得贯通出入。《越绝书》卷八"山阴故水道，出东郭，从郡阳春亭，去县五十里"。这说的是山阴至上虞的运河，大概是浙东运河最古老的一段。这段水道在东汉永和五年（140）马臻开镜湖后入于镜湖之中，船只在湖内行驶。又，《嘉泰会稽志》卷一〇引《越州图经》，谓西晋之末贺循建议修山阴运河，大概是指山阴向西通至钱塘一段，此段是改修疏浚还是首凿，尚难确定。

江南运河钱塘晋陵段 钱塘以北，绕太湖而达晋陵的运河，即今江南运河的南段和中段。这个地区地平土厚，水网交错，人工开凿连通比较容易，估计这段运河出现较早，或在春秋末年。

江南运河晋陵京口段 这是江南运河的北段，它的开凿，在工程上比江南运河中段、南段要复杂得多。晋陵迤北，逐渐进入江南运河河道所经最高点的丘陵地带，水位有较大落差。运河过此，必须补充新的水源，才能保障通畅，因此出现了丹阳的练湖。《太平御览》卷六六顾野王《舆地志》："练塘，陈敏所立，遏高陵水，以溪为后湖。"又《元和郡县图志》卷二五润州丹阳县："练湖在县北一百二十步，周回四十里。晋时陈敏为乱，据有江东，务修耕绩，令弟谐遏马林溪以溉云阳（按即丹阳），亦谓之练塘，溉田数百顷。"练湖或有灌溉效益，但陈敏南来目的，本为漕运南方米谷以济中州，所以疏通运河河道，应当更为所急。开练湖的目的，主要当是蓄水以济此段运河，而兼得灌溉之利。前叙晚于陈敏十年的建武元年（317），司马睿令开丁卯埭以通运河漕运，接济广陵，可证陈敏时此段运河是能够使用的。

唐代运河水涩之时，亦引练湖水以为调剂①。宋代练湖尚能发挥调剂效用。《宋史》卷九六《河渠志》：大观四年（1110）"八月，臣僚言：'有司以练湖赐茅山道观。缘润州田多高仰，及运渠夹冈，水浅易涸，赖湖以济。请别用天荒江涨沙田赐之，仍令提举常平官考求前人规画修筑。'从之"。同书同卷宣和五年（1123）"臣僚言：镇江府练湖与新丰塘②地理相接，八百余顷，灌溉四县民田。又湖水一寸，益漕河一尺，其来久矣。今堤岸损缺，不能贮水。乞候农隙，次第补葺"。此处所言"运渠夹冈，水浅易涸，赖湖以济"，以及"湖水一寸，益漕河一尺，其来久矣"诸语，更可证明练塘的开凿对于维持江南运河全线通航的重要性；而练湖的败坏，又导致此段运河的干涸，使运河不能全线通航。这种情况历来如此，并不始于北宋。看来此段运河自从凿成之后，由于维持通航条件较难，处在时通时塞状况。《入蜀记》卷一记陆游自南向北经行此段，谓自练湖过夹冈即是新丰湖，"夹冈如连山，盖当时所积之土"。此处大概是京口晋陵段运河的最高点，赖练湖、新丰湖调剂补充水量。《入蜀记》"当时"指隋炀帝时，但我认为未必不是更早的事。

此段运河首凿于何时，亦难确断。《越绝书》卷二："吴古

---

① 据《新唐书》卷五三《食货志》，唐代宗初年刘晏主东都至江南等处漕运，他"分官吏主丹阳湖，禁引溉，自是河漕不涸"。丹阳湖，当指练湖，可知其时练湖兼有输水济运和灌溉农田的功能。两种功能矛盾时，宁禁引溉以利河漕。

② 新丰塘即新丰湖，亦在丹阳，东晋初年张闿所开，见《元和郡县图志》卷二五，谓"成灌溉之利"。据《宋书》此条，可知新丰塘亦兼有调剂此段运河水量的功能，与练湖类似。

故水道……入大江,奏广陵",似乎古吴国之时吴水道即可越晋陵、丹阳而入大江。参以夫差越过大江以辟邗沟的事迹,反证他主持开通晋陵至京口运河,非不可能。不过,要维持此段运河稳定通航,却不是吴王时代所能解决的问题。丹阳,古云阳地,相传秦始皇时望气者言其地有王气,故凿山冈截其直道使之阿曲,以败其势,因曰曲阿。此事缘由无从考实。但地理学家认为此中包含着一种历史的真实,即,截直道使阿曲,符合晋陵、京口间改善水道的要求。因为运河自晋陵、丹阳北行,水位落差较大,而曲折川流以延长河道,减缓坡度,正是代替筑埭设堰的一种科学方法。由此可见,秦始皇时截云阳道使之阿曲,当是此段运河通航条件的一次重要改进。

孙吴时期,丹阳运河似可通行。《南齐书》卷一四《州郡志上》:"南徐州,镇京口。……丹徒水道入通吴会,孙权初镇之。"另据《太平御览》卷一七〇引《吴志》①曰:"岑昏凿丹徒至云阳,而杜野、小辛间,皆斩绝陵袭,功力艰辛(原注:杜野属丹徒,小辛属曲阿)。"按岑昏为吴末人,《吴志·孙皓传》天纪三年(279)记岑昏"好兴功役,众所患苦"。这似乎就是指他兴凿此段运河一类的功役②。据此可知,岑昏"斩绝陵袭"之功,是此段运河的又一次重大改造。今天江南运河的常州镇江段,两岸冈岭起伏,河道迂回曲折,与中段、南段迥异,舟行其

---

① 今本《三国志·吴志》无此条。
② 《三国志·吴志·孙皓传》另一处,以及《三国志·吴志·张纮传》注引环济《吴纪》、《初学记》卷二四引环济《吴纪》均有岑昏事,《吴纪》亦涉功作。

中，犹可想见当年功役之艰难。

　　大概言之，晋陵京口运河是否首凿于吴王夫差之时，尚无实证。后经一、秦代改直道使曲折以减落差；二、孙吴之末"斩绝陵袭"，疏水势而导其流；三、东晋初年开练湖，立丁卯埭，以调剂水量，这样，此段运河就成为颇具规模的航道，历东晋南朝均得以发挥效力。

　　京口建康航道　　会稽至建康水道交通线的最后一段，是京口、建康间的大江。东晋南朝，大江入海之处，即在京口。京口大江，据《元和郡县图志》阙卷佚文所记，阔达四十余里。京口对岸的广陵，为观涛之所，涛势骇人。魏文帝兵临广陵而不得渡，叹为天限南北。东晋时广陵过江犹如泛海。舟行自会稽达京口后，离运河而入大江，溯流百余里，始达建康。大江多风险，运河小船入江，难保败溺；而且绕行京口，亦嫌迂远。

　　破冈渎　　为了缩短会稽抵达建康的水路行程，为了避开大江之险，产生了另辟水道的需要。《三国志·吴志·孙权传》赤乌八年（245），"校尉陈勋将屯田及作士三万人，凿句容中道，自小其至云阳西城，通会市，作邸阁"，称曰破冈渎。《建康实录》卷二谓破冈渎得"通吴会船舰"。《太平御览》卷七三引张勃《吴录》："句容县，大皇（孙权）时使陈勋凿开水道，立十二埭（按当为十四埭，见下），以通吴会诸郡，故舡行不复由京口。"破冈渎修成并发挥较大效益，无疑当在孙吴时期，但最初的修凿却可能要早得多。《通鉴》梁中大同元年六月甲子条胡注曰："破岭……秦始皇所凿，即破冈也。"不过其时是否能通船运，尚不可知。

破冈渎主要在今句容县境。渎之南是茅山山脉北麓；渎之北，京口与建康之间，有今称宁镇山脉滨江而立。破冈渎就处在这南北两大山脉之间的丘陵间。丘陵的西部和东部，分别有小河西向流入秦淮水和东向流入丹阳运河。两条背道而流的小河源头之间，就是破冈，亦称破岭、破墩（《读史方舆纪要》卷二〇）、破罡（《真诰》卷一一）。破冈渎即凿冈为渎，连接两端小水，使吴会船舰可以不经丹阳、京口入长江至建康，而可自丹阳西行过破冈渎入秦淮水北上径达。《读史方舆纪要》卷二五引《舆地志》，谓破冈渎"上下各七埭。梁太子纲讳忌之，废破冈渎，别开上容渎。……陈复堙上容，修破冈渎。至隋平陈，并废。盖六朝都建康，吴会转输，皆自云阳径至都下也"①。

破冈渎处山岳丘陵地带，在不长的距离内设十四埭，七上七下，过埭通常要靠人力、牛力牵引，所以舟行非常困难，也难保证经常有水通航。东晋南朝史籍，常有关于破冈渎的记载。《世说新语·规箴》："贺司空（循）出，至破冈……"《真诰》卷一九注："吾与王灵期同船发都，至顿破冈埭。"《宋书》卷四《少帝纪》及卷四三《徐羡之传》，均谓少帝于华林园开渎聚土，以像破冈埭，率左右引船唱呼为乐。《宋书》卷九九《元凶劭传》，劭遣人"决破柏（按此字衍）冈方山埭，以绝东军"②。《梁书》卷三三《萧恢传》："三吴多乱，高祖命（恢）出顿破冈。"齐、

---

① 按此当出顾野王《舆地志》。顾野王死于开皇元年（581），叙事不得至隋平陈之时。"自隋平陈"以下文字当为顾祖禹之言。

② 东军指自曲阿来者。

梁二代，陵寝都在丹阳，梓宫转运，谒陵去来，均得循破冈渎。

大体说来，破冈渎的开通，大大便利了吴会与建康之间的人员往来，信息传递，使栖迟东土的门阀士族人物能与朝廷保持较便当的联系，甚至军队调遣也可循此道而行。但是由于河道条件的限制和官府特权的阻碍，行旅商货恐怕难于有此方便。《南齐书》卷四〇《竟陵王子良传》，谓台使征求急迫，威福自行，萧子良谏曰："破岗水逆，商旅半引，（台使）逼令到下，先过已船。"水小且急，又不能并行船舶，优先过堁之利自然归于官府。因此，要想依靠破冈渎解决大宗物资转输问题，是不大可能的。吴会粮谷漕运，还须取道京口。所以东晋时一旦京口附近被扰，京师粮谷即告恐慌。这也可以说明，破冈渎作为交通路线，政治意义大于经济意义，只能起辅助作用。建康、会稽间真正的转输枢纽，仍然是京口。前引《吴录》"故舡行不复由京口"及《读史方舆纪要》"吴会转输，皆自云阳径至都下"之说，都不免是夸张之词，不完全符合实际情况。

(四) 京口和晋陵地区的环境与流民

京口虽然据有建康与三吴之间的枢纽地位，但是魏晋时期，京口以至晋陵一带还是非常贫瘠的地方，莽莽榛榛，野兽出没。三国之初，孙权常来此游猎。《吴志·孙权传》建安二十三年(218)"权将如吴，亲乘马射虎于庱亭，马为虎所伤"。《张昭传》昭谏阻孙权猎虎，猎场当即此处。京口东南，太湖西北，孙吴时是毗陵典农校尉的屯田区，可知其地人户绝少，土田未垦。西晋罢屯田为郡县，始于其地置毗陵郡，东晋改晋陵郡。

晋陵地薄，远不如吴。《元和郡县图志》卷二五说："旧晋陵地广人稀,且少陂渠,田多秽恶。"《太平广记》卷二九三引《搜神记》,谓京城"甚多草秽"。官吏为了增加垦田民户,注意兴修水利。前述陈敏开练湖,张闿开新丰湖,都在这里。据《世说新语·规箴》注:时人名新丰塘为富民塘,丹阳葛洪有《富民塘颂》之作。《北堂书钞》卷七四引《晋中兴书》谓新丰塘"方九十四尺",颇疑塘能"富民",必不如此之小,可能有误字①。练湖的功能主要是调剂运河水量,所以灌溉效益也可能不大。晋成帝咸康二年(336)有封锢山泽之禁,赃一丈以上弃市。山泽可封锢,当指荒山野泽未曾开发者而言,京口封锢山泽严重,可知是生产很落后的地方。侨居京口的刁氏于刁协死后家道衰败,咸康中尚为贫户②,由于货殖为务,至东晋末年已是田万顷、奴客数千的巨富。田至万顷,当是陂田、草田之属,也就是刁氏本传中所说"固吝山泽"所得,说明其地荒芜,而不说明农业发达。到了南朝,任昉《述异记》犹谓毗陵多虎。《太平御览》卷一七〇引《舆地志》说"丹徒界内土坚紧如蜡。谚曰:'生东吴,死丹徒。'言吴多产出,可以摄生自奉养,丹徒地可以葬。"直到南宋汪元量《京口野望》诗,尚有"南徐白昼虎成阵"句,见《增订湖山类稿》卷二。

就是这荒芜贫瘠的地方,西晋末年以来,吸引了大量的流亡

---

① 中国书店1989年影印《北堂书钞》孔广陶校注本,"方九十四尺",原注谓陈、俞本"方九十"三字作"万九千",则颇具规模。

② 《晋书》卷六九《刁协传》咸康中蔡谟与庾冰书,谓"刁氏今贫"。刁氏"固吝山泽",见同卷《刁逵传》。

人口，有士族也有平民。范阳祖逖率部曲南来，曾一度留居京口。渤海刁协，南来后子孙世居京口。颍川庾亮家于暨阳，地属晋陵。东莞徐澄之与乡人臧琨，率子弟并闾里士庶千余家南渡，世居京口，两族坟墓分别在晋陵及丹徒。彭城刘裕，自高祖徙居京口。北府诸将出京口者，为数甚多。兰陵萧道成、萧衍在武进寓居。

零散的流民，也来到了京口。《宋书》卷三五《州郡志》南徐州条："晋永嘉大乱，幽、冀、青、并、兖州及徐州之淮北流民相率过淮，亦有过江在晋陵郡界者。晋成帝咸和四年（329），司空郗鉴又徙流民之在淮南者于晋陵诸县。"据《晋书》卷六七《郗鉴传》，郗鉴对京口、晋陵流民"处与田宅，渐得少安"。谭其骧先生《晋永嘉丧乱后之民族迁徙》一文[1]，估计南徐州（按即东晋的徐州）的侨旧人口总数为四十二万人，其中侨寓之民约为二十二万。按照东晋制度，僮奴不入籍，客虽得"注家籍"，但漏注者多。流民在徐州为僮为客而未著籍者，当然未计入此二十二万之内。从人口数字看，徐州是江左侨寓人口最为集中的地方。

京口、晋陵的自然条件，如前说既然非常不好，为什么却成为流民最集中的地方呢？青、兖、徐州流民乘泗逾淮，循中渎水或泛海南来，自然顺道；但是幽、冀、并州流民为什么也要绕道而来，定居于江南东隅的海渚呢？这个问题，除了晋陵地广人稀，郗鉴可以对流民"处与田宅"之外，还有出于安全的原因。

---

[1] 《长水集》上，人民出版社，1987年。

士族南来，只要不与吴姓士族利益冲突，也就是说只要他们愿意逐空荒而居，其停驻地就有较大的选择自由。例如闽中之地，他们也能率先进入。《太平御览》卷一七〇引梁载言《十道志》："东晋南渡，衣冠士族多萃其地，以求安堵，因立晋安郡。"《元和姓纂》卷五"林"："晋安，林放之后，晋永嘉渡江，居泉州。"《直斋书录解题》卷八引林谞《闽中记》曰："永嘉之乱，中原仕族林、黄、陈、郑四姓先入闽。"但是零散的流民，却没有多少自由选择停驻之处的余地。他们在胡骑追逼下节节南行，一般只是想找一个接近北土的地方停留，以便有朝一日重返故园。他们资财匮乏，人力寡弱，一旦到达可以暂时栖息的安全地方以后，就无力继续南行。所以他们集中寄寓的地方，一般限于长江南缘一带，至少在东晋初年是这样。以下游而论，下游南缘胡骑难于到达的地方，比较理想的是江南的东隅，也就是京口、晋陵一带。下游受敌之地，可能是寿春、合肥，也可能是历阳、建康，但不大可能是远至东隅的广陵、京口。特别是京口，宽四十里的长江，是它的一道重要屏障。陆游《入蜀记》卷二有采石江面狭于瓜洲之言，《读史方舆纪要》卷二五据此，曰："古来江南有事，从采石渡江者十之九，从京口渡江者十之一，盖以（采石）江面狭于（京口）瓜洲也。"《日知录》卷三一"江乘"条亦曰："自古南北之津，上则由采石，下则由江乘，而京口不当往来之道。"《十七史商榷》卷五八"京口名义"条，谓"从北朝来，当于瓜步渡江，在今六合县，不由丹徒"。据陆游、顾炎武、顾祖禹、王鸣盛等人所论，京口在晋代不当南北之津，自然比较安全，这应当是吸引北方流民的一个重要条件。事实上，终东晋之世，京口曾是几次北伐出兵之地，而北方胡骑进攻广陵、京口之例，却一次也没有。

京口、晋陵可以吸引流民，而流民可以组成军队。京口、晋陵密迩三吴，而三吴的物产可以支援京口之军。郗鉴利用这支流民军队和三吴粮谷，经营京口，使京口成为东晋时具有特殊作用的重镇，影响着东晋的朝局。

郗鉴以流民帅身份率众南来，他以后的活动都与流民有关系，力量的基础始终是流民[①]。一直到他临终上疏，还是谆谆以流民事为重。

(五) 京口在政治、军事上的作用

关于京口的作用，历来史家独重谢安以谢玄据京口创建北府兵之事，这无疑是有理由的。但是北府其所以具有这种地位，其所以能够发挥这种作用，首先是由于前此郗鉴的长期经营。否则，谢玄也不可能在短期之内，在京口建成一支足以支配南北关系和东晋政局的北府兵。

京口在郗鉴经营时期，已经发挥颇为显著的作用，概括言之，有控制三吴、抵御海盗、拱卫京师三个方面。

控制三吴 在琅邪王司马睿南渡江以迄东晋初年的大约二十年内，朝廷和执政并未认识到京口的重要性，没有人去特意经营。京口成为重镇，是从苏峻之乱时由于控制三吴地区的需要开始的。首倡"静镇京口"的郗鉴受命为都督八郡诸军事，并节

[①] 郗鉴于王敦乱平后受命出镇广陵，其留驻合肥的流民部曲可能重归于他，但无确证。除此不论以外，广陵、京口尚有新来旧到的更多流民。

度浙东的王舒之军和浙西的虞潭之军,显示出京口具有控制三吴的功能。这种功能一直维持下去,东晋末年,居京口的北府主将取得了更大的权势,京口对于三吴的控制也就更为明显。三吴大规模的农民起义,就是由来自京口的军队压平的。这种种情况,已在或将在他处论及,这里从略。

抵御海寇 海寇骚扰,是晋成帝时一个颇为严重的问题。海寇著者,一为刘徵,一为韩雍,都是由北方的青、徐泛海南扰的石勒部将。《晋书》卷七《成帝纪》咸和五年(330)五月,"石勒将刘徵寇南沙(今常熟西北,有司盐都尉),都尉许儒遇害,进入海虞(今常熟)"。咸和六年正月"癸巳,刘徵复寇娄县(今昆山),遂掠武进(今常州)。乙未,进司空郗鉴都督吴国诸军事。戊午,以运漕不继,发王公已下千余丁,各运米六斛"。这几次海寇骚扰所至,都在晋陵、吴郡各地,逼近京口,迫使"静镇京口"的郗鉴加强京口防务。《郗鉴传》:"时贼帅刘徵聚众数千,浮海抄东南诸县。鉴遂城京口①,加都督扬州之晋陵、吴郡诸军事,率众讨平之。"《晋书》卷六七《虞潭传》,潭为吴

---

① 京口城址已发掘出土,见《考古》1986年第5期镇江博物馆《镇江市东晋晋陵罗城的调查和试掘》及刘建国《晋陵罗城初探》二文。据出土城砖文字,知"晋陵罗城"是该城自名,"花山"为该城城址所在。城夯筑,里外敷砖。城周长约十里,因山为垒,缘江为境。晋陵罗城是三国时孙韶所缮京城(城在今铁瓮山)的外城,或者说东晋晋陵罗城以孙吴的京城为子城。义熙九年(413)晋陵郡治徙武进(今常州),晋陵罗城名废,但称京口或京城。郗鉴"遂城京口",当即修建晋陵罗城。后来王恭又有所修作。郗鉴修晋陵罗城的直接目的,是防备海寇抄略。

郡太守,"修沪渎垒(在今上海市西北)以防海抄,百姓赖之"。事在郗鉴城京口约略同时。

韩雍抄寇事,在咸和七年(332)三月。《成帝纪》:是月晋将赵胤、匡术"攻石勒马头坞(今安徽怀远南),克之。勒将韩雍寇南沙及海虞"。《石勒载记》:"晋将军赵胤攻克马头,石堪遣将军韩雍救之,至则无及,遂寇南沙、海虞,俘获五千余人。"韩雍救马头不及而转南寇抄,当为循淮入海而下;"俘获五千余人",当指韩雍所俘南人而非东晋所俘北人。这说明晋陵一带虽然得免于北寇陆上侵袭,比较安全,但在海寇抄略之时则又首当其冲。所以郗鉴城京口以御海寇,是那时加强防务所必需的军事措施,否则海寇溯江而上,陷京口,攻江乘,扰建康,对东晋的威胁就更大了。此后海寇很少,应当说京口防御加强是重要原因。

拱卫京师 苏峻之乱的形势,使京口成为建康"东门"。其时郗鉴自广陵过江,本在京口,可西向策应建康,也可南向策应三吴。后来郗鉴奉召西行,与陶侃会,三吴的王舒、虞潭遂失策应,作战不利。《晋书》卷七八《孔坦传》,坦为陶侃长史,其时"郗鉴镇京口,侃等各以兵会,〔鉴〕既至①,坦议以为'本

---

① 坦传此处语气似有不足。《通鉴》咸和三年六月条,谓"王舒、虞潭等数与峻兵战,不利。孔坦曰:'本不须召郗公,遂使东门无限……'"云云。可知孔坦之议是针对郗鉴自广陵过江后西行,离开都督扬州八郡诸军事职守,使王舒、虞潭的东军失去节度而失利,遂有"东门无限"之语。诸书皆不言郗鉴过江后为什么要西行与陶侃会。观孔坦语,知郗鉴盖应陶侃召也。

不应须召郗公，遂使东门无限。今宜遣还，虽晚，犹胜不也'。侃等犹疑，坦固争甚切，始令鉴还据京口"。郗鉴遂与后将军郭默还丹徒，立大业、曲阿、庱亭三垒以拒苏峻所遣军队，直到苏峻之乱弭平。以此为契机，郗鉴及其后人长期留在京口，在京口起着支配作用。

京口重镇，据《晋书》卷七七《蔡谟传》说，其所统"东至土山（按即北固山），西至江乘，镇守八所，城垒凡十一处，烽火楼望三十余处"。蔡谟为郗鉴后任，他镇京口时军事设施如此，当沿袭郗鉴规模。

《南齐书》卷一四《州郡志》南徐州条曰："今京城（按即京口）因山为垒，望海临江，缘江为境，似河内郡，内镇优重。宋氏以来，桑梓帝宅，江左流寓，多出膏腴。"《读史方舆纪要》卷二五也把京口之于建康，比之于孟津之于洛阳，孟津为洛阳门户锁钥，京口亦为建康门户锁钥。司马氏出自河内而于洛阳成其帝业，刘、萧则起自京口、晋陵而称帝于建康。因帝乡而多膏腴，京口也同河内一样。

京口拱卫建康，主要是具有战略意义。从战术上说来，建康自有石头、白石等门户，特别是石头城。孙吴迁都建业之日，就立石头以屯军。周札开石头之门，王敦遂得以制建康；苏峻取得台城，必倚石头方能固守。这都是战术形势使然。至于京口，形成重镇以后，其战略价值表现在：一、起威慑作用，减少甚或阻止建康变局的出现。陶侃、庾亮惮郗鉴而不敢贸然兴师废黜王导，就是证明。二、尽管朝局已变，京口还有可能扭转局面，刘裕自京口驱逐桓玄，就是证明。由于东晋建康处在长江上游的军事压力之下，荆豫诸州动辄拥兵犯禁，京口作为建康东门重镇，更得以显示其重要性。

我们可以把京口在孙吴时期和东晋时期发挥的作用，略作比较。孙吴设京下督，宗室孙韶、孙越以及顾承等均曾为之。京下督所司，除连接建康与三吴以外，据《吴志·孙韶传》，主要是观察江北动静，防备魏军。所以京下督虽然密迩京师，从其职能看来只能算是吴之外镇，对吴国京畿政局并不起直接影响。其时上游荆州一直在孙吴的稳定控制之中，不存在顺流问鼎之虞。东晋则不然。东晋荆扬相持的政治格局业已形成，京口重镇的职能主要不是对外而是对内，起着防备上游以稳定建康的作用，因而获得"内镇优重"的特殊地位。日后东晋政局的变迁历程，反复证明着这一点。即令是在谢玄创建北府兵和淝水之战前后时期，京口也只是兼有外镇作用，其主要职能还不是外镇。

如果进一步考察京口在吴、东晋时期作用不同的原因，我们将发现，京口的"内镇优重"地位，正是东晋门阀政治的产物。荆、豫与扬、徐的关系，所反映的是各个士族门户之间的关系，这是门阀政治的地域表现，或者说是以门阀为背景的地缘政治。孙吴时期，门阀士族已在形成；江左的顾、陆、朱、张已经具有特殊的社会政治地位。而且其时荆州上游又由陆氏人物世代据守达数十年之久，这一点，东晋时期盘踞上游的士族还无法与之比拟。但是孙吴时的建业并不依赖京口以与上游抗衡。所以我们在用东晋门阀政治解释京口作用的时候，还要看到东晋主弱臣强的状况，看到东晋司马家与士族"共天下"的现象，而这些在孙吴的历史上却看不到。孙吴时上游与下游重镇，同处在皇权控制之下，而东晋则不然。孙吴时的士族是皇权下的士族，东晋的士族则是与皇权并立的士族。这同样是我们考察京口在吴、东晋时期作用不同的原因时必须注意的一个问题。

(六) 郗氏家族在京口的影响

郗鉴死于成帝咸康五年（339）八月，其年七月王导死，翌年正月庾亮死。三巨头之死全在这半年之内，他们之间的复杂关系所构成的政治暗流，至此应当不复存在。但是作为家族，王、庾、郗都还在继续发展。三个家族的后人中虽然未再出现像王导、庾亮、郗鉴那样足以左右政局的人物，但是原来政局的影响，还若隐若现地存在着并且继续起着作用。

郗鉴死前上疏逊位曰："臣所统错杂，率多北人，或逼迁徙，或是新附。百姓怀土，皆有归本之心。臣宣国恩，示以好恶，处与田宅，渐得少安。闻臣疾笃，众情骇动。若当北渡，必启寇心。"按，此年上游庾亮作态，声称欲开复中原，而郗鉴议以资用未备，不可大举。郗鉴逊位疏中所陈，就是指此。庾亮声言北伐之时，必有请郗鉴移镇北上以为形援之事，故郗鉴疏中谆谆以京口之众不可北渡为言。郗鉴还以其所刺徐、兖二州，分别荐太常蔡谟及兄子晋陵内史郗迈以自代，一处京口，一处广陵。其荐郗迈曰：迈"谦爱养士，甚为流亡所宗，又是臣门户子弟"云云。《世说新语·德行》注引《晋中兴书》，述及郗迈仕履，不言莅兖州刺史之任，疑迈虽得鉴荐而朝廷未授。郗鉴荐迈而以门户为言，在当时门阀政治下是习见之事。《晋书》卷七四《桓冲传》："初，郗鉴、庾亮、庾翼临终皆有表，树置亲戚"云云，郗鉴遗表树置者就是郗迈。为"流亡所宗"的郗迈，以江南的晋陵内史被荐为江北的兖州刺史，事虽未成，亦见江南江北流民隔江呼应之势。郗鉴不请以子郗愔自代徐州，特别是不以郗愔兼刺徐、兖二州，可能是基于愔传所说，愔"冲退""简默"，"无处世意"，难以居繁剧之故。其时郗愔年少无资望，可以为佐史，不可以为长吏。直到穆帝永和年间，郗愔犹"以资望少，不宜超莅大郡"为言，辞吴郡太守之授。

郗鉴荐蔡谟为徐州刺史镇京口，主要因其笃慎之故。郗鉴疏中流露，鉴死前最大的忧虑，是庾亮以北伐为名逼京口之众北渡以削异己。所谓"若当北渡，必启寇心"云云，就是郗鉴婉转拒绝庾亮要求，以图保全自己实力之词。对于这个问题的态度，蔡谟咸康五年（339）春间之议与郗鉴全同。甚至当永和五年（345）石虎死后中原大乱，朝廷咸以为当太平复旧之时，蔡谟犹独谓"胡灭诚大庆也，然将贻王室之忧"。他的意思是说，竞言北伐者并无资实，行将疲民以逞，甚或借以行非常之事。他主张以保全晋室、暂安江左为重，寇不来我亦不往，以待局势的变化。东晋一朝持这种见解的臣僚前后甚多，王羲之、孙绰辈是其著者，他们持重苟安之心是一目了然的。然而处北伐之任者确实往往心存不测，而往往又是力不从心，难得逞其志向，徒滋江左纷扰。士族专兵，皇权不振，政治格局如此，无人可以挽回。直到刘裕当权后门阀士族统统丧失了兵权，情况才得以改变。

郗氏部曲义故在京口、晋陵者，郗鉴以田宅处之，他们与郗氏关系密切，自不待言。郗鉴死后朝廷想绥抚他们，必然要借重郗鉴子侄。所以郗鉴子侄居官者如果不在京口，就在与京口关系密切的会稽五郡。郗氏住宅、茔冢在京口①，其家业亦有在会稽的始宁、章安等地者②。郗氏家族在这一带的潜在势力，历久不衰。

兹将郗鉴以来至桓温得势时徐州都督刺史及其在职年份表列如下。都督徐州者多兼督兖州，而且例带扬州之晋陵诸军事，例镇京口。其因北伐原因而移镇江北者，例如荀羡曾迁治淮阴，又迁下邳；郗昙、范汪、庾希、郗愔均曾治下邳，但他们势力重心仍然在京口。桓温为琅邪内史本治金城，迁徐州刺史后移镇京口。《晋书》卷八三《袁乔传》有"桓温镇京口"语，即此时事。但是桓温不久以后即迁荆州之任，在京口时间很短，并无影响。郗鉴初镇京口在成帝咸和元年（326），郗愔被排挤出京口在废帝太和四年（369）。郗氏家族势力支配京口、晋陵地区，前后历时四十三年之久。

---

① 《至顺镇江志》卷一二"墓"："晋郗鉴、郗愔墓在郡城东。"《南史》卷六五《陈始兴王伯茂传》：陈时"军人于丹徒盗发晋郗昙墓，大获晋右军将军王羲之书及诸名贤遗迹"。又，《太平御览》卷一八〇引《京口记》："糖颓山……山南隔路得郗鉴故宅五十余亩。"

② 《宋书》卷六七《谢灵运传》载其《山居赋》，注谓郗氏、蔡氏、陈氏、谢氏与昙济道人，各自拥有始宁五奥之一。《晋书》卷六七《郗愔传》：愔"筑宅章安，有终焉之志"，是章安亦有郗氏宅业。始宁，今浙江嵊州北；章安，今浙江黄岩南。

年　　份	居任者	备　注
咸和元年至咸康五年（326—339）	郗　鉴	郗迈为晋陵太守
咸康五年至咸康八年（339—342）	蔡　谟	郗鉴所荐
咸康八年至建元元年（342—343）	何　充	郗愔为长史
建元元年至永和元年（343—345）	桓　温	帝婿
永和元年至永和五年（345—349）	褚　裒	后父。郗愔为长史
永和五年至升平二年（349—358）	荀　羡	郗昙为军司
升平二年至升平五年（358—361）	郗　昙	
升平五年　　　　　　（361）	范　汪	辟郗鉴掾，被桓温废
隆和元年至太和二年（362—367）	庾　希	被桓温罢
太和二年至太和四年（367—369）	郗　愔	
太和四年至宁康元年（369—373）	桓　温	逼逐郗愔

观上表可知，徐州方镇人选虽然改易频仍，但郗氏以外的人都难于在京口扎根，而郗氏家族人物不管名义如何，总是在京口拥有实权，其支配地位隐约可见。存心觊觎而又终于擅权的人是桓温。当桓温已大权在握、左右政局的时候，执政司马昱还力图掌握京口以保护建康，把京口交给不附桓温亦不为桓温所容的范汪、庾希。桓温素称京口"兵可用"，必欲取得京口，因而采取了三步对策。第一步，以出军失期为名免范汪为庶人，接着又以没郡免庾希徐州职任。庾氏不但如前所述，家于晋陵之暨阳，在京口亦有府第[①]，其家族在这一带的潜在势力，是难于铲除尽净

---

① 《晋书》卷八五《刘毅传》、《宋书》卷五二《庾悦传》。由于庾氏在京口有潜在势力，所以咸安二年庾希、庾邈得于京口起兵反对桓温。

的。所以桓温采取了第二步措施，名正言顺地以郗愔镇京口，用来取代庾氏。《晋书》卷六七《郗愔传》：愔为辅国将军、会稽内史，"大司马桓温以愔与徐、兖有故义，乃迁愔都督徐、兖、青、幽、扬州之晋陵诸军事，领徐、兖二州刺史，假节"。郗愔本以"冲退"著称，与桓温无争，但终非桓温可以放心的人。所以没过多久，桓温又采取了第三步措施，于太和四年（369）北伐过程中逼郗愔交出徐、兖，由桓温并领，结束了郗氏家族支配京口的时期，也完成了桓氏对东晋上下游诸藩镇的全面控制。桓氏夺取京口，事甚曲折，当另论述。

郗氏京口势力虽已不存，但由郗鉴开始经营的京口重镇，在东晋的建康政局中继续起着关键作用。以后，谢玄在京口，组成了关系淝水之战胜败的北府兵；王恭据京口，与荆州殷仲堪等联兵反对执政；刘牢之据京口，镇压东方农民暴动；刘裕据京口，继续镇压农民暴动，又平定桓玄之乱，最后竟以京口方镇转移晋祚。

刘裕深知京口对建康的重要性，他得势以后，对京口采取了严密的控制措施，而且以子弟居其任，不授异姓。《宋书》卷二《武帝纪》载，义熙十二年（416）三月，晋安帝以宋王刘裕世子刘义符为徐、兖二州刺史。刘裕曰："吾倡大义，首自本州，克复皇祚（按指逐桓玄、复晋祚之事），遂建勋烈，外夷勍敌，内清奸轨，皆邦人州党竭诚尽力之效也。"义熙十四年，刘裕复以弟刘道怜镇京口。据《宋书》卷七八《刘延孙传》，刘裕遗诏，以"京口要地，去都邑密迩，自非宗室近戚，不得居之"。自此以后，终刘宋之世，此诏成为定制。这样，京口在门阀政治中所具有的特殊地位,就逐渐淡漠不显了。

五　余　论

本文论郗鉴,意在探索东晋初年内乱迭起的政局,怎样在郗鉴斡旋处置之下逐渐安定下来,对东晋政局的发展有些什么影响。我认为,江左草创之时,司马氏为了应付江南士族的挑战并和辑南来的侨姓士族,主要依靠琅邪王氏,于是而有"王与马共天下",司马氏政权与侨姓士族都得以在江左立定脚跟,逐步形成门阀政治的格局。从此以后,挑战主要来自侨姓士族内部。门阀士族之间的角逐,一是以争据朝廷势要的形式出现,目的是控制皇权,借以发号施令,压倒对手;一是以竞据形胜方镇的形式出现,目的是以外制内,凌驾建康。如果某一士族在这两种形式的角逐中都占有压倒优势,那就会出现严重的局面,而这是门阀政治所不能允许的。应付这种挑战而获得重要成就的人,首推郗鉴。郗鉴的努力,使士族诸门户间的权力平衡状态得以维持,使门阀政治得以延续,也使东晋政权得以存在较长的时间。

如前所论,东晋门阀政治格局形成的原因,是士族专兵和皇权不振。士族专兵而又不允许一族独占兵权,皇权不振而又不允许任何其他士族取代司马氏的地位,这就需要一些人物的调处经营。郗鉴对付的办法,一是维护司马氏皇权的存在使之成为维持稳定局面的因素,一是抑制过分强大的士族门户以绝觊觎。郗鉴在江左完成的几件大事,都是属于这类性质。

在一一探究郗鉴的几件大事时,我发现胡三省在《通鉴》

注中对此都有所评论。其一，郗鉴建议用流民帅的兵力以平王敦之叛问题，《通鉴》太宁二年（324）胡注曰："夫理顺者难恃，势弱则不支。以〔王〕敦、〔钱〕凤同恶相济，率大众以犯阙。虽诸公忠赤，若只以台中见兵拒之，是复周〔颛〕、戴〔渊〕石头之事。微郗鉴建请而召刘遐、苏峻，殆矣。"其二，郗鉴协调当权门户王氏、陶氏、庾氏关系问题，《通鉴》咸康四年（338）胡注曰："庾亮之谋（按指庾亮废王导之谋），微郗鉴拒之于外，孙盛谏止于内，必再乱天下矣。"① 其三，郗鉴经营京口，控制东道问题，《通鉴》咸和三年（328）胡注曰："晋都建康，粮运皆仰三吴，故欲先断东道。王敦、苏峻之乱，匡复之谋，郗鉴为多。"② 本文所论郗鉴数事，都暗合胡三省之所见。当然，把这些事放在一定的时代条件下并联系起来探寻其本质，是胡三省为其史观所限所不能做到的。正是由于这类原因，今人研究历史，必须汲取前人成果，而又不能囿于前人成果。

郗鉴名义上虽居朝廷三事之列，但从未入主中枢。他的所作所为，主要属于战略性的奇谋异策之类。《世说新语·排调》"郗司空拜北府"条王徽之已讥其"应变将略非其所长"③。所以他在东晋并没有什么轰动的事迹足资称述，古今史家也多不甚重

---

① 此处胡三省只说到"庾亮之谋"而未及陶侃，是因为司马光未录庾亮致郗鉴信中关于陶侃欲起兵废王导之事，所以胡注也未论及。

② 此处胡三省只说到东道粮运之事而不及京口的经营，是因为司马光未措意于京口地位问题，于《通鉴》中略去了郗鉴致温峤函中"静镇京口"之语，所以胡三省作注，也就未曾言及京口。

③ 引陈寿评诸葛亮语以论郗鉴，当然也有抬高郗鉴的用意。郗超已有此说。

视郗鉴其人。同时,他的家族在江左也未曾获得最高的社会地位,像王、谢那样。郗鉴先世,郗虑以后没有显宦,其家族在两晋之际,基本上未曾脱离东汉儒学家族轨道,直到郗鉴的子侄辈,才完成向玄学士族的转化过程。两晋之时,居于显赫地位的士族人物,往往多方网罗名士,充实幕府,制造声誉。东晋王敦、庾亮、桓温府内,莫不名士充盈,人才济济。可是郗鉴以三公之尊居重镇历十余年,而名士出其州府者则寥寥无几。这也是郗氏家族地位、门户状况的一种反映。当然,郗鉴与出自另一儒学大族的卞壶又有所不同。卞壶与门阀政治格格不入,可以为司马王朝死节,而不能像郗鉴那样厕身于门阀政治之中并能有所建树。

《世说新语·言语》:"郗太尉拜司空(按在咸和四年,329),语同坐曰:'平生意不在多,值世故纷纭,遂至台鼎,朱博翰音,实愧于怀。'"《礼记·曲礼》下:"鸡曰翰音。"《易·中孚》:"翰音登于天,贞凶。《象》曰:'翰音登于天,何可长也?'"《说文》:"翰,天鸡也。"郗鉴之意,以为自己只不过是像朱博那样的吏才而得登于台鼎,像鸡飞上天一样,在门阀政治中,这本来是想象不到的事。《太平御览》卷二〇七引《晋中兴书》:"郗鉴为太尉(按在咸康四年,338),虽在公位而冲心愈约,劳谦日仄,诵玩坟索,自少及长,身无择行。家本书生,后因丧乱,解巾从戎,非其本愿,常怀慨然。"郗鉴两拜三公,相隔近十年,而谦退旨趣前后如一。正因为郗鉴不操其柄,无竞于朝,所以能够久任于京口,善始令终而无殒坠之虞。

不过,郗鉴毕竟是流民帅,也有过流民帅所共有的杀人越货之事，已见前引。《晋中兴书》说他"自少及长，身无择行"，是一种溢美之词。《世说新语·品藻》："卞望之（壸）云：'郗公体中有三反：方于事上，好下佞己，一反；治身清贞，大修计校①，二反；自好读书，憎人学问，三反。'"三反，犹今言三种矛盾现象②。郗鉴在性格和素养上，也是一个充满矛盾的人物。

本文之始，曾引用《晋书·明帝纪》史臣之言曰："维扬作寓，凭带洪流……不得不推诚将相，以总戎麾，楼船万计，兵倍王室，处其利而无心者，周公其人也。"史臣本指王敦有上游形胜之利，遂启篡窃之心，因而感叹世无周公。借史臣此论以观郗鉴，虽不处顺流之势，但建康锁钥在手，亦可谓"处其利而无心"。他身居危朝而能阻遏觊觎，终于对东晋朝廷有所匡救。如果郗鉴舍京口地利而居官建康，不以谦退自处而务求竞逐，以他本不优越的门望实力，在东晋翻云覆雨的门阀政治中，未必能有多少建树。

---

① 计，计簿，计算；校，校实。"大修计校"，当谓大聚甲兵钱谷诸事。《三国志·魏志·崔琰传》曹操领冀州牧，"校计甲兵"；《太平御览》卷二六三引此，作"计校甲兵"。又《三国志·蜀志·杨戏传》注引《襄阳记》，诸葛亮尝自校簿书，主簿杨颙进谏，亦此意。

② 《日知录集释》卷一三"三反"条："今日人情有三反，曰弥谦弥伪，弥亲弥泛，弥奢弥吝。"引此备参考。

庾氏之兴和庾、王江州之争

一 庾氏之兴 庾亮巩固门阀政治

颍川庾氏，兴于魏晋之间。据《后汉书》卷九八《郭太传》，桓帝时颍川庾乘"少给事县廷为门士"①，郭太见而拔之，劝游太学，遂为诸生佣。后能讲经，犹自以为门第卑微，每处下坐。庾乘于汉末，征辟并不起，入魏始为襄城令，见《元和姓纂》卷六。庾乘子嶷，魏正始、嘉平间为太仆兼大鸿胪，被誉为当世令器，嘉平三年奉旨持节命司马懿为相国，六年又列名于废齐王芳之奏，为司马氏功臣。其事迹分见《三国志·魏志·齐王芳纪》嘉平六年、同书《管宁传》及注以及《晋书》卷一《宣帝纪》、卷五〇《庾峻传》。庾氏门望之起，当自嶷始，嶷子龤，晋尚书，其后支脉不显。

庾嶷有弟遁，遁二子峻、纯，《晋书》皆有传。《庾峻传》谓峻魏末为博士，"时重庄老而轻经史，峻惧雅道陵迟，乃潜心

---

① 《文选》卷四九《晋纪总论》引干宝《晋纪》："世俗言〔庾〕纯乃祖为伍伯。"按庾纯是庾乘之孙，庾乘或即为县伍伯。

儒典。属高贵乡公幸太学,问《尚书》义于峻"。入晋,庾峻为侍中,疾"风俗趣竞,礼让陵迟",主张"听朝士时时从志山林"。庾峻弟纯,传谓"博学有才义,为世儒宗"。庾纯于晋不附权臣贾充,曾于坐质问贾充:"高贵乡公何在?"庾纯子旉,因反对晋武帝命齐王攸之国而知名。根据庾峻、庾纯等人行事,《晋书》史臣赞"庾氏世载清德,见称于世",这是汉、魏儒学大族的典型形态。按照晋代时尚,旧时儒学大族如果不转习玄风,一般是难于继续为世所重的。庾氏家族如果要使门户光大,必须完成由儒入玄的转变过程。

庾氏家族由儒入玄的转变,开始于庾峻子庾敳。庾敳读老庄书,暗合己意,"自谓是老庄之徒"①。《世说新语·赏誉》:"时人目庾中郎(敳)'善于托大,长于自藏'。"注引《名士传》曰:"敳虽居职任,未尝以事自婴,从容博畅,寄通而已。是时天下多故,机事屡起,有为者拔奇吐异,而祸福继之。敳常默然,故忧喜不至也。"庾敳作《意赋》以寄怀,抒发荣辱同贯、存亡均齐之说。庾敳参东海王越军事,与王衍、王敦诸人为友。他既居权贵之地,处名士之间,以显其门户位望,而又惧祸福无端,亟思观时养晦。这是其时高门玄学之士的一种自处之道。庾敳兄弟行辈有庾衮、庾琛。庾衮事迹在《晋书》卷八八《孝友传》,八王之乱中率宗族邻里保聚林虑山,有《保聚图》一卷,见《郡斋读书志》。庾衮弟琛,事迹在《晋书》卷九三《外戚传》,永嘉初为会稽太守。衮、琛之父,史失其名。庾琛子庾亮,

---

① 《世说新语·文学》"庾子嵩读《庄子》"条注引《晋阳秋》。

《世说新语·德行》"庾公乘马有的卢"条注引《晋阳秋》，则谓亮"侍从父琛避地会稽"。

颍川庾氏家族，从庾敳"自藏"、庾衮"保聚"、庾琛"避地"看来，宗支兄弟辈飘零四散，消极处世，不足自存。与琅邪王氏兄弟辈"拔奇吐异"、乘时经营相比，是不可同日而语的。这是颍川庾氏家族状况的具体表现。庾琛、庾亮父子，均为琅邪王司马睿所辟。亮辟在前，为镇东府西曹掾；琛辟在后，为丞相军咨祭酒。庾琛、庾亮父子并非踵司马睿之迹南来求官，而是客居会稽，在会稽初应辟召。这与东晋之初琅邪王氏兄弟子侄辈麇集建康以逐禄利者又大不相同。像庾氏这样的家族以后在江左朝廷得以扶摇直上，列入甲族膏腴，内持机柄，外镇名州，显赫几十年，在相当程度上是因缘时会的结果。

庾敳在北，曾辟东海王越府，其时庾亮亦曾受辟于越府而未就。这是颍川庾氏在政治上与江左政权仅有的一点历史渊源。庾氏在江左之兴，主要不是由此，而是由于庾氏联姻帝室的家族关系和庾亮出入儒玄的个人素质。

两晋之际，世乱时艰，祸福莫测，士族名士一般不拘礼法，不经世务。他们之中不乏在家世门第、历史渊源以及学术风尚等方面具备条件的人，可以出任政务。但是这些人却或是缺乏从政的才能，或是没有从政的兴趣。要物色足以付托国事的人才，并非易事。例如陈留阮孚，据《晋书》卷四九《阮孚传》，初辟东海王越府，过江后蓬发酗酒，不以世务婴心。元、明两朝，他以才累迁侍中、吏部尚书。"及〔明〕帝疾大渐，温峤入受顾命，过孚，要与同行。升车，乃告之曰：'主上遂大渐，江左危弱，实资群贤,共康世务。卿时望所归,今欲屈卿同受顾托。'孚不答,固求下车,峤不许。垂至台门,告峤内迫,求暂下,便徒步还家。"成帝即位,阮孚避后族庾氏,苦求出为广州。像阮孚这样出自士族,具有才能,为时望所归的人,却又放达疏狂,不愿受顾托之任。

庾亮则不然。他既以士族名士入玄风为世推重,又不废礼教,无处世意。《世说新语·言语》"孙齐由、齐庄二人小时诣庾公条"及注引《孙放别传》,庾亮问孙放(齐庄)何故不慕仲尼而慕庄周,放对曰:"仲尼生而知之,非希企所及;至于庄周,是其次者,故慕耳。"庾亮很赏识孙放的回答,说明庾亮本人虽好谈玄学,却不非儒,不废儒家礼法事功。所以本传称他"风格峻整,动由礼节,闺门之内不肃而成","时人皆惮其方严"。庾亮出入玄儒,具有玄学表现和儒学内涵,这种个人素质,使他异于其时的多数名士,而颇类于王导。这大概是庾亮妹得聘为太子妃,而庾亮本人被明帝重用以平衡王导势力的一个重要原因。

但是其时庾亮阅历不足,还需要有一个较长时间的磨炼,以显露其政治才能,使他得到门阀士族的普遍承认。庾亮在元、明两朝的表现,大致有如下几个方面。

第一,反对崇尚申、韩。琅邪王司马睿过江后,就有尚申、韩以张皇权的思想。后来琅邪王氏坐大,尚申、韩就成为平衡和抑制王氏兄弟的一个重要手段。元、明两朝,庾亮对于尚申、韩始终是反对的,说明庾亮主张维持门阀政治格局,反对限之以法。

第二,不支持朝廷用刘隗、刁协诸人以制琅邪王氏。刘隗居刑宪之位，纠弹诸门阀士族违法悖礼者甚多。刁协亦崇上抑下，志在匡时。刘、刁均为琅邪王氏兄弟所疾。太兴三年（320），刘隗为元帝策划，出腹心以镇方面，乃有谯王承刺湘州镇临湘（今长沙），刘隗刺徐州镇淮阴，戴渊刺豫州镇合肥的部署，成为王敦起兵的口实。王敦兵入石头，刘隗出奔，刁、戴及谯王承等先后被杀，历元帝之末，明帝之初，斗争十分激烈。然而在此期间，未闻庾亮支持刘、刁诸人，亦不见庾、王有重大隔阂。据《庾亮传》，太宁二年（324）王敦再次下都，屯集于湖，明帝"使亮诣敦筹事，敦与亮谈论，不觉改席而前，退而叹曰：'庾元规贤于裴頠远矣。'"王敦一表庾亮为中领军，再表加中书监①，这至少说明王敦对庾亮并无反目之事，像对戴渊、周顗那样。庾亮居外戚近地而有《让中书表》，以示知足守分，并引两汉外戚之祸以为鉴戒，缘情述理，娓娓动人。《让中书表》中有"陛下践祚，圣政惟新，宰辅贤明，庶僚咸允"诸语，对王氏兄弟还是赞扬的。这是庾亮企图维持门阀政治格局，而不党同于刘、刁的具体表现。等到王敦谋篡之形已定，庾、王始有交恶迹象。《庾亮传》谓："王敦既有异志，内深忌亮而外崇重之，亮忧惧，以疾去官。复代王导为中书监。"后来庾亮有都督东征诸军事之授，以讨沈充，但其时胜败之局已定，他只是空署军号，并无活动。

第三，力抗东晋宗室及其他外戚，以维持庾、王诸士族的政

---

① 庾亮加中书监出于王敦表荐，见《太平御览》卷二二〇。表谓以中书令、领军可中书监、领军如故。亮原已居中书令，本传失载。

治地位。按，明帝在门阀士族庾、王之间是亲庾疏王的，已见前论。士族以外，明帝还重视一些更其亲近的人物，如宗室南顿王宗，元帝虞妃之弟虞胤。《晋书》卷九三《外戚·虞胤传》："（胤）与南顿王宗俱为明帝所昵，并典禁兵。"同书卷五九《南顿王宗传》：宗"与虞胤俱为帝所昵，委以禁旅。宗与王导、庾亮志趣不同，连接轻侠以为腹心，导、亮并以为言，帝以宗戚属，每容之。及帝疾笃，宗、胤密谋为乱。亮排闼入，升御床流涕言之，帝始悟"。同书卷七三《庾亮传》："及帝疾笃，不欲见人，群臣无得进者。抚军将军南顿王宗、右卫将军虞胤等素被亲爱，与西阳王羕（按为南顿王宗之兄）将有异谋。亮直入卧内，见帝流涕不自胜。既而正色陈羕与宗等谋废大臣，规共辅政，社稷安否，将在今日。辞旨切至。帝深感悟，引亮升御座，遂与司徒王导受遗诏辅幼主。"

综合上引资料考之，明帝于士族名士以外，兼用宗室诸王以掌宿卫禁旅。虞胤之姊虞妃于明帝有母养之恩，故虞胤情同舅氏，与羕、宗等同为明帝所昵。胤、羕、宗等与士族名士王导、庾亮辈志趣不同。明帝之末，子幼臣疑，似有托后事于胤、羕、宗等之意，利用他们与士族名士的矛盾，共谋废黜执政的王导、庾亮等人。他们以禁兵之力，封锁宫省，隔绝群臣，以坚明帝之意，成废黜之谋。可以想见，在这场斗争中首当其冲者，是王导而不是庾亮。其时王敦之乱平息刚刚一年，王导保护家族利益之不暇，毫无力量参与这场角逐。能否冲破这一局面，维持形成不久、尚待巩固的门阀政治，关键人物是庾亮。庾亮于此时毅然以帝舅的特殊身份，排闼入见，始得扭转事态，使门阀士族获得对宗室诸王的完全胜利。由此可见，东晋的门阀政治，发端于琅邪王氏，巩固则在颍川庾氏。东晋之初，皇权对门阀政治进行了两次重大的反抗。一次是晋元帝假手于权臣刘隗、刁协等人，而王敦的反叛打破了这次反抗；另一次是晋明帝假手于宗室、外戚南顿王宗和虞胤等人，而庾亮排闼入宫打破了这次反抗。庾、王之间利害不尽相同，而且在明帝时矛盾有越来越明朗化的趋势。尽管如此，他们在维护门阀政治方面的立场，则始终是一致的。

第四，与王导采取一致的立场，对抗以卞壸为代表的礼法旧族①的挑战，以维护门阀政治，维护庾王共同利益。卞壸为明帝顾命大臣之一，成帝咸和初，庾亮与他分居中书监、令，对直省中，共参机要。卞壸勤于吏事，干实为官，每思崇上抑下，实际上是新出现的刁协、刘隗。王导曾言及"卞望之（壸）之岩岩，刁玄亮（协）之察察，戴若思（渊）之峰岠"②，也是把卞壸并列于刁协、戴渊一类。《晋书》卷七〇《卞壸传》：壸"性不弘裕，才不副意，故为诸名士所少，而无卓尔优誉。……时贵游子弟多慕王澄、谢鲲为达，壸厉色于朝曰：'悖礼伤教，罪莫斯甚，

---

① 《世说新语·任诞》："卞令礼法自居。"礼法自居的卞壸在东晋门阀政治中能够发挥重要作用，除本人忠于司马氏政权、为官干实的原因外，主要还由于壸妻乃东海王越裴妃之姊妹，壸与越为姨亲之故。永嘉中，卞壸依妻兄徐州刺史裴盾，居广陵相，遂为自徐州下邳经广陵过江的琅邪王睿所亲仗。琅邪王睿出壸为王子绍（即后来的明帝）东中郎将长史，镇广陵。所以卞壸又势必与明帝有特殊关系。参《晋书》卷七〇《卞壸传》。

② 《晋书》卷七〇《卞壸传》。《世说新语·赏誉》载此略同。

中朝倾覆，实由于此。'欲奏推之，王导、庾亮不从，乃止"。卞壸欲奏推贵游子弟而王导、庾亮不从，这是新旧两种门第矛盾的表现。尽管卞壸屡次奏弹王导，在王、庾之间偏向庾亮而为庾亮所用，但是在这一涉及士族名士共同利益的问题上，庾、王又是保持一致，以抵抗卞壸之议。

第五，企图进一步解决宗室诸王的问题和引流民帅平王敦一事的后遗问题。祖约、苏峻之乱，从祖、苏方面说来，是流民帅恃功骄恣，要求报偿；从庾亮方面说来，则是鉴于苏峻"拥兵近甸，为逋逃薮"① 而生疑窦。所谓"为逋逃薮"，主要就是指藏纳见逼于庾亮的宗室诸王而言。成帝时的庾亮，一反过去所持的"申、韩刻薄伤化"之见，转而"任法裁物"，以图剪除异己，特别是逼迫宗室诸王。被逼诸王纷纷异动。南顿王宗被劾谋反身死；西阳王羕坐此贬降，旋奔苏峻，峻平赐死。据《晋书》卷七《成帝纪》及卷五九《汝南王祐传》，祐为宗、羕之侄，先宗三日死；而嗣立的祐子统，旋"以南顿王宗谋反，被废"。这些都是苏峻之乱前一年的事。苏峻乱时，彭城王雄坐奔苏峻伏诛，章武王休亦奔苏峻。这些排抑宗室的事主要是出之于庾亮，但王导难逃同谋之嫌。至于王导与其他士族同时反对庾亮征召苏峻，这主要是惧怕激成动乱，是庾、王策略分歧而不是政治分歧。所以苏峻乱起之时庾亮报温峤书说："吾忧西陲（按指陶侃）过于历阳（按指苏峻）"，尚不以中枢王导势力为虑。

---

① 《世说新语·假谲》"陶公自上流来"条注引《晋阳秋》。

上列诸事，都说明庾亮居位以后力求维持门阀世族在东晋朝廷中的特殊地位，维持门阀政治。元帝以来，东晋在皇帝与门阀士族之间，宗室诸王与门阀士族之间，礼法旧门与门阀士族之间，流民帅与门阀士族之间，反复交替地出现争夺统治权力的斗争。这些斗争都是以门阀士族为一个方面，一般说来都是以门阀士族的胜利告终。这是门阀士族政治的特征，是时代的特征。庾、王作为门阀士族的代表，几乎面临相同的矛盾，所以他们休戚相关，利害与共，往往是多同少异，大同小异。庾、王之间不是没有利害冲突，但是冲突可以控制在从属地位。庾、王合力，使皇权屈服了，使宗室诸王成为不起作用的力量，动辄奏推士族名士的那些礼法旧门人物不再有所作为，引流民帅平叛而出现的后遗问题也终于完全解决。门阀政治排除了各种障碍，能够在自己的轨道上正常地运转。这些就是门阀政治的创立者和巩固者王导和庾亮共同起的作用。

但是也可以看到，门阀政治的格局既经巩固，作为门阀政治的固有矛盾，即此一士族与彼一士族的矛盾，也就是门户之间的矛盾，从此就成为东晋历史的主题而反复出现。庾、王矛盾，就是这种士族门户间矛盾发展的一个重要阶段。

自从庾亮以苏峻变乱而引咎外镇，把八岁的皇帝留在建康交由王导看管以后，直到王导、庾亮之死，其间十二三年之中庾、王直接或间接对立的问题，已详本书《论郗鉴》一题中"郗鉴与王导"部分。除此以外，庾、王两族以庾怿与王允之为代表所进行的一场争夺江州之争，在史籍中表现得很隐晦，史家也少有注意，特在下面进行探索。

二　庾亮出都以后的政治形势

晋成帝咸和四年（329）苏峻之乱平息以后，庾亮引咎出都，以豫州刺史屯驻芜湖①，企图就近控制朝政，与王导相持。这是东晋建国后在非战争状态下出现的第一次豫州与扬州相持的局面。其时上游的江州属温峤，荆州属陶侃。温、陶都是东晋功臣，与庾在平苏峻时有过联盟关系，此时他们二家暂得相安。庾亮知道，温峤本来是作为刘琨使者来到建康的，在东晋朝廷孤立无援，居江州并无多少实力；拥有实力的陶侃是南人，门第低微，年迈而又无出众的子息可以继承其业。所以，只要不出现不利于庾亮的异常事态，庾亮完全可能逐步扩大领域，取得江、荆，统一上游，然后以既成之势威逼建康，取代王导统治。此后十余年里上游的形势和上下游的关系，确实是循此方向发展，庾氏家族势力日益强大。

庾亮出都居芜湖，只是对王导一步之让，而且只是暂时的。豫、扬相持，在地理上距离太近，没有缓冲余地，不利于维持彼此的平衡。一旦反目相对，不论是豫是扬，都可能骤然处于紧张和危殆地位。王敦据姑孰，苏峻处历阳，与建康短兵相接，这种教训，庾亮和王导都是不会忘记的。庾亮既无意也无力与王导破裂，则其居芜湖只能是暂时观望等待，一旦有了可能，他就会向

---

① 《宋书》卷三六《州郡志》南豫州条："成帝咸和四年侨立豫州，庾亮为刺史，治芜湖。"

上游发展，在上游聚集力量，徐图后举，这是必然之理。

我们看到，江左上下游相争的形势，在王敦的时候，还可以说是由于"楚江恒战，方城对敌，不得不推诚将相，以总戎麾"的历史条件造成的。但是既然出现过王敦乘时起兵，居上制下的事实，它就成了一种历史经验，为居上游者所利用，所效尤，而不论楚江、方城有何需要。庾亮正是利用这一经验，有意制造居上制下的形势，以图庾氏门户利益。

我们还可以看到，这个时候，建康不但要应付上游荆、江可能兴发的顺流之师，还要时刻提防近在肘腋的豫州的突袭。建康处在极不安全的状态，这是促成建康所倚的京口重镇适时兴起的一个客观原因。徐州刺史郗鉴正是在这种条件下发挥着京口的作用。这样，所谓上下游之争，就不是简单的荆、扬之争，而是已经演化为复杂得多的多头之争。有实土的荆州、江州、扬州，加上侨置的豫州、徐州，都在这种反复的斗争中占有各自的地位。这是东晋门阀政治在地理上、军事上进一步的表现形式。

《通鉴》刘宋孝建元年（454）曰："初，晋氏南迁，以扬州为京畿，谷帛所资皆出焉；以荆、江为重镇，甲兵所聚尽在焉，常使大将居之。三州户口居江南之半。"这是就东晋江左实土而言。三州的州治和军府都在长江沿岸①。三州加上侨置的豫州、徐州，大体构成一条画江而守的南北防线。这个时期，南北力量虽然时有消长，但大体上是平衡的。因此，画江而守就逐渐成为

---

① 江州刺史一度与军府分离而治豫章，是例外。军府所在虽也有时因战争的需要而北移，但三州的重心始终在长江沿岸。

东晋对付北方威胁的国策。《晋书》卷五六《孙绰传》："中宗龙飞，非惟信顺协于天人而已，实赖万里长江，画而守之耳。"同书卷六六《陶侃传》陶侃之言曰："我所以设险而御寇，正以长江耳。"其时东晋布兵于江淮之间和江汉之间，视南北力量对比的变化而作进退。当力量不足以控制这一地区而不得不转移防线时，退兵的极限就是长江。当然，如果江北弃守，长江天堑暴露在敌人眼前时，江南就会进入危机状态。所以画江而守的国策，除了要求荆、江、豫、扬、徐诸州治所或军府必须设置在长江沿岸，不得南移以外，并要求尽可能在江北控制住一定的土地，以为南北缓冲。如有可能，甚至还要掌握一部分淮、汉以北的土地。正由于长江一线具有这种重要的战略价值，东晋士族门户之间的冲突往往沿着长江一线展开，门阀政治中权力结构的变化也往往发生在长江一线。长江上游地理上的顺流优势，可以转化为军事上、政治上的优势。加上荆、江"甲兵所聚"的条件，谋求家族权力的士族往往抢据上游。这是东晋上下游之争进一步发展的历史背景。

画江而守，东晋的情况与孙吴基本相同。《三国志·吴志·孙权传》赤乌十三年注引庾阐《扬都赋》注曰："烽火以炬，置孤山头，皆缘江相望，或百里，或五十、三十里，寇至则举以相告，一夕可行万里。孙权时合暮举火于西陵，鼓三竟达吴郡南沙。"①

---

① 东晋时沿江亦置烽火楼。《通鉴》咸和三年五月丙辰，苏峻在石头，"登烽火楼，望见（陶侃、温峤）士众之盛，有惧色"。《八朝事迹编类》"烽火楼"条引杨修之诗注曰："沿江筑台，以举烽燧，自建康至江陵五千七百里，有警半日而达。"建康石头有烽火楼，见《金楼子》卷一《箴戒》及《南史》卷八〇《侯景传》。

同书《孙皓传》甘露元年注引干宝《晋纪》，纪陟使魏，魏问吴之戍备几何，坚固之状，陟对曰："自西陵以至江都五千七百里……疆界虽远，而其险要必争之地，不过数四。"吴于濒江置督屯兵，权重者为都督，所置即在纪陟所说的险要必争的地区。洪饴孙《三国职官表》辑得吴沿江所置督或都督，西起西陵，东至京口，有二十余处，这与东晋荆、江、豫、扬、徐诸州屯兵分布情况大体相同。《三国志·吴志·孙静传》附《孙奂传》注引《江表传》曰："初，〔孙〕权在武昌，欲还都建业，而虑水道溯流二千里，一旦有警，不相赴及，以此怀疑"，聚百官议之。诸将或陈宜立栅夏口，或言宜重设铁锁。这是消极的防守。小将张梁则主张遣将入沔与敌争利，于武昌设精兵以策应之，为孙权所采纳。这是积极的防守。长江本如长蛇[①]，画江而守重在首尾相应。孙权还建业，用武昌居间以控沔汉，得首尾相应之宜。所以终吴之世，荆、扬同在孙吴朝廷牢固控制之下，吴国都城还可以于建业、武昌之间迁徙，而没有出现频繁的上下游之争，与东晋大不相同。

孙吴时居上游方镇之任者也是士族。吴郡陆逊为荆州牧二十余年，赤乌八年（245）卒官后，子陆抗领父兵镇柴桑，又都督西陵等处。陆抗于凤凰三年（274）卒官，诸子晏、景、玄、机、云又分领父兵据于上游。终孙吴之世，陆氏三代为吴西境疆臣，镇上游，抗强魏，为朝廷所赖，而没有引起吴国内部的荆扬之争，像东晋所发生的那样。

---

① 《文选》卷五三陆机《辨亡论》。

上下游的关系在东晋与在孙吴之时如此不同，我认为原因之一，是东晋士族力量远远超过孙吴士族力量，而东晋皇权又远远弱于孙吴皇权。这种情形一目了然，无待申论。原因之二，是东晋时江州发展水平大大超过了孙吴之时，基本上能够支撑荆州并维持上游地区相对独立的需要；而且梁州基本上在东晋之手，足以从北方屏蔽上游。这一点须略作说明如下。

东晋时的江州，具有多方面的重要性。据《晋书》卷八一《刘胤传》：“自江陵至于建康，三千余里，流人万计，布在江州。”江州商旅继路，刘胤为刺史，“大殖财货，商贩百万”。江州地境辽阔，兼括今江西、福建之地，农业渐趋发达，粮谷充实。《隋书》卷二四《食货志》说到东晋仓储时说：“其仓……在外有豫章仓（按在今江西南昌）、钓矶仓（按在今江西都昌）、钱塘仓（按在今浙江杭州），并是大贮备之处。”《通鉴》宋孝建元年一月胡注：钓圻（按当即钓矶）米，南江（按即赣江）之运所积也。”豫章、钓矶二仓得比于盛产粮食地区的钱塘仓，可见江州粮储之富。苏峻乱后，《刘胤传》谓"朝廷空罄，百官无禄，惟资江州运漕"。据《晋书》卷七五《王述传》，王述谏阻庾翼移镇乐乡之议，亦曰：大军如屯驻乐乡，则"江州当溯流数千，供继军府"。这就是说，江州运漕既要资给下游建康，还要供应上游军食。回顾孙吴时期，孙皓于甘露元年（265）由建业"徙都武昌，扬土百姓溯流供给，以为患苦"[①] 的情况，可知东晋的江州已大不相同了。

---

① 《三国志·吴志·陆凯传》。

江州多流民，丰粮谷，又居荆、扬之间的军事要冲，地位非常重要。所以《通鉴》宋孝建元年说其地"甲兵所聚"，《桓冲传》说它是"一任之要"，《刘胤传》则说是"国之南藩，要害之地"。江州若合于荆州，上游就更能自主，从而对下游的优势也会加大，建康将感到威胁。江州若控制在建康朝廷之手，荆州方镇将难于独立，有可能受制于建康。因此，当庾亮自豫州徙驻荆州以后，他与王导之间争夺对江州控制权的斗争，就成为政局的焦点所在。江州的争夺，肯定是在激烈地而又并不大事声张地进行着，史籍上没有留下明确的记录。我们只有从各种迹象中钩沉索隐，才得以约略窥见庾、王关于江州争夺事件的梗概。

三 庾、王江州之争

咸和四年（329）庾亮初镇芜湖时，《庾亮传》记其官守为"持节都督豫州扬州之江西宣城诸军事平西将军假节豫州刺史领宣城内史"。《成帝纪》所记，于都督以下脱豫州二字。《通鉴》略同本传。胡注对都督诸军事的地境作出了解释。我们把胡三省的解释，加标点表示如下："豫州、扬州之江西：淮南、庐江、弋阳、安丰、历阳等郡也。宣城郡属扬州。"这就是说，庾亮都督范围包括侨立的豫州，也包括扬州的江西诸郡以及扬州江东的宣城郡。这样我们可以清楚地看到，建康上游，紧迫建康，长江两岸的郡县全在庾亮手中，庾亮的军队朝发而夕可至建康。所以庾亮名为藩镇，实际上却能够掌握朝权。王导则被庾亮困死都下，无法动弹，只有等待时机，徐谋生计。

庾亮出镇同年，江州刺史温峤死，地入强藩陶侃之手，庾亮无力与陶侃争夺。五年以后，咸和九年（334），陶侃死，庾亮始得总统荆、江、豫诸州，从密迩建康的芜湖迁镇武昌。庾亮"虽上流分陕，而顿失内权"①。这种情况，给力图改变现状的王导以可乘之机。接着，事态就向有利于王导的方面发展。

《晋书》卷七六《王允之传》：允之"咸和末除宣城内史，监扬州江西四郡〔诸军〕事，建武将军，镇于湖"。咸和末当指咸和九年。是年八月乙卯陶侃死；同月辛未，庾亮加都督江、荆、豫、益、梁、雍六州诸军事，领江、荆、豫三州刺史，徙镇武昌。王允之为王舒子，王导侄。于湖在芜湖附近，两地都在江东。王允之出镇于湖，当是趁庾亮徙官之际，踵迹而来，占领紧逼建康的长江两岸之地，以图纾解琅邪王氏在建康的困境。不过，这时豫州都督刺史仍为庾亮②，至少名义上如此。王允之在于湖能否立定脚跟，还难确定。

第二年，即咸康元年（335）春，发生了石虎入侵事件。《成帝纪》：是年"夏四月癸卯，石季龙寇历阳，加司徒王导大司马，假黄钺，都督征讨诸军事以御之。癸丑，帝观兵于广莫门，分命诸将，遣将军刘仕救历阳，平西将军赵胤屯慈湖，龙骧

---

① 借用《晋书》卷八三《刘毅传》论刘毅语。刘毅以"都督豫州、扬州之淮南、历阳、庐江、安丰、堂邑五郡诸军事豫州刺史"，又兼督江州，俄进荆州都督刺史。其实力的演变，李慈铭有论，见《越缦堂读书记》历史类。庾亮由豫州进荆州，变迁与刘毅相近。

② 《宋书》卷三六《州郡志》南豫州条，庾亮至咸康四年始以豫州授毛宝。但毛宝刺豫州时豫州治邾，已远离芜湖。参《晋书》卷七三《庾亮传》。

将军路永戍牛渚，建武将军王允之戍芜湖。司空郗鉴使广陵相陈光帅众卫京师，贼退向襄阳。戊午，解严"。以干支计，自所谓石虎入侵至解严，共十五日，在这十五日中，王导利用机会调兵遣将，完成了对豫州治所周围要地的占领，并使前一年已占据建康上游两岸之地并出镇于湖的王允之，改镇豫州旧治芜湖。看来，当年庾亮出都时所统"豫州、扬州之江西、宣城诸郡"，统统归于琅邪王氏势力范围。而郗鉴所遣陈光之众入都为宿卫者，也未再返回原来建制。《晋书》卷一〇六《石季龙载记》记此事，只是说"季龙自率众南寇历阳，临江而旋，京师大震"。《王导传》也只是说"石季龙掠骑至历阳，导请出讨之。加大司马，假黄钺，〔都督〕中外诸军事……俄而贼退，解大司马……"云云，都是含糊其词，没有说及细节，似乎有些隐情。

寻绎史实，我认为有一些难以解释之处。庾亮西移后王允之踵迹出都为宣城内史，似属窥探性质。王导还需寻求口实，才能进行有效的部署。恰恰这时石虎南来，王导抓住时机，十五日内完成了全部军事部署，占领了建康以上长江两岸的许多要地。表面看来，偶然的事态促成了这一历史的转折；其实，偶然事态之中却留下了值得分析的蛛丝马迹。

《晋书》卷八三《袁耽传》："咸康初，石季龙游骑十余匹至历阳；〔太守〕耽上列，不言骑少。时胡寇强盛，朝野危惧。王导以宰辅之重，请自讨之。既而贼骑不多，又已退散，导止不行。朝廷以耽失于轻妄，黜之。寻复为导从事中郎，方加大任，会卒。"按袁耽少年时无行，起家为王导参军，说苏峻将路永归降王导，可见他是亲附王导，与王导关系较深的人。他虽以报警轻妄不实受黜，但不久却得入王导府为从事中郎，而且王导还将加大任于他，可见黜免不过是敷衍塞责之举。这是可异的事。更其可异的是，宰辅不核实军情，不经周密考虑，只凭"不言骑少"的一纸表奏，擅自判定需要宰辅亲自出征，而且宰辅还假黄钺，亦即得到专斩节将的权力。于是遣将兴师，一朝上路，出现了上述形同儿戏之举。儿戏甫毕，册命随颁，王导未以轻率兴师受谴，反而因"功"晋位，受上公之职。这不能不使人怀疑：袁耽上列不实，不过是有意为王导提供一个兴军的机会。王导趁此机会假借军情，部署兵力，向庾亮进行了一次成功的反击，并且取得了继续向上游蚕食的立足点。所以，王导假黄钺亲征，尽管以寇少不行，但王导所遣占据建康上游各地之师，却并没有奉到班师之诏。

这个阶段，王允之是被派遣代表琅邪王氏家族，向颍川庾氏庾亮兄弟进行反攻的主要人物。王允之之父王舒死于咸和八年（333）六月，胡骑临江之时，王允之尚在艰中。《王允之传》：王舒既葬，允之"除义兴太守，以忧哀不拜。从伯导与其书曰：'太保（王祥）、安丰侯（王戎）以孝闻天下，不得辞司隶；和长舆（和峤）海内名士，不免作中书令。吾群从死亡略尽，子弟零落，遇汝如亲，如其不尔，吾复何言！'允之固不肯就。咸和末，除宣城内史、监扬州江西四郡〔诸军〕事，建武将军，镇于湖"云云。按王导敦促王允之出守义兴，动之以家族的利害，并引先辈事迹，劝他不要拘泥礼制，贻误事机，词旨非常恳切动人，但允之犹推而不就。咸和之末，王舒方死年余，允之丧服未除。但他改变初衷，夺情起复，其间必有事机之紧迫、王导之再劝等多种原因起着作用，只是史籍对此没有明确的记载。王允之出据于湖，王导假黄钺征讨，种种事件连续发生，使人感到王、庾关系一时间达到剑拔弩张的程度，气氛之紧张前所未有。

咸康五年（339），另一种异常事态又在江州突然出现。这就是庾亮弟庾怿急率所部进驻江州的半洲。半洲在今江西九江以西，在其时江州治所寻阳的上流，与寻阳比邻，是军事上的要地①。据《元和郡县图志》卷二八，自东晋至南齐，半洲有时曾是江州治所。《晋书》卷七三《庾怿传》，当咸康五年庾亮在荆州部署北伐时，庾怿受命以辅国将军、梁州刺史远镇魏兴。庾怿牙门霍佐亡归石虎，亮表上贬怿为建威将军②。朝议欲乘此机会召还庾怿，庾亮力陈"怿名号大，不可以小故轻议进退"，朝廷只好屈从于庾亮。这里所谓"朝议"云云，自然是反映王导或其羽党的意见。接着，突然的事情发生了。庾亮改变主意。《庾怿传》说怿"所镇险远，粮运不继，诏怿以将军率所领还屯半洲"。这是一件大为费解的事。庾怿所镇魏兴在今陕西安康，"所在险远，粮运不继"，自然属实，但是这不足以成为庾怿突

---

① 据《三国志·吴志·张昭传》，昭弟子奋官至"平州"都督。据《三国志辨误》（下），此"平州"为"半洲"之讹。可知半洲是孙吴沿江置督的军事要地之一。

② 据《宋书》卷三九、卷四〇《百官志》："诸征镇至龙骧将军"，三品，辅国将军在其中；"宁朔至五威、五武将军"，四品，建威将军在其中。是庾怿此次由三品降为四品。

然撤离魏兴的理由。据《庾亮传》，庾怿撤离魏兴之后，庾亮立即"以武昌太守陈嚣为辅国将军，梁州刺史，趣子午"。依道路计，"趣子午"必须越过魏兴。从军号、职守以及进军方向看来，陈嚣就是被派来代替庾怿的。可见庾怿撤军并非真由于地远粮缺的原因需要放弃魏兴，而是庾亮所统诸部的一次换防，以陈嚣之军替换庾怿之军，以怿军另作他用。其时庾亮经营北伐，梁、荆正需重兵，而庾怿匆遽撤离魏兴后立即远走半洲，脱离北伐的建制，这必然是出于十分急迫、十分重要的原因，否则是不可思议的。

根据当时总的形势，我们可以判断，庾怿远道奔驰，占据长江中的半洲，目的是对付下游王氏家族势力扩展的形势。庾怿东来，首先是为了防守，同时是为了进攻。《庾怿传》曰：怿屯半洲之后，"寻迁辅国将军、豫州刺史，进号西中郎将，监宣城、庐江、历阳、安丰四郡军事，假节，镇芜湖"。按怿迁辅国将军，即恢复在梁州时的旧号。怿所监扬州四郡，庐江、历阳、安丰在江西，宣城在江东。庾怿得监四郡夹长江而扼建康，是恢复庾亮咸和九年出镇荆州以前在豫州的态势。这当然是针对王允之出任宣城内史、监四郡、镇芜湖而采取的一次反措施，这次反措施逼使王允之退出建康以上夹江四郡，不过不知道王允之是和平撤出，还是战败的结果。无论如何，这是琅邪王氏的一次重大挫折。庾怿刺豫州，是此年秋天[①]后赵军陷邾城、豫州刺史毛宝死

[①] 邾城之陷，《成帝纪》在咸康五年九月，《通鉴》从之，《戴洋传》作十月。《庾亮传》系于七月王导死前，疑误。

后之事。毛宝刺豫州时治邾城，主要是对付北面后赵的军队；庾怿代刺，治所又迁回侨寄的芜湖①，以镇守扬州的四郡，对付建康。

琅邪王氏处心积虑夺回的豫州和扬州四郡，又在一次未经宣扬的袭击中回到颍川庾氏之手。庾氏势力突然回到贴近建康之地。琅邪王氏面对这一进攻，将如何自处呢？

《王允之传》于前引咸和末王允之出镇于湖以后继谓："咸康中，进号西中郎将，假节。寻迁南中郎将、江州刺史。"王允之出刺江州年月，《晋书》及《通鉴》均缺载。万斯同、吴廷燮分别编纂的两种《东晋方镇年表》，均系之于咸康六年庾亮死后②。按庾亮西迁武昌后，其职衔一直是豫、江、荆三州刺史。其中的豫州系侨置，而扬州的四郡已入王允之之手，庾亮的豫刺徒具虚名。咸康四年庾亮以毛宝为豫州刺史，移治邾城。邾城属西阳郡，在今湖北黄冈境，毛宝移治，得豫州之实土。到这时为止，庾亮还是荆、江二州刺史。《晋书》卷九五《艺术·戴洋传》：咸康五年，庾亮疾笃，术士戴洋为之占候，谓当解荆、江二州，而庾亮竟不能解，于咸康六年正月初一死。据此可知，江

---

① 庾怿奔半洲的月份不详（《通鉴》附之于三月，显然不是准确的时间），所以不知道庾亮的此一决策是对七月王导之死的反应，还是对豫州刺史毛宝之死、邾城失守的反应，或者另有其他的原因。庾怿徙屯半洲和进驻芜湖，其间当小有间隔。

② 秦锡圭《补晋方镇表》以王允之咸康七年为江州刺史。秦表错误太多，不取。

州刺史职衔一直属于庾亮①。因此，王允之正式居江州刺史之任，只能在庾亮死后，晚于庾怿之出任豫州刺史。这就是说，庾亮之死，使王允之得到进入江州的机会。

就豫、江二州形势而言，王允之本据豫州以与江州对峙，尔后庾怿由江州之半洲顺流得扬州四郡而就豫州刺史位号，王允之则于稍后溯流而上，进至庾怿的后方，卒得江州刺史之职。这就是说，在咸康五年秋后至咸康六年之春，王、庾两家族的王允之与庾怿，恰好互换了地盘。这肯定不是一次常规的换防活动，而是一次两家士族门户之间的实力较量。我们还知道，在此以前不久，可能只有几个月，庾亮曾有兴兵废黜王导之谋，以郗鉴反对而止。庾怿仓促南来半洲，接着又得豫州而镇芜湖，我怀疑这或者是庾亮为废黜王导，或者是乘王导之死，而采取的突袭行动。这些问题，都由于史料含糊，日月不具，难于确凿言之。不过可以肯定，咸康五年是王、庾两家士族生死搏斗的一年，搏斗的结果，暂时只能是持平，这与王导、庾亮相继死去很有关系。但是王、庾之死，并没有结束这两个家族之间的搏斗。由于继王导为相的庾亮弟庾冰，在"人情恇然"（《庾冰传》）的情况下意在周旋宁息，王、庾矛盾暂时在宁静局面下转为暗流，维持了两年多之久。

《晋书》卷七三《庾怿传》：豫州刺史庾怿"尝以毒酒饷江州刺史王允之，王允之觉其有毒，饮犬，犬毙，乃密奏之。帝

---

① 《艺文类聚》卷三八庾亮《释奠祭孔子文》："惟咸康三年荆、豫州刺史都亭侯庾亮"云云，疑夺"江州"字，并非咸康三年庾亮已解江州。

曰：'大舅已乱天下，小舅复欲尔邪？'怿闻，遂饮鸩而卒"。此事发生在咸康八年（342）之春，即成帝死前数月，其性质在《晋书》《通鉴》以及其他史籍中均未见有何解释。《成帝纪》于末尾处论及成帝不满舅族专横，曾录此事，与《庾怿传》同。所谓"大舅已乱天下"云云，当是指庾亮激成苏峻之乱，以及翦除宗室、谋废王导诸事；所谓"小舅复欲尔"，当是责备庾怿谋杀王允之以再次挑起王、庾两家矛盾，并认为此事的后果与庾亮"乱天下"相当。其时成帝虽已成年，但无任何权威。史谓仅仅由于成帝这两句话就使得庾怿饮鸩而卒，是值得怀疑的。看来王允之借这件事制造了多方面的巨大的压力，而庾冰在有肘腋之患的时候，为门户计，不能援助庾怿，因此庾怿不得不死。王允之以"密奏"申诉毒酒毙犬之事，原来包含了不可告人的文章。

吕思勉先生尝有疑于庾怿自裁之事。他在《两晋南北朝史》第四章之"成康穆间朝局"一节中说："《纪》又言帝少为舅氏所制，不亲庶政，而赫然一怒，庾怿遽惧而自裁，有是理乎？妨帝不亲庶政者王导也，于庾氏乎何与？而谤转集于庾氏，何哉？"吕先生不相信成帝一怒使庾怿惧而自裁之说，只是着眼于庾亮、王导个人毁誉问题，似难究及历史实际。其实庾怿自裁，绝非只是成帝一怒的结果，也不只是王允之制造压力的结果，而是几十年来庾、王门户之争，特别是近数年来庾、王江州之争的结果。它反映了庾、王江州之争的尖锐激烈程度。庾怿之死这一庾、王关系的重要插曲，情节虽难细究，但背景是清楚的。香港学者苏绍兴先生也有"怿谋害允之一事，殊不可解","怪何事而毒允之,已不可考"① 的问题,本节所论,似可部分地作为回答。

庾怿虽死,王允之仍然不能自安于江州,江州还不断出现新的变局。

咸康八年六月,成帝死,成帝弟康帝即位,委政于庾冰、何充,士族门户势力重新配置,错综复杂的斗争继续进行,其焦点还是互相争夺江州。

何充参政,是王、庾门户冲突的产物。《晋书》卷七七《何充传》:"充即王导妻之姊子,充妻,明穆皇后之妹。"何充具有与王、庾都是戚属的家族背景,所以王、庾二族在必要时都能够接受何充居间缓冲。庐江何氏并非第一流士族,所以暂时也没有坐大的危险。《何充传》说:"王导、庾亮并言于帝曰:'何充器局方概,有万夫之望,必能总录朝端,为老臣之副。臣死之日,愿引充内侍,则外誉唯缉,社稷无虞矣。'"细玩此语,王、庾不可能同时进言荐充,"老臣"云云,更似王导口气。《世说新语·赏誉》"丞相治扬州廨舍"条注引《晋阳秋》:"导有(使充)副贰己使继相意,故屡显此指于上下。"而何充虽居王、庾之间,实际上却是袒王的。庾冰为了巩固庾氏的外戚地位,屡以宜建长君为由,请立成帝母弟为嗣,因而康帝得以继统。何充则主张立嫡不立弟,庾冰不从。何充知与庾冰难于两立于朝,乃请出镇京口,以求自固。此事史传均谓"避诸庾",实际上除此以外,还有抢据京口要津,以防庾氏造次的目的。中枢庾冰并未以

---

① 见《两晋南朝的士族》,联经出版事业有限公司,1987 年,第 172 页。

何充为主要对手，他的目光正注视着江州的王允之，观察王允之的动向，寻找驱逐他的机会，以便把江州重新纳入庾氏之手，使荆、江重新合为一体。这样，即令庾氏在中枢不能得手，也可以巩固庾氏在上游的地位，保全庾亮时庾氏的门户势力。

《晋书》卷七六《王允之传》："王恬（王导之子）服阕，除豫章郡。允之闻之惊愕，以为恬，丞相子，应被优遇，不可出为远郡。乃求自解州，欲与庾冰言之。冰闻甚愧，即以恬为吴郡，而以允之为卫将军、会稽内史。未到，卒。"按王导长子悦早死，恬为次子，继嗣。王恬少好武，在王、庾相持阶段，曾守石头以卫护建康，是王氏家族中少有的堪任武事的人才。王允之求解江州，其目的之一是故作姿态，逼庾冰收回以王恬为远郡的成命；目的之二是推荐比自己更有地位才能的王恬代为江州，以防庾氏觊觎。庾冰的处理，则是将计就计，以退为进，在改署王恬为吴郡的同时，一并改署王允之为会稽，以示将东方例由门阀士族居任的吴会地区划为王氏家族势力范围，庾氏不求染指，只求能换得江州。所谓庾冰"甚愧"云云，不过是士族名士处理此类问题的一种自饰而已。

但是王允之明白此中底细，拒绝受调，他所持的理由，据《通典》卷一〇四所载，是会稽犯王允之之祖王会名讳。这看来是一种托词。因为第一，名讳嫌忌问题本无一成不变的说法，既有如《晋书》卷五六《江统传》"故事，父祖与官职同名，皆得改选"之说，亦有如《通典》卷一〇四谯王无忌议"国之典宪，亦无以祖名辞命之制"之说，不能固执一端；第二，据《王舒传》，王允之父王舒曾经以改会稽为邹稽的折中办法接受过会稽内史之命，王允之完全可以援例处理。但是王允之没有考虑这些，而是始终不受会稽之命。《康帝纪》咸康八年（342）八月"以江州刺史王允之为卫将军"，细味"以""为"二字，可知王允之并非以江州刺史加卫将军，而是离江州之任就卫将军职。此诏亦未提及会稽内史之职。这就是说，会稽内史可辞，但江州非离开不可；离江州后总该有个归宿，那就是让他回建康就卫将军这一尊显的虚号。从这里我们可以窥见庾氏对王氏的强力挟制。同年十月，据《康帝纪》载，"卫将军王允之卒"。王允之死时，已被迫受调。但是他实际上是否已离开了江州，他的死是否还另有文章，都无从考实，我们只知道王允之是死在卫将军任内，至少名义上是如此。这是庾怿死后关于江州的第一次变局。

江州既已不在王氏手中，庾冰自可取之以实现庾氏一统上游的目的。但是当庾冰部署尚未妥帖之时，咸康八年十二月，皇后褚氏立，名士褚裒以后父之重，表示不愿居中任事，"苦求外出"，庾冰遂以之为建威将军江州刺史，镇于半洲①。褚裒求

---

① 据《晋书》卷九三《褚裒传》，康帝为琅邪王时，聘褚裒女为妃，裒出为豫章太守。"及康帝即位，征拜侍中，迁尚书。以后父，苦求外出，除建威将军江州刺史。"事在咸康八年十二月。按，同年八月，何充出为骠骑将军都督徐州、扬州之晋陵诸军事徐州刺史，镇京口。此事史谓"避诸庾"，实际上具有"避诸庾"和抢据津要双重目的。数月后出现的褚裒外任，与何充之事性质相同。徐州京口津要既然已属何充，褚裒以曾为豫章太守之故而得江州，抢据半洲津要，也是顺理成章之事。三年以后，永和元年（345），褚裒改授徐、兖，又以征北大将军筹划北伐。总之，咸康八年何充、褚裒相继外任，是东晋门阀政治中居位家族既能避免门户矛盾激化，又能积累实力以观形势的一种惯用手法。

"外出"而得居江州之半洲，当以曾经出守豫章的历史原因。庾氏取得江州的计划，功败垂成。这是庾怿死后关于江州的第二次变局。

翌年（建元元年，343）十月，形势又为之一变。庾冰效法当年庾亮出都的办法，外出为都督荆江宁益梁交广七州、豫州之四郡①军事，领江州刺史，假节，镇武昌，以为荆州庾翼形援。于是，争夺多年、辗转易手的江州重镇，终于被庾氏以强硬手段取得。这是庾怿死后关于江州的第三次变局。

回顾这段时间之内的江州形势，可以看到变化迅速纷纭。庾怿毒杀江州刺史王允之不成，饮鸩自毙，在成帝咸康八年（342）二月；以王允之入为卫将军之诏，在是年八月；王允之之死，在是年十月；康帝后父褚裒出镇江州，在是年十二月；而庾冰出都为江州刺史，在翌年十月。江州问题在一年多的时间里经历了这样多的曲折变化，江州地位的重要和斗争的激烈就可想而知了。

成、康之交，咸康、建元之际，琅邪王氏家族发展史上经历着又一关键时刻。王允之是企图以军事实力维持王氏家族利益的最后一人。王允之死后，琅邪王氏虽然还是代有显宦，宗族不

---

① 四郡，《通鉴》建元元年胡注认为就是宣城郡及扬州江西之历阳、庐江、安丰等郡。如果是这样，那么应当说"扬州之四郡"。从庾冰职衔上看来，建康以上直到荆、益、交、广，全入庾氏之手。不过《通鉴》胡注所列四郡之名是否准确，还难判定。如果庾冰所得只是豫州四郡，而扬州四郡仍在何充之手，那么何充还保有建康以上相当大的地盘。

衰，但基本上是靠祖宗余荫，靠社会影响。由此到晋末为止，真能影响政局的人是一个也没有了。《晋书》卷七七《殷浩传》载庾翼遗殷浩书曰："当今江东社稷安危，内委何、褚诸君，外托庾、桓数族。"庾翼作书时间，就在咸康、建元之际，可见此时琅邪王氏在内外政局中已不再是一个重要因素，在估量局势中不再被人们提及了。与琅邪王氏的就衰相比，颍川庾氏看来好像取得了很多的成果，扩充了很大的地盘。但是这个家族根底不深，好景不长，在桓温的打击之下，很快就被摧折了。

关于王导、庾亮的嫌隙问题，读史者多谙悉王导"元规尘污人"①的清言。王导以尘埃喻庾亮而以扇拂尘，对政敌庾亮则字而不名，使人感到王、庾处理嫌隙，大概也同清言一样含蓄隽永。其实不然。在清言的后面，存在着与名士风流旨趣大不相同的现实利害的冲突。阴谋诡计，刀光剑影，充斥于这两个门户，也就是两大势力之间，其残酷性并不亚于其他朝代统治者内部的斗争。王、庾江州之争大体能证明这一点。不过江州之争的许多复杂而微妙的关节，史料已泯灭无闻，有许多本来只能由武装冲突来解决的问题，在现存的简括的史料中竟然都是和平过程，这很难令人相信。根据这些史料勾画的庾、王江州之争，最多不过是貌似罢了。

庾、王江州之争的研究，至此暂作结束。江州以其所处的地位，在东晋荆、扬相持的门阀政治格局中，仍然是一个重要的竞争之地，只要门阀政治的格局不变，江州的重要地位不变，江州

---

① 《世说新语·轻诋》"庾公权重"条。

之争也将不断发生。实际上，庾冰居江州只有一年。建元二年（344）十一月庾冰死，朝廷立即以谢尚为江州刺史，企图把江州从庾氏手中夺回。由于庾翼强力抵制，谢尚未得如愿。翌年庾翼死，江州又再易手。淝水之战前夕，桓冲、谢安分据荆、扬之时，这两个门阀士族之间也出现了江州之争，性质与庾、王江州之争类似。不过其时南北大战将临，桓、谢彼此克制，与当年庾、王势同水火者有所不同。关于这几次发生的问题，本书另有分析，此处不论。

四　襄阳的经略

庾亮兄弟辈的重要活动之一，是经营北伐。庾氏经营北伐的直接目的，不在于进行境外的军事活动，而在于取得并牢固掌握襄阳。襄阳是梁州州治所在，有流民武装可用，是荆州的屏藩。庾亮、庾翼相继以北伐为名，终于把襄阳区域的桓宣势力排除，控制了江州以上全部地境，并一度遣军入蜀。庾氏在上游所据领域之大，声势之显，是此前王敦、陶侃诸人所不能及的。庾氏在上游的经营历时十余年，时间可谓不短，但是庾氏势力的衰败，却发生在瞬息之间。庾氏上游经营的成果，没有使庾氏门第延绵久长，却使龙亢桓氏的桓温得此以为基业，骤然在上游兴起，代替庾氏。强藩兴代，亦有驱除，庾氏为桓氏驱除，使东晋门阀政治的演化，逐步进入又一高潮。

现在，我依据上述历史脉络，加以诠释，以见襄阳在东晋门阀政治中的作用和桓、庾替代的背景。

在东晋历史上，北伐本来是正义的口号，是时代的要求。但是大张北伐旗号的人物角色，却各不相同。祖逖处两晋之际，独立经营北伐，基本上是流民帅的活动，在江左没有多少家族利益的牵连，对建康政局也没有多少影响。祖逖北伐不计成败利钝，死生以之，以攻为守，起了保障东晋偏安的作用。祖逖以其节烈丰富了民族精神，是东晋北伐的最高典型。祖逖死后所遗留的流民实力，由其弟祖约继领，而祖约却预于流民帅苏峻之乱，卒以败灭。

祖逖以后，倡言北伐者都是东晋权臣，在江左有很大的家族利益。他们倡言北伐，动机虽不尽相同，但都有以北伐影响江左政治形势，增益个人威望和门户权势的目的。

王敦叛乱起兵，据《晋书》卷三七《谯王承传》，曾经"诈称北伐"；而王敦败灭，据王夫之的意见，原因之一是敦"无边徼之功"。① 后来荆州为陶侃所据。《晋书》卷九五《艺术·戴洋传》："〔陶〕侃志在中原。"《晋书》卷六六《陶侃传》侃于咸和七年六月疾笃上表，说他久谋西征和北伐，"是以遣毌丘奥于巴东，授桓宣于襄阳"。但是直到陶侃之死，北伐迄无行动。

王、陶以来迄于庾、桓，都是居上游而倡言北伐，其直接目的，一般都是巩固上游分陕势力，徐图朝廷。而巩固上游分陕势力的关键，又在于把襄阳牢固控制起来。上引陶侃授桓宣以襄阳是这样，稍后庾氏居荆州而逐步兼并襄阳，排斥桓宣，也是这样。

---

① 《读通鉴论》卷一〇："王敦无边徼之功，故温峤得制之于衰病"云云。

咸康五年（339）庾亮倡言北伐，开复中原，请求由武昌移镇襄阳之石城，以为诸军声援。庾亮又乘成汉李寿之衰，遣偏师袭击巴郡（今四川重庆）、江阳（今四川泸州）而归。但他所遣毛宝之师覆败于江北之邾城（今湖北黄冈），他部署的军事行动，至此全部终止。

庾氏的全部北伐部署和行动，值得注意的是对桓宣的调遣。《晋书》卷八一《桓宣传》："庾亮为荆州，将谋北伐，以宣为都督沔北前锋征讨军事、平北将军、司州刺史，假节，镇襄阳。"按司州是洛阳故都所在之地，自然是北伐的目标。桓宣既受司州刺史之命，其军号又是都督沔北前锋征讨，这说明如果北伐出军成为事实，则受遣担任主攻的军将一定就是桓宣。而庾亮请移镇石城，接近襄阳，其意也在就近指挥桓宣。桓宣与庾亮在历史上没有关系，庾亮不以北伐前锋重任授予近将而授予本无关系的桓宣，是什么原因呢？依我看来，庾亮调遣桓宣之事不见于《庾亮传》，是一次不事声张的部署，很可能是对桓宣设置的一个圈套，其目的并不是借重桓宣北伐，而是以北伐的名义排挤桓宣，使庾氏的军队得以占领襄阳。这个目的庾亮没有达到，而庾翼达到了。

在庾亮扬言北伐之后四年，即建元元年（343），庾翼又表请北伐，同样是意在襄阳的桓宣。他以桓宣为都督司、梁、雍三州以及荆州之南阳、襄阳、新野、南乡四郡军事，梁州刺史，持节，平北将军，并令他率部前趋丹水，与石虎军作战。庾翼自己则"发所统六州奴①及车牛驴马",不顾"百姓嗟怨",也不顾朝廷劝阻,一意孤行。他自武昌出发,佯称移镇安陆;迨至夏口,始奏请进止襄阳,权停北伐。庾翼入襄阳,完成了庾亮以来的夙愿,踌躇满志,趾高气扬,于是"大会僚佐,陈旌甲,亲授弧矢,曰:'我之行也,若此射矣。'遂三起三叠,徒众属目,其气十倍"。显然庾翼以进驻襄阳为其巨大胜利,其初衷固不在北伐胡羯。

庾亮、庾翼都以北伐之名来遮盖其进据襄阳的直接目的,又是为什么呢?襄阳屏蔽荆州,北接后赵,是南北交争的地方。其地旧户甚少,而颇有流民。咸和五年石勒将郭敬攻陷襄阳,以后反复易手,咸和七年由桓宣、李阳收复而由桓宣驻守。这个地方,是边将防守要冲,但不是元帅驻节的合适处所。东晋于此地置梁州,梁州有实土,所统相当于今之鄂西、鄂北、陕南、川东北,具体地境随北方胡羯势力的强弱而时盈时缩。梁州刺史治所也以军事形势为准,或镇襄阳,或镇鄾,或镇安陆,或镇魏兴。

东晋的雍州也在襄阳,侨置而无实土②。《太平御览》卷一六八鲍至《南雍州记》曰:"永嘉之乱,三辅豪族流于樊沔,侨于汉侧,立雍州,因人所思以安百姓也。"这是说侨置的时间甚

---

① 《晋书》卷七三《庾翼传》。"发六州奴",即同传前云"辄发良人",目的是为了征战,事与《元帝纪》太兴四年"免中州良人遭难为扬州诸郡僮客者,以备征役",性质相同。庾翼发奴涉及的州数,记载纷纭。但远州非所能及,实只荆江二州。《何充传》"翼悉发江荆二州编氓奴以充兵役,士庶嗷然",可证。

② 《宋书》卷二七《州郡志》雍州条:"宋文帝元嘉二十六年割荆州之襄阳、南阳、新野、顺阳、随五郡为雍州。"至是雍州始有实土。

早，当在东晋初年。《晋书》卷六三《魏浚传》，谓魏该南来，晋元帝以为雍州刺史，在建武元年（317），与《南雍州记》所述年代合。《晋书》卷一四《地理志》雍州条："魏该为雍州刺史，镇酂城，寻省。侨立始平郡，寄居武当城。"大概所谓始平郡，就是省雍州后安置魏该部曲的地方。魏该以后继镇襄阳者如周抚、桓宣、庾方之、刘惔、袁乔、桓冲、桓豁、毛穆之等，其职衔均带监沔北或沔中军事，新野、义成等郡太守，均无雍州刺史名义。《宋书》卷二七《州郡志》："雍州刺史，晋江左立。胡亡氐乱，雍秦流民多南出樊沔。晋孝武帝始于襄阳侨立雍州，并立侨郡县。"综合这些资料，可知雍州之名江左早有，以羁縻秦雍流民。但孝武帝以前《晋书》著录的雍州刺史只有魏该一人①。看来雍秦流民南来，永嘉乱后至东晋之初为一高潮，胡亡氐乱以至孝武帝时为又一高潮。所以雍州侨置虽始东晋之初，但并不常置，至孝武帝时适应雍秦流民南来的新高潮，始又宣布侨置雍州。

沔水以北，长期是南北两属之地，雍、豫流民南赴襄阳者均须经由此处。所以东晋梁州刺史都要着力绥抚流亡，笼络流民帅，以图用其武力，加强东晋对襄阳的控制。见于《晋书》的以下诸人事迹，都能说明这一问题。

卷五八《周访传》，为梁州刺史，"既在襄阳，务农训卒，

---

① 《世说新语·识鉴》"王大将军始下"条注引王隐《晋书》，谓杨朗仕至雍州刺史。《华阳国志·序志》有雍州刺史李阳。按杨朗、李阳为明帝、成帝时人，今本《晋书》未著录他们曾为雍州刺史的仕履。

勤于采纳，守宰有缺辄补，然后言上。……善于抚纳，士卒均为致死"。

卷七〇《甘卓传》，为梁州刺史，"镇襄阳。卓外柔内刚，为政简惠，善于绥抚。估税悉除，市无二价。州境所有鱼池，先恒责税，卓不收其利，皆给贫民，西土称为惠政"。

卷七一《陈頵传》，陶侃表頵为梁州刺史，"绥怀荒弊，甚有威惠。梁州大姓互相嫉妒，说頵年老耳聋，侃召頵还，以西阳太守蒋巽代之"。①

卷七三《庾怿传》，为梁州刺史，镇魏兴，"宽厚容众"。庾亮上疏，谓："怿御众简而有惠，州户虽小，赖其宽政。"

卷七三《庾翼传》，镇襄阳，"绥来荒远，务尽招纳之宜，立客馆，置典宾参军"。

东晋前期经营襄阳最重要的人物，要算原受陶侃委署，后被庾亮、庾翼极力排挤的桓宣。桓宣原受晋元帝派遣，与豫州诸坞主周旋，并助祖逖经略中原，甚有成效。后来苏峻联祖约叛晋，桓宣不从祖约之命，率众投温峤、陶侃，陶侃以之为江夏相。咸和七年（332）桓宣与竟陵太守李阳从石勒部将郭敬手中收复襄阳以后，至建元元年（343）为止，戍守襄阳达十余年之久，历尽艰苦。桓宣是沛国铚人，地属豫州，在淮北。但桓宣久在淮南，部曲多淮南人。所以陶侃使桓宣以其淮南部曲于襄阳之西北今谷城县、均县镇境立义成郡，属扬州为寄地②。这与前此侨立

---

① 蒋巽治绩无考。
② 义成郡何以遥属扬州，是否以淮南郡西晋属扬州之故，未能断定。

始平郡以处魏该雍州部曲是一样的。《桓宣传》谓宣"招怀初附,劝课农桑,简刑罚,略威仪。或载钼耒于轺轩,或亲芸获于陇亩,十余年间,石季龙再遣骑攻之。宣能得众心,每以寡弱距守,论者以为次于祖逖、周访"。又谓"宣久在襄阳,绥抚侨旧,甚有称绩"。桓宣虽不居梁州刺史之职,但治绩与历任刺史有过之而无不及,是襄阳一带最有影响、最有实力的人物。

庾氏兄弟在荆州扬言北伐,意在桓宣。庾亮以桓宣为司州,庾翼命桓宣北趋丹水,而亮、翼本人均又力图接近或据有襄阳,其驱走桓宣的目的是一目了然的。《晋书》卷七五《范汪传》,汪为庾亮佐吏十余年,甚相钦待,庾翼进屯襄阳时,范汪劝阻,谓翼"既至〔襄阳〕之后,桓宣当出。宣往实蒴豺狼之林,招携贰之众,待之以至宽,御之以无法。田畴垦辟,生产始立,而当移之,必有嗷然,悔吝难测"。这里"桓宣当出""而当移之"等语,正透露了庾氏兄弟心迹所在。不过范汪并未能使庾翼改变初衷。此后桓宣以军败被贬,移屯襄阳以东的岘山,"望实俱丧",建元二年发愤以卒。庾翼以长子庾方之为义成太守,并吞桓宣部曲。庾氏兄弟逼迫桓宣的明争暗夺,以庾氏的完全胜利告终。

庾氏兄弟为什么处心积虑,必欲消灭抗御胡羯势力的桓宣呢?这一方面是桓宣所处的襄阳,其战略地位使处荆州的庾氏深怀戒惧,一方面是出于士族人物不放心流民帅的根深柢固的褊狭心理。

襄阳以及全部梁州,仰赖"荆湘之粟"[①] 以为军实,这在东

---

① 《晋书》卷七〇《甘卓传》。

晋南朝大抵如是。但在军事上，它居荆州上游，顺汉水而下，足以威胁夏口、武昌，陆道南出，又可指向江陵，所以对荆州拥有极大的地理优势。庾氏势力重心在荆州，如以亲信居梁州，荆州可得屏障；如由桓宣居之，荆州颇有后顾之忧。据《周访传》，访为梁州刺史，驻襄阳，"闻〔王〕敦有不臣之心，访恒切齿。敦虽怀逆谋，故终访之世未敢为非"。据《甘卓传》，王敦起兵后，梁州刺史甘卓露檄致讨，"武昌大惊，传卓军至，人皆奔散"。只是由于甘卓犹豫经时，始出军猪口（今湖北沔阳境），后又累旬不前，才使王敦得以转危为安。对于这些荆州在军事上受制于梁州的近期历史教训，以荆州为其重心的庾氏是深为敏感的。

桓宣经历，与士族人物多有不同。他久在疆场，自领部曲，被时人目为边将①。他志在抗胡，不求权势，所以辗转为东晋各种势力所用，无所依傍。他为了取信于人，甚至不得不以亲子桓戎为质任。桓宣欲谏祖约勿应苏峻之叛，乃"遣其子戎白约求入"；祖焕攻桓宣于马头山，宣"使戎求救于〔毛〕宝"；桓宣投温峤，"峤以戎为参军"，实际上是留以为质；桓宣居武昌，又先后以桓戎为郭默、刘胤参军；桓宣背郭默，又"遣戎与随（按即豫州西曹掾王随）俱迎陶侃"②，侃辟戎为掾，以宣为武昌太守。桓宣坎坷的经历，不稳定的地位，使他难得见信于人。祖焕攻桓宣之时，"〔毛〕宝众以宣本是约党"（《毛宝传》）；陶

---

① 《晋书》卷七七《蔡谟传》："桓平北，边将也。"
② 均见《晋书》卷八一《桓宣传》。

侃讨郭默时，侃将"皆疑宣与默同"（《桓宣传》）。凡此种种，都使庾亮视桓宣为异己，必欲驱逐之而后安心。梁州"两晋以来人士勇略"①，庾氏驱逐桓宣，另求勇略之士于梁州以为己用，正是一举两得。庾氏谋划得逞，桓宣发愤而死，士众尽归于庾。庾氏取得襄阳，其在荆、江的地位就更为巩固了。

庾氏与桓宣的关系，同下游士族与流民帅的关系几乎完全一样，桓宣也终于避免不了下游受制于士族的诸流民帅同样的下场。这是东晋门阀政治中反复出现过的问题。在门阀士族人物看来，流民可用，流民帅不可用；而门阀士族人物既不愿也无能代替流民帅，组织和率领流民，以为己用。门阀士族必须使用流民以为兵力，又必须假手于自己认为可靠的人，这是不容易办到的事。在此之前，郗鉴用流民帅以平王敦之乱，获得成功，但终于酿成苏峻之乱；在此之后，谢玄组织流民帅为北府兵，获得了更大的成功，但最后酿成北府将刘裕取代晋室的结局。东晋政局，从一定的层次看来，就是以当权的士族与有兵的流民帅既联合又斗争为其重要内容。联合的基础是抗胡，斗争的目的则是夺取江左的统治权力。这种情况，上游下游几乎都是一样。

大约与庾翼驱逐桓宣、进入襄阳同时，庾冰出京师，挤走居江州的褚裒，自居都督六州军事江州刺史。于是，庾氏势力囊括上游，使梁、荆、江、豫以及扬州之宣城和江西四郡连成一气。这是颍川庾氏势力发展的顶点。只是由于京口在朝廷一边，而庾冰、庾翼又相继死亡，才使严重、紧张的局势缓和下来。

---

① 《华阳国志·序志》。

庾亮早期在都十余年，其言其行与王导大同小异。庾亮出都至庾冰出都，共十余年，这个时间里，庾氏家族经历了三件大事：一、以外制内，制约王导，遥控朝廷；二、与王允之激烈争夺江州；三、驱逼桓宣，兼并桓宣部曲，取得襄阳。从客观作用说来，与琅邪王氏合作，巩固琅邪王氏首创的门阀政治的，是颍川庾氏；结束"王与马共天下"的局面，使琅邪王氏转衰的，是颍川庾氏；使江、荆、梁牢固地连为一气，并取得襄阳以巩固荆州，为桓温的崛起创造条件的，也是颍川庾氏。不过，庾氏取代王氏，并未改变门阀政治格局，只是用庾与马共天下代替"王与马共天下"而已。门阀政治的基本性质，前后相因。颍川庾氏居琅邪王氏和谯国桓氏之间，起承先启后的作用。

颍川庾氏势力的积累，是一个较长的过程，但是它的衰落却发生得非常急骤，而且此后的家族地位，也不能比齐王、谢，而是"再世之后，三阳仅存"①。庾亮起自外戚，无功晋室，而又措置乖谬，与王、谢家族的历史很不一样。庾氏家族不能比齐王、谢，是可以理解的。

---

① 《晋书》卷七三史臣语。《世说新语·雅量》"王邵、王荟共诣宣武"条注引《中兴书》："初，郭璞筮冰子孙必有大祸，唯固三阳，可以有后。故希求镇山阳，弟友为东阳，希自家暨阳。"《庾希传》略同。

桓温的先世和桓温北伐问题

一 桓温先世的推测

(一) 桓温先世的隐情

《晋书》卷九九《桓玄传》：桓玄"曾祖以上名位不显"。同传曹靖之答桓玄之问曰："大楚之祭不及于祖"，是以神怒。又，《魏书》卷九七《桓玄传》：桓玄"庙祭不及于祖……慢祖忘亲，时人知其不永"。

按，桓玄篡位以后，只置一庙，庙祭但及于父而不及于祖，引起时人许多议论，具如上引。除此以外，徐广、卞范之等亦均不以为然。但是桓玄对此却执意不改。《宋书》卷一《武帝纪》：刘裕逐桓玄后"焚桓温神主于宣阳门外"。桓玄只立桓温一人神主，就是庙祭不及于祖的说明。桓玄于宗庙大事如此固执，违礼悖俗，难于解释，其中似包含某种隐情。

桓氏庙制问题，与孙吴有可比较之处。《宋书·礼志三》谓孙权称帝，不立七庙，但有孙坚一庙在长沙临湘，又有孙策一庙在建邺。孙氏庙制不立，主要是为了遮掩其先世隐情。富春孙氏

"孤微发迹"①，不预士流。《孙坚传》注引《吴书》谓"坚世仕吴"，是韦昭为吴修史不得不有的虚美之词。《宋书·符瑞志》上及《太平御览》卷五五九引《幽明录》，皆谓孙坚之祖孙钟与母居，遭岁荒，种瓜为业，这当是陈寿所谓"孤微"所本。孙钟与孙坚，《幽明录》谓为祖孙，《异苑》谓为父子，六朝即已难详。《水经·浙江水注》富春亭山"有孙权父冢"，杨守敬《水经注疏》谓权字为坚字之误，因为若是权父，当径称孙坚为是，不必累赘言之。杨氏之说实际是赞同《异苑》的，以为亭山之冢即孙钟冢。寒门无世谱，孙氏世系难详，冢墓莫辨，宜其于立国时无法建立正规庙制。以孙吴立庙事度桓玄，可知桓氏"大楚之祭不及于祖"，其隐情亦在遮掩桓氏类似于"孤微发迹"的家族历史，与孙氏一样。

(二) 桓温是桓范后裔

桓玄之族出自谯郡龙亢，祖桓彝南渡，与东晋先后执政诸士族相比，门户地位不高。史籍均谓桓彝为东汉大儒桓荣之后，是可信的。但各书所记桓氏世系却有差异。《世说新语·德行》"桓常侍闻人道深公者"条注引《桓彝别传》，谓桓彝为桓荣十世孙，这是一说。《晋书》卷七四《桓彝传》及尊经阁本《世说新语》所附《人名谱》（以下简称《世说人名谱》）之《龙亢桓氏谱》谓为九世孙，这是二说。《元和姓纂》卷四谓为八世孙②，这是三说。桓彝之于桓荣，时代遥远，序次不清。魏晋以

---

① 《三国志·吴志·孙坚传》陈寿评。
② 岑仲勉《元和姓纂四校记》（中华书局，1994年）于此无说。

后，龙亢桓氏似已沉沦不预时望。桓彝之父，《晋书》及《世说人名谱》均作桓颢①，为官止于公府掾及郎中②，其人即桓玄曾祖。《桓玄传》所云"曾祖以上名位不显"者，当是就桓颢及其以上几代而言。

在十分注重士族谱系的东晋时代，桓彝为东晋功臣，桓温居人臣极位，桓玄且曾称帝立国，他们都不去查访本来是可以查访清楚的桓氏近世谱系，以致留下疑窦，造成后代史籍中桓氏世系的紊乱，这确实令人费解。

比较上述著录桓氏先世诸书，我认为比较翔实可信的是《世说人名谱》③。《世说人名谱》自桓荣以下第二、三、四、五世，序次清晰，每一世代的兄弟行辈的名讳仕履及所从出，也很清晰，而且与《后汉书》卷六七《桓荣传》及诸附传所记完全相符。其所著录第八世颢、第九世彝，与其他著录桓氏先世诸书相较，序次虽有一代之差而名讳相同。值得注意的是第六世和第七世。《世说人名谱》留有第六世的世系位置而缺第六世的名讳仕履。其第七世作"楷，字正则，济北相"，也未著楷父即第六世的名讳。楷父究竟是第五世桓典、桓晔④、桓彬兄弟辈中哪一个

---

① 《世说新语·德行》"桓常侍闻人道深公者"条注引《桓彝别传》作颖，盖形近而讹。

② 公府掾见《世说人名谱》，郎中见《晋书·桓彝传》。

③ 《世说人名谱》亦有误处，须另作考证。

④ 晔，《后汉书》本传、《世说人名谱》均谓"一名严"。《后汉书》注引《东观记》严作砺。李慈铭据《水经·浙江水注》沛国桓俨避地会稽，然后浮海入交州事，判定严、砺乃俨之误。参《越缦堂读书记》，中华书局，2006年，第205页。

人之子,在这里也看不出来。但,第六世名讳阙如,正是一个极为重要的线索,可供我们探寻考证①。

兹参考《世说人名谱》,并据下文考证,试作《龙亢桓氏世系表》如下所示。

据《世说人名谱》资料,我们可以确认以下几点:

一、桓彝应是桓荣第九世孙,作十世孙者没有《世说人名谱》这样可信的根据。作八世孙者则涉及计算方法问题,难以确言,姑置不论。

二、桓氏谱系紊乱,问题主要出在缺名的第六世,如果确有隐情存在,以存在于第六世的可能性最大。

三、第五世桓氏兄弟均死于汉末灵、献之时(说详下),所以第六世的年代应当在曹魏的初期至中期。

---

① 按古人述其先人世数,或连先人本人计算,或不连先人本人计算,有时不免有一世之差。如颜之推《观我生赋》"逮微躬之九叶"句,谓颜含南渡,至颜之推为九世,故《北齐书》卷四五《颜之推传》直谓颜之推九世祖为颜含。但《梁书》卷五〇《颜协传》则谓颜协七世祖颜含,而颜协为颜之推之父,是颜含至颜之推只八世。准此,据《世说人名谱》以论桓荣至桓彝世数,作九世、八世均可。

为什么五世儒宗、迭为帝师的谯郡龙亢桓氏,其世系到曹魏初期至中期时忽然失载了呢?是什么缘故使桓氏子孙不得不从自己的谱系中略去第六世的名讳仕履?

我推测,曹魏嘉平元年(249)预于曹爽之狱而被诛夷的桓范,就是谯郡龙亢桓氏第六世的主要人物,是桓彝的曾祖或曾祖的兄弟。我还推测,桓范很可能是桓氏第五世桓典之子。龙亢桓氏谱系失载第六世的名讳仕履,就由于桓范被诛,桓氏成为刑家,因而在逃子孙力图隐蔽桓氏家世的缘故。

以下,我将逐次论证这一假设的合理性。

《三国志·魏志·曹爽传》注引《魏略·桓范传》:"桓范,字元则,世为冠族,建安末入丞相府。"《太平御览》卷二二四引《桓氏家传》:"延康元年(220)初置散骑之官,皆选亲旧文武之才,以为宾宴之属。迁桓范为散骑侍郎。"同书同卷引《魏略》,谓"是时散骑皆以高才英儒充其选",而《曹爽传》裴注又谓桓范"以有文学,与王象等典集《皇览》"。由此可见,桓范既是英儒高才,又有文学,很有资格入为散骑。这反映了桓氏家族的冠族地位以及其家世学问传袭的事实。

桓范于正始时官大司农。"曹爽辅政,以范乡里老宿,于九卿中特敬之,然不甚亲也。"嘉平之变,司马懿闭洛阳城门拒纳曹爽。桓范不应懿命,矫诏奔爽,为爽策划,当由于是曹操旧属,与曹氏同乡里,又受曹爽敬重之故。桓范为帝室乡里之亲,与上引桓范以亲旧入选为散骑侍郎,亦可呼应。

桓范建安末入丞相府,至嘉平初已历三十年之久,自然是"老宿"无疑,按年龄,与正始时新进少年名士不属一辈。从意识形态看来，桓范所著《世要论》①，其内容与名士谈玄者大相径庭。《世要论》主张"度世授才"。明帝时桓范荐徐宣为仆射之言，也反映了"度世授才"思想。他说："争夺之时以策略为先，分定之后以忠义为首。"② 这些说法都与建安时曹操标榜的"治平尚德行，有事赏功能"的原则一致。正始名士处于"定分"之后的"治平"之世，却以浮华进趋于时，与桓范尚忠义之说很不一样。桓范尚忠义，不悖沛国桓氏家世儒宗的门风，与其时司马懿标榜以孝治天下，颇为接近③，这或许是曹爽对桓范敬重之而不甚亲的缘故。

司马懿处置曹爽一党，手段极其残忍。《晋书》卷一《宣帝纪》曰："诛曹爽之际，支党皆夷及三族，男女无少长、姑姊妹女子之适人者，皆杀之。"数十年后，当晋明帝问及晋朝先人所以得天下之由，王导"乃陈帝（宣帝，司马懿）创业之始及文帝（司马昭）末高贵乡公事，明帝以面覆床曰：'若如公言，晋祚复安得长远？'"所谓"创业之始"，说的就是嘉平狱后逐步发生的事。由此可见，司马懿及其子孙，是非常避忌诛曹爽一案

---

① 《世要论》见《群书治要》卷四七，作《政要论》。严可均《全三国文》、马国翰《玉函山房辑佚书》另辑有佚文。

② 《三国志·魏志·徐宣传》。

③ 司马氏取士也并非一成不变。尔后司马氏为代魏作准备，也曾强调才略而不重细行。《晋书》卷三三《石苞传》，苞为中护军司马师司马。司马懿闻苞好色薄行，以责司马师，师答曰："苞虽细行不足而有经国才略。夫贞廉之士未必能经济世务"云云。这又回到了"度世授才"的标准。

的，魏晋载籍当然也不敢尽其词①。随着时间的推移，洞悉嘉平之狱实情的人越来越少，桓范事迹也越来越湮没无闻于世。

另一方面，桓范预此"大逆"，宗族连及诛夷，侥幸漏过法网的子弟皆以全身为幸，当然更不敢显露与桓范的亲属关系，以招祸灾。因此撰桓氏家传之人，对于桓氏先人只追溯至桓彝之父桓颢为止，如果再向上追溯，势必触及桓范预"逆"问题，因而触犯晋室朝廷及桓氏家族双方的忌讳。只是由于《世说人名谱》中的《桓氏谱》揭出桓颢之父桓楷之名，并空悬无名讳仕履的桓楷之父一代于桓氏谱系之中，才使我们得以探微索隐，窥测桓玄"曾祖以上名位不显"以及庙祭不及其祖的真实意义。

桓玄高祖桓楷，官济北相，桓玄曾祖桓颢，居公府掾及郎中。以桓楷、桓颢父子的官位相比，国相显于公府掾及郎中，也就是说桓玄高祖显于曾祖，因而不能得出桓玄"曾祖以上名位不显"的结论。颇疑桓楷仕魏为国相时值嘉平狱起，坐父桓范罪当诛。桓楷是伏法，是逃亡，无迹可寻，而其后人以及史臣则以"名位不显"掩而蔽之。而桓楷之子桓颢出仕，当在入晋以后，网禁已疏之时。我们知道，竹林七贤之一的嵇康被司马氏所杀，入晋后嵇康子嵇绍咨出处于山涛，山涛答曰："为君思之久矣。天地四时犹有消息，而况人乎！"② 嵇绍遂得起家为秘书丞。桓颢亦以司马氏刑家之后出仕晋廷，情况正与嵇绍相类。只不过嵇

---

① 例如王沈"与荀颛、阮籍共撰《魏书》，多为时讳"，见《晋书》卷三九《王沈传》。

② 《世说新语·政事》。

康之诛，并没有株连亲族，与桓范颇有不同。

《三国志·魏志·曹爽传》注引《魏略·桓范传》，谓桓范字元则，而《世说新语·贤媛》"许允妇是阮卫尉女"条注引《魏略》则谓桓范字允明。两处同引《魏略》而文字互异，必有一误。张鹏一《魏略辑本》①卷一○，于此亦未作解释。按《文选》卷三五《七命》注引《应璩与桓范书》，称桓范字为元则；《真诰》卷一六《阐幽微第二》注："桓范字元则，沛国人，有才学筹策，仕魏世，位至大司农，党曹爽，被诛也。"《史通》卷八《人物》亦称桓范为元则。据此，《世说》注引《魏略》桓范字允明者当为误写。但是《世说人名谱》谓桓楷字正则，如果不误，依史讳之例，桓范字元则与桓楷字正则者同一"则"字，似有扞格之处。或者如《颜氏家训·风操》所云："古者名以正体，字以表德，名终则讳之，字乃可以为孙氏"②，所以桓楷不讳桓范之字欤？检陈垣先生《史讳举例·南北朝不嫌父子同名例》，举有前秦苻坚字永固，其太子宏字永道，父子字同"永"字（按苻坚之长庶子苻丕字永叔，亦同"永"字。永叔，《御览》卷一二二引《前秦录》及《魏书》卷九五《苻丕传》均作永叙。又，慕容垂字道明，垂子宝字道祐，垂子熙字道文，

---

① 据《关陇丛书》本。

② 王利器先生《颜氏家训集解·风操》（中华书局，1993年）引赵曦明曰："孙以王父（祖父）字为氏，如公子展之孙无骇卒，公命以其字为展氏，见《左氏》隐八年传。"按，《日知录》卷二三"子孙称祖父字""以字为讳"诸条，合而观之，似讳字因时代及地区习俗而异，殊难准确立论。

宝子盛字道运，祖孙三代四人，均带道字）；又举有南齐萧承之字嗣伯，其子道成（齐高帝）字绍伯，父子字同"伯"字。江南之俗不讳字，此点颜之推已论及，而十六国亦有不讳字之例。上溯三国，蜀、吴帝室有讳字之例，《史讳举例·三国讳例》已举出；魏则讳字与否或讳字严格与否，尚未见史料可证。再向上溯，则东汉亦有父子不讳字之例。《风俗通·十反》载太尉沛国刘矩字叔方，而其父字叔辽，同一"叔"字。或者桓范字元则，其子桓楷字正则，两者名与字皆不误，而此正可作为魏时不讳字的一个例证。不过，孤证不立，关于桓氏家讳中的这一问题，终于难得确定①。

(三) 桓范的郡望问题

大体说来，以桓范为桓彝的曾祖之说，按其名讳、序次、年代以及与曹、马关系等方面说来，似可成立。但是还有一个重要疑点有待考实，这就是桓范的郡望问题。

《魏略》说桓范为曹爽"乡里老宿"，而《曹爽传》及《世说新语·贤媛》"许允妇是阮卫尉女"条都说桓范是沛郡人而不具其县名。据《魏志·武帝纪》，曹氏是沛国谯人，曹爽与桓范同郡国为"乡里"，是没有疑义的。东汉有谯县属沛郡而无谯

---

① 本书交付出版后，仍觉桓氏家讳问题未得确证，不能自安，乃陈问题原委，求教于校订《史讳举例》（陈垣著，中华书局，2004 年）的刘乃和先生。刘先生覆示中提及，桓范、桓楷名意相近，元则、正则，字亦相排，二人似有兄弟之嫌。刘先生此一提示，很有意思。若桓范、桓楷果属兄弟辈，桓氏世系排列细节虽当另作考虑，但于桓范确系桓温先世这一问题，反而又得一坚实证明。

郡。建安时增设谯郡，谯县改属谯郡，而谯郡与沛国并存。所以曹氏亦称谯郡谯人。谯郡后改谯国。

谯郡之设及其改称谯国，《宋书·州郡志》《晋书·地理志》《元和郡县图志》以及洪亮吉《补三国疆域志》诸书所载纷纭，莫衷一是。卢弼《三国志集解》于《魏志·武帝纪》卷首部分，爬梳众说，考定谯郡设于建安中，并推定建安十八年魏国既建，乃立谯郡以比丰沛。王粲建安二十一年随曹操征吴时作诗："既入谯郡界，旷然消人忧"，是其时已有谯郡，但尚未改称谯国。建安二十二年，沛穆王林徙封谯，始改谯郡为谯国。黄初元年，魏代汉，以谯国与长安、许昌、邺、洛阳为五都。黄初五年改封诸王为县王，复还国为郡，谯国依例复为谯郡。这样，东汉沛国谯县，入魏就成了谯郡谯县。如果我们认定桓范为桓荣之后之说不误，则沛国龙亢人桓范与沛国谯人曹爽互为"乡里"，这似乎没有问题。

但是，要确定这一点，还存在须得澄清的事实。因为谯郡之设并未取代沛国，谯郡与沛国两存。沛国谯县虽入谯郡，但沛国龙亢是否也入谯郡，尚待证明。如果龙亢县未入谯郡，那么以魏国郡县名称为准，曹氏为谯郡谯人，桓氏为沛国龙亢人，两者在曹魏时是不能以"乡里"相称的。因此还要证明龙亢入魏已经割归谯郡，不属沛国，才能消除这一疑点。这又涉及另一个棘手的问题。《三国志·魏志·明帝纪》景初二年（238）四月，"分沛国萧、相、竹邑、符离、蕲、铚、龙亢、山桑、洨、虹十县为汝阴郡，宋县、陈郡苦县皆属谯郡"。看来，龙亢等县已于此年由沛国分入汝阴郡，而未入于谯郡。照这样说，在分郡十一年后的曹爽之狱时，沛国桓范还是不能认定出自龙亢桓氏，因为龙亢既属汝阴，"汝阴龙亢"人桓范更不能是谯郡谯人曹爽的"乡里"。

但是，景初二年剖分郡县之文，于郡县排列上难于通读，显有错误。《通鉴》有鉴于此，为求稳妥，省去未录。《晋书·地理志》载晋汝阴郡所统共八县，与此所列十县无一同者。钱大昕《廿二史考异》卷一五已疑《魏志·明帝纪》之文有误，但未能确定误在何处。谢钟英《补三国疆域志补注》、吴仕鉴《晋书·地理志》斠注虽未疑《魏志》之误，但亦注意到沛郡所剖分的十县并不在汝阴郡，遂疑十县虽经剖分，但为时甚暂，魏末晋初复归于旧日建制。谢、吴二氏的新解，并不足以释钱氏之疑。

解决这一疑惑，确指《魏志》误处的，是吴增仅。吴增仅所著《三国郡县表附考证》中，考定汝阴郡设置并不在景初二年；又证明《魏志》所列十县全在涡水之北，与汝水相隔数百里，而且与汝阴诸县不相连接，从而认定《魏志》景初二年之文确实有误。他提出新解，认为《魏志》"……十县为汝阴郡"中的"为"字为衍文。据此，《魏志》原文应当读作："分沛国萧、相、竹邑、符离、蕲、铚、龙亢、山桑、洨、虹十县，汝阴郡宋县，陈郡苦县，皆属谯郡。"这样，《魏志》原文就可以通读而无任何滞碍。吴增仅并推论曰："谯为曹氏丰镐，名列五都，故割度多县，蔚成大郡。晋受禅后徙其属县，所以削其本根也。"根据吴增仅的这一解释，可知谯郡虽于建安中已经设置，但其时的谯郡尚不包括龙亢等县，龙亢等县直到魏明帝之末犹属沛国。桓范于建安末入仕丞相府时，谯郡（国）虽已建置，但桓范籍贯仍为沛国龙亢。沛国龙亢于景初二年四月始割入谯郡，此时下至桓范之死不到十一年。所以鱼豢《魏略》未叙桓范为新划定区域的谯郡龙亢人，而用其入仕时的旧望，叙为沛国龙亢人，就像《魏志·武帝纪》用曹操入仕时的旧望，叙为沛国谯人，而不叙为后来划定的谯郡（国）谯人一样。龙亢在曹爽时既已入谯郡，则曹爽以桓范为"乡里老宿"而敬重之，桓范亦以乡里之谊，兼以忠义之道，而投向曹爽，就完全是情理中事。《通鉴》魏嘉平元年胡注所作"范，沛国人；谯、沛，乡里也"的解释，笼统言之虽似可通，但胡氏未明郡县划分原委，直以谯郡人与沛国人为乡里，因而还是不免未达一间。

嘉平之变，以地域言，是谯沛统治集团的彻底失败。桓范既出谯沛，又为曹爽所敬，其本人和其家族势力在嘉平之变中被消灭，应当说是必然的。

（四）旁　证

桓范所自出的沛国桓氏就是以后的谯郡桓氏①，这一点已无可疑。但是据知谯郡桓氏支脉有三：一出龙亢，东汉桓荣、曹魏

---

① 汉魏桓氏除了望出谯郡者外，据知还有《元和姓纂》卷五引应劭《风俗通》楚大夫桓思之后的桓，当即长沙临湘桓氏；还有《三国志·魏志·裴潜传》注引《魏略》所云冯翊甲族桓氏；同书同志《王粲传》所云安成令下邳桓威；等等。《文选》卷二八陆机《吴趋行》注引张勃《吴录》，吴八族中有桓氏。《三国志·吴志·士燮传》有交阯桓邻。《三国志·蜀志·诸葛亮传》注引《蜀记》，谓西晋时扶风王司马骏有长史荥阳桓隰。桑世昌《兰亭考》卷一载修禊赋诗者有"荥（荥）阳桓伟"（张淏《云谷杂记》卷一，桓伟误作柏伟），则桓氏尚有荥阳一望。又，《隶释》卷二《东海庙碑》尚有南阳桓氏。此外，《魏书》卷一一三《官氏志》内入诸姓："乌丸氏，后改为桓氏。"

桓范、东晋桓彝均属之；一出相县，东汉桓谭属之；一为铚县桓氏，东晋桓宣、桓伊属之。龙亢、相、铚三县，东汉均属沛国，魏景初二年割入谯郡。桓氏三支关系如何？以桓范出于龙亢一支为说是否合理？这些问题也应当加以考察。解决这些问题的关键，在于判定这三支中哪一支具有"世为冠族"的社会地位。

据《后汉书·桓荣传》注引《续汉书》《东观记》，以及据《广韵》卷一，知谯郡桓氏原为齐人，齐桓公之后，以谥为姓，由齐迁龙亢，当为沛国桓氏之始，至桓荣时已经六世。颇疑龙亢桓氏枝繁叶茂，乃有相、铚分支，而相、铚桓氏在门户势力方面较之龙亢桓氏皆相形见绌。相县桓谭以儒学及其《新论》之作显名于世，但居官不过给事中，品位不高。汉章帝巡狩至沛，虽曾"使使者祠谭冢，乡里以为荣"①，但桓谭后嗣无闻于世。看来相县桓氏一支，其家世地位在东汉并不尊显，不足以当"世为冠族"之称。铚县桓氏，《晋书》卷八一《桓宣传》叙其先世只及父祖，居官亦不尊显，年代约在西晋，再早就无闻了。汉魏之时铚县有无桓氏聚居，也很难说。桓宣及族子桓伊在东晋居官数十年，虽其气质和才具颇有士族之风，桓伊更有名士之誉②，但其居官主要是以武干为边将，戍守江沔以北，与其时士族高门通

---

① 《后汉书》卷二八上《桓谭传》。
② 《世说新语·方正》"桓公（温）问桓子野（伊）"条注引《续晋阳秋》，桓伊"少有才艺，又善音律，加以标悟省率，为王濛、刘惔所知"。但《晋书》卷八一《桓伊传》谓伊有武干，历任边将，晚年始征拜护军将军。桓伊际遇不佳，疑与其父桓景行事有关。桓景历任侍中、丹阳尹、护军将军，陶回谓其"佞事王导"而非正人，见《晋书》卷七八《陶回传》。

常的官守仕履颇不相类。所以，要说桓范出于铚县桓氏，也缺乏合理的根据。《晋书》卷六四《武陵王遵传》："〔桓〕伊与桓温疏宗。"《世说人名谱》列桓伊为龙亢桓氏"别族"而附之于龙亢桓氏之后。据此可知，铚县桓氏与龙亢桓氏宗族相通而支脉疏远。当太元之世桓冲与谢安分据上游荆、江和下游扬、徐之时，桓伊曾长期在豫州之任，居中以为缓冲。这大概是桓伊与桓冲既同宗而又不亲，具有独特身份背景，谢安既能接受，桓冲也不相疑之故。

根据上面谯郡桓氏三支的状况，我判定桓范出于龙亢桓氏一支之说，最为合理，因为只有此支能当"世为冠族"之称；而《世说人名谱》中龙亢桓氏恰好有世次缺佚，年代与桓范相当，可以互为佐证。

由于铚县桓氏与龙亢桓氏同宗，所以桓宣、桓伊的先人与桓范应有相当的血属关系和相近的文化面貌。我们知道桓范《世要论》首篇曰《为君难》，次篇曰《臣不易》。我们又知道《晋书》卷八一《桓伊传》谓淝水战后桓伊以孝武帝与司马道子之间嫌隙渐成，而谢安亦以功高而蒙谗忌，朝廷矛盾重重，于是在孝武帝召宴时歌怨诗以为谏。诗曰："为君既不易，为臣良独难。忠信事不显，乃有见疑患。周旦佐文武，金縢功不刊。推心辅王政，二叔反流言"，云云。桓伊怨歌大意，与《世要论》上述诸篇主旨相同，出于《论语·子路》。《论语》所引"人之言曰"云云，本来是用以论证一言兴邦、一言丧邦的道理，并没有感叹君臣相处之难的意思。桓伊之歌与桓范之论，却与《论语》原意不一样，说的是君臣嫌隙问题。桓伊之歌与桓范之论两者间的这种一致性，是偶然巧合呢，还是有桓氏家世学问承袭在于其中？这是一个可疑而难决的问题，权列此以为旁证之一，并待后考。

《魏略》谓桓范作《世要论》以示蒋济，蒋济不视。桓范怒曰："我祖德薄①，公辈何似邪？""世为冠族"的桓范，出此"我祖德薄"之言，有什么事实背景呢？桓范祖辈可知者四人：鸾，《后汉书》有传；衡，早卒；顺，事迹不传，子典；麟，不胜丧而卒，年四十一。总起来看，桓范祖辈境遇不佳，"德薄"云云，似暗合事实。桓范父辈三人，也多坎坷：彬，违忤中常侍，免官禁锢，灵帝光和元年（178）死，子嗣无闻；晔，献帝初平中避难南行交州，为凶人所诬，死于合浦狱中，子嗣无闻；典，献帝时官居光禄勋，死于建安六年，子嗣无闻。这些情况，似乎也暗合桓氏先人"德薄"之语。

上述桓范父辈，彬、晔子嗣无闻，当由于家道中落之故。只有桓典居九卿之任，死年又较晚，而史籍不著其后嗣，有乖史家作传常情。我怀疑桓范即桓典之子。典死于建安六年，范仕于建安末，范入仕时最晚亦当及冠之年，以范为典子，年代无扞格之处。嘉平时桓范被曹爽目为"老宿"，与所估计的年岁亦合。桓氏家族于东汉灵、献之时人物多有凋零，赖桓典、桓范一支代为

---

① 卢弼《三国志集解》于"我祖德薄"之下缀以《后汉书·桓荣传》章怀注引《东观记》："桓公作伯，支庶用其谥，立族命氏焉。"齐桓公支庶以桓为氏，盖指龙亢桓氏。似乎卢弼亦于无意中接触到桓范为龙亢桓氏桓荣之后这一事实，但并未进一步探究，没有形成论断。

九卿,使桓氏得以保持"世为冠族"的社会地位。至于桓典既然有子桓范而史籍却不著其继嗣(也没有说无嗣),似乎正可解释为嘉平之狱后魏晋朝廷及桓氏家族双方都以此为忌,因而讳莫如深,真相遂失。

桓氏世系中还有一事值得推敲。《后汉书·桓郁传》:"子普嗣,传爵,至曾孙。"注引《华峤书》(按即《汉后书》)曰:"郁六子……普嗣侯,传国至曾孙,绝。"传国,即嗣爵之意,桓普所嗣之爵即桓荣所受的关内侯,荣传于郁,郁传于普,普累传至其曾孙而止。嗣爵而史缺其嗣者之名,只称传至曾孙而止,这也不符一般著史的书法。而此所缺之名,即桓普的曾孙,据桓氏世系推之,又恰是《世说人名谱》中桓荣的六世孙,亦即属桓范一辈。而这一辈的人,恰好又是有其系位而无名讳爵职。以上三种成于不同时代的著作,即华峤《汉后书》、范晔《后汉书》、汪藻《世说人名谱》,于桓氏桓荣之后第六世,不约而同,均缺名讳,这当然也不是偶然的,而是讳忌桓范的名字,或者是根据讳忌桓范名字的资料。据上考,桓普传爵至曾孙,以世系论,就是传至桓范或其同辈桓氏兄弟而止①。桓范出仕在建安末年,其时汉正朔尚在,汉爵当未废止。黄初入魏,汉爵自然就不存在了。爵绝云云,指的就是这一事实。

------

① 《后汉书》卷六七《桓典传》,典从汉献帝西入关,"赐爵关内侯"。如果前考桓范为桓典之子不误,则桓范可从其父嗣爵,而桓普爵传至曾孙而绝者也可能为与桓范同辈的另一不知名的桓氏子弟。这些细节已不可考。

（五）小　　结

综合上述考证，所得结论如下：

沛国龙亢（后改谯郡龙亢）桓氏自桓荣以下，五世显赫。汉魏之际，桓氏虽然仍为望族，但势已就衰。第六世桓范疑为光禄勋桓典之子，建安末入仕丞相府，为曹操故吏，袭关内侯爵；入魏，与帝室为乡里亲旧，累官至大司农，死于曹爽嘉平之狱，家族诛夷甚惨。司马氏皇室和桓氏子余子孙，均以此事为讳。桓氏子孙以刑家之后，逃死不暇，隐匿唯恐不密。桓氏第七世桓楷，于桓范死前居济北相之职，桓范之诛，桓楷必在株连之列，或死或逃。魏晋易代之际，网禁森严，桓氏人物不可能在政治上露面，所以史籍无闻。禅代告成之后，时过境迁，网禁渐弛，遂有桓楷之子、桓氏第八世桓颢出仕西晋，其门望及官位均甚平平。其时桓氏后人逃死的恐惧已成过去，但是求官西晋又可能招致觍颜事仇之讥，这是桓氏后人不能不考虑的。嵇绍仕晋，必先以出处咨山涛，就是为了掩饰事仇一事的忸怩作态。也许是出于这种原因，桓氏后人仍不愿显言先辈事迹，桓氏世系遂以失真。桓颢之子、桓氏第九世桓彝过江，为东晋功臣，死晋室之难。此后则有第十世桓温弄权朝廷，第十一世桓玄一度代晋为楚。东晋桓氏追叙其先世，但至第八世桓颢为止，由此上溯，其第七世、第六世则以"名位不显"为词，以图继续掩饰与桓范的关系。桓玄代晋之后，亦不愿揭示桓氏家族历史的真相，仍然讳莫如深，甚至楚国庙祭只及于桓玄之父桓温，连祖父桓彝亦不予祭。撰家传者为替桓氏子孙仕晋之事留体面，并不去稽考桓氏世系。至于两晋官方，当然也不愿意触及易代丑闻。这样，在特重谱系的江左五朝，如此重要的谯郡龙亢桓氏，其谱系错乱缺漏，董理乏人，连桓氏家传的修撰者也不能加以考实，以至千余年来，无从发覆。

考镜桓温先世，能够钩稽的历史资料虽有一些，但直接证据迄未求得。所以结论中有推演成分，不敢自信确凿。尤其是桓范、桓楷究竟是何种亲属关系；桓温一系究竟是直接出于桓范，还是出于桓范的兄弟，这些问题至今不能落实。前面所附的《龙亢桓氏世系表》，于桓范之父、之子，也只敢以虚线相连。不过从大处言之，江左桓氏先世与曹魏时桓范有密切关系，就此一点说来，我认为是可以成立的。除此以外，细节只好暂时存疑。此节以"推测"为题，目的也是等待新证出现，以便重作考虑。

二　桓彝事迹杂考

谯郡龙亢桓氏出于曹魏嘉平之狱的刑家，居然能够在门阀政治的东晋时期，在王、庾家族势力就衰之后获得机会，上升到很高的地位，专制朝政，甚至一度改移晋鼎。我们知道，权势之家编造家传，改叙谱系，以攀缘显贵，求得虚荣，是五朝习见之事。但是龙亢桓氏桓范之狱昭然在人耳目，只可以回避掩饰，而难于另行编造。所以为桓氏作家传者只好改易事迹，把渡江南来的桓彝说成是中朝名士，与衣冠士族素相结识，以此证明桓氏家族尊显的社会地位其来有自。江左史籍转相抄袭，以假乱真。所以唐修《晋书》，于《桓彝传》遂多不实之词，有待后之读《晋书》者辨而正之。

(一) 中朝桓彝无令誉

《晋书》卷七四《桓彝传》:"彝少孤贫……性通朗,早获盛名。有人伦识鉴,拔才取士,或出于无闻,或得之孩抱,时人方之许、郭。"①《艺文类聚》卷六引《晋中兴书》:桓彝"年在弱冠,便有知人之鉴"。《晋书》卷七四附《徐宁传》:谓彝"有人伦鉴识"。按桓彝死于苏峻之乱中,年五十三,推其生卒年为晋武帝咸宁二年至成帝咸和三年(276—328)。何法盛谓其弱冠知人,当谓在惠帝元康之时,这就是说,桓彝属于中朝元康名士,其知名度相当于东汉的许劭、郭泰。但是检阅史籍,桓彝在元康时,事迹全无踪影。桓彝荐人,只《徐宁传》一见,事在江左而非中朝。《晋书》卷九三《外戚·杜乂传》桓彝目卫、杜曰:"卫玠神清,杜乂形清";同书同卷《褚裒传》桓彝目褚曰:"季野有皮里阳秋。"这些固然是人伦识鉴的掌故,但也都是东晋之事。颇疑桓彝弱冠知人之说,是桓彝显达以后始出现,史籍以后方前,巧为缝合,未足置信。《世说新语·文学》"袁彦伯作《名士传》成"条注,谓袁宏以裴楷、乐广、王衍、庾敳、王承、阮瞻、卫玠、谢鲲为中朝名士,即元康名士,其中并无桓彝。《名士传》据谢安所道撰成,谢安谙悉中朝掌故,应当不至于在列数元康名士时遗漏掉比踪许、郭,显贵江左的桓彝,如果

---

① 《世说新语·政事》"何骠骑作会稽"条注引《郭泰别传》,谓泰"有人伦鉴识,题品海内之士,或在幼童,或在里肆,后皆成英彦"云云。按《桓彝传》所叙桓彝事迹,与此雷同,颇有抄袭之嫌。但郭泰题品六十余人,著书一卷,论取士之本;而桓彝则没有多少具体事迹,可以与之相比。

桓彝果真是元康名士的话。又,陶潜《群辅录》著录有"晋中朝'八达',近世闻之于故老"云云。陶潜所列的八人,与本文下节所说的江左早期的"八达",部分相同,但却没有桓彝,与袁宏《名士传》不载桓彝,情况一样。这也是桓彝在西晋时并无令誉一证。

《桓彝传》彝"少与庾亮深交",事系于桓氏渡江之前。按庾亮生卒在武帝太康十年至成帝咸康六年(289—340),小于桓彝十三岁。桓彝年少时,庾亮尚在童稚,其时何得相与为深交?根据现知资料,桓、庾交游都是在江左之事,无一例在中原者。《太平御览》卷六七引《桓彝别传》:"明帝世,彝与当时英彦名德庾亮、温峤、羊曼等共集青溪池①上,郭璞预焉。"《晋书斠注》引此条资料置于《桓彝传》"少与庾亮深交"处,论理正好可用来辨《晋书》叙事时间之误。但吴仕鉴氏偏偏删去"明帝世"三字,因此反而掩盖了《晋书》之误。桓彝年少时在洛阳具有胜流身价的说法,是没有史料可以证明的。

又据《世说新语·德行》,桓彝尝谓高僧竺道潜(深公)"与先人至交"。按《高僧传》卷四《竺道潜传》,道潜永嘉初渡江时年仅二十余,死于孝武帝宁康二年,年八十九,其生卒年当为285—374年,小于桓彝近十岁。按常情而论,桓彝之父桓颢,

---

① 青溪在建康东南,连接淮水与玄武湖,孙权时所开,为江左胜流聚游之处。《太平御览》卷六七引《俗说》:"郗僧施(郗超子)青溪中泛舟,一曲处辄作一篇诗。"下文《晋书斠注》引《太平御览》此事,并没有注意青溪在建康而不在洛阳,其疏误可见。

似不得与小于己子近十岁的道潜为至交。忘年之交虽然并非全无可能，但年差也不能太大。这究竟属于《世说新语》误记，还是属于桓彝妄说，就无从稽考了。

(二) 桓彝过江后跻身"八达"而又志在立功

桓彝在八王之乱时，曾以州主簿预齐王冏反对赵王伦的义举，但在尔后东海王越和成都王颖相争之时无所依傍，甚至未得列名于号称多名士俊异的东海王越府。我们知道，东晋政权从渊源说来，是东海王越为之创造条件，始得经营起来的，桓彝既未附越，也就与东晋的王、马没有历史关系。

桓彝南下时间可能较早，但止于江北，由江北渡江，是很晚的事。桓彝初来时，司马睿犹为安东将军，在永嘉五年（311）五月以前。司马睿板授桓彝为逡遒令。逡遒在合肥之南，西晋属淮南郡。《宋书》卷三五《州郡志》谓东晋"分芜湖为境"，逡遒始得迁治江南，时在苏峻乱后，桓彝已死。司马睿对于自己不甚信任的南来人物，常阻之于江北，按其原有位望及南来时拥有的势力，分别板授州郡、将军名号。如著姓祖逖南行达泗口，司马睿逆用为徐州刺史；后来祖逖虽得过江，犹居京口，不得至建康，而且旋又奉命北上。陈留蔡豹出于名门，南来亦只得居官临淮太守。桓彝南来止于江北逡遒，也是他不见信任于王、马的表现。桓彝其时只能官居荒县一令，其原来位望之低以及南来势力微不足道，自可想见。

后来，桓彝应司马睿辟命，过江为丞相中兵属，其事不得早于建兴三年（315）司马睿始为丞相之时。《晋书》卷六五《王导传》叙桓彝"初过江"即誉王导为江左管夷吾一事于王导为丞相军谘祭酒之后,亦可证桓彝过江在司马睿出任丞相之时。桓彝与江左胜流接交,只能在此之后,而不能在此之前;桓彝社会地位的上升,也只能在此之后,而不能在此之前。

南渡建康以后,桓彝与昔日元康名士之南来者交游转多。《晋书》卷四九《谢鲲传》,鲲在南,"每与毕卓、王尼、阮放、羊曼、桓彝、阮孚等纵酒"。同卷《光逸传》,光逸渡江依胡毋辅之,"初至,属辅之与谢鲲、阮放、毕卓、羊曼、桓彝、阮孚散发裸裎,闭室酣饮已累日"云云。这些昔日的元康名士,外加桓彝,遂在江左重新获得"八达"① 之号。元康名士企慕竹林名士而思效尤,但时代不同,人物亦异,最多仅得形似而已。这就是《晋书》卷九四《隐逸·戴逵传》所讥:"元康之为放,无德而折巾②者也。"这些元康名士经历过八王之乱和永嘉之乱,过江以后更加颓废,连挥麈谈玄的兴趣也完全丧失,只是在使酒任性方面变本加厉,麻醉自己。他们的表现又比元康时更为放荡,可以说是"无德"之尤。就桓彝的经历和气质说来,他的表现本来不应如此。他之所以这样,只能以他有意附庸风雅、跻身名士来作解释。《晋书》卷四九立竹林七贤和江左八达专

---

① 中朝"八达",见上引陶潜《群辅录》,参《高僧传》卷四《支孝龙传》;江左"八达",参《世说新语·品藻》"明帝问谢鲲"条注引邓粲《晋纪》。

② 折巾,幅巾折角而用,以效风流。《后汉书》卷九八《郭泰传》:泰"尝于陈梁间行,遇雨,巾一角垫,时人乃故折巾一角,以为林宗巾,其见慕皆如此"。《十七史商榷》卷六八谓汉末处士皆不冠帻而用幅巾;同书卷三六集其例证。《宋书》卷一八《礼志》:"汉末王公名士多委王服,以幅巾为雅。"

传于一卷之中，八达独桓彝不在内①，可见史臣对桓彝也是另眼看待的。

八达以家世论，很不一致，如阮、羊出高门士族，光逸出寒门小吏。桓彝与谢鲲家世则皆介于两者之间，有相似处；但从立身处世看来，桓彝、谢鲲又颇不相同。谢鲲"不徇功名，无砥砺行，居身于可否之间"②，而以"胜情远概"③显名。桓彝则不然。他门资不足以致贵达，与王、马无渊源。其附庸风雅也不过是趋时尚、结名士而已，但这毕竟是不大可靠的。为久远的门户地位计，他只有留心时用，志在立功，才能找到上升的机会。所以《北堂书钞》卷六〇引臧荣绪《晋书》谓桓彝以"莅官称职，名显朝廷"。跻于江左八达之列而又志在立功者，桓彝是唯一的人。看来桓彝初过江时多方探索立身处世之宜以图自存，境况是颇为困难的。他过江即赞誉王导为江左管夷吾，也可视为他向琅邪王氏靠拢的一种姿态。

桓彝的活动是相当成功的。他过江没有几年，东晋建国以后，据说就成为名士名臣。《晋书》卷六《明帝纪》：明帝为太子，"当时名臣自王导、庾亮、温峤、桓彝、阮放等，咸见亲待"。同书卷四九《羊曼传》："温峤、庾亮、阮放、桓彝同志友

---

① 竹林七贤中唯山涛、王戎不在此卷，也反映了东晋南朝人见解。《文选》颜延年《五君咏》咏竹林狂狷而不及山、王。参《困学纪闻》卷一三"山涛欲释吴以为外惧"条。

② 《晋书》卷四九《谢鲲传》。

③ 《世说新语·品藻》"明帝问谢鲲"条注引邓粲《晋纪》。

善，并为中兴名士。"

但是，桓彝在东晋政治中真正发挥重大作用，还是在明帝平王敦之乱时。《桓彝传》："明帝将伐王敦，拜彝散骑常侍，引参密谋。"按《郗鉴传》，明帝即位，征郗鉴自合肥入都，"鉴遂与帝谋灭敦"。郗鉴之谋，据考即引流民帅以制王敦之事。桓彝亦于此时"引参密谋"，我认为与郗鉴所谋当即一事。谋而必密，除涉军机以外，当以王导在朝与王敦息息相通，所以不得不密。据《王敦传》，王导得知刘遐、苏峻军起，其信息辗转来自征北将军王邃而非得自京师，可证其谋甚密，京师并未走漏风声。郗鉴以平王敦功封高平侯，桓彝则封万宁男，爵次于郗鉴。郗、桓二人都以此为契机，进入较高的政治层次，因而也改变了其家族在江左的地位。《桓彝传》彝以王敦嫌忌去官，过舆县，与舆令徐宁邂逅云云。《徐宁传》谓"彝尝去职，至广陵寻亲旧，还，遇风，停浦中累日"，因造舆令徐宁。徐宁为东海郯人，东海徐氏南渡以后世居京口，刘宋徐羡之即徐宁之孙，而京口、广陵为流民集中之地。舆县在广陵左近，当多有流民帅出入。桓彝曾长期在江北为逡遒令，当然熟悉江北流民帅的情况。他以寻亲旧之名盘桓于广陵舆县，是否与他参与引流民帅平王敦一事有关，是值得注意的问题，不过目前还无从索证。

桓彝既以立功受爵而提高了家族地位，又在苏峻之乱中死节而扩大了家族影响。我们知道，嵇绍、桓彝均以刑家之后而又死节司马朝廷，事迹相类而记载却一显一隐。本文钩稽分析桓彝事迹如此，或者可以补充史文之一角。

(三) 桓彝族单势孤

王、庾渡江之时，兄弟辈人数众多，这是王、庾家族势力盛于江左的条件之一。桓彝南渡，族单势弱，与王、庾很不相同。

桓彝南来时年近四十。桓彝既云"少孤"，则桓彝父桓颢当早死于中原。《桓彝传》称有"坟柏"在宣城之宛陵①，因求为宣城内史。所谓"坟柏"非父葬，应指母葬。我们可以推定，桓彝系侍母过江。彝死泾县，即葬其地。《桓温传》永和时温母死，温欲送葬宛陵，温母盖依彝母为茔。

过江桓氏人物，据《世说人名谱》载，还有第九世与桓彝同辈的桓道恭："道恭，赤之子，淮南太守。"其第八世亦有与桓彝父颢同辈的桓赤之："赤之，荣八世孙，太学博士。"但是，这里存在疑问。

《世说新语·规箴》"桓南郡（玄）好猎"条曰："桓道恭，玄之族也，时为贼曹参军，颇敢直言。常自带绛绵绳著腰中。玄问：'此何为？'答曰：'公猎，好缚人士，会当被缚，手不能堪芒也。'"注引《桓氏谱》曰："道恭，字祖猷，彝同堂弟也。父赤之，太学博士。道恭历淮南太守，伪楚江夏相，义熙初伏诛。"按《世说人名谱》之《桓氏谱》及《世说新语·规箴》

---

① 《晋书》卷七四《桓秘传》宁康元年（373）桓秘被废黜后居于宛陵，可证桓氏南渡后一直卜居于此。宛陵与逡遒相近，彝曾为逡遒令，而逡遒后来又侨寄于宣城境。

"桓南郡好猎"条注引《桓氏谱》①,所记桓颢与桓赤之以及桓彝与桓道恭,行辈全符;所记桓道恭事迹虽有详略,并无抵牾。但是,桓玄与桓道恭关系,值得探究。他们二人,于公,王法为重,桓道恭可屈居桓玄之下为贼曹参军;于私,则家礼在,道恭必不可称呼孙辈的桓玄为"公",并且惧玄系缚。道恭伏诛于义熙初,但为道恭同堂兄的桓彝则死于咸和时,下距道恭之死近八十年之久,即令以嫡庶年差解释,亦似难通。

《世说新语笺疏》卜引"桓南郡好猎"条引李慈铭曰:"按桓道恭别无所见②,但以时代论之,彝者玄之祖,道恭安得为彝之同堂弟?疑此注(按指该条注引《桓氏谱》'道恭,字祖猷,彝同堂弟'之文)'字'下有脱文,当是道恭之祖名猷,为彝同堂弟耳。"李氏所疑很有见地,唐写本《世说新语》可以解答李氏所发之疑,只不过"字"下并无脱文,而"字"本身是一衍字。

唐写本《世说新语·规箴》同条所引《桓氏谱》曰:"道恭,祖猷,桓彝同堂弟也"云云。以唐写本校今本,所见诸人辈分关系,差异如下:

---

① 《世说人名谱》中之《桓氏谱》,与《世说新语》政事、规箴、贤媛、仇隙诸篇刘孝标注引之《桓氏谱》,两者关系似不甚明。《世说新语》刘注引《桓氏谱》自当作于梁代以前,但是隋、唐、宋志皆不著录,章、姚考隋志及诸家补晋志者或不著录,或无说明。而《世说人名谱》的人物内容,有谱及陈、隋者(如《琅邪王氏谱》),有引《元和姓纂》及《新唐书·宰相世系表》之说者(如《陈郡袁氏谱》),即宋代汪藻据所见诸书增益而成。参《世说人名谱》中《琅邪临沂王氏谱》谱首自注。所以其中之《桓氏谱》或亦有汪藻增益之处。

② 桓道恭亦见《晋书》卷八五《刘毅传》、卷九五《桓玄传》,李氏失检。

	八 世	九 世	十 世	十一世
今本	颢	彝	温	玄
	赤之	道恭，字祖猷		
唐本	颢	彝	温	玄
		猷	赤之	道恭

唐写本既证实了桓玄与桓道恭为兄弟行，扞格难通之处也就迎刃而解。这又说明，桓彝南渡时尚携此桓猷一弟，而此弟在东晋之世无闻。猷子赤之，不过是一名不受尊重的博士①，赤之子道恭也不过是荒郡一太守。桓彝初渡江时族单力孤的情况，可以想见。

考察桓彝过江时桓氏的家世，还有一个问题有待澄清。《三国志·吴志·孙綝传》注引《汉晋春秋》：桓彝，"魏尚书令阶之弟"。吴仕鉴《晋书斠注》引此条于《桓彝传》首"桓彝，字茂伦"文下，其意在补充该传阙漏。王伊同先生《五朝门第》所附《高门世系婚姻表》，据《晋书·桓彝传》及《三国志·吴志·孙綝传》注，于谯郡龙亢桓氏桓颢之下并列桓阶、桓彝为同父兄弟行②。王伊同先生作此安排，当是根据《晋书斠注》，但

---

① 《晋书》卷九一《儒林·徐邈传》，孝武帝重徐邈，令授太子经，谓邈曰："虽未敕以师礼相待，然不以博士相遇也。"史臣论此事，曰："古之帝王受经必敬。自魏晋以来，多使微人教授，号为博士，不复尊以为师，故帝有云。"在儒学衰败、庠序不立的年代，博士不受重视，是必然的。

② 王伊同《五朝门第》，1943年金陵大学本和1978年香港中文大学出版社修订本，都是这样。

《晋书斠注》实误。

《孙綝传》所见桓彝,为吴尚书,死于吴太平三年(258)孙綝废黜孙亮事件中。其兄桓阶仕魏为尚书令,死于魏文帝时,《魏志》有传。桓阶、桓彝兄弟系长沙临湘(今长沙市)人。《桓阶传》注引《魏书》,谓阶祖及父历典州郡,"著名南方"。《晋书》卷八九《忠义·桓雄传》,雄为谯王承主簿,死于王敦之乱,其人当即桓阶、桓彝一族后人。长沙临湘桓彝与谯郡龙亢桓彝显系二人,年代也有大半个世纪的差距。《困学纪闻》卷一四曰:"吴有桓彝,晋亦有桓彝,此忠臣名氏之同者。"王应麟早揭示此事于前,吴仕鉴仍谬注《晋书》于后,《晋书斠注》之纰漏,可见一斑。

桓彝、桓温由于族单,在他们立功立业江左之时,并没有像王、庾、谢氏等家族那样有众多的兄弟分据朝廷内外,彼此支撑策应。在桓温诸子成长独立之前,桓氏家族在江左一直是势力孤单。这一情况对于桓温的发展是很不利的。

(四)桓氏家族不为时人所重

桓彝先世既经历了极大的政治灾难,桓彝过江又是族单势孤,所以江左门阀士族一直不以士族视桓氏。《世说新语·文学》"袁宏始作《东征赋》"条注引《续晋阳秋》,谓袁宏之赋"悉称过江诸名望",语众曰:"我决不及桓宣城(彝)。"[1] 袁宏

---

[1] 此条余嘉锡《世说新语笺疏》(中华书局,1983年)有议曰:"其初所以宣言不及桓宣城者,盖腹稿已成,欲激温发问,因而献谀以感动之耳。"此议似嫌迂曲不实。

为桓温记室参军,按理不应贬抑桓彝。但他决意不在褒扬东征(按即南渡)名士的文字中提及桓彝和陶侃。只是在陶侃子称临之以白刃,桓温又逼以权势的情况下,才不得不增词为赞。《世说新语·文学》袁宏作《名士传》,其所列举的中朝名士中也无桓彝之名,可与袁宏《东征赋》不及桓彝一事印证。由此可知,《晋书·明帝纪》及同书《羊曼传》所说桓彝于东晋建国后已入名士、名臣之列的话,只能看作桓彝一时境况转佳,还不是其门户地位的根本变化。

桓温少时行检,也与士族子弟不同。《世说新语·任诞》:"桓宣武(温)少家贫,戏大输,债主敦求甚切,思自振之方。"刘注引《郭子》,谓桓温樗蒲输数百斛米,求救于袁耽,袁耽易服掷帽,呼卢唤雉,顷刻间压倒敌手,转输为赢。这里所见桓、袁与名士任诞并不一样,直是无赖赌徒行径。

桓温尚主以后,其家族地位也还没有根本改变。《晋书》卷七九《谢奕传》:谢奕与桓温有布衣之好,为温司马,尝逼温饮,温避入其妻南康公主处,"奕遂携酒就厅事,引温一兵帅共饮,曰:'失一老兵,得一老兵。'"①《世说新语·方正》谓任居分陕的桓温,为子求长史王坦之之女,坦之之父王述怒责坦之曰:"恶见文度(坦之字)已复痴,畏桓温面?兵,那可嫁女与之?"②

太原王氏和陈郡谢氏人物,都贱称桓温为兵,这不是偶然的

---

① 《世说新语·简傲》"桓宣武作徐州"条叙此事,未录"老兵"二句。
② 《晋书》卷七五《王述传》此句作"汝竟痴邪?讵可畏温面而以女妻兵也?"

事。史家习知，魏晋时代兵卒身份低下，兵成为对人侮辱的称呼，这类例证并不罕见。《三国志·蜀志·费诗传》：前将军关羽闻刘备以黄忠为后将军，怒曰："大丈夫终不与老兵同列。"同书《刘巴传》注引《零陵先贤传》，刘巴以张飞为武人而詈之为"兵子"。同书《彭羕传》，彭羕骂刘备为"老革"，裴注谓"老革，犹言老兵也"。东晋时也有例证。《世说新语·简傲》谓谢万矜豪傲物，谢安诫之，万"因召集诸将，都无所说，直以如意指四坐云：'诸君皆是劲卒。'诸将甚忿恨之"。《通鉴》升平三年（359）录此事，胡注曰："凡奋身行伍者以兵与卒为讳。"

胡注所释，魏晋皆然。但兵卒作为贬词，词义一旦确定，使用者就不再拘泥原义。士族居方面之任者，如果其人其族有疵可指，虽非出身行伍，亦得被辱称为卒为兵。桓温尚主，居分陕之任，自非奋身行伍之辈可比。但是桓温风格好尚，确与当世士族名士有所不同。《太平御览》卷三五四引《语林》曰："桓宣武与殷、刘谈，不如甚。唤左右取黄皮袴褶，上马持矟数回，或向刘，或拟殷，意气始得雄。"桓温门户既不为人所重，而他本人又须得骄矜作名士态。他谈玄不胜，继以逞武，意气始雄。所以谢奕、王述称桓温为兵，并不是没有原因的，这除了蔑视桓温个人以外，我以为还兼有蔑视桓温家族的意义。

（五）小　结

史载桓彝在西晋时以人伦识鉴见称，具有比拟许劭、郭泰的地位。但是，我们却看不到桓彝在西晋周旋名士、识鉴人伦的真实材料。桓彝过江以后，始与昔日元康名士之南来者交游，遂得列名于"八达"之中，从而增加了桓彝自己与桓氏家族的名望。

但桓彝毕竟没有条件凭门资坐取高位，只能以事功为用，求得晋身。桓彝南下之初，不过为江北荒县一令，迟至司马睿为丞相之后，始得过江为丞相府属。桓彝过江时奉母携同堂弟卜居接近长江的宣城宛陵，族单势弱。桓彝得以进入东晋政治的上层，主要是由于参与明帝密谋，引流民帅以制王敦有功。桓彝死于苏峻之乱，更提高了桓氏家族在东晋的地位，为尔后桓温继王、庾诸族居位奠立了基础。但是桓氏家族由于历史的原因，在执掌军政权柄以后，其家族地位仍不为其他门阀士族所承认，所以桓温屡被门阀士族所鄙视。

桓氏家族在魏晋时期，经历了几次大的变化。桓范被诛，桓氏门户骤落，是第一次大变化。桓彝于东晋初年重兴家族以后，桓温秉权，至于求九锡，为王、谢诸士族所抑，是第二次大变化。桓玄起事以除司马道子父子，得到士族支持，至于废晋立楚，是第三次大变化。刘裕灭桓玄，桓氏家族势力彻底消灭，是第四次大变化。唐长孺先生说，魏晋士族地位，一般是依其家族近世官宦状况，而不是依其远祖即所谓"冢中枯骨"所曾获得的政治地位为准①。这个见解是符合历史实际的。"冢中枯骨"虽然不能决定其后裔门户的高低，但是其后裔却恃"冢中枯骨"以自重欺人，甚至衰宗落谱也往往不承认自己门户地位下降的事实，总想倚仗"冢中枯骨"以傲视新进。桓氏家族在东晋受到

---

① 唐长孺《士族的形成和升降》，见《魏晋南北朝史论拾遗》，中华书局，1983年。

歧视,是其一例。陈郡谢氏被陈留阮裕视为"新出门户,笃而无礼"①,又被颍川荀伯子排斥于"天下膏粱"②以外,也是一例。弘农杨氏杨佺期数代以武干为用,士族不屑与伍,而杨佺期"自云门户承籍,江表莫比,有以其门地比王珣(按,琅邪王氏王导之孙)者,犹恚恨"③,又是一例。这类事例,直到唐朝,还是不断出现。

北京图书馆藏敦煌残卷位字七九号唐贞观八年文书④,所列谯国郡姓凡八,桓氏居其一。时下史家议论,以此件盖据旧籍言之,非谓自汉至唐桓氏始终居郡望,地位不衰⑤。魏晋以来,桓氏实际上已沉沦不预时望。桓彝以后桓氏三世兴于江左,与东晋共始终,不过是门阀政治的际遇使然,只能算是桓氏门户历史自东汉桓荣以来的一段插曲。谯郡桓氏在江左兴盛百年的历史,并不能证明桓氏在谯郡继续兴盛,更不能证明他们到唐代仍然兴盛。

三 永和政局与永和人物

《晋书》卷八《穆帝纪》史臣曰:"孝宗因襁抱之姿,用母

---

① 《世说新语·简傲》"谢万在兄前"条。
② 《宋书》卷六〇《荀伯子传》。
③ 《晋书》卷八四《杨佺期传》。
④ 《天下姓望氏族谱残卷》,据《敦煌社会经济文献真迹释录》(一),唐耕耦、陆宏基编,书目文献出版社,1986年。
⑤ 参王仲荦《〈唐贞观八年条举氏族事件〉残卷考释》,见《𡾋华山馆丛稿》,中华书局,1987年。

氏之化，中外无事，十有余年。以武安之才启之疆埸，以文王之风被乎江汉，则孔子所谓'吾无间然矣'。"史臣论晋穆帝一朝政局，语气之间不无微词，但毕竟认为这十余年间疆埸时闻北伐，江汉久息风涛，是东晋南渡以来少有的安定时期。这个时期人物风流，清言隽永，是江左上层社会中的一个特色。桓温势力的兴起，也是在这个时期。桓温出督荆州，在永和元年（345）；桓温废黜殷浩，总揽北伐之任，在永和十年。此后桓温逐渐坐大，以致专擅朝廷。在永和安定局面的表象之下，复杂的政争还在继续进行。桓温的兴起，给建康的小康朝廷投下一层阴影。

永和安定局面的出现，其外部条件是后赵石氏盛极而衰，对南方压力大减。石虎死于永和五年，冉闵灭石氏在永和六年，这时的形势对东晋特别有利。永和七年，东晋收复洛阳。此事实际意义本来不大，因为它只说明北方混乱无主，而不说明南方真有力量；只说明南方可暂得洛阳，而不说明中原可以固守。但收复洛阳一事毕竟具有比较强烈的政治、心理影响，使江左形成一股竞相北伐的浪潮。王应麟、钱大昕等论及此事，对东晋君臣甚多赞许，已见前述①。洛阳收复的第二年，谢尚又于北伐中获得所谓传国玺，送至建康，使江左得免于"白板天子"之讥②，也收到政治上、心理上的重大效益。这些事态，给人以旧都可复、升平在望的假象。

永和安定局面的内部条件，则是庾翼死后颍川庾氏势力骤

---

① 《困学纪闻》卷一三；《廿二史考异》卷一八。

② 《南齐书》卷一七《舆服志》；《太平御览》卷六八二引《玉玺谱》。

衰，江左士族没有哪一家具有足够的实力和影响，可以立即代替庾氏发挥作用。桓氏门户力量有限，以桓温为核心形成一种新的秩序，需要一个组合的时间。士族门户的竞争虽未停息，但处在相持局势中，一时高下难判。所以永和政局呈胶着状态，就连呼声最高的北伐，也被这种胶着状态的政局牵制，表现出不寻常的复杂性。

穆帝年二岁即位，皇太后褚氏临朝。穆帝以何充力排庾氏之议而得嗣立，所以何充为朝廷倚重。何充族望才能，本不堪负荷大任，所以他在康帝死前即引太后父褚裒共参大政；而褚裒则宁愿坐镇徐、兖以观动静，不愿株守朝廷。永和二年何充死，会稽王司马昱居中辅政，以名士殷浩主扬州，意在借其名望以稳定政局，制约上游。自此以至永和十年，中枢体制大体如此。

永和之初，方镇势力以徐、兖褚裒和荆、梁桓温为重。褚裒以后父为征北大将军，其职衔军号表明，朝廷意在以褚裒徐、兖之重经略北伐军务，不让他人插手，以避免他人以北伐之名，挟北伐之功，形成觊觎。徐、兖自郗鉴以来，一直是卫戍京师的重镇，褚裒以都督徐、兖而为征北，是集卫戍与北伐二任于一身。褚裒以后，终永和之世，居徐、兖者还有荀羡、郗昙，人物轻重虽有不同，但都忠于朝廷，作用与褚裒大体一致。永和时豫州在谢氏之手，谢氏也支持朝廷。朝廷有徐、兖及豫州的支撑，足以形成重内轻外，制约其他方镇的力量。这是永和年间东晋朝廷的重大战略部署。

方镇的问题所在，仍然是上游荆州。桓氏家族得以继庾氏家族之后兴起，原因很多。桓温父彝预灭王敦有功，又死苏峻之难，形成桓氏家族与司马氏政权休戚相关的背景。桓温尚主，是成帝姊夫，庾氏甥婿①，至少暂时能得到庾氏昆弟的卵翼。庾翼声言北伐时，曾有以琅邪内史桓温为"前锋小督"假节入临淮之命，与相呼应。可见其时桓温官位虽不高而人物却比较重要。同时，中枢执政何充也很器重桓温，要把桓温掌握在自己手中，作为对抗庾氏势力的一支力量。桓温这一正在上升的士族人物，其地位的敏感性，由此可见。

何充曾为避诸庾而出督徐州，镇于京口，年余后入朝，即以桓温继刺徐州，列名方镇。这是何充提携桓温的第一步。值得注意的是，此前庾翼也曾力荐桓温。《庾翼传》翼言于成帝，请委桓温以"方邵之任"；《殷浩传》庾翼遗浩书："当今江东社稷安危，内委何、褚诸君，外托庾、桓数族。"可见桓温在此时，是朝廷与庾氏都在着力争取的对象。但是桓温究竟是心存朝廷，还是意在庾氏，或者另有打算，此时还难见分晓。

庾翼本已用长子方之镇襄阳，临终前又表次子爱之为荆州刺史。《世说新语·识鉴》："小庾（翼）临终自表，以子园客（爱之）为代。朝廷虑其不从命，未知所遣，乃共议用桓温。刘尹（惔）曰：'使伊去，必能克定西楚，然恐不可复制。'"注引《陶侃别传》："庾翼薨，表子爱之代为荆州。何充曰：'陶公，重勋也，临终高让。丞相（王导）未薨，敬豫（导子恬）为四品将军，于今不改。亲则道恩（庾亮子羲），优游散骑，未有超

---

① 《太平御览》卷一五二引《晋中兴书》："南康宣公主兴男，明帝长女，庾后所生，初封遂安县主，适桓温。"

卓若此之授。'乃以徐州刺史桓温为安西将军荆州刺史。"这是何充提携桓温的第二步。

《何充传》何充命桓温镇荆州后,每谓人曰:"桓温、褚裒为方伯,殷浩居门下,我可无劳矣。"这就是永和初年何充所安排的东晋权力结构的轮廓。永和二年何充死,会稽王司马昱居首辅之任,继承了何充所做的安排。不过何充曾以为这样就能使内外稳定,无复忧劳;而司马昱却逐渐发现,可忧的问题恰恰包含在这权力结构之内,那就是桓温力量增长以后,比以前的庾氏更难驾驭,与前引刘惔所虑西楚"不可复制"相同。

方镇问题,除上述徐、兖和荆、梁以外,作为上下游居间地带的豫州和江州,也很值得注意。桓温在发展过程中,欲得江、豫以插手朝廷;朝廷注视荆、梁动静,欲掌握豫、江以保护自己。这样,在永和以及以后的一个时期内,江、豫就成为朝廷与桓温明争暗夺的地带。

豫州自永和四年(348)以后,十五年内,一直由陈郡谢氏谢尚、谢奕、谢万兄弟相继掌握,为建康的可靠门户。上游桓温虽然权势很盛,但由于不能控制豫州,因而也不能得心应手地影响朝政。升平三年(359),谢万以兵败被朝廷(实际上是被桓温)废为庶人以后,豫州刺史之职并未入桓氏之手,似乎空悬数年。隆和元年(362)的豫州刺史为袁真,而袁真是庾氏旧部,可见此时桓温还未能染指豫州。桓温取豫州的企图早已存在。《晋书》卷七六《王彪之传》:升平二年"豫州刺史谢奕卒,简文遽使彪之举可以代奕者。……简文曰:'人有举桓云(桓温弟)者,君谓如何?'彪之曰:'云不必非才,然温居上流,割天下之半，其弟复处西藩，兵权尽出一门，亦非深根固蒂之宜也。人才非可豫量，但当令不与殿下作异者耳。'简文颔曰：'君言是也。'"卒用谢万。简文所说"人有举桓云者"云云，举者自然来自桓温阵容，简文何尝不明桓氏意图所在？既明桓氏意图，又得商榷于王彪之，只能解释为就此探询门阀士族对桓温的态度。桓云未得豫州，继为豫州的谢万为桓温所嫉，不得安宁，未能久于其任，年余即被桓温废黜。不过谢万被废后，如上所述，桓氏还是没有立即取得豫州。

江州自王允之死后，情况不甚清楚。《晋书》王羲之、徐宁、桓云诸人本传，都有出刺江州的记载，但缺具体年份。秦锡圭《补晋方镇表》系王羲之、徐宁相继出刺江州于成帝咸康六年（340）、七年，系桓云出刺江州于永和元年（345）。《王羲之传》谓庾亮"临薨上疏，称羲之清贵有鉴裁。迁宁远将军江州刺史"。按庾亮死于咸康六年之初，其时江州刺史尚为王允之，由王羲之代王允之出刺江州是不可能的。王允之奉调在此年八月，死在此年十月，在此以后，王羲之代王允之为江州刺史，是可能的。至于桓云，则不得于永和元年出刺江州，这从有关事迹中可以稽考清楚。《晋书》卷七四《桓云传》谓桓云袭爵万宁男，遭母忧，葬毕，起为江州刺史，服阕莅职云云。万宁男本为桓温所袭之爵。永和三年桓温灭成汉，四年论功进临贺郡公，此时万宁男始有由温弟云袭封之可能。所以桓云刺江州不得早于永和四年。又，《桓温传》系其母孔氏死事于永和十年和十二年两次北伐之间。桓云既于母忧服阕后始莅江州之职，则又不得早于永和十二年。由此可见，终永和之世，桓氏始终未把江州控制到手。万斯同《东晋方镇年表》分别系王羲之、徐宁刺江州于永和元年、二年，但未著桓云刺江州事。

我推测，由于王允之有据江州对抗庾氏的一段历史，桓温镇荆州后的一个时间里江州暂由王允之从兄弟王羲之出刺，是合乎情理的。不过王羲之在事功方面与王允之不同，并非经国才器。他曾劝说殷浩勿与桓温对抗，又曾说桓温处谢万于廊庙而使其离开豫州。其事虽在王羲之离江州之任以后，但他折冲于殷浩、桓温之间的态度是始终一贯的。所以他居江州正可以缓冲于上下游之间而无碍桓温。至于徐宁，他本自江北荒县一令得桓彝推荐，始得入建康为吏部郎，遂历显职。桓氏于他有惠，他当然不至于在江州任内掣桓温之肘。徐宁居江州的时间较长，江州转入桓云之手，大概就是在徐宁任内之事。桓云正式刺江州后，才可能有人于升平二年举桓云代谢奕为豫州。因为按照东晋地缘政治的常情，荆州的桓氏未得江州以前而欲得豫州，一般说来是困难的事，除非出现特殊的情况。

桓温终永和之世未能正式掌握江州，而豫州入桓温手更在十余年后的太和四年（369）。这一事实，说明桓温自永和元年赴荆州之任后，迄于太和四年，其间凡二十五年之久，向下游发展遇到很大的阻力，并不顺利。桓温的势力范围在荆、梁以及益、宁、湘、广等州。至于荆、梁以下，江州可能是平分秋色的地方，桓氏虽无刺史之名，但有很大的活动余地；而豫州、扬州以及徐、兖诸州则由朝廷牢固控制，桓温尚不可能插足。永和初年开始，一直维持到太和之时的安定局面，就是建立在这种力量均势的基础之上的。太和四年，桓温以北伐为名，完成了几项对内扩张活动，即挤走徐州的郗愔，压平豫州的袁真，才使长期维持的力量均势彻底破坏，使处于暗流状态的门户冲突暴露于社会表层，使胶着的政局一变而为短兵相接的搏斗。这一问题，将在下一节中详细讨论。

永和以来长时间的安定局面，使浮沉于其间的士族名士得以遂其闲适。他们品评人物，辨析名理，留下的轶闻轶事，在东晋一朝比较集中，形成永和历史的一大特点。

《晋书》卷九三《外戚·王濛传》："简文帝之为会稽王也，尝与孙绰商略诸风流人，绰言曰：'刘惔清蔚简令，王濛温润恬和，桓温高爽迈出，谢尚清易令达。'"此事本于《世说新语·品藻》，司马昱所问及的风流人物，除此四人以外，还有阮裕、袁瓌、殷融、孙绰等人，俱有品题。

李慈铭《越缦堂读书记》曰："人才莫衰于晋。"[1] 永和人物，同东晋一朝人物一样，足称者本来不多。他们一般的特征是嗜五石散，习南华言，浮华相扇，标榜为高。他们不知疲倦地谈有无，谈言意，谈才性，谈出处，虽然鸿篇巨制不多，但一语惊人，便成名誉。考其思想内容，核心之处仍然是名教与自然的关系，而这还是洛都"三语掾"的心声。永和名士多服膺郭象《庄子·逍遥游》注之说，身在庙堂之上，心无异于在山林之中。《世说新语·文学》"谢万作《八贤论》"条注引《晋中兴书》："其叙四隐四显，为八贤之论……其旨以处者为优，出者

---

[1] 见该书历史类《晋书》条，中华书局，1963年。

为劣。孙绰难之,以谓体玄①识远者出处同归。"谢万之见,四隐四显虽皆为贤,毕竟还有优劣之别;孙绰之见,则无论隐显,"出处同归",更接近于"将毋同"。这更是自以为"体玄识远"的永和名士的一般见解。

永和名士,言行并不相符。以"处者为优,出者为劣"的谢万,并没有谢荣华以就闲适。他"聚敛无厌,取讥当世"②,避其所优,取其所劣,这是谢万行不副言。屡辞征辟,有肥遁之志的阮裕,于《四本论》中崇傅嘏"才性同"之说,而傅嘏之说旨在进取而非退隐③。阮裕崇此,与其肥遁之志不合,这是阮裕言不副行。永和名士,即令是踵迹元康,标榜忘身物外者,亦罕有避世思想。晋人王康琚有《反招隐诗》曰:"小隐隐陵薮,大隐隐朝市。伯夷窜首阳,老聃伏柱史……"④ "大隐隐朝市",也就是所谓"朝隐"。"朝隐"一词,差堪表示永和名士的风神旨趣。永和名士的清言谈吐,颇有遗文,但学理上无多建树,不但不能比踪正始、林下,与元康相比亦有逊色。

永和文学溺于玄风,内容空泛。王应麟《困学纪闻》卷一三:"愚谓东晋玄虚之习,诗体一变,观兰亭所赋可见矣。"按兰亭所赋皆玄言诗,赋诗者王、谢、庾、郗等士族子弟尽在其

---

① "体玄",《晋书》卷七九《谢万传》作"体公",显误。

② 《北堂书钞》卷四一、《太平御览》卷六二七引《晋中兴书》。

③ 参陈寅恪《书世说新语文学类钟会撰四本论始毕条后》,见《金明馆丛稿初编》。

④ 《文选》卷二二。

中，成诗三十余首，备见桑世昌《兰亭考》。这种诗，恰如钟嵘《诗品·序》所评："理过其词，淡乎寡味。"永和诗风，从此中可以概见①。

东晋当轴人物，一般都有水平不等的玄学修养，否则就难于周旋士族名士之间。王导过江后机事繁多，但仍不废清言。《世说新语·文学》："旧云王丞相过江，止道'声无哀乐'、'养生'、'言尽意'三理而已。然宛转关生，无所不入。"庾氏家族有玄学修养，已具前篇。桓氏家族本来是儒学世家。桓彝虽得入江左"八达"之列，但未见他由儒入玄的学识表现。桓温在永和之世，亦求附庸风雅。《世说新语·言语》"殷中军为庾公长史"条记桓温听王导、殷浩清言，"时复造心"。但桓温玄学并无根底，不被士流称许。同书同篇"刘尹与桓宣武共听讲《礼记》，桓云：'时有入心处，便似咫尺玄门。'刘曰：'此未关至极，自是金华殿之语。'"按汉成帝时张禹等入讲《论语》《尚书》于金华殿，故云。刘惔听来不过是儒生讲经之语，桓温却以为是"咫尺玄门"，这是刘惔对桓温不辨儒玄、学无根柢的讽刺。又同书《文学》："桓宣武集诸名胜讲《易》，日说一卦，简文欲听，闻此便还，曰：'义自当有难易，其以一卦为限邪？'"简文不屑听讲，语气之间，流露以玄学行家傲视桓温之态。前引《太平御览》卷三五四载《语林》谓桓温与殷浩、刘惔清谈不胜，上马持矟相对，意气始雄，亦见桓温玄学素养和人物品格之劣。

---

① 永和名士于技艺方面特有所长，琴棋书画，大体能各树一帜，特别是书法艺术，成果尤著。事涉专门，此处不论。

简文帝在清谈方面的确胜桓温一筹。在他周围聚集着当时主要的一批玄学名士。他自己的清言轶事,在《世说新语》里也遗存不少。他是永和玄学名士真正的保护人。但就学识深浅说来,简文帝的玄学修养也不算高,刘惔目之为清谈"第二流中人"①,王羲之目之为"啖名客"②。如果兼论他的玄学修养和政治作用,那么《晋书》卷九《简文帝纪》说得比较全面:简文"虽神识恬畅,而无济世大略。故谢安称为惠帝之流,清谈差胜耳。……谢灵运迹其行事,亦以为赧、献之辈云"。在政治上置简文帝于周赧王、汉献帝地位的,恰好就是在玄学学识方面被简文帝讥讽的桓温。

士族名士既无避世思想,一般又是重恬适而轻事功,无积极的处世态度。声望最高的名士刘惔,孙绰诔其"居官无官官之事,处事无事事之心"③,时人以为名言。如果士族子弟耽好武事,就会受到异议,因而大大影响其声誉和地位。王导对其子悦、恬二人的不同态度,就是显例。《晋书》卷六五《王导传》,导长子悦"弱冠有高名,事亲色养";次子恬"多技艺,善弈棋,为中兴第一",只是由于"少好武,不为公门所重。导见悦辄喜,见恬便有怒色"。④

---

① 《世说新语·品藻》"桓大司马下都"条。
② 《世说新语·排调》"简文帝在殿上行"条。
③ 《晋书》卷七五《刘惔传》。
④ 这是就士族子弟之好武事者而言。至于非士族的武将,社会地位低下更是不言而喻。《晋书》卷九三《外戚·王濛传》王濛劝王导勿用武人匡术兄弟,曰:"开国承家,小人勿用。……夫军国殊用,文武异容,岂可令泾渭混流,亏清穆之风?"

士族名士的好尚是废事功,轻武力,而士族维持其政治统治又必须事功武力①。这样就形成一种现实的矛盾,影响到士族的境况,甚至影响到门阀政治本身。大体说来,士族名士之忘身物外者易获盛名,而处高位以保障士族利益的,却不是这些人而是那些不废事功特别是善于经营武力的名士。东晋以来,门阀士族中不断有这种人物出现,门阀政治的延续实际上是靠这类人支撑。一旦到门阀士族中不再产生这种人物,门阀政治就会出现危机。

《世说新语·豪爽》"庾稚恭既常有中原之志"条注引《汉晋春秋》:庾翼"少有经纬大略。及继兄亮居方州之任,有匡维内外、扫荡群凶之志。是时杜乂、殷浩诸人盛名冠世,翼未之贵也。常曰:'此辈宜束之高阁,俟天下清定,然后议其所任耳。'……唯与桓温友善,相期以宁济宇宙之事"。

同书《排调》:"桓大司马乘雪欲猎,先过王②、刘诸人许。真长(刘惔)见其装束单急,问:'老贼欲持此何作?'桓曰:'我若不为此,卿辈亦那得坐谈?'"注引《语林》曰:"宣武征

---

① 《世说新语·政事》:"王〔濛〕、刘〔惔〕与林公(支遁)共看何骠骑(充),骠骑看文书,不顾之。王谓何曰:'我今故与林公来相看,望卿摆拨常务,应对玄言,那得方低头看此邪?'何曰:'我不看此,卿等何以得存?'诸人以为佳。"何充事功之臣,不以玄言见长,与王濛、刘惔好尚不同,由此见讥于当世。但其"我不看此,卿等何以得存"之语,王、刘辈是能够理解的。

② 永和名士王刘并称,习指王濛、刘惔。刘惔于时监沔中诸军事领义成太守在荆,而王濛未尝赴荆。此处"先过王、刘",是《世说新语》之误。注引《语林》以及《通鉴》永和元年记此事,都只说到刘而不及王。

还，刘尹数十里迎之，桓都不语，直云：'垂长衣，谈清言，竟是谁功？'刘答曰：'晋德灵长，功岂在尔？'"

上引庾翼与桓温相期宁济宇宙之事以及桓温讽刘惔之事，足以证明在江左门阀政治环境中，真正负盛誉的名士，都是政治上的无能之辈，而且往往是真正掌权者的嘲弄对象。《晋书》卷七七《殷浩传》史臣之言曰："风流异贞固之材，谈论非奇正之要。"在江左政局中有能力实现统治的人，确实不能在风流谈论之辈中求之。忘身物外的士族名士，在门阀政治中的地位不过如此。当然，如果没有他们在"天下清定"时例如永和之世点缀其间，也就不成其为门阀政治。

前叙孙绰答简文评桓温"高爽迈出"，可知桓温在气质和器识上确不同于其他名士。《庾翼传》翼曾语成帝："桓温有英雄之才，愿陛下勿以常人遇之，常婿畜之。"而《桓温传》桓温曾谓"使神州陆沉，百年丘墟，王夷甫诸人不得不任其责"。桓温借王衍之例表明名士无能、清谈误国的看法，与庾翼说杜乂、殷浩辈只宜"束之高阁"，是一致的。庾翼举出的殷浩，以后恰好是被桓温"束之高阁"。这是永和名士中的大事，也是东晋门阀政治中值得注意的问题。

四 桓温北伐与东晋政争

永和政局，是以中枢司马昱、殷浩为一方，以上游方镇桓温为另一方的实力相持。司马昱、殷浩的中枢秉权集团，基本上是一个名士清谈集团，夙有盛名但并无经纶世务的才力。所以中枢的重心是不稳定的，只是靠豫、徐方镇的支撑，才能免于被桓温颠覆的危险。上游桓温继承了庾氏兄弟长期经营的局面，拥有荆、梁等八州广大地区，又有以徐宁为刺史的江州作为与下游豫、扬之间的缓冲地带，因而自成体系，独立发展。但桓温也亟须乘时立功以增望实，才能在与朝廷相持中保持主动地位。永和年间中枢与上游方镇之间的基本态势如此，虽然关系有时紧张，但双方之间尚不存在以兵戎相威胁的危急情况。永和五年（349），石虎死，北方混乱，东晋相持的双方借以自重的主要手段，都是抢夺北伐旗帜，企图在声势上压倒对方，以图巩固自己在江左的地位，扩大自己的影响。

桓温于石虎死前，已经取得了克成都、灭李势的显赫功勋。司马昱的对应行动，则是引享有盛名的扬州刺史殷浩为心膂，参综朝政，以抗桓温。石虎死于永和五年四月，六月，桓温即由江陵出屯安陆，佯言北伐①，以观朝廷动静。朝廷立即以褚裒自京口抢先出师北伐，以拒桓温要求。但褚裒旋即败归，惭愤而死，使桓温少了一个可以与自己抗衡的对手。

褚裒死后，殷浩亲自经营北伐。他只是联络北方降胡，虚张旗帜，并不急于出军。于是桓温于永和七年冬率师自江陵下驻武

---

① 桓温实际上并无意以其实力投入北伐战争。据《晋书》卷三七《司马勋传》、卷八《穆帝纪》及《通鉴》永和五年条，后赵雍州豪杰约东晋梁州刺史司马勋率众入关。九月，司马勋出骆谷，壁于悬钩，去长安二百里，三辅豪杰多杀守令应之。十月，勋退还梁州。《通鉴》胡注曰："使桓温于是时攻关中，关中可取也。"这隐寓对桓温不支持司马勋北伐的责备。

昌，声称北伐，又似东进，逼朝廷表明态度。朝廷一方面以司马昱书止桓温军，一方面由殷浩兴师北伐。殷浩北伐迁延至永和九年十月，终以前锋姚襄倒戈而彻底失败。朝廷不但丧失了可以制约桓温的实力，也丢掉了北伐旗帜。桓温以此为契机，成为北伐主将，使自己的权力和威望步步上升。

综观永和年间上下游关系的发展，桓温的策略是静观持重，坐大于荆、梁。他调遣荆、梁军队，目的是刺激朝廷北伐，消耗朝廷实力，而自己却引而不发，静观朝局，待机行动。司马昱、殷浩的朝廷始终处于被动状态，谨慎对付，唯恐授桓温以口实，引发桓温对朝廷的强力行动。《晋书》卷七七《蔡谟传》蔡谟拒绝接受朝廷司徒之职，司马昱、殷浩欲致之廷尉，荀羡止之曰："蔡公今日事危，明日必有桓文之举。"所谓"桓文之举"，即指桓温借故称兵犯阙而言。《桓温传》说：其时"以国无他衅，遂得相持弥年，虽有君臣之迹，亦相羁縻而已，八州士众资调，殆不为国家用"。桓温于平静相持之中养精蓄锐，以待朝廷疲惫。所以终永和之世，桓温一直处于可进可退的主动地位。

永和十年，桓温以殷浩出师败绩，逼朝廷废殷浩为庶人，桓温又少了一个可以与自己抗衡的对手。这是桓温势力直接干预中枢的一个重大步骤，不过尚无决定大局的作用。《桓温传》说："自此内外大权，一归温矣。"这一判断，我认为为时尚早。因为此时桓温尚未取得豫州、徐州，他的势力还无从接近建康，因此也不可能真正一手掌握朝廷内外大权。为此，桓温继续倡言北伐，以之作为主要手段，徐图发展。殷浩废后，朝廷北伐力量消耗已尽，能够举起北伐旗帜的，只有桓温一人。桓温必须真正投入兵力进行北伐战争而不是虚声威胁,才能以战争的成果进一步改善自己的处境,提高影响建康政局的能力。所以在永和十年二月,即殷浩被废的下一月,桓温第一次北伐之师就上道了。

桓温第一次北伐,出师顺利,军至灞上,耆老感泣,百姓迎劳。桓温达到了增益声威的目的,不愿继续消耗实力,因此临灞水而不渡。前秦王猛料定桓温意在江左而不在关中,是有识的。但桓温部将薛珍却不明桓温意图,咎责桓温持重不攻长安,终于触及桓温忌讳,被桓温诛杀。

永和十二年桓温第二次北伐,大败羌帅姚襄于伊水,留兵戍洛阳而还。洛阳陷于刘、石,已四十年,永和七年,后赵乱,晋复有之①,桓温曾倡还都之议。永和十二年,桓温在洛修缮诸陵,更倡还都之议以胁迫执政公卿。这次北伐,在进军路线上史传留有疑点。《世说新语·言语》:"桓公北征,经金城"云云。《晋书·桓温传》云:"温自江陵北伐,行经金城,见少为琅邪时所种柳皆已十围,慨然曰:'木犹如此,人何以堪!'……于是过淮泗,践北境……师次伊水"云云。按琅邪金城,地在江乘,桓温自江陵次伊水,必无经金城之理。钱大昕《廿二史考异》卷二二、余嘉锡《世说新语笺疏》均有考,但皆考其不合而未能求其合。余氏引刘盼遂之说,谓桓温经金城北伐,盖指其

---

① 《廿二史考异》卷一八永和"七年八月,冉闵豫州牧张遇以许昌来降。按是时洛阳亦入于晋,故九月即有修复山陵之使也。洛阳晋之故都,准之史法,其得与失皆当大书于本纪。乃晋史于永和七年、太元九年收复洛阳,皆略而不书,失轻重之宜矣"。按钱氏之论甚当。

太和四年第三次北伐而言。此次北伐从姑孰出发，转赴广陵，则金城为其必经之地。史传误植，遂以为永和十二年事。刘氏此说，似有可能，惜无确证。

桓温两次北伐获胜，声望大增。但是作为结果，他对内既未能插手中枢政柄，又未能获得豫州、徐州。此后东晋政局，继续在胶着状态中发展，又经历了十余年之久。

兴宁元年（363），桓温加都督中外诸军事，豫州之军名义上自当在其属下，因此有兴宁二年桓温命西中郎将袁真等凿杨仪道以通水运，温自率舟师次于合肥之事，见《晋书》卷八《哀帝纪》。桓温虽得偶一涉足合肥，但未能排斥袁真势力，因而也未能真正把豫州控制起来。至于徐州，对桓温进入建康的障碍更大。桓温在荆的二十余年中，先后居徐州之任者为褚裒、荀羡、郗昙、范汪、庾希、郗愔，他们都出自高门名士，各有背景，不易屈服。桓温只有徐徐寻找口实，逐个对付。升平五年，桓温以北伐出兵失期罪名，奏免范汪为庶人；太和二年，以失地罪名奏免庾希官位，以郗愔为继。《晋书》卷六七《郗愔传》："大司马桓温以愔与徐、兖有故义，乃迁愔都督徐、兖、青、幽、扬州之晋陵诸军事，领徐、兖二州刺史，假节。"郗愔为郗鉴之子，以"冲退"著名，"虽居藩镇，非其好也"。桓温以郗愔居京口，不是引为羽翼，而是利用郗氏以平抑庾氏在京口的潜在力量，然后再相机处置郗氏，夺得徐州。

在桓温第二次北伐至第三次北伐之间政局的胶着状态中，桓温步步进逼中枢。隆和元年（362），桓温上疏言："自永嘉之乱播流江表者，请一切北徙，以实河南。"此议桓温倡之多年，至此更咄咄逼人。朝廷疑惧，莫敢或异，只有孙绰冒险陈词，力言"反旧之乐赊而趣死之忧促"，见《孙绰传》。扬州刺史王述则料定桓温不过欲以虚声威朝廷。桓温的威胁很快收到实效。兴宁元年（363），朝廷加桓温都督中外诸军事、录尚书事；二年又有扬州牧之命。桓温既为内录，又牧扬州，于理应当入朝。朝廷犹豫再三，既征又止，执政的会稽王司马昱惶惑无主，举措失态。而桓温此时亦不敢贸然谒阙，于是而有兴宁二年七月桓温下驻芜湖西南之赭圻，遥领扬州牧之事。据《元和郡县图志》卷二八，赭圻以兴宁三年被火，桓温移驻姑孰，即今当涂，距建康更近。其时距桓温下镇赭圻仅半年之久。

桓温居姑孰，扼制了建康南门，重现了当年王敦、苏峻所造成的局势，也颇似庾亮之居芜湖。不过此时朝廷还有豫、徐兵在，所以桓温仍小心翼翼，不敢造次，唯恐孤军受敌。《太平寰宇记》卷一〇三引《舆地记》①曰："赭圻下流十许里有战鸟圻，孤在江中，本名孤圻山。昔桓温驻赭圻，恒惧掩袭。此圻宿鸟所栖，中霄鸣惊。温谓官军之至，一时惊溃。既定，乃群鸟惊噪，故相传为战鸟山。"② 桓温所惧官军，当指京口的徐、兖军及此时在寿春、合肥的豫州军。桓温虽有危惧之感，但既已下驻，后路荆、江二州又已委其弟桓豁、桓冲分督，他自然只能有进无

---

① 当即顾野王《舆地志》。

② 《元和郡县图志》卷二八载此事，谓"桓温于赭圻讨贼，屯兵山下，夜中众鸟鸣，贼谓官军已至，一时惊溃"。按桓温在赭圻不闻有"讨贼"之事。且《元和郡县图志》较《舆地志》晚出，不取。

退，力求解决豫、徐问题，消除进入中枢的障碍。而欲解决豫、徐问题，假北伐的名义最为堂皇。于是而有太和四年（369）桓温的第三次北伐。桓温第三次北伐，是在东晋内部权力之争面临短兵相接状态的情况下进行的。

第三次北伐，桓温败于枋头，望实俱损，他的地位开始转折。但这只是情况的一个方面。情况的另一方面，就桓温在江左积累权力的过程看来，第三次北伐以后，桓温才取得徐、豫，扫清进入建康的障碍，控制司马昱，使东晋朝廷一度成为"政由桓氏，祭则寡人"[①]的朝廷。因此，桓温第三次北伐又是他在江左权力之争中取得胜利的顶点。

《世说新语·捷悟》："郗司空（愔）在北府，桓宣武恶其居兵权。"注引《南徐州记》曰："徐州人多劲悍，号精兵，故桓温常曰：'京口酒可饮，箕可用，兵可使。'"又，《晋书》卷六七《郗超传》："时愔在北府。徐州人多劲悍，温恒云：'京口酒可饮，兵可用'，深不欲愔居之。"《世说新语》以此入"捷悟"类，是说郗超于桓温所道及的京口特点中，悟出桓温正筹思进取京口的策略。

京口的确出产名酒。《太平御览》卷六六引顾野王《舆地志》云："曲阿出名酒，皆云后湖（按即练湖）水所酿"，又云湖水上承丹徒马林溪水，"水色白，味甘"。这是说曲阿名酒系京口溪水酿成。又同书同卷引《郡国志》云："润州遏陂，有湖名龙目湖。京口出好酒，人习战，故桓温云：'京口土瘠人窭，

[①] 《晋书》卷九《孝武帝纪》史臣语。

无可恋,唯酒可饮,兵可用耳。'"

京口箕,史亦有征。箕,篾制或藤制囤谷器。《方言》卷五,"箕,陈魏宋楚之间谓之筹"。《太平广记》卷三二〇引《续搜神记》① "升平中,徐州刺史索逊②乘船往晋陵"条,谓"欲暂借甘罗……须臾,岸上有物来,赤如百斛篅"。篅、甘罗、筹、箕,盖为一物。又,《至顺镇江志》卷四"土产"类"柳箕",注:"柳箕可用,见《祥符图经》,今无之。"

至于桓温所说京口兵,即是以京口为基地的徐、兖都督所部兵,造基于郗鉴所组的以北来流民为主体的军队,素以劲悍见称。郗鉴以后,虽其刺史、都督不全出自郗氏家族,但京口兵始终处于郗氏影响之下。桓温以郗愔多"故义",就是指此。桓温不得不以郗愔居徐、兖,又"深不欲郗愔居之",必须处心积虑,尽速夺取。所以桓温第三次北伐时约徐兖郗愔、豫州袁真一同出师,即是承此谋略而发。

桓温第三次北伐,成为建康朝廷的一次特大事件。出师日百官皆于南州祖道,都邑尽空。此前数日,会稽王司马昱与桓温曾有会晤。《真诰》卷一八《握真辅第二》:"公明日当复南州,与大司马别。大司马克二十六日发也。"原注:"公是简文,为司徒也。大司马是桓温也,镇在姑孰,应北伐慕容。……于时是太和四年己巳岁三月中书也。"据此可知,桓温出师预定为三月二

---

① 亦见今本《搜神后记》卷六。
② 按升平间徐州刺史无索逊者。索逊之名不见《晋书》,疑索邈之讹。但索邈事迹在桓玄败后,去升平甚远。或者刺史二字有误。

十六日，会晤当在出师前数日。据《晋书·海西公纪》，桓温实际出师日是四月庚戌，而四月庚戌恰为朔日。可知出师之期较预定的三月二十六日晚了几天。出师之前首辅与元帅会晤，事关重大，理应书之史册，但是今本《晋书》于此事却毫无痕迹。我怀疑此次会晤是一次密晤，有重大机事商筹，而当时最敏感的重大机事，莫过于桓温欲以北伐之名，拔除朝廷所赖的徐、豫兵力。

桓温取得徐、豫的具体过程，研究晋史者是熟知的。郗愔暗于事机，得桓温相约北伐，立即覆笺"共奖王室，修复园陵"。愔子超为温参军，见愔笺毁之，另作笺"自陈老病，不堪人间，欲乞闲地自养"。桓温乃顺水推舟，转郗愔为会稽内史、都督五郡军事，自己则兼领徐、兖二州。作梗多年的京口重镇问题，未动刀兵，戏剧性地解决了。

桓温处置豫州袁真的办法，却不相同。袁真得桓温命，未达其旨，遂率师逾淮，攻克谯梁。桓温败于枋头之后，委过于袁真，奏免为庶人，而以桓温世子桓熙代为豫州刺史。袁真不受代而反叛，旋死，子袁瑾继，被桓温消灭于寿春地区。《太平御览》卷六五四引《世说新语》①曰："桓宣武之诛袁真也，未当其罪，世以为冤焉。袁真在寿春，尝与宣武一妾奸焉，生元（玄）。既篡，亦覆桓族，识者以为天理之所至。"此事不经，又贯串佛家果报思想，有无无须置论。但其中说袁真"未当其罪，世以为冤"，是反映了当时实际情况的。

---

① 《世说新语》佚文，不见今本。

徐、豫二州在桓温第三次北伐中统统落入桓温之手，桓温掌握了进入建康的锁钥。据《晋书》卷六九《刘波传》，波为桓氏部将，桓温西征袁瑾时以刘波领五千人镇石头城，可见从军事上看来，建康实际上已入桓温掌握。桓温虽大败于枋头，却大胜于江左。他独揽朝政的军事障碍，已不复存在了。

对于桓温的事业说来，败于枋头，导致他望实俱损；胜于江左，导致他控制中枢。这同时发生的事情，对桓温起着相反相成的作用。桓温尽管控制了中枢，却由于望实俱损，无力断然篡代。中枢是不稳定的，反抗的力量仍然存在。不过，反抗不是来自军队，因为可能反抗的主要力量即豫、徐方镇武装，已被桓温消灭或控制起来①。反抗来自在朝的王、谢大族，他们以非武装的政治斗争，在关键时刻给桓温掣肘，使桓温穷于应付。王、谢非武装的政治斗争居然能够抑制桓温，这又是由于桓温有枋头之败，望实俱损的缘故。王夫之曰："桓温有枋头之败，故王、谢得持之以从容。"② 看来这一议论是有道理的。

五　简文帝遗诏问题

东晋门阀政治中，某一士族秉权而能久于其任者，一般都是

---

① 武装反抗并非完全没有。咸安二年（372）六月，颍川庾氏庾希、庾邈兄弟反于京口，诈称受海西公密旨诛桓温。十月，道教徒彭城卢悚率众自京口进攻建康宫廷，诈称海西公还。但这些乍起乍落的暴动并不是藩镇武装反抗。

② 《读通鉴论》卷一〇。

昆弟众多而且名重一时，分居内外，彼呼此应，以维持家族势力于不衰。于琅邪王氏，敦总征讨，导专机政，群从子弟，各居显要；于颍川庾氏，亮入相出将，冰、翼等亦内外相维；于陈郡谢氏，尚、奕、万诸昆弟久戍豫州，安则凭借诸兄遗泽和豫州势力，得居相位，然后以侄谢玄据京口而建北府兵。只有谯郡龙亢桓氏由于族单势孤，虽温居上游分陕二十余年，兄弟中仍无一人得居朝廷显职。兴宁二年（364）桓温讽议迁洛，以胁朝廷，朝廷不得不诏征桓温辅政而又深惧桓温入都。桓温虽志在入都，亦不敢贸然脱离自己所依靠的上游军事力量。于是而有桓温移驻赭圻、姑孰之事。会稽王司马昱与桓温有过数次会晤，但会晤地点分别在洌洲、姑孰、涂中，而不在咫尺之隔的建康。这说明桓氏在朝无人，而建康周围军事力量尚未尽入桓氏之手，桓温还得有所等待，不能轻举妄动。

太和四年（369）桓温从枋头败归后，由于徐、豫问题业已解决，才敢于从姑孰越建康，一度城广陵而居。此举当是就近清理盘根错节已数十年的北府异己势力，同数年前进驻姑孰以图解决豫州问题一样。咸安元年（371），乃有桓温入建康，废海西公而立会稽王司马昱为帝（简文帝）之事，打破了多年以来呈胶着状态的东晋政局。

废立之议，倡自郗超。但《魏书》卷九六《司马睿传》谓桓温"宿有此谋"；《晋书》卷六七《郗超传》亦谓桓温"宿有此计"。看来，郗超不过是揣摩桓温之意而发之罢了。从策略上说来，桓温一生持重，在夺取权力时也往往是欲取先与，一步分作几步走。以对付殷浩为例，先是一再逼殷浩北伐，待北伐失败后表而废之。以夺取徐州为例，废范汪而以徐州予庾希，免庾希而以之予郗愔，最后才从郗愔手中取得。桓温废海西公，是他图谋篡取皇权、代晋自立的若干步骤中的重要一步。废海西公，以情势度之，有两种可能的反应：或有反抗，或无反抗。反抗，有对待袁真、袁瑾父子的办法可用，即临之以兵；无反抗，则有对待郗愔的办法可用，即畀以自养之地。桓温于咸安元年十一月丁未从白石入建康，越日己酉海西公出宫，简文帝即位，未遇障碍，一切顺利。琅邪王氏的王彪之甚至还为桓温废立寻找历史根据，制定礼仪。越六日乙卯，武陵王晞免官归藩。接着，桓温诛夷为己宿怨而又宗强的庾氏、殷氏人物，更换殿中禁军，并以亲信人物郗超直宫省中，侍从（实际上是监督）简文帝。辛酉，桓温自白石还姑孰。自丁未至辛酉，桓温留都不过半月，朝局种种都确定下来了，一废一立，皆出桓温。从此桓温奠立了自己在朝廷牢固的权威地位，形成了"政由桓氏，祭则寡人"的权力格局。桓温置简文帝于皇帝地位，与当年置郗愔于徐州刺史地位一样，又一次使用了欲取先与的策略，不过这次是在最高的权力层次上使用。

但是，在简文帝临死之前，桓温将要在政治权力的阶梯上走完最后几级的时候，极大的障碍出现了。几家最有影响的门阀士族，主要是太原王氏、陈郡谢氏，他们在朝廷还拥有潜在力量，亟思抗拒桓温的非分之求，以图维护东晋司马氏的帝位，恢复门阀士族之间的平衡状态。

当时朝廷在位的士族人物，多数曾居桓温军府，是桓温的故吏。如谢安曾为桓温司马，王坦之曾为长史，郗超曾为参军，王珣（王导子王洽之子）曾为主簿，等等。他们都深知桓温的政治志向。但是他们之中愿意协助桓温，为桓温所用的，只有郗超一人。当简文帝立，郗超为中书侍郎入直宫省之时，谢安、王坦之为侍中，都在简文帝左右。所以桓温并不放心朝局，一直居于姑孰而不入朝，直到翌年七月简文帝之死为止。

简文帝死，至孝武帝立，其间不过五日，朝局却围绕所谓简文帝遗诏问题，展开了以桓温为一方，以王坦之、谢安为一方的尖锐激烈斗争。此事史籍所载互有歧异，大体说来有三个系统：一为《晋书》，包括简文、孝武等纪，桓温、王彪之等传；一为《建康实录》；一为《通鉴》。此外，其他史料还有一些。兹以《通鉴》纪事为主，参照《晋书》《建康实录》以及其他史料，考校异同如下。

  《通鉴》：（咸安二年七月）甲寅，帝不豫。急召大司马温入辅，一日一夜发四诏，温辞不至。

按：帝不豫之日系于甲寅，不知所据。急召当有诏。《魏书》卷六九《司马昱传》录其中一诏，曰："吾遂委笃，足下便入，冀得相见。不谓疾患遂至于此。今者惙然，势不复久，且虽有诏，岂复相及？……天下艰难，而昌明幼冲眇然，非阿衡辅导之训，当何以宁济也！国事家计，一托于公。"从语气看来，四诏中此诏非最早者。托桓温阿衡辅导，则明知昌明（即继立的孝武帝）为其掌中物，不得不作此态，或者意在求桓温阿衡辅导如伊尹，而求其勿为王莽耳。

桓温辞不入都，有疏荐谢安、王坦之，见《桓温传》。这自然是故作姿态，以观王、谢士族的反应。疏有"皇子幼稚"之语，则知作于太子未立之时。传谓疏未及奏而简文帝崩。

立太子，《简文帝纪》谓在乙未，《孝武帝纪》谓在己未。《通鉴》从《孝武帝纪》。己未在甲寅后五日，而乙未则甲寅后三十余日。如简文帝不豫在甲寅不误，则立太子事急，当以己未为允，简文帝之死即在立太子当日。简文病发甚猛，至死不过数日，宜一日有四诏，而桓温疏亦未及奏。

> 《通鉴》：遗诏"大司马温依周公居摄故事"。又曰："少子可辅者辅之，如不可，君自取之。"侍中王坦之自持诏入，于帝前毁之。帝曰："天下，傥来之运，卿何所嫌？"坦之曰："天下，宣、元之天下，陛下何得专之？"帝乃使坦之改诏曰："家国事一禀大司马，如诸葛武侯、王丞相故事。"是日帝崩。

按：遗诏本敕温"依周公居摄故事"，见于《王坦之传》；又敕温可自取天下，见于《建康实录》卷八，最早当本之于《宋书》卷二五《天文志三》。这两层意思应当都包含在简文遗诏中，说明简文帝预见到桓温有篡夺的可能，又不希望果然出现这种局面，所以请求桓温以居摄为度，不要逾越。如果不能约束桓温，桓温篡取与否，就全在他自己了。

遗诏谓"天下，傥来之运"，"傥来"语出《庄子》，成玄英疏谓"意外忽来者耳"。简文盖以己之得立全出于桓温，予夺取舍，全在桓温之意。所以"觊觎"与"君自取之"是互相照应的。

《通鉴》把"君自取之"与"居摄"二事用"又曰"相连，说明均为遗诏之文，是正确的。《晋书·王坦之传》和《建康实录》则各录其一，都不全面。王坦之改诏，把"君自取之"和"居摄"二事都去掉，改用"如诸葛武侯、王丞相故事"，是对桓温的一次重大打击。《桓温传》说："温初望简文临终禅位于己（按，这就是桓温废海西公、立简文帝之意，也就是简文帝对桓温所说'君自取之'之意），不尔便为周公居摄。事既不副所望，故甚愤怒。"桓温不满足于诸葛亮、王导地位，知道这是门阀士族太原王氏、陈郡谢氏作梗，与弟桓冲书曰："王、谢处大事之际，日愤愤少怀"云云。

遗诏是简文病后"一日一夜频有四诏"之外的又一诏，未发而毁，由王坦之改作，可见其时宫中惶恐匆遽之状。

魏晋以来，帝王（或实际上是而名义上尚不是的帝王）托孤时任臣属自取天下，简文帝此诏以前尚有两见，一为孙策，一为刘备，都是创业伊始，局势未稳之时的事。《三国志·蜀志·诸葛亮传》：刘备病笃，谓亮曰："若嗣子可辅，辅之；如其不才，君可自取。"刘备托孤语，盖效法孙策托孤。《三国志·吴志·张昭传》注引《吴历》：孙策临终，以弟孙权托张昭曰："若仲谋不任事者，君便自取之。"刘、孙二例虽各有其历史背景，要皆是君臣肝胆相照之词，与简文帝之被迫作此表示者，情况大不一样。

《通鉴》：群臣疑惑，未敢立嗣。或曰："当须大司马处分。"尚书仆射王彪之正色曰:"天子崩,太子代立,大司马何容得异?若先面咨,必反为所责。"朝议乃定。太子即皇帝位,大赦。

按:事本《王彪之传》。群臣未敢立嗣,须桓温处分者,就是等待桓温做出是否自取的决定,桓温不取,太子始得即帝位。王彪之为仆射,不当预草诏机事,但处朝班权贵之列,故得显言于朝堂,意在释群臣之惑而坚立嗣主之心。立太子、遗诏、帝崩三事均在一日之内,群臣知诏之所立而又不敢奉诏行事,足见桓温权势之重和群臣的畏惧之心。不过其时京师宫省之变,变在须臾,而无论是在宫省或在朝廷,桓温党羽曾无一人参与机事,因而桓温在此数日之内反而处于被动地位而受制于士族王、谢。这种情况的出现,归根到底是桓氏地望不高、门户不强所造成的,桓温亦莫可如何。枋头败后桓温气势有所衰降,不敢贸然行事,也是原因之一。

《通鉴》:崇德太后令,以帝冲幼,加在谅暗,令温依周公居摄故事,事已施行。王彪之曰:"此异常大事,大司马必当固让,使万机停滞,稽废山陵,未敢奉令,谨具封还。"事遂不行。

按:事见《王彪之传》。桓温居摄之议一发于简文帝而见阻于王坦之,再发于崇德太后而见阻于王彪之。彪之在外朝,不奉崇德太后令,具封还内请停,其事与王坦之以侍中于宫中毁诏相类，只不过一在内，一在外而已。王彪之曾反对以桓温弟桓云为豫州刺史，又为桓温废海西公事定礼度仪制，可见他对桓温态度是有违有从，犹豫不定，此时以太原王氏、陈郡谢氏态度明朗，所以王彪之也坚定了抗拒桓氏的立场。不过琅邪王氏地望虽高而人才凋落，不像太原王氏、陈郡谢氏那样方兴未艾，具有影响政局的更大潜力。因而此时所称的王、谢之王，并不是指琅邪王氏而是指太原王氏，这是值得注意的。

以上就是简文帝遗诏问题的始末。据此可知，遗诏问题中涉及桓温，实际上有三种意见。第一种意见是，桓温自己希望简文帝禅位给他，但惮于士族王、谢而不敢强取。简文帝料到其身后桓温有篡夺的可能，于是有"君自取之"的话。但是简文帝却极不愿发生这样的事，因而有第二种意见，即予桓温以周公居摄之位。桓温依周公居摄，这可说是司马皇室的意见，简文帝遗诏，最初是这样写的，太子即位以后崇德太后令，也是这样写的。居摄者代替皇帝执行权力，但皇帝成年后应当"复子明辟"。这是司马皇室在不移晋鼎条件下，给桓温最大的让步。第三种是王、谢士族的意见，他们既不允许移鼎，也不同意桓温居摄，只同意桓温按诸葛亮、王导故事行事。尽管这时桓温掌握军事优势，但是政治优势却在王、谢一边。桓温终于不得不接受这种裁决。简文帝死后数月，宁康元年（373）二月，桓温由姑孰来朝，本有诛王、谢，移晋鼎的打算，但是格于形势，未敢下手，只就前一年冬所谓彭城妖人卢悚率众突入殿庭一事穷加究治。此年稍后，桓温病，病中犹讽朝廷求九锡，谢安等延宕其事。七月，桓温死。

自桓温废海西公而立简文帝,到简文帝临终遗诏,到桓温之死,其间一共只有一年半的时间。这是激烈的权力之争的一年半,是朝野鼎沸的一年半,是晋室不绝如线的一年半。我们归纳史实,可以看到如下一些现象和问题:

一、皇权的最低点　皇位的一废一立,全凭桓温一言定局,被废的海西公无可奈何,被立的简文帝也无可奈何。简文帝手诏报桓温诛武陵王晞之请中有言曰:"……如其大运去矣,请避贤路",意即由桓温任意选择皇帝,包括桓温自帝。所以简文遗诏中有"君自取之"之语,是不足为奇的。皇权降至这样的低点,比半世纪前王敦兵入石头时晋元帝所作"如其不然,朕当归于琅邪,以避贤路"语时犹有过之。

二、门阀士族权力的最高点　桓温篡晋积谋甚久,终未成功,不是军事力量不够,不是皇室反抗,而是几家门阀士族作梗。他们在内外军权全归桓氏、皇室完全屈服的情况下,凭借社会、政治影响,勉力抵拒,挫败了桓温,扭转了形势,从而使晋祚延长了将近半个世纪之久,也使司马氏与士族共治的局面延长了将近半个世纪之久。东晋士族历来反对他们中的任何一家独揽政权,取代司马皇室地位。但是在关键时刻士族纯粹以其联合的政治力量,用和平手段抗拒军权,并战而胜之,这还是第一次。

三、王、谢将执政柄　太原王氏和陈郡谢氏以其力抗桓温,挽救晋室之功,必将得到政治报偿。按东晋门阀政治的常规,孝武一朝政局的关键将操于王、谢之手,这一点是可以预料的。特别是陈郡谢氏,其门户中尚有人物可以承担这种任务,暂时比太原王氏更有优势。

四、司马氏皇权或者振兴，或者消灭，不能原封不动 东晋皇权如此低落，继起的孝武帝如果不思振作之策，晋将不晋，可以断言。辅政的王、谢如果不走桓温的旧路，就应当帮助孝武帝振兴皇权，否则就不能维持各家士族的平衡存在，因而也不可能有比较稳定的门阀政治的继续。孝武帝即位在童稚之年，却一改简文帝玄风御世之习，讲《孝经》，览典籍，延儒士，这些都是谋求皇权振兴的迹象。促进皇权振兴的主要人物，是主政的陈郡谢氏谢安。太原王氏登用于朝的人物也不少，起着羽翼司马皇族的作用。王、谢二族的政治作为，是门阀士族与司马氏共天下的继续。

五、道教势力参与政治活动 道教徒卢悚率众三百人，诈称海西公还，攻入建康殿庭，略取库兵一事，客观上增加了王、谢抗拒桓温的效果。建康的内应是严重问题，所以桓温在事后还须赴京师严加究治。卢悚事震动宫省，影响很大，二十余年后的道教徒孙恩、卢循起事，与此不无关系。道教徒卢悚起兵，针对桓温；道教徒孙恩起兵，针对司马元显，各有所指，看来与门阀政治无涉。但是从东晋门阀政治的整体看来，这些都是低级士族反对当权门阀士族的一种行动方式，是东晋门阀政治面临的一种重大挑战。

末了，我还要对桓温这样一个既有大功大勋，又是大奸大慝的历史人物，说说自己的意见。

对于桓温其人，史家见仁见智，议论很不相同。其一，主要从对晋室的忠奸立论，贬斥桓温的个人野心。《晋书》以桓温与王敦二传同列一卷,即属于此。这种见解,历来支配史界,现在的影响已经不大了。其二,主要从民族斗争角度立论,着力褒奖桓温北伐业绩,而不介意其对晋室的态度。持这种见解的学者,现在比较多。其三,认为桓温以北伐为手段,以篡夺为目的,把由于北伐而增进的实力和威望用之于篡夺,所以不会尽心力于北伐,也无意久事中原。这就是说,桓温的政治野心限制了他的北伐活动,使北伐活动得不到广泛的支持。而且,其时北方民族关系混乱,民族兴起的潮流一浪接着一浪而来,新的民族势力一个接着一个出现。因此,任何北伐战役的成果都无法得到巩固,桓温北伐也是如此。这是形势使然。所以桓温北伐意义颇为有限,战略上说来最多只能起以攻为守的作用,把混乱的民族斗争限制在北方,不使它蔓延到江东来。从战略上说,交战状态中的一方如果完全没有进攻能力,也就难于防守。不过在这种战略作用的发挥方面,在北伐行动的坚决性方面,桓温北伐无法与祖逖北伐相比。这第三种意见,就是我所持的意见。

南宋张敦颐《六朝事迹编类》论北伐事,大意谓东晋人物其志未尝不在天下,但当审时度势以行,不能以逞兵为务[①]。所谓审时度势,在我看来,主要是观察北方民族关系发展的形势。东晋十六国时期以至南北朝时期,在南北相持局面既成以后,在阻碍统一的原因没有消除、促成统一的原因没有出现以前,靠一两次北伐战役以"克服神州",完成统一,是完全不可能的。应

---

① 《六朝事迹编类》"六朝保守"条。

当看到，十六国东晋与南北朝历史的出现，并不只是一次偶然的民族入侵造成的，而主要是汉魏以来北方边境地区民族关系长期发展的结果。这种情况，比一次民族入侵造成的后果要复杂得多。以局面颇为近似的南宋相比较而论，其时宋金民族矛盾也很尖锐，和战问题也很重要。即令如此，评论南宋人物，也需要审时度势，不能仅就和战一端而言。王应麟有言曰："绍兴、隆兴，主和者皆小人；开禧，主战者皆小人。"① 参考这一见解，评论东晋人物，也不能只看他是否有过北伐的倡议或行动。郗鉴、蔡谟反对过庾氏兄弟北伐，王羲之反对过殷浩北伐，孙绰反对过桓温北伐。他们的反对有苟安和怯懦的一面，但也并非全无道理。王夫之是重民族气节的，他甚至于抨击"蔡谟、孙绰、王羲之恶得不与汪、黄、秦、汤同受名教之诛乎？"② 但王夫之评桓温请迁都洛阳一事，亦曰："然温岂果有迁都之情哉！……温果有经略中原之志，固当自帅大师以镇洛，然后请迁未晚。惴惴然自保荆楚而欲天子渡江以进图天下，夫谁信之！"③ 至于南北关系、南北战争问题，此处不拟多谈，下章论述淝水之战时将续有分析，可以参看。

应当说明，我并不是完全排斥上面列举的对桓温的其他各种见解，我认为许多意见是各有所得，有些是可以互相补充的。桓温所获北伐战争的战役胜利，毕竟有积极作用。而桓温对晋室态

---

① 《困学纪闻》卷五。
② 王夫之《读通鉴论》卷一三。
③ 王夫之《读通鉴论》卷一四。

度问题，也并非毫无意义。东晋的稳定在当时必须建立在多数士族支持的基础上，这是江左安危的大局，不能轻易破坏。桓温死后十年发生的淝水之战，其胜败所系就是证明。此时由桓温代替晋室，和数十年后由刘裕代替晋室，其基础、条件、意义和后果毕竟是大不相同的。桓温在最后时刻接受了王、谢等大族的裁决而未妄动，这是桓温的有识处。

纵观桓温一生，我们看到这个据史籍说是不惧遗臭万载的人，行事却相当持重。他始终高唱北伐以保持政治优势，但他自己却在一段颇长的时间内引而不发，不贸然行事。他蓄意消灭对手，但并不单纯诉诸战争，而是以北伐丧师失地为罪名，并且几乎都采取欲取先与的手段，一步分作几步走。他取得了都督中外诸军事、录尚书事的职位，却不相信自己能够掌握全局，因而不敢在京城久留。《桓温传》记他死前曾向桓冲分析与王、谢家族的关系："初，冲问温以谢安、王坦之所任，温曰：'伊等不为汝所处分。'温知己存彼不敢异，害之无益于冲，更失时望，所以息谋。"桓温所料，是顾及时望，合乎情理的。桓温处大事谨慎，其所行并没有造成严重的后果，与桓玄毕竟大不一样。

亵渎司马氏皇权，觊觎皇位而又谨慎行事的桓温，终于不逞其志，抑郁而死。这除了枋头之败望实俱损的原因以外，更在于门阀政治此时还具有约束力量。门阀政治，即士族与司马氏共天下的政治格局，是不允许桓温破坏的。回顾历史，当年王敦面临的局势就是这样。王敦一下建康，以清君侧为名，标榜维护受到刘隗、刁协威胁的门阀政治格局，得到大多数士族的同情，因而势如破竹。王敦再下建康，改变了初衷，要求以王代马，破坏门阀政治，因而遭到大多数士族的反对。桓氏权力的积累，虽已超过当年的琅邪王氏，但仍慑于门阀政治格局而趑趄不前，不敢断然措置。桓温何尝不想独吞天下，但他却又不敢彰明较著地破坏共天下的局面，怕因此引起其他门阀士族合而攻之。看来，王敦作为前车之鉴，在桓温身上起了作用，而门阀政治直到此时还存在生机。

古史论江左事者，南宋人最能得其肯綮，读史伤时，所感深也。本书前此章节常征引宋人议论，用申己见。关于桓温，亦有宋人之说可供思考。

《朱子语类》一三六"历代"三曰："谢安之待桓温，本无策。温之来，废了一君（按指海西公）。幸而要讨九锡，要理资序，未至太甚，犹是半和秀才。若他便做了二十分贼，如朱全忠之类，更进一步，安亦无如之何。"朱熹论桓温未做"二十分贼"，我意相同。只是朱熹完全视之为桓温自我约束，我则归之于门阀政治格局束缚了桓温的手脚，使他不得不有所收敛，"未至太甚"。再越三十年，东晋门阀相维相制的政治格局历经破坏，桓温之子桓玄"做贼"时，再也没有谢安之辈当道阻拦，终于做成了朱全忠，但也只是昙花一现。

《朱子语类》据朱熹门人记录汇编而成，形式上不甚规整，但内容多朱熹晚年思虑所及，绝非信口为言，所以学者重视，当时即有征引之者。南宋晚年罗大经《鹤林玉露》甲编引朱熹之言曰:"谢安之于桓温……幸而捱得他死耳!"① 这就是朱熹所说谢安对桓温"本无策"的意思。罗氏秉承此旨,却释之为天助、天幸,当然不能究及历史实处。桓温、谢安之后,桓、谢家族还有长期争斗,再后又有太原王氏依傍司马皇权作场,扰攘十有余年。门阀士族与司马皇权终于生机耗尽,两败俱伤。不甘退出历史舞台的桓玄犹欲凭衰朽门资一逞侥幸,终于不被社会认可,没有得到好下场,而且全部门阀和司马皇权一起,统统丧失统治地位。不过这还需要一个过渡阶段。本书以下几章层层展示的,就是这一历史内容,刘裕义熙"造宋"之政,是其中的关键。

---

① 罗大经引朱熹此语,亦见中华书局所刊今本《朱子语类》卷一三六。但今本"谢安之于桓温"作"谢安之于苻坚"。按苻坚死于太元十年八月辛丑,谢安死于同年同月丁酉,谢先于苻四日死,与下文谢安"幸而捱得他死"不合。桓温死在谢安之前,与"幸而捱得他死"合。所以作桓温为是,作苻坚则无解,显误。《朱子语类》南宋流传本甚多,编纂过程复杂。今本汇集编成于南宋咸淳六年(1270),中华书局以清光绪六年(1880)刻本为底本刊出。罗氏《鹤林玉露》甲编自序,谓该编撰于淳祐八年(1248),早于咸淳,自然是采用咸淳以前某一流传本,所以保存了此条语录的本来面目。罗氏引文,正可以校正今本《语类》此处之误。

陈郡谢氏与淝水之战

一　谢鲲、谢尚与谢安

《世说新语·方正》:"诸葛恢大女适太尉庾亮儿,次女适徐州刺史羊忱儿。亮子被苏峻害,改适江彪。恢儿娶邓攸女。于时谢尚书〔裒〕求其小女婚。恢乃云:'羊、邓是世婚,江家我顾伊,庾家伊顾我,不能复与谢裒儿婚。'及恢亡,遂婚。"按,琅邪阳都诸葛氏为汉魏旧姓,鼎立时诸葛氏兄弟分仕三国为将相,家族至晋不衰。晋元帝以琅邪王入承大统,诸葛恢为琅邪国人,随晋元帝过江,地位亲显,所以拒绝与尚无名望的陈郡谢氏为婚。

陈郡谢氏谢裒随兄鲲过江。鲲死于太宁元年(323),葬建康城南石子冈①。石子冈,三国孙吴时期以来是乱葬之所。据《三国志·吴志·妃嫔传》,孙峻杀朱主,埋于石子冈;《诸葛恪

---

① 谢鲲死年、葬地,均具谢鲲墓志,见《文物》1965 年第 6 期。墓志,谢鲲作谢鯤。按北朝墓志及敦煌写本,鱼字旁有时写作角,所以鯤当即鲲。又墓志谢裒作谢褒,《晋书》卷七《成帝纪》及卷二六《食货志》,谢裒亦作谢褒。

传》，孙峻杀诸葛恪，以苇席裹尸投于此冈。又据《搜神记》卷二"石子冈"条，其地"冢墓相亚，不可识别"。谢鲲既葬于石子冈，说明其时谢氏家族还力不从心，不具备择地为茔的条件①。永和元年（345）诸葛恢死。其时庾氏势力骤衰，谢氏、桓氏家族乘时而起，地位渐重，所以谢裒子谢石始得娶诸葛氏小女。

《世说新语·简傲》："谢万在兄前，欲起，索便器。于时阮思旷（裕）在坐，曰：'新出门户，笃而无礼。'"按，陈留阮氏汉魏旧族，世所知名。阮裕族父阮瑀，建安七子之一，为曹操记室，军国文书多出其手。阮瑀子阮籍，名列竹林。阮氏族中阮瞻、阮孚，与谢万从父谢鲲同好交游，阮裕复与谢万兄弟多有来往，曾问《四本论》义于谢万，又在会稽与谢安同时违诏不应征聘。阮、谢通家，累世交好，但阮裕却以地望自炫于谢万，斥谢氏门户后起无礼。可知直到东晋中期，谢氏在旧族眼中还没有

---

① 谢鲲子侄可能依先人冢侧为葬。《元和郡县图志》卷二五上元县："谢安墓在县东南十里石子冈北"，即为一例。又《陈书》卷三六《始兴王叔陵传》："晋世王公贵人多葬梅岭"，叔陵母死，求于梅岭葬之，"乃发故太傅谢安旧墓，弃去安柩，以葬其母"。据《太平寰宇记》卷九〇，梅岭在县南九里，应与县东南十里的石子冈相连，所以《陈书》记谢安墓在梅岭，《元和志》记在石子冈北。或者东晋初年显贵人物无力择地为茔者多，其家人相沿以石子冈为葬，至南朝末，石子冈、梅岭反而被看重为贵人葬地。又据《宋书》卷六七《谢灵运传》，灵运祖玄（奕子，安侄）父奂均葬会稽始宁，而不在建康，当因谢玄经营始宁山居之故。又据《舆地纪胜》卷四，谢安墓被毁后，安裔孙谢夷吾徙葬于长兴县南之三鸦村。

特别地位，不受尊敬。

《宋书》卷六〇《荀伯子传》："伯子常自矜荫籍之美，谓弘（王弘，出琅邪王氏）曰：'天下膏粱，唯使君与下官耳，宣明（谢晦，荀伯子妻弟）之徒，不足数也。'"按，谢氏自谢万兄弟辈以后又经历了三代的发展，根基更为深广，但是旧族仍不为礼。这是旧族以"冢中枯骨"自傲，死不承认士族门户发展现状的突出表现①。

谢氏家族人物由晋至宋，屡有受旧族歧视之例，其历史背景究竟如何呢？

谢氏家族历史，据《晋书》卷四九《谢鲲传》，其先世只能上溯两代。谢鲲祖缵，魏典农中郎将。关于谢缵，《晋书》只此一见，而《三国志》无闻，很可能是起自寒微，不为世人所重。谢鲲父衡，仕于晋武、晋惠之时。谢衡官守，武帝太康元年（280）为守博士（《晋书》卷二〇《礼志中》）②；惠帝元康元年（291）为国子博士（《晋书》卷四〇《贾谧传》），旋迁国

---

① 唐长孺已注意到谢氏家族在江左社会地位的问题，上举《世说新语·简傲》《宋书·荀伯子传》二例亦经引用，见《世族的形成和升降》一文，《魏晋南北朝史论拾遗》第61页。

② 晋咸宁四年（278）辟雍碑（"大晋龙兴皇帝三临辟雍皇太子又再莅之盛德隆熙之颂"碑），碑阴题名有"博士陈国谢衡德平"。碑今存洛阳。碑文据罗振玉《石父录》所录，见《罗雪堂先生全集》续编三，台北文华出版公司，1969年。碑立在太康元年之前，径称谢衡为博士，不称守博士，与《晋书》微异，疑《晋书》误。

子祭酒（《晋书》卷四九《谢鲲传》），元康中擢太子少傅①，太安元年（302）为散骑常侍（《晋书》卷二〇《礼志》中）。谢衡学识，《谢鲲传》谓"以儒素显"；《世说新语·文学》"卫玠始渡江"条注引《晋阳秋》谓"晋硕儒"；《晋书》卷五一《王接传》谓"博物多闻"。谢衡的学识和官守是一致的，以儒学为官，遂以显名。见于《晋书》卷二〇《礼志中》、《宋书》卷一五《礼志二》以及《通典》卷八九、卷九〇的谢衡资料，均为议论丧服之文。谢衡学行是笃守传统的儒宗，看不到一点元康名士的玄学气习。这样的人，显然不会为时所重，为士流所倾心②。

东晋时期，谢氏家族地位迅速上升，其契机大体是：一、两晋之际，谢鲲由儒入玄，取得了进入名士行列的必要条件。谢鲲其人，于放浪中有稳健，并非完全忘情物外，这就为他的子侄不

---

① 见《世说新语·德行》"谢奕作剡令"条注引《晋中兴书》。司马遹立为太子在太熙元年（290），废于元康九年（299），谢衡当是从国子祭酒擢太子少傅，在元康中。

② 王志邦《六朝江东史论》（中国青年出版社，1989年）第53页说，浙江上虞新近发现《盖东谢氏宗谱》，记有谢衡被命为国子祭酒而寓居会稽始宁之事。按谢衡迁国子祭酒当在元康初，此后谢衡还擢居太子少傅、散骑常侍，在散骑常侍任内曾有奉诏议皇太孙丧礼之事，其活动地点无疑皆在洛阳朝廷。《盖东谢氏宗谱》说谢衡迁国子祭酒而寓居会稽始宁，似难置信。《晋书》卷四九《谢鲲传》误记谢衡"仕至国子祭酒"，意谓终于此官，这可能是《宗谱》说谢衡居此官而南迁的原因之一。兹检得《盖东谢氏族谱》，似即王志邦书中所引《宗谱》。《族谱》于1926年续道光乙酉（1825）刊《前谱》修成，谓谢琚于宋咸淳乙丑（1265）自始宁徙上虞盖山，是盖东谢氏之始。《族谱》载谢衡以国子祭酒渡江寓于始宁东山，并无证据。

废事功、逐渐进入权力中心留有余地。二、穆帝永和以后，谢尚兄弟久在豫州，在桓温与朝廷抗争的过程中培植了自己的力量，取得举足轻重之势，使谢氏成为其时几个最有实力的家族之一。三、谢安凭借家族势力和拒抗桓温的机缘，得以任综将相；又以淝水之战的卓越功勋，使谢氏家族地位于孝武帝太元间进入士族的最高层。此后谢氏权势受制于会稽王司马道子，谢安、谢玄被解兵权，旋即相继去世，但其家族地位却稳定在一个极限水平上，一直延伸至南朝之末为止。

现在，按谢鲲、谢尚、谢安三个阶段，依次分析如下。

谢鲲生卒，约当晋武帝太康元年至明帝太宁元年（280—323）①。《晋书》卷四九《谢鲲传》谓鲲好《老》《易》，能歌，善鼓琴，"弱冠知名"。谢鲲弱冠之年，已在元康之末，据《群辅录》，谢鲲为中朝"八达"之一，属元康名士的后进之辈。西晋末年，士族名士一般都是求仕于并且受制于宗室诸王。后进名士而又缺乏家世背景的谢鲲，不可能为诸王所看重。长沙王乂不礼谢鲲，曾执之欲加鞭挞。后来谢鲲被辟于东海王越府为掾，一度以小故而被除名。谢鲲屡受屈辱，士族名士王玄、阮修均为之叹恨。永嘉之初，谢鲲避地豫章，曾为王敦长史。谢鲲弟裒，成帝时为吏部尚书②。

---

① 据谢鲲墓志，鲲死于太宁元年十一月；据《谢鲲传》，鲲死年四十三。
② 见《晋书》卷四九《谢鲲传》及《世说新语·文学》"卫玠始过江"条注引《晋阳秋》。谢裒即《晋书》卷七《成帝纪》咸康二年之谢褒，时为吏部尚书，以"算军用，税米空悬"免官，亦见同书卷二六《食货志》，中华书局点校本有校记。

谢鲲学行，一改父辈的儒素习尚，渐入元康玄风，这是谢氏家族发展的一个重要转折点，相当于庾敳之于颍川庾氏，桓彝之于谯国桓氏。谢鲲与桓彝一样，江左入"八达"之列。谢安曾谓谢鲲"若遇七贤，必自把臂入林"，见《世说新语·赏誉下》。这是谢安美化先人之语。竹林放达，有疾为颦，元康效尤，无德折巾，东晋戴逵所论如是。永嘉以后出现的"八达"，是元康名士的孑遗，比之七贤，求貌似亦不易，"把臂入林"更无从说起。这是时代使然，不能不是如此。可是，谢氏若无此由儒入玄的转化，就不能进入名士行列，其家族地位亦无从提高，更不用说上升到士族中的最高层次。所以谢鲲追随元康名士，是谢氏家族社会地位变化的关键。

谢氏与桓氏一样，其家族地位上升，由儒入玄虽是必要条件，但还不是充分条件。纯粹的玄学家遗落世务，鄙视事功，无助于维持士族门户势力。要维持并增进门户势力，还必须靠事功。桓彝参与平王敦之乱的密谋，又死苏峻之难，事功可观，已见前章。谢鲲事功不及桓彝。但他为王敦长史时目刘隗辈为城狐社鼠，曾劝阻王敦的清君侧之谋，并且"推理安常，时进正言"，使谢氏家族未因王敦之逆而受牵连，这证明谢鲲颇具慧眼，并非纯粹的宅心方外，不以世物婴心之人。

不过，桓彝、谢鲲辈既然汲汲于以完成其家族由儒入玄的转化为己任，事功的经营就只能非常有限，因为这两者之间是有矛盾存在的。《世说新语·品藻》：谢鲲随王敦入朝，"明帝问谢鲲：'君自谓何如庾亮？'答曰：'端委庙堂，使百僚准则，臣不如亮；一丘一壑，自谓过之。'"注引邓粲《晋纪》："鲲有胜情远概,为朝廷之望,故时以庾亮方焉。"从谢鲲所答明帝之问看来,丘壑之间与庙堂之上,是难于兼有的境界。谢鲲虽然不认为两者必然互相排斥,但也不认为两者完全一致,而他自己的志趣则是偏向于丘壑之间的。郭象所谓"虽在庙堂之上,然其心无异于山林之中"的"至至不亏"①的人,毕竟只是士族名士所追求的理想人格而已。谢氏后人谢灵运有诗曰:"事为名教用,道以神理超。"② 真要把"事"和"道"、"名教"和"神理"完全融为一体,事实上是难以做到的。东晋初年,谢氏宗族当务之急是稳定其在士族名士行列中的地位,更是难于融合"名教"与"神理"。所以此阶段谢氏人物在政治上还没有多少作为。

谢氏由儒入玄,谢鲲进入名士行列,这是东晋时期谢氏家族发展的第一阶段。

到了谢鲲的子侄辈,谢氏家族地位已比较巩固,向事功方面发展的可能性也比较大了。谢鲲子谢尚(308—357),幼时曾被目为儒家的复圣颜回,稍长又被比之于竹林七贤之一的王戎,这象征地表明了其人兼该儒玄的气质。谢尚起家司徒掾,建元(343—344)之初由黄门侍郎出为建武将军历阳太守,正当"三良(王导、郗鉴、庾亮)既没"③,"朝野忧惧"④ 之时。事隔两年,成帝死,又增加了时局的动荡不安。东晋中枢权力结构随之

---

① 《庄子·逍遥游》注,据郭庆藩《庄子集释》。
② 谢灵运《从游京口北固应诏诗》,见《文选》卷二二。
③ 《艺文类聚》卷四七引《晋中兴书》。
④ 《世说新语·规箴》"陆玩拜司空"条注引《陆玩别传》。

发生重大变化，方镇力量也在进行新的调整。以谢尚为代表的谢氏家族，在这个际遇中得到了难得的上升机会。

建元元年八月庾冰外镇，原来曾是上下游争夺焦点的江州落入庾冰之手。庾翼、庾冰使荆、江联为一气，分陕之势更重。建元二年十一月，庾冰死，朝廷趁此机会，把荆、江二州拆开，使谢尚为江州刺史，以图抑制在荆州的庾氏。但是庾翼针锋相对，抢先下手。他"还镇夏口，悉取冰所领兵自配，以兄子统为寻阳太守"，事见《晋书》卷七三《庾翼传》。这是庾氏对谢尚的强力抵制。谢尚在江州无立足之地，只好后退一步，还镇历阳为豫州刺史。以前谢尚曾为历阳太守，历阳是他熟悉之地。自此，谢氏遂得列为方镇，并且成为屏藩东晋朝廷的一支非常重要的力量。

东晋方镇的重新组合，实际上就是门阀士族在权力方面的再分配。琅邪王氏自王允之死后，已丧失了竞逐的力量。颍川庾氏以庾亮之死为分界线，也越过了其家族发展的顶峰。庾翼倡言北伐，气势颇盛，但色厉内荏，"议者或谓避衰"①。庾冰外镇，意在助庾翼保存上游地盘，而非重在开拓。王、庾力量既然都处在衰落之中，不足以应付纷纭的世局，势必有其他士族应运而起。桓、谢就是此刻同时兴起的两家士族。桓、谢二族在朝均无族党为援，尚无破坏士族门户势力平衡的危险，这是中枢及其他士族

---

① 避衰犹言避灾、避煞，家有丧，徙舍避之。参《三国志·魏志·陈群传》。《颜氏家训·风操》："偏傍之书（按指五行书之类），死有归杀（一作煞），子孙逃窜，莫肯在家"，即指此。庾翼出军之时，庾亮死已三年余。

愿意让桓、谢二族填补上游方镇之缺的重要原因。

东晋之时，官职清浊问题虽已出现，但还不像南朝那样严格。士族子弟可以胜任武职，出守边郡，这足以表明士族还是具有活力的社会力量。谢尚在出刺豫州之前，已有一段戎旅生涯。他先以清显的给事黄门侍郎出为建武将军、历阳太守，转督江夏、义阳、随三郡军事，江夏相。江夏等郡均在江、汉以北，不时有后赵军队骚扰。所以康帝建元二年有诏谓"〔谢〕尚往以戎戍事要，故辍黄散以授军旅，所处险要，宜崇其位望。今以为南中郎将，余官如故"，见《谢尚传》。推敲此诏，可知此时士族子弟愿辍清显之官以事军旅，毕竟已非常见。谢尚有此经历，为朝廷所重，所以朝廷于庾冰死后用他与庾氏争夺江州；争夺江州不果，又用他为豫州刺史以为京师南藩。谢尚由江州转为豫州，据《宋书》卷三六《州郡志二》南豫州条，在永和二年①，自此至升平元年谢尚死为止，凡十二年（346—357）。继谢尚为豫州者，为谢尚从弟谢奕（357—358）和谢万（358—359）。在此期间，豫州是谢氏家族地盘，是谢氏家族得以兴旺发达的实力基础。

谢尚曾配合殷浩北伐，进兵中原，于邺城得传国玺，又于寿春采拾中原乐人以备太乐，这在当时都是大事。谢尚还数度被

---

① 豫州刺史，庾怿以后为路永。永和元年路永叛降石虎，赵胤继为豫刺，镇牛渚。再后则为谢尚，驻所随形势变化而屡有迁徙，计有历阳—芜湖—寿春—历阳—马头等地。吴廷燮《东晋方镇年表》著录较确。万斯同《东晋方镇年表》漏检宋《志》，误谢尚由江州转豫州在永和元年。

征，供职京师①。桓温曾赞许他"入赞百揆，出蕃方司"②，也就是有人相出将之才，并于北伐平洛后请谢尚进驻洛阳，抚宁黎庶，谢尚以疾不行。表面看来，桓、谢彼此还得相安，其实自殷浩被桓温废黜以后，谢尚就是桓温发展势力的最大障碍。桓、谢矛盾时有表现。桓温请谢尚以本官（镇西将军豫州刺史）都督司州军事，未尝不可理解为桓温调虎离山的一着，所以谢尚不应其请。

继为豫州刺史的谢奕、谢万，与兄谢尚有所不同，俱以放达为高，《晋书》本传赞谓"奕、万虚放"是也。谢万尤非将才，本传谓其刺豫州时，王羲之曾与桓温笺曰："谢万才流经通，处廊庙，参讽议，故是后来一器。而今屈其迈往之气以俯顺荒余，近是违才易务矣。"其时谢万愆失尚不显著，桓温没有理由加以贬易，所以未从王羲之之言。谢万"矜豪傲物"，本是人所共知。《王羲之传》羲之遗万书曰："以君迈往不屑之韵，而俯同群辟，诚难为意也。然所谓通识，正自当随事行藏，乃为远耳。愿君每与士之下者同，则尽善矣。……济否所由，实在积小以致高大，君其存之。"谢万无自知之明，亦不察上下游的形势，卒以对北用兵不当，兵败逃归，授桓温以柄，被废为庶人，谢氏至此不得不离开豫州。谢万致败之由，

---

① 永和八年（352）谢尚一度被征为给事中，戍石头。复豫刺职后又一度征留京师，署仆射。

② 《世说新语·赏誉下》"桓宣武表云"条注引《桓温集》载桓温《平洛表》。

据《世说新语·品藻》，司马昱谓为"失士卒情"，郗超谓为"以率任之性欲区别智勇"。看来是谢万的简傲引起了士卒的哗变，促成谢万的失败。

谢氏在豫州十余年，树立了谢氏家族的威望，发展了谢氏家族的势力。我们只需指出以后谢玄赖以组成北府兵的刘牢之之父刘建就是谢氏豫州旧将一事，即可说明豫州之任对谢氏家族发展的重要意义。这个时期，谢氏以豫州势力维持着上下游的平衡和各士族门户的平衡，特别是在桓温坐大的条件下使东晋各种力量和平相处，使东晋政局得以维持平静，作用是显著的。

自从桓温和谢尚分据方镇以后，桓、谢两个家族的关系越来越具有政治性质。谢氏不少人物曾居桓温军府之任，这是桓、谢家族彼此联系的重要渠道。谢奕与桓温有布衣之好，为桓温司马，"在温坐岸帻啸咏"，桓温呼为"方外司马"。谢奕子谢玄曾为桓温掾及桓豁司马。谢安亦曾为桓温司马，时在升平四年（360）八月，谢万已被废黜，谢安已年逾四十。谢万被废黜，谢氏家族结束对豫州的统治，此事当出于桓温之意，因为取得豫州是桓温的夙愿，而废黜又是桓温此一阶段压倒对手的重要手段。我以为桓温促成谢万之废，意在摧毁谢氏实力的基础。谢安出仕仍不得不经由桓温军府，不是谢氏出仕没有其他途径，而是欲借此表示谢、桓通家之谊，缓和谢万被废而出现的家族之间的紧张状态。

桓、谢关系，可注意的事情还有很多，情况也很复杂。如果考虑到简文帝死后谢安在阻止桓温篡晋过程中所起的作用，考虑到淝水之战前后谢安与桓冲既有冲突又有妥协的关系，考虑到压平桓玄的北府兵创始于谢玄这样一些事实，我们说桓、谢二族关系直接或间接影响东晋政局长达半世纪之久，是不算夸张的。

谢氏兄弟豫州之任，是谢氏家族在东晋发展的第二阶段。

真正使谢氏成为江左最高门第之一的，是谢安。谢安本来高卧东山，表现无处世①意。《世说新语·赏誉》注引《续晋阳秋》，谓谢安"六七年间征召不至，虽弹奏相属，继以禁锢，而晏然不屑"。但当谢万废黜之后，谢安却黾勉从桓温之命，以图仕进。关于此点，王仲荦先生已注意到是为谢氏门户之计②。东晋士族门户的社会地位虽然在一定程度上具有世袭意义，但在法律上毕竟与封爵世袭不同。要维持士族地位于不坠，要使士族门户利益得到政治保障，必须有本族的代表人物居于实力地位才行。这也就是唐长孺先生所论"计门资"还要同"论势位"相联系③。谢安未仕时名望在谢万之上，但是保障谢氏家族利益主要不是指靠谢安的名望，而是指靠谢万在豫州的势位。所以《谢安传》说，安妻刘氏"既见家门富贵而安独静退，乃谓曰：'丈

---

① 《世说新语·雅量》"谢太傅盘桓东山"条注引《晋中兴书》：谢安居会稽，与支道林、王羲之、许询游处，"未尝有处世意"。《晋书》卷七九《谢安传》亦作"无处世意"。按，"处世"当作"出世"。出、处二字含义相反，但有混用现象。其实史籍还有以出字作入字用之例，参周一良《魏晋南北朝史札记》（中华书局，1985年）第402页"出都"条。

② 王仲荦《魏晋南北朝史》（上海人民出版社，1979年）上册第373页。

③ 唐长孺《士族的形成和升降》，见《魏晋南北朝史论拾遗》。

夫不如此也？'① 安掩鼻曰：'恐不免耳。'"这就是说，谢安在屡辞征辟的同时，已在观察政局，随时准备出山。所谓高卧东山，只不过是一种高自标置的姿态而已。

谢安由于门户利益而改变不仕的初衷，这在其时的名士看来，不能不是一种惭德，有许多人对之表示责难和讽刺。《世说新语·排调》"谢公在东山"条谓谢安出仕，中丞高崧送于新亭，乘酒戏安曰："卿屡违朝旨，高卧东山，诸人每相与言：'安石不肯出，将如苍生何！'今亦苍生将如卿何？"谢安笑而不答②。同书同篇"谢公始有东山之志"条桓温问谢安，远志何以又曰小草，"郝隆在坐，应声答曰：'此甚易解：处则为远志，出则为小草。'③ 谢甚有愧色"。以谢安出处为嘲，所讽者不仅是谢安个人，而且是谢氏家族。

谢安老谋深算，对于谢氏门户利益，不能不是思之再三的。当谢尚等在豫州之任时，谢氏门户有靠，无陨越之虞，谢安自可矜持不出以图名誉。谢奕"立行有素"，继谢尚为豫州刺史，还

---

① 此句《世说新语·排调》"初谢安在东山"条作"大丈夫不当如此乎！"语意较明。

② 此句《谢安传》作"安甚有愧色"，得其旨。按高崧其人，颇关心谢安兄弟出处。谢万拜豫州都督，高崧曾为其道江左形势，凡数百语，事见《世说新语·言语》"谢万作豫州都督"条。

③ 余嘉锡《世说新语笺疏》引《广雅》诸书为言，曰：远志与小草虽一物，而有根与叶之不同，根名远志，叶名小草。郝隆之对，谓出与处异名，亦分根与叶言之，根埋土中为处，叶生地上为出，既协物情，又因以讥谢公，语意双关，故为妙对。

可以勉力维持。谢奕以下，以次当代者为谢万①。谢万虽有才气，但"善自炫曜"，缺乏居方面之任的器识与才能，见前引《谢万传》及《王羲之传》。所以谢安为谢氏门户计，汲汲于扶持谢万，随在谢万身边以求匡正，唯恐谢万有失，影响谢氏门户利益。

谢万刺豫州之前，曾为吴兴太守，其时谢安即随弟万赴官。《太平御览》卷七〇一引《俗说》："谢万作吴兴郡②，其兄安时随至郡中。万眠常晏起，安清朝便往床头扣屏风呼万起。"谢万赴豫州之任，谢安亦随在豫州。《世说新语·简傲》："谢万北征，常以啸咏自高，未尝抚慰众士。谢公（安）甚器爱万而审其必败，乃俱行，从容谓万曰：'汝为元帅，宜数唤诸将宴会，以说众心。'万从之，因召集诸将，都无所说，直以如意指四坐云：'诸君皆是劲卒。'诸将甚忿恨之。谢公欲深著恩信，自队主将帅以下，无不身造，厚相逊谢。"后来谢万兵败寿春之时，谢安犹在左右。《世说新语·规箴》："谢中郎在寿春败，临奔走犹求玉帖镫。太傅（安）在军，前后初无损益之言，尔日犹云'当今岂须烦此？'"注谓："按万未死之前，安犹未仕，高卧东山，又何肯轻入军旅邪？《世说》此言迂谬已甚。"今按，刘孝

---

① 谢万生卒年不详。《谢万传》谓万被废后，"复以为散骑常侍，会卒，时年四十二"。《北堂书钞》卷五八引《晋起居注》有升平五年（361）起用谢万为散骑常侍诏。可知谢万死于复官的升平五年或稍后，生于太兴三年（320）或稍后，生年与谢安相当而略晚。

② 谢万为吴兴太守，当在刺豫州之前，本传失载。

标注《世说》，偶以己意判事之有无信否，或不免失之臆测。谢安随谢万在任，材料非止一处，当然是可信的，迂谬者是刘注而不是《世说》。刘注以谢安名高而回护之，不明白谢安为门户事任而匡护谢万的心机，这更是刘孝标的失察之处。"谢万未死之前，安犹未仕"之语，亦有未谛。据《谢安传》，谢万废黜，谢安"始有仕进志"，桓温请安为司马；稍后"温当北征，会万病卒，安投笺求归"云云。据此，知谢安出仕在谢万被废黜而"未死之前"，谢安东归在谢万病卒之后，只不过二事相隔不久，谢安仕征西府为司马的时间甚为短暂就是了。至于《世说》说谢安对谢万，"初无损益之言"，也不符合前引事实。

谢安东归后至简文帝死前，即升平五年至咸安二年（361—372）的十余年中，官吴兴太守，征拜侍中，迁吏部尚书、中护军，史籍记其行事甚少。而这十余年，是桓温势力大发展时期，事件层出不穷，如打击士族范、郗、殷、庾，改易帝位，直至桓温居姑孰都督中外、录尚书事，等等。这个时期，桓温是炙手可热咄咄逼人的，但是史籍中却不见桓、谢纠纷，说明谢安善避桓氏锋锐而韬晦自处，以保全门户为第一要务。《谢玄传》载谢安尝"戒约"子侄曰："'子弟亦何豫人事而正欲使其佳？'诸人莫有言者。玄答曰：'譬如芝兰玉树，欲使其生于庭阶耳。'安悦。"按，谢安、谢玄的问答，自有深意而难得确解。《世说新语·言语》"谢太傅问诸子侄"条略同于此，均出于《语林》，见《艺文类聚》卷八一引。"豫人事"，应当就是《世说新语·排调》"孝武属王珣求女婿"条及《晋书·谢混传》所谓王敦、桓温"好豫人家事"之意，亦即觊觎晋室权力。《荀子·宥坐》

孔子曰："夫芷兰生于深林，非以无人而不芳。"谢玄答谢安戒约子侄之问，盖承孔子之言，欲使生于深林幽谷的芝兰得隐于谢氏庭阶之内而芬芳依旧。如果这种解释不误，那么谢玄答语暗谓谢氏子弟当隐忍而不外露，不竞权势，不求非分。所以谢安悦其得己之心。《宋书》卷六七《谢灵运传》载其《山居赋》，自注谓谢安死后，北伐停息，谢玄"便求解驾东归，以避君侧之乱"，并经营始宁山居，申高栖之意云云。谢玄行事，与其芝兰玉树当生庭阶之对，似亦吻合。不过这是后话就是了。

陈郡谢氏在江东，本有"德门"之誉。《南史》卷一九《谢瞻传》，刘宋之初谢瞻谓弟谢晦曰："吾家以素退为业，汝遂势倾朝野，此岂门户福邪？"并借议论人物优劣之机，更申此义曰："若处贵而能遗权，斯则是非不得而生，倾危无因而至。君子以明哲保身，其在此乎！"处贵而遗权，正是谢氏自守的门风。《宋书》卷五六《谢瞻传》载谢瞻语谢晦，说及谢氏家门以素退为业之后，特别标榜"不愿干豫时事"，更与上举谢安"子弟亦何豫人事"之言一致。谢氏门风形成，谢安起了重要作用。

自从谢万离开豫州以来，谢氏门户失去凭借，谢安在朝，亦不居枢要之位，所以谢氏自然不足以为桓氏掣肘之患。在这种条件下，谢安韬晦自处，使桓、谢暂得相安。桓温诛殷氏、庾氏人物后，气焰极盛，谢安见桓温，则遥拜之。谢安曾与王坦之共谒桓温心腹郗超，未得即晤，王坦之欲去，谢安曰："不能为性命忍俄顷邪？"谢安隐忍不发的态度，使他得以保全谢氏门户，并得以在简文帝死后的关键时刻，与其他士族人物共阻桓温九锡之请，扭转了朝局。

谢氏门户地位突出，始于简文、孝武之际。其时士族王、谢并称。他们之中，论人才则谢安出众，故桓温荐顾命之臣，以谢安居首；论门第则太原王氏王坦之更贵，故联称王谢者以谢氏居后。只是由于王坦之于宁康三年（375）死，无出众子弟，无可述事功，只能凭借与孝武帝和会稽王司马道子的国婚关系以维系门户。所以谢氏地位日益增高，在淝水战后达到最高点。自此以后，谢氏的发展受阻于孝武帝和司马道子，不得不从政治、军事的实权地位退出，只求其社会、经济地位的巩固，以图再起。

这是谢氏在东晋时期发展的第三阶段，亦即以谢安为中心的阶段。

陈郡谢氏在东晋发展的三个阶段，分别以谢鲲、谢尚、谢安三个人物为代表。谢鲲跻身玄学名士，谢尚取得方镇实力，谢安屡建内外事功。谢氏在东晋，不凭挟主之威，不以外戚苟进，不借强枝压干。《晋书》史臣评论谢氏家族曰："建元之后，时政多虞，巨猾陆梁，权臣横恣。其有兼将相于中外，系存亡于社稷，负扆资之以端拱，凿井赖之以晏安者，其惟谢氏乎！"谢氏家族发展历史与所起作用，似乎与高平郗氏有可比拟之处。但是郗氏作为门阀士族，是发育不全的。郗鉴既不预名士风流，又未执中枢政柄，所以其家族的社会影响，还是与谢氏相距甚远。

二　北府兵

谢尚兄弟西府之任，为谢氏门户赢得了一定的社会声誉和政治地位，已详前节。以军权谋求门户利益，本来是东晋门阀政治的特点之一，王、郗、庾、桓，概莫能外，谢氏也是如此。不过，谢氏在豫州，并未经营起一支有长久影响的为谢氏门户所用的武力，所以谢万卒以轻易被废而离开豫州。究其原因，一是桓温强大，不会容许在豫州形成一支独立存在的强大武力，后来桓温蓄意与在豫州的袁真为敌，不惜兵戎相见，就是证明；二是谢尚以后，谢奕、谢万都以虚放为高，没有经纬世务的能力，谢万更是矜豪傲物，不得士情。所以一旦谢万被废黜而离开豫州，谢氏就失去凭借。谢安在政治上崭露头角，还需要十余年的经营。直到简文帝死时，谢安才成为重要的政治人物。

桓温死后的四五年中，谢安的主要对手是桓冲。谢安在朝在野均没有党援，只好请太后①临朝，以宫廷势力相抑。《晋书》卷七六《王彪之传》曰："时桓冲及安夹辅朝政。……安不欲委任桓冲，故使太后临朝决政，献替专在乎己。"宁康三年（375）桓冲以扬州让谢安，自己出就徐州刺史镇京口，这一方面出于桓冲顾全大局的气度，一方面也是迫于形势，不得不尔。《晋书》卷七四《桓冲传》："谢安以时望辅政，为群情所归，冲惧逼"，

---

① 太后即康帝褚皇后，于孝武帝为从嫂。

乃解扬州,自求外出徐州云云。东晋成法,徐州刺史兼刺兖州,故京口、广陵得以连为一气。可是桓冲受徐州之任时,兖州却另委朱序为刺史①。朱序虽桓氏故义,但桓、朱究为二家。可见桓冲外任,亦非真出于总领北府以卫建康的考虑。同传续云:翌年(太元元年,376年)谢安欲以后父王蕴为方伯,"乃复解冲徐州,直以车骑将军都督豫、江二州之六郡军事,自京口迁镇姑孰"。太元二年,镇荆州的桓豁死,桓冲又还督江、荆、梁、益、宁、交、广七州军事,荆州刺史。原来桓温死后,桓冲代温居任,本是位重势强,曾几何时,竟一再见逼于谢安,不得不逐步撤离中枢,退出京口,放弃姑孰,直到回归桓氏经营已久的荆、梁旧地。谢安使桓冲就范,大概借用了褚太后和王皇后的权柄。

桓冲回镇荆州以后,东晋消除了桓氏步步向建康进逼的威胁,恢复到长江上下游的桓氏和谢氏在对峙中求稳定的局面。此时前秦苻坚已经统一北方,有随时南侵的可能,上下游关系中虽然还存在某些冲突,但是主要的一面却是相互支援以抗苻坚之军。

---

① 《晋书》卷八一《朱序传》,序太和中迁兖州刺史,转吴兴太守,讨擒钱弘,事讫回兖州任。宁康初拜梁刺,镇襄阳。按太和年间凡为兖州见于纪传者,皆依次除代,前后相续,其中并无朱序;而朱序擒讨钱弘事,《孝武纪》谓在宁康二年,不在太和中。是朱序传二事均误。朱序代王坦之为兖州,当在宁康三年。又《通鉴》太元元年九月桓冲遣兖刺朱序等"游军沔汉为凉州声援……闻凉州败没,皆罢兵"。当是朱序在沔汉未回军广陵,于太元二年三月正式就任梁刺镇襄阳。参看钱大昕《十驾斋养新余录》卷中、吴廷燮《东晋方镇年表》。

谢安执政，最大的弱点是没有可靠军事力量的支持，而没有军事力量的支持，建康既不能与上游桓氏维持一种较稳定的平衡，更不能应付北方前秦的压力。支持和护卫建康，本来依靠北府。早年由郗鉴组成的强大的北府军事力量，由于桓温兼并郗愔而不复存在。桓冲离徐州后，王蕴以外戚名士刺徐州镇京口，本是谢安的权宜措施。《晋书》卷九三《外戚·王蕴传》谢安促王蕴受徐州之命，曰："卿居后父之重，不应妄自菲薄，以亏时遇。宜依褚公（裒）故事，但令在贵权于事不事耳。可暂临此任，以纾国姻之重。"此处"于事不事""暂临此任"等语，明谢安之意不过欲借重后父王蕴人地以代替桓冲，不是真正想要王蕴起北府方镇作用，更不是想要他重建北府军事力量。兖州朱序是桓温旧部，他以出自寒微的武人暂时刺兖州镇广陵，无非是谢安对桓冲的一种怀柔姿态而已，谢安自然不会指望朱序为缓急之助。桓冲既然离徐州赴上游之任，朱序迟早也会离开兖州。这样，徐兖北府就可以留待谢安从容部署，从长考虑。

谢安利用前秦军压境，朝议求文武良将可以镇御北方者的机会，举兄谢奕之子谢玄为兖州刺史。谢玄本来是荆州桓豁的征西司马、领南郡相。桓豁于太元二年七月死，十月桓冲西行，代桓豁为荆州刺史。谢玄东来代朱序刺兖州镇广陵，也在这年十月，正是桓氏势力在上游重新调整之时，桓氏无暇顾及下游。太元四年六月君川之捷以后，谢玄又兼王蕴所领徐州，徐、兖复为一镇。谢玄的北府兵就是在这里组建的，有了这支北府兵，谢安在建康执政才有所凭借。

北府兵有郗鉴的先例，是重建而非创建。此时重建的北府兵，主要是南北矛盾加剧的产物，同时也是桓、谢矛盾的产物。从以后的事态发展看来，北府兵既用于淝水之战，又用于解决桓玄问题，这两方面，北府兵都是胜利者。

《晋书》卷八四《刘牢之传》："太元初，谢玄北镇广陵。时苻坚方盛，玄多募劲勇，牢之与东海何谦、琅邪诸葛侃、乐安高衡、东平刘轨、西河田洛及晋陵孙无终等以骁猛应选。玄以牢之为参军，领精锐为前锋，百战百胜，号为北府兵。"《通鉴》太元二年："玄募骁勇之士，得彭城刘牢之等数人，以牢之为参军，常领精锐为前锋，战无不捷，时号北府兵。"① 《刘牢之传》所说的北府兵，只列应募为北府将者的姓名，不具兵卒来源；而《通鉴》中所见北府兵的组成，径谓募得"刘牢之等数人"。这里可看到两个问题：一、北府兵的组成主要在募将，与后世常有的募兵者不同；二、应募的北府将可能自有兵众，只需授予军号或刺守名义，或者略作兵员补充，就能用于战争②。

江淮之间，广陵左近，东晋时是北方南来流民集中之地。流民南来的浪潮，随北方形势和南北关系的变化而具有周期性。流民在地著之前往往是半武装性质，他们的首领即流民帅，多受东

---

① 《通鉴》胡注："晋人谓京口为北府。谢玄破俱难等，始兼领徐州。号北府兵者，史终言之。"按《刘牢之传》所谓"百战百胜，号为北府兵"，也是史终言之。

② 参考杨德炳《关于北府兵的兵数与兵将来源》，见武汉大学《魏晋南北朝隋唐史资料》第五期，1983年。

晋名号。流民帅曾助晋讨平王敦，也曾酿成苏峻之乱，是东晋政局中具有很大影响的一个因素。东晋视需要而处置流民，徙淮北流民于淮南而用其人力。郗鉴为北府，曾移淮北流民；谢玄受兖州之命的前一年，即太元元年，东晋孝武帝亦有移淮北流民之诏。太元元年所徙淮北流民，当是谢玄补充北府将的主要兵源。《谢玄传》："时苻坚遣军围襄阳，车骑将军桓冲御之。诏玄发三州人丁，遣彭城内史何谦游军淮泗，以为形援。"按前秦军始围襄阳，在太元三年四月，发三州人丁事当在此时或略后。三州，以其时情况度之，当指侨立的徐、兖、青三州；三州人丁，指编户的可能性极少，当是指太元元年由淮北迁淮南的流民。《宋书》卷三一《五行志》谓晋孝武帝太元三年，"氐贼围南中郎将朱序于襄阳，又围扬威将军戴遁（即下文所见的戴逯）于彭城。桓嗣以江州之众次郯援序，北府发三州民配何谦救遁"。这也证实北府将何谦所部，有三州民丁的补充，是初组北府兵时先募将后补兵的一个例证。

《刘牢之传》列举的最早一批北府将，多是北方南来在江淮活动多年的武人。刘牢之本人是彭城人，世为将家。刘牢之父刘建，东晋征虏将军，受豫州刺史谢万节度，《晋书》卷七九《谢万传》，谢万溃败之前，曾遣征虏将军刘建修建马头城池。这是一个很重要的线索。刘建既为谢氏豫州旧将，刘牢之当因家世旧谊为谢玄所知。所以刘牢之得为谢玄的参军、前锋，实际上掌握北府兵，为谢氏所用。北府将何谦早年是徐州刺史庾希部属。《晋书》卷八《哀帝纪》隆和元年（362）七月，"庾希部将何谦及慕容昕将刘则战于檀丘，破之"。刘牢之以将家子应募，何谦以北府宿将应募,都应当不是只身投军,而是各自率有原来所统士卒。稍后进入北府兵系统的戴遂(遁),也早于永和十二年(356)参徐州刺史荀羡军事,见《晋书》卷七五《荀羡传》。戴遂(遁)后来进入谢玄北府兵系统时已是沛郡太守。田洛则是幽州刺史。他们当也自有兵卒。

由此可见,谢玄组织北府兵,不过是集合一部分以前本属北府,后来分散开来,处于独立、半独立状态的江淮宿将和流民武装(江淮宿将亦出于流民武装),征发一部分过淮流民予以充实而成。谢玄赖以指挥和联络的人,是谢氏豫州旧将刘建之子刘牢之。北府兵各支既无特别训练,又无严密组织,但官长、士卒都有与北敌作战的经验。他们一旦纳入同一系统,有恰当的指挥,就成为拱卫建康、抵御北敌的重要武装,不但直接决定淮淝战争胜负,而且决定尔后东晋朝廷的政局。

顺便提及,近时著作中常有说到东晋北府兵训练精良一类的话,认为是淝水之战中东晋获胜的原因之一;也有同行询及当年训练北府兵的地点和情况。据我所知,史籍并不见谢玄训练北府兵的资料,其时北府兵散在江淮,也不具备加以精良训练的条件。北府兵善战,主要在于他们来自流民,习战有素。以为谢玄组织北府兵与历朝常见征、募、训练新军之事相类似,这可能是一种误解。

回顾历史,大体说来,从咸和元年(326)郗鉴镇北府起,直到太和四年(369)桓温逼郗愔离开北府为止,其间四十余年,居北府之任者尽管有十人之多,王、庾诸士族执政者俱在其中,但北府始终在郗氏影响之下。太和四年桓温虽取得了北府的控制权,其后桓冲也一度出镇徐州,但桓氏家族势力始终未在北府植根。太元二年(377)谢玄组建北府兵,至隆安四年(400)谢琰死为止,北府由谢氏通过刘牢之掌握,共二十多年①。此后谢氏势力虽离开北府,但北府将刘裕继续凭借北府力量,又经二十年,卒移晋鼎。

三　淝水之战前后的陈郡谢氏

太元之初以迄淝水之战,总的形势是日趋紧张的南北矛盾,制约着南方内部东西的矛盾,两种矛盾呈交错状态。现在把太元以来东晋内部以及南北之间的大事有助于考证者加以排比诠释,以期对错综复杂的矛盾看得比较清楚。大事的年月参照《晋书》的纪、传、载记和《通鉴》而斟酌之,有疑则出注。

太元元年

一月　桓冲自徐州转督豫、江二州之六郡诸军事,镇姑孰,时距桓温之死两年半,距桓冲让扬之徐一年。按桓冲离徐州,是谢安排斥桓冲的又一重大步骤。但京口此时尚无适当的谢氏族党人物可以代镇,不得不权以外戚兼为名士的王蕴出任。蕴出太原王氏,为孝武帝王皇后之父。

十月　诏移淮北流民于淮南。《通鉴》胡注曰:"畏秦也。"按此举更在于满足东晋对人力的需要,主要不是出于"畏秦",

---

① 严格说来,谢氏能完全支配北府兵,只有十年,即太元二年北府兵之组建至太元十二年初谢玄离北府之任为止。后来谢琰为徐州刺史,并无都督名号。

胡注似嫌武断。

太元二年

八月丁未　谢安都督扬、豫、徐、兖、青五州军事①，总摄下游。按其时豫州刺史是桓伊，在荆、扬两大势力的分野中，桓伊自然是属荆州桓氏势力范围。但桓伊出谯国铚县而非出谯国龙亢，与桓冲只是疏宗，不是嫡系。所以桓伊为豫州刺史，能起上下游之间的缓冲作用，桓、谢两大家族都能接受。谢安都督五州之中，豫、徐、兖、青均侨置，其主要控制区，还是历阳、建康至京口、广陵这一地带。

八月丙辰②　都督荆、梁等六州诸军事、荆州刺史桓豁死。按荆州桓豁为桓氏上游势力的重心所在，他的死引起桓氏家族的震动，所以桓冲必得自姑孰速还荆州，以筹善后。

十月辛丑　以桓冲都督荆、江等七州诸军事、荆州刺史；王蕴为徐州刺史、督江南晋陵诸军事；谢玄为兖州刺史、广陵相、监江北诸军事。谢玄离开桓豁的征西府，自荆州东下，谢安在下游始有得力的帮手。按，八月至十月，上游桓氏和下游谢氏两大势力范围固定下来，趋于平衡。此时苻坚已取得益、凉，南侵之势如箭在弦。桓、谢平衡，各有所守，是东晋应变准备的重要一着。桓冲在上游的策略，是"全重江南，轻戍江北"，并由江陵

---

① 谢安都督五州，《谢安传》系于加司徒不拜事下，无年月。《孝武帝纪》人元二年八月丁未以谢安为司徒。《通鉴》系丁是年七月丁未。按是年七月癸亥朔，无丁未；八月壬辰朔，十六日丁未。故此处依《孝武帝纪》作八月。

② 《通鉴》作七月丙辰，此依《孝武帝纪》，理由同上注。

移驻"北枕大江，西接三峡"的上明（今湖北松滋境），实际上是作放弃汉沔的打算。谢安在下游的策略，是命谢玄筹组北府兵。北府兵将都是长期在江、淮的北人，如果爆发南北战争，这支军队势必以江、淮为战场，不可能退驻江南。从策略上说，下游谢氏的部署比上游桓氏积极，这当然也是由于静镇建康必须保有江北地区，不能像上游那样"轻戍江北"的缘故。

太元三年

四月　苻丕率前秦军攻襄阳。《谢玄传》："时苻坚遣军围襄阳，车骑将军桓冲御之。诏玄发三州人丁，遣彭城内史何谦游军淮泗，以为形援。"按："三州"当指徐、兖、青；"三州人丁"当以新徙流民于淮南者为主。"何谦游军淮泗，以为形援"，是北府军的首次出战。从此以后，上下游桓谢军队配合，彼此策应，以分前秦军锋，形成淝水之战东晋战略的一个特点，对于保障胜利，起了重大作用。

七月　前秦军也采取东西策应的战略。秦将彭超请攻彭城，并谓"愿更遣重将攻淮南诸城，为征南（按指苻丕，时为秦征南大将军攻襄阳）棋劫之势，东西并进，丹阳不足平也"（《通鉴》）。苻坚同意彭超的方略，并从西线分俱难、毛盛等军自襄阳东略淮阴、盱眙，与彭超等合势。从此东晋在下游开始受到压力。

太元四年

一月　襄阳入前秦。

二月　谢玄救彭城，军于泗口。彭城、下邳、淮阴均入前秦。

五月　盱眙入前秦。秦军围北府将田洛于三阿（今江苏高邮境①），离广陵百里，东晋朝廷震动，临江列戍，谢石屯涂中，毛安之等屯堂邑，谢玄自广陵救三阿。

六月　前秦军败于盱眙君川，退屯淮北，建康紧急状态得以解除。谢玄以功进号冠军将军，加领徐州刺史②，徐、兖复为一镇。至此时止，主战场仍在西线，东线战事只是游军策应的规模。但东线的君川之捷使北府兵获得锻炼，提高了士气，为应付以后主战场的东移和进行淝水之战，做了必要的准备。

太元五年

五月　以盱眙君川战功，拜谢安为卫将军、仪同三司，封建昌县公；谢石封兴平县伯；谢玄封东兴县侯。《世说新语·方正》"韩康伯病，拄杖前庭消摇。见诸谢皆富贵，轰隐交路，叹曰：'此复何异王莽时？'"按，谢石、谢玄受封，本传皆失载年月，余嘉锡《世说新语笺疏》推定当与谢安同时，并谓韩康伯之叹即指三谢同时受封事，近是。前秦平苻洛、苻重之叛。

六月　前秦以苻融为都督中外诸军事，录尚书等。

七月　前秦分氐户散居方镇。

---

①　三阿今地有异说。《晋书·谢玄传》吴氏《斠注》辨诸书三阿在宝应说之误，从王氏《通鉴地理通释》主高邮说，兹据之。

②　谢玄加领徐州，按制度当以京口为治所。《晋书》卷八四《殷仲堪传》："冠军谢玄镇京口，请为参军"，"又以为长史"，可以为证。但谢玄驰骋疆场，治所随军事需要而变迁，又不能固定在京口。我疑其时谢玄在京口有留局，与谢玄离北府后司马道子兼领徐州时寄治建康而设留局于京口一样。

太元六年

十二月至七年九月　桓冲在荆州，与前秦军有战事，或守或攻，小有收获。前秦以苻融为征南大将军，筹划攻晋。前秦吕光出征西域。

太元七年

十月　苻坚朝议南侵，反对者多以晋有谢安、桓冲，不可轻侮为言。权翼曰："谢安、桓冲，江表伟人，君臣辑睦，内外同心。以臣观之，未可图也。"

太元八年

五月至七月　桓冲率众十万攻秦襄阳，分遣刘波等攻沔北诸城，杨亮攻蜀，郭铨攻武当。前秦苻睿、慕容垂率众五万救襄阳，张崇救武当，张蚝、姚苌救涪城。苻睿军于新野，慕容垂军于邓城，又次沔水，桓冲退屯沔南。据《孝武帝纪》，此次军事行动持续至本年七月。这是桓冲在淝水之战前夕为了减轻建康压力而采取的一次大规模策应行动，使苻坚南侵之师疲于奔命。而据《刘牢之传》，广陵相刘牢之亦于此时遣宣城内史胡彬率众向寿阳，以为攻襄阳的桓冲之军声援。权翼所说东晋"内外同心"，彼此呼应，是有一定根据的。

七月　桓冲表请以妻之季父[①]琅邪王荟补江州刺史，谢安欲

[①]《世说新语·贤媛》"桓车骑不好著新衣"条注引《桓氏谱》："冲娶琅邪王恬女。"王恬，王荟之兄。《晋书》卷六五《王荟传》：荟"恬虚守靖，不竞荣利。……桓冲表请荟为江州刺史，固辞不拜"。桓冲后娶颍川庾蔑（庾衮之子）女，见《世说新语·仇隙》"桓玄将篡"条注引《桓氏谱》。

以谢輶代之。桓冲怒，自领江州。这透露桓、谢在共御前秦之时，并未完全消除士族门户之间的矛盾。权翼言东晋"内外同心"之说，意义似亦有限。此事委曲，附考如下。

《桓冲传》冲"表……寻阳北接强蛮，西连荆郢，亦一任之要。今府州既分，请以王荟补江州刺史。诏从之。时荟始遭兄劭丧，将葬，辞不欲出。于是卫将军谢安更以中领军谢輶代之。冲闻之而怒，上疏以为輶文武无堪，求自领江州。帝许之"。按所谓"府州既分"，指江州刺史府与都督府分治之事。桓冲都督七州诸军事，江州包括在内，此时江州刺史不带都督江州诸军事衔，领州而不领军府，即所谓单车刺史[①]。桓冲原以子桓嗣为江州刺史，至是欲以王荟补之。王荟既为桓冲戚属，又以恬退为志，桓冲自然放心，并可借以联络琅邪王氏。中领军谢輶，当即《孙恩传》中的"会稽内史谢輶"。据《宋书》卷六四《裴松之传》，輶为会稽谢氏而非陈郡谢氏。谢安与谢輶有何种关系，虽不可知，要当桓、谢各以己之亲信争夺江州刺史，与四十年前庾怿、王允之竞夺江州，多少有些相似。史传多赞扬桓、谢共御外侮，《通鉴》为此甚至不录桓、谢各以王荟、谢輶竞夺江州之事，掩盖门阀政治所特有的门户利益的矛盾，这种矛盾虽在非常时期亦不泯灭。《世说新语·尤悔》谓桓冲闻淝水大捷，发病死，"谈者以为此死，贤于让扬之荆"。谈者之论，未得确解。我以为其意在说明，如果桓冲不死，桓、谢矛盾在淝水大捷之后终将

---

① 江州府州分治后刺史有时在豫章，见《晋书》卷八五《刘毅传》、《宋书》卷五二《庾悦传》。

爆发而为大乱，因而桓冲令誉也就难得保持。桓冲死，保全了令誉，也使桓、谢矛盾暂得缓和，所以说此死贤于让扬。

八月　前秦大发兵南进，遣苻融、张蚝、慕容晖、慕容垂等步骑二十五万为前锋，陷寿春。东晋以谢石为征讨都督，谢玄为前锋，督谢琰、桓伊等拒之。

九月　桓冲以精兵三千援建康，为谢安所拒。东晋以琅邪王司马道子录尚书六条事。按，前此谢安以中书监录尚书事。强敌入境，正需君臣辑睦之时，朝廷忽然以年方二十的司马道子录尚书六条事，可知权翼所谓东晋"君臣辑睦"也不全确。录尚书六条事始于刘聪时。万斯同《东晋将相大臣年表》以为太元八年九月司马道子受录而谢安未尝罢录，所以是司马道子与谢安共录尚书事，至十年八月谢安死为止。按此说有理。《宋书》卷三九《百官志上》尚书条引东晋康帝时何充让录表，谓成帝咸康中分置三录，"王导录其一，荀嵩、陆晔各录六条事"，此当即所谓分录、共录或参录。《晋书》卷六四《司马道子传》谓道子"少以清澹，为谢安所称"云云，所以道子录六条事可能出于谢安所荐。谢安荐道子，盖以避猜忌而图邀信于朝野。此是谢安作为政治家的高明处。但是从另一方面看来，谢氏拥重兵而居嫌疑地位，众口铄金，才不得不出此以明志，这终究是预伏着的矛盾。淝水战后，谗毁顿起，矛盾就尖锐化了。

东晋自从"王与马共天下"以来，每当一个士族权势鼎盛，必有另一门户俟隙而起，制约它然后取代它。孝武帝太元年间有可能居中制约陈郡谢氏的门阀士族，只有太原王氏。太原王氏家族在王坦之之后一无功业，二无人才，但是可以以外戚地位对孝武帝和司马道子施加影响。司马道子与谢安共录尚书事,就是一个信号,虽然暂时还只是一个微弱信号,表明在南北关系日趋紧张之际,新的一轮斗争,以司马氏与太原王氏的皇权、相权为一方,以方兴未艾的陈郡谢氏为另一方,正在充实势力,逐步展开。这一矛盾,我们将在后面的章节里看到它的发展。

十月　慕容垂拔郧城。按慕容垂五月救襄阳,八月属苻融前锋军在寿春,至是又临荆州,拔郧城,数月之间,奔驰于东西战场。这可证《晋书》卷一二三《慕容垂载记》所说的垂"所在征伐,皆有大功"之说不诬,亦可证东晋军东西策应以调动前秦军的策略奏效。郧城之战发生,或许也是桓冲的又一次策应之举。慕容垂在郧城屯驻,故不预淝水之战而得以保全部众。淝水战后苻坚败退淮北,投慕容垂军,可见慕容垂在淝水战争进行中复东驰次于淮北。又,慕容暐本来也在苻融前锋军战斗序列之中。《慕容暐载记》谓暐为平南将军,别部都督;《苻坚载记》又谓"初,慕容暐屯郧城",淝水战后"暐弃其众奔还"云云。大概慕容暐与慕容垂同属前秦军别部,受命相继自淮南奔赴郧城,后来垂东驰至于淮北,而留暐为郧城守,淝战后暐始北遁。由此可见,这一支数万之众的鲜卑军队是前秦军的重要组成部分,为苻坚所倚重。前秦臣僚王猛、苻融虽然屡以慎重对待为言,要苻坚多加警惕,但苻坚不为所动。论者多认为苻坚淝水之战的失败,主要是由于前秦军队中鲜卑慕容氏和羌人姚氏的反对促成的。我认为战略上似可作此分析,战役上却并非如此。因为战役过程中鲜卑慕容垂和羌姚苌及其所率军队都不在淮淝战场;而且苻坚在淮淝战败后由于获得慕容垂的助力,才得以于洛阳收聚离散十余万众，作为恢复的基础，所以不能说淝战之败是由他们促成。也许其他民族因素起着这种作用，但不是慕容垂、姚苌。至于苻氏前秦政权最后覆亡，则确实是亡于鲜卑和羌人之叛。

十一月　淝水之战。关于此次战争，只需补充指出如下现象。淝水之战是在陈郡谢氏诸兄弟迭为州将的豫州境内进行，东晋的指挥者是谢安、谢石等人，主力军是谢玄所组由谢氏豫州旧将刘牢之率领的北府兵。淝水之战与谢氏家族关系如此密切，以至于谢安在战争胜利后处于功高不赏的地位。由于战后南北矛盾大为缓和，南方内部矛盾有激化的可能性。因此，谢安的功臣地位反而给谢氏家族带来了某种不安。

出于这些复杂的原因，朝廷没有及时地对参战将士论功封赏。或许谢安本人也不愿朝廷颁赏，以免自己成为其时众目所视的政局焦点。直到谢安死后二月，始"论淮淝之功"，封赏有差，见《晋书》卷九《孝武帝纪》，时距淝战之捷已近二年了。据《南齐书》卷二二《豫章文献王萧嶷传》，沈约曾谓谢安"有碑无文"，以为是由于"时无丽藻"。沈约盖因推辞为萧嶷制作碑文而有是言。但是我认为以此解释谢安有碑无文原因，恐不符合实际。唐代李绰《尚书故实》："东晋谢太傅墓碑，但树贞石，初无文字，盖重难制述之意也。"[①] 谢安生前处境困难，其事难以用言辞表述。这种解释，我觉得比"时无丽藻"要实在得多。《晋书》卷九一《徐邈传》："及谢安薨，论者或有异同"云云，可见谢安死后，烦言尚在传播。

---

①　《太平御览》卷五八九引文小异。

太元以来至淝水之战，大事的诠释至此为止。

淝水战后南方内部矛盾复杂。一为上下游即桓氏与谢氏的矛盾。这一矛盾，由于太元九年桓冲死后谢安未并吞其地境，而以桓豁诸子以及桓伊分督荆、江、豫州，妥善解决，"彼此无怨，各得所任"（《谢安传》）。另一矛盾，即司马氏与谢氏的矛盾，在淝战前夕以司马道子与谢安共录尚书事而微有暴露。淝战后久不封赏，较明显地暴露了这一矛盾。加以谗毁迭起，谢安越来越不能自安于中枢职任，不得不于太元九年八月自请北征，并于十年四月出居广陵，八月死。司马道子遂得为扬州刺史、录尚书事、都督中外诸军事，完全排除了谢氏在中枢的存在。这样，谢玄也不能自安于北府之任，加以北伐失利和疾病的原因，于太元十二年正月退就会稽内史职①，十三年正月死。《宋书》卷六七《谢灵运传》载其《山居赋》自注曰："余祖车骑（玄）建大功淮淝，江左得免横流之祸。后及太傅（安）既薨，远图已辍②，于是便求解驾东归，以避君侧之乱③。废兴隐显，当是贤达之心。故选神丽之所，以申高栖之意。经始山川，实基于此。"据

---

① 解北府之职以就会稽内史，即为剥夺兵权，其例甚多，如郗愔、王蕴。《世说新语·言语》注引《续晋阳秋》："及平王恭，〔刘牢之〕转徐州刺史（按据《刘牢之传》，牢之代王恭都督青、徐等州军事，未尝为徐州刺史）。桓玄下都，以牢之为前锋行征西将军。玄至归降，用为会稽内史，欲解其兵"云云。《刘牢之传》："牢之乃叹曰：'始尔便夺我兵，祸将至矣。'"

② 此谓北伐停顿。"远图"，各本皆作"建图"，中华书局点校本据《文选》卷一九谢灵运《述祖德诗》及注引《山居赋》注改。

③ 此指司马道子与太原王氏。

此可知，谢氏始宁山居，当始创于此时。这是陈郡谢氏家族历史发生重大转折的一年。

谢玄解驾东归以至于死，标志着谢氏门户越过了其发展的顶点。从此以后，谢氏家族再未产生真正当道处轴的人物，只是在一个时期内还保留着对北府兵的影响，这通过谢琰的活动可以看出。

谢琰为谢安之子。谢安死后十余年间，即东晋孝武帝与会稽王司马道子主相相持以及太原王氏两支分助主相的这一时期中，谢氏家族人物包括谢琰，均无所作为，这是谢氏家族在政治上受到压抑的结果。隆安元年（397）王恭反于京口，朝廷以琰假节都督前锋军事，领兵征讨。这显然是由于陈郡谢氏门户可以当太原王氏门户，而谢琰与北府又有历史渊源，司马道子欲加利用的缘故。王恭事平，谢琰于隆安三年迁卫将军、徐州刺史，假节。按晋制，假节虽有在军事时期可杀犯军令者之权，但谢琰为刺史假节而不得为都督，毕竟只是单车刺史，与都督徐兖诸州军事的刘牢之相比，势力大不相同。朝廷此授，不过是在王恭事平之后欲以谢琰平衡刘牢之而已。孙恩兵起，朝廷始加谢琰督吴兴、义兴二郡军事以镇压之。隆安三年，谢琰以徐州刺史①加会稽内史、都督五郡军事。到此为止，谢琰始有较大的军事实力。据《谢琰传》，谢琰遂"率徐州文武戍海浦"。"徐州文武"，盖指徐

---

① 据《晋书》卷六四《司马道子传》，翌年谢琰死，道子求领徐州，可知谢琰镇会稽时仍领徐州。参吴廷燮《东晋方镇年表》。

州刺史所率的文武吏①,这是谢氏直接掌握的徐州力量,而不是指在刘牢之手中的北府兵。隆安四年,谢琰战败被杀,谢氏门户力量更衰。此后的谢氏人物,同其他的士族高门人物一样,都不得不陆续投靠出自北府将的刘裕或刘毅,不再能独树一帜,历史上真正的门阀政治,从此就趋于破坏。

门阀政治作为一种消失了的政治格局,在刘宋时还有较强的余波。治国需要知识,而通晓朝典、谙悉人物、具有治国知识的人,在当时只有士族。可以帮助皇帝实现统治的寒门知识分子,其出现并发挥作用还需一段发育时间。刘宋文帝元嘉一朝,决断权无例外地属于皇帝自己,但是朝廷中王、谢士族充斥,大事都有他们插手。文帝为了实现皇权政治,有魄力诛杀前朝顾命大臣徐羡之、谢晦等人。但是《通鉴》元嘉二十八年说:"帝之始亲政事也,委任王华、王昙首、殷景仁、谢弘微、刘湛,次则范晔、沈演之、庾炳之,最后江湛、徐湛之、何瑀之及〔王〕僧绰,凡十二人。"② 这又说明宋文帝的皇权政治,还十分需要士族人物作为自己的拐杖。此后虽然有寒人知识分子逐渐进入历史

---

① 据《晋书》卷八四《刘牢之传》,司马元显约刘牢之背叛王恭,即以王恭位号予之。牢之归朝廷,遂代恭为都督兖、青、冀、幽、并、徐及扬州之晋陵军事。其时王恭之徐州刺史位号则归谢琰。可知谢琰之"徐州文武"并不包括习称北府的京口军府。同传元兴初(402)司马元显将讨桓玄,刘牢之"率北府文武屯洌洲"。可知谢琰的"徐州文武"与刘牢之的"北府文武"不是一回事,有州和府的区别。冯君实《晋书孙恩卢循传笺证》谓谢琰"徐州文武即北府将士",似尚可酌,中华书局,1963年,第30页。

② 胡注:"何瑀之恐当作何尚之。"

舞台，但是门阀士族在文化、社会、政治上的影响依然存在。他们居高位而骄矜作态的表现，在南朝历史上竟比东晋时突出得多。

关于陈郡谢氏，曾有人注意到一个显著的问题，即谢氏人物被孙恩起义群众杀戮的，比其他士族门户都多。谢氏被杀人物之著名者，计有谢安之子谢琰，谢琰之子谢肇、谢峻，谢铁之子谢邈、谢冲，谢冲之子谢明慧等；谢奕之女谢道韫，几与其夫王凝之同死会稽。究其原因，我认为除了孙恩与长期执政的东晋门阀士族的一般矛盾以外，还有孙恩与谢氏的特殊矛盾。谢氏是孙恩起事之时影响最大的一家门阀士族。孙恩起事，首先是反对当权的司马元显，同时也特别仇视其时最有影响的士族谢氏。谢氏家族的经济势力在三吴扩展，也较其他门阀士族要显著一些。所以谢氏人物或居家或为官在三吴者，在孙恩起事的战斗中首当其冲。

据《宋书》卷五三《谢方明传》及《晋书》卷七九《谢邈传》，孙恩起兵地点原拟在以谢邈为太守的吴兴郡而不是以王凝之为内史的会稽郡。孙恩曾为谢邈门下客的从者，往来于吴兴郡中，熟悉谢邈及谢氏家族情况。吴兴起兵因故不果，始改会稽，但谢氏人物死于孙恩之役者，仍以吴兴郡为多。

孙恩起事以后，主要的战场对手，一个是以徐州刺史督吴兴、义兴两郡军事，后来又以会稽内史督五郡军事的谢琰，谢琰不久即被孙恩军杀死；另一个是统领北府兵的刘牢之，而北府兵与谢氏家族关系的密切，是人所共知的。这也是孙恩与谢氏家族矛盾表现得特别尖锐的一个原因。

晋末以来，几家地位最高的门阀士族，以谢氏影响最深，潜力最大，所以谢氏人物参与政治的机会，也较其他家族为多。在晋宋皇权复兴之际，谢氏这样的家族，对于皇权来说，既最有利用的价值，又最具生事的危险。所以自东晋义熙年间刘裕当权以迄刘宋之间，谢氏家族人物被刘宋杀戮者，比其他高门都要多，计有谢混、谢晦、谢灵运、谢综、谢约等人，其中谢混是谢琰之子，谢灵运是谢玄之孙。联系到农民暴动中士族被杀者也以谢氏为多的事实，不能不认为其中有共同的原因。

四　淝水之战与灭吴之战的比较

近几年来，史学界发表了一些关于淝水之战的讨论文章，讨论的中心问题是：前秦苻坚发动的淝水之战，其性质是统一战争呢，还是民族入侵战争？这个问题如果只是在是和否之间选择答案，似乎不甚容易；但是答案如果没有倾向性，似乎也不可以。

我现在打算先将淝水之战与前此的西晋灭吴之战试作比较，探讨其表现的异同；以之为参考，再就淝水之战性质进行分析。之所以这样做，是想以汉末分裂以迄隋统一之前四百年中的南北战争历史作为总的背景，来观察淝水之战，这样也许视野能够开阔一点，分析能够准确一些。其所以这样做，还因为苻坚明确地意识到，他将要发动的战争与西晋平吴之战有明显的联系。

淝水之战是在南北分裂形势下，由北方发动的一次大规模南进战争。在三国两晋南北朝时期，这样的战争还有好多次。早于淝水之战的，有建安十三年（208）的赤壁之战，太康元年

（280）的灭吴之战；晚于淝水之战的，有北魏太平真君十一年（450）的瓜步之战，开皇九年（589）的灭陈之战。这些战争都可以就其某一方面或某些方面与淝水之战加以比较，探索其共同点。但是最为近似的，是一个世纪以前的晋灭吴之战。苻坚作为淝水之战的战略计划蓝图的，正是灭吴之战。

淝水之战的前一年，晋太元七年（382）十月，苻坚会群臣于太极殿，廷议南侵。他驳石越长江难渡之言，曰："仲谋泽洽全吴，孙皓因三代之业，龙骧（按指龙骧将军王濬）一呼，君臣面缚，虽有长江，其能固乎！以吾之众旅，投鞭于江，足断其流。"① 前秦冠军将军慕容垂力促苻坚南侵，即以晋灭吴之战的胜利为理由。他说："孙氏跨僭江东，终并于晋，其势然也。"他认为南进定策，不能筑室道谋。"昔晋武之平吴也，言可者张（华）、杜（预）数贤而已。若采群臣之言，岂能建不世之功？"前秦臣僚同于苻坚之见者是极少数，但是晋灭吴之战的成功有很强的说服力，因此苻坚执意南侵。

其实，苻坚南侵，并非决之于临战之前的朝议。至少在淝水之战七八年前，南侵谋略已经形成。宁康三年（375）七月，秦丞相王猛在临死之前，语苻坚曰："晋虽僻陋吴越，乃正朔相承②，亲仁善邻，国之宝也。臣没之后，愿不以晋为图。"苻坚哭王猛之死，谓太子苻宏曰："天不欲使吾平一六合邪？何夺吾

---

① 《晋书》卷一一三、一一四《苻坚载记》上、下。下引文同此者不注。

② 北方汉人认为江左政权"正朔相承"，不独此时为然。参看《北齐书》卷二四《杜弼传》。

景略（按王猛字）之速也！"苻坚虽重王猛，但不用其不图晋之遗言，而且认为王猛如不早死，终将助己灭晋以"平一六合"。由此可见，苻坚南侵，这时就已决定。它决定于苻坚个人，更决定于整个北方形势。从北方形势看，统一已经完成：370年秦灭燕，燕主慕容㬂降；371年仇池氐杨纂降，吐谷浑入贡；373年秦取梁、益二州，以杨安镇成都，毛当镇汉中，姚苌镇垫江，王统镇仇池，东晋军退据巴东。王猛死于北方及梁、益等地已经混一之后，他观察形势，料定苻坚南侵战争即将发动，所以才有"不以晋为图"的请求。

《高僧传》卷五《释道安传》载苻坚欲平一江左，用晋帝为仆射，谢安为侍中。群臣切谏，终不能回，以道安为苻坚所敬信，请他加以劝阻。苻坚答道安之谏曰："非为地不广，民不足治也，将简天心，明大运所在耳。顺时巡狩，亦著前典，若如来言，则帝王无省方之文乎？"观苻坚的抱负，确是法则前典，以平一六合为己任的。

苻坚在决意南侵之初，认定南侵战争将是一次与灭吴之战相同或相似的"平一六合"的统一战争，并非毫无根据。王猛则从另一方面观察，认为南北之间存在华夷之隔的问题，东晋既然是"正朔相承"之国，苻秦就不应当以兵相图。这当然也是有理。可见淝水之战在其酝酿阶段，就显示了它的两重性质，既像统一战争，又像民族入侵战争。

王猛死后，苻坚开始了南进部署，目标是肃清东晋在汉水、淮水以北的军事势力，牢固控制襄阳、彭城地区，随时准备进入淮、汉以南作战。此时东晋朝廷，已感到来自北方的巨大压力，因而有谢玄北府兵的组建。太元四年前秦占领襄阳、彭城,在西线战场和东线战场都取突进之势。前秦东线得其西线援兵,进入淮水以南,去广陵百里,建康大震。谢玄救三阿,有君川之捷,逐敌于淮北,使京师暂得稳定。但东晋度量彼我军事力量,北胜于南,所以收缩战线,专守淮南。谢玄则总揽青、徐,进一步从事北府兵的组建,以应付东晋建立以来尚未出现过的严重局面。

前秦占领襄阳、彭城以后,南北军事形势与太康元年灭吴之战前夕更加接近。但是,苻坚在具体部署南进兵力时诱发了前秦的内部矛盾。晋太元五年(380),苻坚以镇和龙(今辽宁朝阳,曾为前燕慕容皝都城所在)的征北将军幽州刺史行唐公苻洛为使持节、都督益宁西南夷诸军事、征南大将军、益州牧,镇成都,使他道由伊阙趋襄阳,溯汉水北上,不许他经过长安。苻洛与镇蓟的镇北大将军北海公重联合,举兵反叛。和龙与蓟均鲜卑、乌桓旧地,鲜卑、乌桓虽表示不愿相从反叛,但此事引起关东的不宁是很显著的。苻坚平叛以后,以弟阳平公苻融执政,为侍中、中书监、都督中外诸军事、车骑大将军、司隶校尉、录尚书事,以太子苻丕为都督关东诸军事、征东大将军、冀州牧,镇邺。苻坚又以关东"地广人稀",思所以镇静之,而关中氏人族类"支胤弥繁",乃分三原、九嵕、武都、汧、雍氐人十五万户于诸方要镇,"不忘旧德,为磐石之宗"。于是氐人宗族各领子弟,分镇关东要津①,而关中氐人力量转弱。赵整以歌为谏曰:"远徙

---

① 《晋书》卷一一三《苻坚载记上》及《通鉴》太元五年录氏人宗亲所率出镇氐户之数,合计之远远不足十五万户。

种人留鲜卑,一旦缓急当语谁?"后来的事实证明,这一措施的确没有起到巩固氐族统治的作用。

苻坚为南侵进行的又一项重要准备,是于太元七年改授苻融为征南大将军,以苻朗为使持节都督青徐兖三州诸军事、镇东将军、青州刺史,并以裴元略为巴西、梓潼太守,使密具舟师,作顺流东下之计。这些部署,都是师法西晋灭吴战争的战前准备。

淝水之战前夕,前秦军事形势虽与晋灭吴之战前夕西晋军事形势极为近似,但前秦国内政治形势,由于民族因素的存在,却与西晋很不相同。苻洛、苻重之叛,说明氐族上层中秩序很不稳定。前于此的匈奴刘氏、羯石氏、鲜卑慕容氏,建国以后无一不是由于权贵争夺而内乱不已。氐苻氏的情况完全一样。关东形势特别可虑。氐户东迁,就是出于对关东地区实行民族统治的需要,这当然是对杂处关东的各民族极不信任的表现。关东地区民族分裂的可能性远未消弭。前秦内部的形势既然如此,那就说明尚不存在由前秦进行统一战争的政治条件,如同西晋太康元年所具有的那样。

让我们系统地比较一下灭吴之战和淝水之战这两次相距一个世纪的南北战争,研究一下它们的相同和相异的条件。

这两次战争,兵力方面都是南弱北强,北方又有顺流之利,因而居绝对优势地位。西晋和前秦向南用兵,臣僚都是同者少而异者多。西晋以持异议的贾充为元帅,前秦以持异议的苻融为前锋,这种情况又很相似。两次南北战争相同相似之处不少而结局迥异,是由于相异条件起着更大作用的缘故。

两次南北战争的相异条件是:

第一，两次战争军事准备的周密性大不一样。西晋以羊祜镇襄阳，筹划攻吴，始于泰始五年（269）。羊祜先是"绥怀远近"，又垦田积谷，"至季年有十年之积"，见《晋书》卷三四《羊祜传》。羊祜以王濬为益州刺史，密令修舟楫为顺流之计，始于泰始八年。羊祜的作战方略是咸宁二年（276）确定的，内容是："梁益之兵（王濬、唐彬）水陆俱下，荆楚之众（羊祜）进临江陵，平南、豫州（胡奋、王戎）直指夏口，徐扬青兖（王浑、司马伷）并向秣陵。鼓旆以疑之，多方以误之。以一隅之吴，当天下之众，势分形散，所备皆急。巴汉奇兵（王濬）出其空虚，一处倾坏则上下震荡。"咸宁五年战争发动时，羊祜虽已身死，反对派贾充成为战争的元帅，但五路出兵的方略，据《三国志·吴志·孙皓传》及《晋书》卷三《武帝纪》的记载，与羊祜当年设计者完全相同。可见晋灭吴之战军事上经过十几年的周密策划，充分准备；部署上有正有奇，首尾策应，力求使对方处于被动地位，一处失利则全局动摇。吴丞相张悌率兵三万溯流应战，自知是孤注一掷。他估计形势说："吴之将亡，贤愚所知，非今日也。"胡三省于《通鉴》此处评曰："吴人至此为计穷矣。"

前秦对淝水之战的军事准备，虽然基本上因袭晋灭吴之战的方略，但是极不周密，也未落实。前秦南进军力组成和配置，大致如下：

羽林军三万人，发良家子家富有武艺者组成，这无异是一支长安等地富人的质子军，只能置苻坚中军以备侍从仪卫，没有战斗力量。

前锋军二十五万，由苻融率领，渡淮攻陷寿阳。前锋所部诸军，有的远出作战，如慕容垂、慕容晖率部数万，驰赴郧城。所以在寿阳之兵，确数难于估计，或有十余万众，其中氐人当不甚多。前锋与主力悬隔，没有可靠的后续力量，只能单独作战。

蜀中水师，是战前一年始由巴西、梓潼太守裴元略筹建，与灭吴之前王濬作船七年的准备，是无法比拟的。前秦南进之战开始，苻融受命督前锋军的同时，苻坚以姚苌为龙骧将军督益梁诸军事。《晋书》卷一一六《姚苌载记》苻坚语姚苌曰："朕本以龙骧建业，龙骧之号未曾假人，今特以相授，山南之事一以委卿。"史传以此为姚苌终于在长安建立后秦的谶语。实际情况是，西晋王濬以龙骧将军率水师为奇兵，自益州下，卒扫金陵王气；苻坚以姚苌受龙骧之号入蜀，自然是希望他效法当年的王濬水师，出奇制胜。不过，这只是虚应王濬故事而已。益州水师既未建成，南进部署亦无奇正可言，欲收灭吴实效是不可能的。

前秦主力，据《苻坚载记》言："坚发长安，戎卒六十余万，骑二十七万，前后千里，旗鼓相望。坚至项城，凉州之兵始达咸阳，蜀汉之军顺流而下，幽冀之众至于彭城，东西万里，水陆齐进。运漕万艘，自河入石门，达于汝颍。"《世说新语·识鉴》"郗超与谢玄不善"条注引车频《秦书》则言："众号百万，水陆俱进，次于项城。自项城至长安，连旗千里，首尾不绝。"史传以此称道苻坚出师之盛，百年所未见。实际上这如果不是夸张的话，也不过是一批被驱迫的新发之卒，散处道途，并没有形成战斗能力。苻坚以轻骑八千，兼道奔赴寿阳，而留大军于项城。淝水败后，苻坚北奔，未闻项城大军有何接应行动，次于道中的前秦军亦不闻有何举措。淝水前线崩溃，本来只是战役的失败，但结果却是整个后方军事系统彻底瓦解。苻坚逃回洛阳，沿途所收离散十余万，当包括业已溃乱的苻融前锋军，也包括次于道上之兵。前秦军既然不过是乌合之众，欲对之作周密部署自然是不可能的。这就是强大的前秦军须臾间顿成土崩之势的根本原因。

第二，两次战争比较，发动战争的司马氏和苻坚所恃政治力量不同。还在曹魏之时，司马氏经过嘉平之狱、淮南平叛以及杀曹髦事件，大体结束了曹马之争，从而取得代魏和灭蜀的胜利。《三国志·魏志·王凌传》注引《汉晋春秋》，王凌子王广谓曹爽辈骄奢失民，虚而不治，"虽势倾四海，声震天下，同日斩戮，名士减半，而百姓安之，莫或之哀，失民故也"。按王广即钟会所撰《四本论》中主张"才性离"者，与傅嘏、钟会见解相左，为曹党而非马党，死于王凌之叛。他说曹党失民，反言之即马党得民，这种见于马党对手的言论，绝不会存心贬抑，所以是不会失实的。又，《三国志·吴志·张悌传》载灭吴之战开始以后，吴丞相张悌曰："彼（按指曹魏）之失民，为日久矣，司马懿父子自握其柄，累有大功，除其烦苛而布其平惠，为之谋主而救其疾，民心归之亦已久矣。故淮南三叛而腹心不扰，曹髦之死，四方不动。……其威武张矣，本根固矣，群情服矣，奸计立矣。"这是出自司马氏敌国丞相之口的一段非曹氏而美司马氏的言论，也是不会失实的。反之，在前秦内部，不论政治如何修明，都未能消弭潜在的民族矛盾。民族矛盾的尖锐存在，使前秦不可能具有足以支持大规模南侵战争的政治力量，从而也不可能形成周密的军事部署以进行这场战争。

第三，灭吴之战与淝水之战，就吴与东晋的国势比较，差别也很显著。吴末内乱频仍，朝廷失去重心，已呈瓦解之象，主要靠陆氏家族人物镇上游以为撑持。吴国屡遣人至海外，"求马""益众"，以期加强军队，扩大战骑，但是迄无成效，军事上主动出击于江外，是完全不可能的。吴国在战略上本来只是沿江守险：城石头，作涂塘，遏东兴，置烽燧。蜀亡以后，吴国更是日夕惊慌，如陆机《辨亡论》之言："或欲积石以险其流，或欲机械以御其变。"顺流之敌，防不胜防，吴国完全处于消极被动，等待晋军进攻的状态。至于东晋，政治上、军事上本来不算强大，但自桓温死后，政局大体说来是稳定的。桓、谢矛盾虽然还时有表现，但西线和东线的作战支援毕竟还是主要的事实。东晋一朝国防战略，虽长期有守淮和守江的论争，但东晋实际上一直是设防江外，甚至游军于淮、汉之北，并且在永和以后以迄东晋之末，三次占领洛阳，累计达三十余年之久。所以南宋人袁燮、王应麟鉴古伤时，都赞扬东晋；清人钱大昕也说东晋君臣能"卓然自立"于江左①。仅就吴丞相张悌与东晋元帅谢安的临战表现作比较，也能反映吴和东晋在国运攸关的大战中，应变能力是大不相同的。

概括言之，前秦筹划南进战争，以一百年前的晋灭吴之战为根据，军事部署亦以之为蓝图。这反映苻坚以统一南方为目的，

---

① 分见袁燮《絜斋集》卷六、卷七，王应麟《困学纪闻》卷一三，钱大昕《廿二史考异》卷一八。

战争性质似乎是统一战争。在中国古代历史上，统一了北方的人迟早都要发动南进战争，这主要是统一的历史传统对人们所起的强制作用。《世说新语·识鉴》："石勒不知书，使人读《汉书》。闻郦食其劝立六国后，刻印将授之，大惊曰：'此法当失，云何得遂有天下？'至留侯谏，乃曰：'赖有此耳！'"石勒之时，中国并无南北统一的条件，即令是北方的统一，也难于长期维持。但是宁合不分的愿望却还是深入人心，有识之士，包括有识的少数民族上层分子，都是如此。《苻坚载记下》载苻坚起兵南进前之言曰："吾统承大业，垂二十载，芟夷逋秽，四方略定，惟东南一隅，未宾王化。吾每思天下不一，未尝不临食辍哺。今欲起天下兵以讨之"，云云。以此与前引苻坚欲"平一六合"之言相参，可知当中国北方统一之后，即令是少数民族统一北方之后，也迟早会出现一种箭在弦上，不得不发的形势，逼迫北方统治者，包括苻坚在内，向南进攻。至于南进条件是否真已成熟，能否成功，后果如何，那是另一问题。

  从政治、军事两个方面看来，淝水之战中的前秦显然是远逊于灭吴之战中的西晋，而淝水之战中的东晋从总体上说来，却又强于灭吴之战中的孙吴。由于两次战争条件的不同，晋灭吴之战瓜熟蒂落，水到渠成，而苻坚淝水之战则否。淝水战前，北方的统治秩序远未稳定下来。氐族贵族中权利的分配尚未基本完成；被统治民族激烈对抗氐族统治的形势尚未消失；新的一轮争夺北方统治权的斗争正在酝酿之中。北方民族关系如此，南北政权的民族差异自然是很明显的，这就使得前秦的南进战争又不能不带有民族入侵色彩。关于这个方面，下一节还将详细论述。

所以，从淝水之战与灭吴之战的多方面的比较中可以看到，两者性质既相同，又不同。在我看来，淝水之战具有统一战争和民族入侵战争的双重性质，而主要的一面是民族入侵战争。

这里还要附带陈述如下一个事实：直到20世纪初年为止的中国皇朝历史上，在分裂时期，不管局势中是否掺杂民族因素，也不管民族矛盾是否十分严重，重新统一的任务总是由北方当局完成。即令南方经济力量与北方趋于平衡甚或超过北方，这一事实也不曾改变。应当如何解释这个事实，这里暂置不论。我只是想借这一事实，说明上引王猛谏苻坚所谓东晋"正朔相承"，勿以为图的话，归根结底，不能作为判断淝水之战性质的根据。

苻坚何尝不想争为正统？《朱子语类》卷一三六谓苻坚扫土而来，不计其他，因为"他是急要做正统，恐后世以其非正统，故急欲亡晋"。就这个时期的历史说来，此亦一正朔，彼亦一正朔，正朔并不是不能改变的。自然，东晋正是以正朔相承自居。《颜氏家训·书证》："南方以晋家渡江后，北间传记，皆名为伪书，不贵省读。"据《北齐书》卷二四《杜弼传》，高欢语杜弼曰："萧衍者专事衣冠礼乐，中原士大夫望之以为正朔所在。"这就是说，正朔好像在东晋、宋、齐、梁、陈。但是论国祚，终归还是魏、周、隋、唐，相承相袭。正朔之说，又有什么实际意义呢？

历史的经验是，北方终归要统一南方，关键在于条件成熟与否。等到北方民族关系一旦发生根本变化，质言之，等到北方民族融合发展到相当的水平，北方又积蓄了统一南方的力量，统一战争自然会减少或消失民族征服性质而得以完成，正朔也自然会随之改变,南朝正朔就被北朝的隋取代了。司马光在论及古代历史上正统之争的问题时说:"窃以为苟不能使九州合为一统,皆有天子之名而无其实者也。"① 苻坚发动南进战争,正是受到类似司马光这种思想的驱动。前引石勒以郦食其为失,以留侯为得的思想,实际上也是这样。至于在分裂时期,特别是本文所论的南北双方存在民族差异时期,九州在什么条件下方能"合为一统",那是另一问题,这里不作讨论。

五 北方民族关系与淝水之战性质问题

在上文中,已知淝水之战前夕北方民族融合水平还很有限,从而南北政权的民族差异还很显著。从这一角度立论,我认为淝水之战性质虽不能完全排除统一战争的一面,但毕竟还是以民族入侵战争为主。现在,我想对其时北方民族关系确实还处于紧张而混乱的状态,从而还不存在统一南北的现实可能性这一问题,作进一步的说明,以期充实上文的论点。

近年来所见到的讨论淝水之战问题的文章,大多对于苻坚在北方的政绩印象极深,认为苻坚统治北方的二十多年(约占十六国时期的五分之一),是十六国时期最好的一个阶段。这种印象是有根据的。就民族关系而言,前秦苻坚统治时,有三个方面不同于前此的前赵、后赵、前燕。第一,采取民族绥抚政策,不滥杀被征服民族人民,还尽量礼遇优容他们的统治阶层人物;第

---

① 《通鉴》黄初二年"臣光曰"云云。

二，打击氐族守旧豪帅，使吏治相对说来清平一些；第三，使用汉人士族为朝廷官吏和关东诸州刺史，并且崇尚儒学。这些措施，对于稳定前秦统治，统一中国北方，促进氐族社会的进步，甚至对于组织大规模的南进战争，无疑都起着重大的作用。在十六国时期的民族融合方面，前秦氐人政权所取得的成就，远远超过前此匈奴、羯、鲜卑慕容部建立过的政权。前秦有前此诸国的经验教训可以汲取，有前此诸国的某些成就可以利用，譬如积薪，后来居上。这是前秦取得政绩的一个原因。除此以外，汉化程度较高的苻坚的个人作为，当然也是一个原因，不容忽视。

但是，这毕竟只是十六国时期历史总进程的一个局部，而且在这个局部中，还有一些相反的不利于民族融合的事实，同样需要我们正视。

十六国民族斗争和民族融合的历史，可分为三个阶段。前人常常提到的"胡亡氐乱"，大体上可以作为划分阶段的标志。这就是说，永嘉以后至后赵之亡为第一阶段（311—350）；后赵之亡至淝水之战为第二阶段（350—383，苻坚政绩主要在这个阶段）；淝水之战至北魏统一北方为第三阶段（383—439）。在第三阶段中，"氐乱"始歇，关中、关东、陇右政局又转纷纭，战祸不息，民族斗争出现又一个新的高潮，社会不宁比前两个阶段还要厉害。多少个民族，多少个国家，出现了又消失了，直到酝酿出鲜卑拓跋部建立北魏以及北魏逐步统一北方，才结束了十六国时期所谓"五胡乱华"局面。所有这些第三阶段的情况，都是第二阶段历史的结果。苻坚的治绩不论如何良好，都无法使历史越过这个阶段而达到像北魏中期以后那样的水平。

苻坚的治绩，反映了他所处阶段民族融合的成就，也反映了作为统治民族的氐族的社会发展水平。但是，前此进入中原并建立政权的诸多民族，包括氐族在内，在民族融合的进程中还没有联在一起，还存在严重的隔阂；还有不少边远地区的民族等待着机会独立地进入中原，或者等待着机会就地建立自己的国家以进行政治活动。既然如此，新的一轮民族斗争亦即新的一场动乱，肯定是不可避免的。这就是说，在前秦统治的时候，北方远未成为稳定的地区，由北方统一南方的历史前景并没有真正出现。这个时候的苻坚，与灭宋时的元世祖忽必烈，与灭明时的清世祖顺治皇帝，是大不相同的。这并不是说，苻坚完全不可能取得对南方一次重大战役的胜利（一次战役的胜利，偶然因素有时也能起重大的甚至决定性的作用），而是说在北方尚未稳定的情况下，即令取得一次战役的胜利，也难实现从北方统一南方的历史任务。或者，即令苻坚通过一次战役的胜利消灭了江左政权，也不过是把北方的民族动乱扩大到南方，从而使南北统一根本无法维持。反之，苻坚军事上败于东晋，就立即造成北方分崩离析的后果。根据这些情况，我认为苻坚统治北方所取得的成绩，必须放到十六国历史总的进程中来估量，看到它只是这个总进程的一个局部，而且不是不可以逆转的局部。苻坚的政绩，远不足以改变南北关系中所具有的民族对抗的性质。

十六国的历史说明，一个统治民族，一个民族政权，要消除其民族压迫的表象和内容，往往需要经过一个反复曲折的过程，而且一般不是一次能够完成的。要取得这种成就，统治民族个别上层人物的意愿固然重要，但还要等待统治民族本身进化到一个必要的水平，这需要有足够的时间。而统治民族能否得到足够的时间以完成本民族的进化，又要看是否具有民族内部和外部的安定条件，即本民族内部是否能取得协调而不至于内乱频仍，是否有其他民族至少在军事力量上强大到足以代替这一民族的统治地位。

十六国各个民族政权，其统治者特别是其创业人物，往往具有较强的汉化倾向，往往崇尚儒学，联络士人，以求创业成功。但是不要很久，其民族内部的守旧势力抬头，影响这个政权的政策，这个政权就会出现倒退的趋势。民族政权的统治者，其统治政策归根到底总是要反映整个民族的进化水平。如果民族进化水平还很低下，而统治者要长期稳定地维持一种较高的文治，事实上是不可能的。赵翼《廿二史札记》卷八"僭伪诸君有文学"条，据《晋书·载记》所录十六国统治者爱好经、史、文学的事迹立论说："此皆生于戎羌，以用武为急，而仍兼文学如此，人亦何可轻量哉！"赵翼赞扬"僭伪诸君"个人文化素养之高，都是言之有据的。但是赵翼却没有注意到，这些"有文学"的"僭伪诸君"所代表、所依靠的民族，却处在落后得多的状态。所以正是在这些"有文学"的人的统治下，造成了民族的大灾难，社会的大破坏，而他们本族政权，也往往是在尚未完成其民族进化过程以前，就被其他民族取代了。

有一些"僭伪"之君，在"有文学"方面胜过苻坚，如刘渊"每观书传，常鄙随、陆无武，绛、灌无文"，认为"一物之不知者，固君子之所耻也"。刘渊自称汉王，以继刘禅绍汉自许。但刘渊本人却又是永嘉之乱的罪魁祸首。也有些民族政权，在政绩上不比苻坚的前秦差。如鲜卑慕容廆刑政修明，虚怀引纳，儒学昌盛，路有颂声。但是慕容氏入主关东以后，却又是官贪政鄙，内乱频仍，民族矛盾尖锐，终于很快就被氐人前秦所灭。不论是刘渊的匈奴族，还是慕容廆的鲜卑慕容部，都是在前后成百年的历史中经过许多反复，才逐渐完成其民族进化过程而稳定下来，与汉族及其他各族走向融合，甚至于逐渐消失了作为民族的存在。

至于苻坚的氐族本身，也有它自己的发展经历。氐族与中原华夏族接触极早，又长期与羌族为邻，受汉族和羌族的经济、文化影响较深。但是，氐族从来不是全族基本聚居在一起的民族。他们往往是分散成较小的群体而生活，各有君长，互不统属，住地不一定相连。在较大的范围里，他们则是与汉、羌等族错居。见于史籍的氐、汉交往，往往只是涉及氐族某一较小部分，而不是较大部分的氐人，更不是其整体。这种情况，不能不给氐族的进化带来影响，使其各个部分发展极不平衡。《史记》卷一一六《西南夷传》："自冉駹以东北，君长以什数，白马最大，皆氐类也。"《后汉书》卷八六《西南夷传》谓冉駹"其山有六夷七羌九氐，各有部落"。《通典》卷一八九亦述冉駹东北之氐"君长数十"。《三国志·魏志》卷三十注引《魏略·西戎传》总叙氐人社会，则曰："氐人有王，所从来久矣。自汉开益州，置武都郡，排其种人分窜山谷间，或在禄福①，或在汧陇左右，其种非

---

① 禄福为酒泉郡属县，于地望不合。《三国志集解》卢弼谓禄福为上禄之讹，《汉书·地理志》武都郡有上禄县。《续汉书·郡国志》注谓杨氏所居仇池即在上禄县南。按卢说甚是。

一……各有王侯，多受中国封拜。……其俗语不与中国同及羌杂胡同①。……多知中国语，由与中国错居故也。其自还种落间则自氐语。……今虽都统于郡国，然故自有王侯在其虚落间。"曹操时武都氐五万余落出居扶风、天水界，有些氐人已徙居美阳，接近长安②。这就是说，氐人有小聚居和大错居的特点。所以《苻洪载记》标出苻氏"略阳临渭氐人"，盖亦氐人虚落间王侯，久离武都而居略阳，统于郡县。下云"世为西戎酋长"也只是指部落小帅③，而不是全氐族统一的首领。

　　苻坚祖父苻洪东徙，《通鉴》系之于咸和八年（333），曰："洪帅户二万，降于〔石〕虎，虎迎拜洪光烈将军、护氐校尉。洪至长安，说虎徙关中豪杰及氐、羌以实东方，曰：'诸氐皆洪家部曲，洪帅以从，谁敢违者？'"按这次苻洪建议所徙诸氏，以地域言大概限于关中氐人。石虎乃"徙秦雍民及氐、羌十余万户于关东，以洪为龙骧将军、流民都督，使居枋头。以羌帅姚弋仲为奋武将军、西羌大都督，使帅其众数万，徙居清河之滠头"。据此可知，这次徙民中有汉人豪杰，有氐人和羌人。羌人数万既随姚弋仲居清河，而姚弋仲又拥有西羌大都督的称号，剩下的由苻洪帅以居枋头者，当然只是氐人及汉人，而其中氐人数量多

---

① 此句不得解，历来有异说。《通典》卷一八九谓氐人"其俗语不与中国及羌胡同"，可知《魏略》前一"同"字为衍文。

② 分见《三国志·魏志》卷三〇注引《魏略·西戎传》及同书卷一五《张既传》。《通鉴》建安二十四年胡注谓"诸氏散居秦川，苻氏乱华自此始"。

③ 《晋书》卷一一二《苻洪载记》苻洪"父怀归，部落小帅"，以上世系无闻。

少,史不明具。我们知道刘聪时苻洪自称护氐校尉,后来石虎即拜洪为护氐校尉①;东迁枋头后苻洪反而失去了护氐校尉名号,但称流民都督。这里似可看出,苻洪枋头之众中氐人数量不会很多,至少不会多于汉人。后赵败乱以后,所在兵起,苻洪众至十余万,亦当氐、汉相杂,数量上氐人不会是主体,但武力方面应当主要是依仗氐人。

氐族统治者明白自己在数量上的这一重大弱点,所以苻洪起兵关东时带有三个称号:大将军、大单于、三秦王。大将军是东晋所拜,可用以维系所统汉人,并号令北方其余的汉人;大单于则表示自己有权总统诸胡族。这两个称号都不过是虚张声势而已,最具实际意义的称号是三秦王。苻健悉众入关时,其所依仗的氐人武力既然在部众中只占少数,苻健所拥有的民族武力优势既然并不明显,那么入关以接近本民族的旧地,称王于三秦,就不失为一个稳妥的考虑。

西归氐人并不是一支强大的民族武力,已如上述,关中迤西氐人又多错居不相统属,苻氏亦难得其死力。西归氐人之中,有许多长老、功臣恃旧不虔,事端迭起。例如"始平多枋头西归之人,豪右纵横,劫盗充斥"②;氐豪樊氏有大勋,"负气倨傲"③;苻健皇后强氏之弟强德"昏酒豪横,为百姓之患"④;等等。这

---

① 《太平御览》卷一二一引《十六国春秋·前秦录》。
② 《晋书》卷一一四《苻坚载记下》附《王猛传》。
③ 《晋书》卷一一三《苻坚载记上》。
④ 《晋书》卷一一三《苻坚载记上》。

也在一定程度上削弱了苻氏的统治力量，甚至于在稍后形成频繁的内乱。东晋隆和三年（365），前秦淮南公苻幼袭击长安。太和二年（367）苻坚兄弟辈赵公苻双、晋公苻柳、魏公苻廋、燕公苻武等联合叛乱，分兵谋攻长安。东晋太元五年（380），北海公苻重、行唐公苻洛叛；七年，东海公苻阳叛。等等。

除此以外，羌人部落亦数为叛乱。特别值得注意的是，叛乱的羌人部落，甚至联结作为统治民族的氐人为援。太和元年，羌人敛歧①率部落四千家叛，失败后投奔氐人聚居的白马。太元元年前秦克凉州后，议讨"西障氐羌"。苻坚曰："彼种落杂居，不相统壹，不能为中国大患。宜先抚谕，征其租税。若不从命，然后讨之。"由于前秦部将纵兵大掠，苻坚斩前锋"以谢氐、羌，氐、羌大悦，降附贡献者八万三千余落"②。凡此诸事，说明有些氐人部落不但不臣服于氐人的前秦政权，而且宁随与其杂居通好的羌人共同反抗前秦。前秦征服不宾，也把这些氐人部落视同异族，有时甚至氐、羌并讨。

前秦仿照汉、前赵、后赵徙民畿甸的办法，向关中迁徙被征服族的人民，以图就近控制。太和五年秦灭前燕，徙慕容暐及其王公以下并鲜卑四万余户于长安。咸安元年（371），苻坚又徙关东豪杰及诸杂夷十万户于关中③，此次所徙，当包括汉族豪强

---

① 敛歧曾为姚襄右部帅，见《晋书》卷一一六《姚襄载记》。
② 《通鉴》太元元年。
③ 《通鉴》咸安元年"十万户"作"十五万户"。又《通鉴》咸安二年记苻坚用慕容垂之言，使"燕之诸王悉补边郡"。

以及前赵、后赵、前燕贵族在内。所以当苻融谏阻苻坚南进时，表示甚以鲜卑、羌、羯"布诸畿甸""攒聚如林"为忧。特别是鲜卑贵族"列官满朝，执权履职，势倾劳旧"①，足以与氐人贵族功臣相颉颃。太元元年（376）秦灭前凉，又徙前凉豪右七千余户于关中。前秦所徙于关中者，除汉族外，大概都是分土定居，但并非一同编户。他们当是在其原有酋帅统领下，维持着军营组织。这些人无事则已，有事必为乱阶。所以当苻坚南侵失败后，鲜卑、羌以及丁零、乌桓等族首领，很快就树立起各自的民族旗号，参与权力的竞逐。

氐族人数不多，而前秦地境又不断扩大，这样就产生了一个迫切问题：究竟应当把极有限的氐人放在哪里，才能最大限度地发挥民族统治的效益？从事态发展中我们可以看到，当时有两种相反的意见，一种认为氐户应当集中留居关中以控局势，一种认为应当布列藩镇以固四方。由于幽州苻洛、苻重之叛，苻坚决策分散氐户，乃有上文所述氐户出镇之事。

氐户居中居外的争议导源于氐户稀少，并非新出问题。《苻坚载记下》说，苻坚初即位时，新平人王彫陈说图谶，有"氐在中，华在表"之文，请据以"徙汧陇诸氐于京师，三秦大户置之于边地"。所谓"华"，所谓"三秦大户"，除关中旧户外，当包括自各地徙居关中的汉族豪强，甚至包括久居关东而被苻秦徙置关中的诸族酋豪。这实际上与魏晋以来邓艾、郭钦、江统诸人的"徙戎"理论相同，只是华夷内外互换位置罢了。王彫以

---

① 《晋书》卷一一三《苻坚载记上》。

左道惑众诛，刑前犹曰新平应出"帝王宝器"，并云"出于壬午之年"。后来果然有"新平郡献玉器"之事，《载记》谓"至是新平人得之以献"，车频《秦书》谓此事在壬午年①。壬午为太元七年（382），而氐户分成方镇为两年以前之事。由此可见，图谶之说代表安置氐户的一种政治见解，并非无稽之谈。新平人王彫熟知关陇民族杂乱的局势及氐族有限的统治能力，深以为虑，所以有图谶徙户"氐在中，华在表"之说。苻坚虽未从王彫之请，但以献玉器事证明王彫言而有征，追赠光禄大夫。王彫既获追赠，他的"氐在中，华在表"的政见当然不能再以"左道惑众"视之。如果是这样，则新平献器与氐户出镇的决定就是一个矛盾的表现，这个矛盾正反映了苻坚由于氐户稀少，前秦统治力量薄弱而举棋不定，左右为难②。

苻坚在相当困难的情形下，居然能够统一北方，深入益州，囊括西域，不能不说是一个极突出的成就。成就的取得，是与苻坚的民族政策的成功分不开的。苻坚堪称十六国时期的一个卓越人物，这一点我与史学界时下的普遍意见是一致的。

但是，如前所论，通过民族斗争达到民族融合，在经济、文

---

① 《太平御览》卷七五六引车频《秦书》谓苻坚建元十八年新平人耕地获玉器。按苻坚建元十八年岁在壬午，即东晋太元七年。

② 苻坚对于谶纬，本无一定态度。他曾有谶纬之禁，犯者弃市，尚书郎王佩读谶，杀之，《通鉴》系之于太元三年。可是苻坚季年为慕容氏所困，又信"帝出五将久长得"之谶而奔干五将山，并干姚苌求传国玺时斥之曰："图纬符命，何所依据？五胡次序，无汝羌名。违天不祥，其能久乎！"洪迈《容斋三笔》卷七"光武苻坚"条可参。

化水平低下，交往条件落后的时代，不能不是一个漫长的反复的过程。当卷入这一潮流的民族较多，这些民族又都处在活力旺盛的阶段，它们卷入这一潮流的步骤又参差不齐的时候，过程尤为漫长，尤为曲折。苻坚统治的二十多年时间，并不足以消除北方各民族之间的隔阂，从而也不足以消除南方政权与北方政权之间的民族隔阂。如果说苻坚淝水之战的失败，军事上有某些偶然因素的话，那么苻坚败归洛阳时众犹十余万而不能阻止前秦的瓦解，而且瓦解前秦的正是前秦朝臣所虑的鲜卑人和羌人的武力，这种情况就不能一概视之为偶然了。

《魏书》卷四七《卢渊传》孝文帝诏答卢渊表曰："曹操胜袁，盖由德义内举；苻坚瓦解，当缘立政未至。"这也是就前秦内部原因来解释淝水之战的胜负。北魏去前秦未远，国内形势多有可比之处，所以判断是比较可信的。至于"立政未至"，我以为最主要的莫过于缺乏比较稳定和谐的国内民族关系。

我们可以说，苻坚之兴，兴于他缓和了民族矛盾；苻坚之败，败于他远未消弭民族矛盾。民族矛盾在相当程度上被他的民族政策的成就暂时掩盖起来。苻坚所以兴又所以败，这两个方面的关系，制约着我们对苻坚个人和对苻坚所发动的淝水之战的评价，我们要辩证地加以理解才行。

这样说来，北方的民族关系究竟要发展到什么程度，才能使北方的南进战争具有完全的统一战争的性质呢？这个问题必须参考后代的历史事实来加以思考。北魏历史中的民族融合过程可以给我们重要的启示。

北魏太武帝拓跋焘一朝历史，有可以与前秦相比较的地方。

苻坚以后北方再次统一，完成于拓跋焘之时。拓跋焘兴太学，征儒生，罢功臣，改律制，使北魏政权初具上国规模。《南齐书》卷五七《魏虏传》评论说："佛狸（按即拓跋焘）已来，稍僭华典，胡风国俗，杂相揉乱。"自南人视之，北魏政权正处在较显著的汉化过程之中，趋势与前秦政权相近似。北魏于此时兴动南进之役以求统一中国，似乎与苻坚南侵一样，也有一些历史的理由。但是太平真君十一年（450）拓跋焘自瓜步战场北归时致盱眙城中宋将臧质书曰："吾今所遣斗兵，尽非我国人（按国人指鲜卑拓跋部人）；城东北是丁零与胡，南是三秦氐、羌。设使丁零死者，正可减常山、赵郡贼；胡死，正减并州贼；氐、羌死，正减关中贼。卿若杀丁零、胡，无不利。"[①] 北魏军中包含的民族矛盾，竟是如此惊人。这种矛盾在淝水之战中当是同样存在的，只是没有留下典型材料来表现罢了。我们可以推见，第一，苻坚政权和拓跋焘政权，汉化趋势是一致的，民族融合的趋势是一致的，尽管程度上容有不同；第二，苻坚、拓跋焘南进战争失败于民族矛盾无法克服，也是一致的，尽管表现的隐显程度颇有差别；第三，苻坚、拓跋焘的南进战争同样具有统一战争和民族入侵战争双重性质，尽管这两种不同性质在两次战争中各占的比重可能不尽相同；第四，这两次战争虽然同具统一战争的性质，但毕竟以民族入侵战争性质为主；第五，这两次战争有如此多的相似条件，所以同以失败告终，尽管败局造成的后果并不一样。

值得我们注意的是，瓜步之战中作战双方都以苻坚和淝水之

---

① 《宋书》卷七四《臧质传》。

战为鉴,拓跋焘重在汲取苻坚战场失败的教训,而宋人一方则重视苻坚成功的一面。《宋书》卷九五《索虏传》北魏太武帝拓跋焘遗宋文帝刘义隆书曰:"我亦不痴,复不是苻坚……"云云。同书卷七四《臧质传》臧质致拓跋焘书曰:"尔识智及众力,岂能胜苻坚邪?"作战双方都如此重视苻坚及淝水之战,正说明瓜步之战以淝水之战为前车之鉴,说明这两次战争确有许多可以相比之处。

只有在孝文帝拓跋宏完成了鲜卑拓跋部和北魏政权的一系列改革以后,南北战争的性质才有可能发生具有根本意义的变化,越来越以统一战争为主。孝文帝的改革继承了十六国以来长期民族融合的成果,同时又给民族融合以极有效的新的推动。这一时期的民族融合,具有广泛而深刻的内容,关系到语言、文化、习俗以至于经济生活。《魏书》卷六五《李平传》说到鲜卑部人自代迁洛,资产殆罄,"自景明以来,差得休息,事农者未积二年之储,筑室者裁有数间之屋,莫不肆力伊、瀍,人急其务。实宜安静新人,劝其稼穑……"李平的话本来是诉说迁洛的艰难,但实际上却说明了迁洛的代北人已经固着于中原土地之上,稳定于中原的农耕生活,这正是影响于民族融合各个方面的可靠基础。在文化习俗方面,这种民族融合的现象,到南北朝后期也已经很显著了。

南北朝后期,北方的某些鲜卑统治者和居高位的汉族士人,熟悉和仰慕江南文化,相当突出。《魏书》卷一二《孝静帝纪》记帝被逼禅位高洋时,"下御座步就东廊,口咏范蔚宗《后汉书赞》(按指该书《献帝纪赞》)"云云。这是鲜卑皇帝脱口能咏南方所出典籍之例。北士就更有甚焉。《颜氏家训·文章》记北齐文士邢邵特重沈约,魏收则特重任昉。《北齐书》卷三七《魏收传》载"〔邢〕邵又云:'江南任昉文体本疏,魏收非直模拟,亦大偷窃。'收闻乃曰:'伊常于《沈约集》中作贼,何意道我偷任昉?'"邢、魏各以所宗江南文体非毁对方,甚至各有朋党。

此一时期,南北政权互遣使节通好,至为频繁。双方皆妙选行人,必求容止可观,文学优赡者始得充任。南来的北朝使节,皆为汉族高门人物,而非鲜卑子弟。这一方面的情况,《廿二史札记》卷一四"南北朝通好以使命为重"条已详备言之。赵翼看到南北双方都借使命以增国光这一现象的突出,至于这一现象所反映的北方政权汉化的水平以及南北政权民族差别的逐渐泯灭,赵翼当然不甚了了。

北方各族人民逐渐稳定于中原的农业经济生活,南北文化风尚逐渐趋于一致,这是北方民族融合的真实反映。当这种情况出现并在广度和深度上继续发展的时候,如果再要发生北方南进战争的话,一般说来这种战争将具有比淝水之战、瓜步之战更多的统一战争的成分,是毫无疑义的,至少在理论上必然如此。当然,这绝不是一蹴而就的事,而是一个复杂、漫长的历史进程。而且通过战争完成南北统一,还须有充分的实力准备①。

---

① 北方的民族融合,是实现统一的必要条件,但还不是充分条件。此处只是据必要条件而言。具备这种条件而又能实现统一,另有其他条件。此问题只能就每次战争的许多情况加以具体分析,这不是本文所拟探索的问题,姑置不论。

但是，客观的历史进程，比我上面所分析的还要复杂，还要漫长。鲜卑拓跋部的主体部分虽然已经以编户形式进入中原，在农业生活的基础上加速了与汉人的融合，但居于北面边疆地区更为落后的鲜卑族和其他各族人民，却仍然没有在较大程度上改变过去那种闭塞、孤独状态。他们在民族融合方面还有一段更长的曲折道路要走，这表现为六镇起义，表现为北齐、北周历史的反复。当这最后一批闭塞、孤独的鲜卑拓跋部人也卷入了中原民族融合的洪流而使社会水平得到提高，赶上鲜卑拓跋部的主体部分，又经过大半个世纪的稳定和巩固以后，进入北方的各民族之间以及每个民族的各部分之间的隔阂就大大减少，而且不可逆转。从"五胡乱华"开始的这一回合的民族融合大体完成了，南北政权间的民族对抗性质也因此更为淡化。等到酝酿出隋灭陈之战的时候，这场战争就完全成为统一战争，民族入侵性质也完全消失。这次统一战争的成功，主要不是决定于隋朝统治者杨氏个人及其族属，而是决定于北方各民族融合水平的提高和南北政权民族界线的泯灭。到了这时，所谓江东正朔相承的问题，也再没有人道及了。以隋灭陈之战与瓜步之战和淝水之战相比，民族关系的实质变化导致战争性质的变化，是一目了然的。

陈寅恪先生留意从十六国以来历史总进程的角度观察重大的历史问题。他在论证宇文泰"融合复杂民族"而推行其"关中本位政策"问题时说道："在此之前，秦苻坚、魏孝文帝皆知此意（按指'融合复杂民族'）者，但秦魏欲以魏晋以来之汉化笼罩全部复杂民族，故不得不亟于南侵，非取得神州文化正统所在之江东而代之不可,其事既不能成,仅余一宇文泰之新途径而已。"① 我对陈先生卓见所拟补充解释的是,苻坚、孝文帝、宇文泰都推行其实质是汉化的民族融合政策,他们是在北方民族关系发展的不同阶段上推行此政策的卓越的代表人物。宇文泰后来居上,以其所处特殊历史条件而将汉化缘饰之为带有胡化表象的"关中本位政策",取得了积极成就,影响及于隋和初唐。北方民族融合上升到高水平,南北民族隔阂日益淡化,南进战争就日益表现为统一战争。南方日弱的政权丧失了民族斗争这一抗御北方入侵的精神武器,北方发动统一战争也就得以水到渠成。灭陈战争的成功完成于隋,但包含了苻坚、孝文帝、宇文泰所做的贡献,其中宇文泰的贡献更为直接,更易于被观察到。

比起淝水之战和瓜步之战,隋灭陈之战的性质变化了,所以隋的军事统一可以巩固下来。统一以后,经济、政治和文化得以朝积极方面发展,人民处境能够有所改善,中华民族又重新走向兴旺之路。这一切,反过来又成为巩固统一的条件。甚至于隋的速亡,也没有导致分裂的再现。

通观三国两晋南北朝时期的南北战争,似乎可以归结为如下一种认识。由于中国历史具有统一的传统,凡是统治北方的势力,都认为分裂是不正常的暂时现象,都不自安于南北分裂状态,都企图南进以求统一。反过来看,南方的政权,大体也是这样。

从北方发动的南进战争说来,情况有两类,以是否存在民族

---

① 陈寅恪《唐代政治史述论稿》(上海古籍出版社,1982年)上篇。

对抗问题为区分。赤壁之战与灭吴之战为第一类，它们不存在民族对抗问题。赤壁之战是灭吴之战的始初形态，灭吴之战是在具备充分条件的基础上完成了赤壁之战的战略目的。淝水之战、瓜步之战、灭陈之战为第二类，它们存在或者说本来存在民族对抗问题。淝水之战和瓜步之战是灭陈之战的始初形态，灭陈之战是在具备了充分条件，首要的是北方民族融合条件的基础上，完成了淝水之战和瓜步之战的战略目的。第二类南北战争，当民族融合条件并不具备或不充分具备的时候，就会在不同程度上呈现民族入侵性质，就会扩大民族矛盾。淝水之战是这样，瓜步之战也是这样。

　　第二类南北战争，由淝水之战、瓜步之战直到灭陈之战，战争性质转化的完成，经历了长达二百年的时间。如果追溯到永嘉乱后南北对立的形成，时间更要长久。这主要是由于北方民族关系特别复杂的缘故。卷入这场长期的社会变迁的民族多，兴败频繁，因而代价很大。但是，后果也堪称丰硕。《通鉴》晋太元二十一年七月条胡注曰："呜呼！自隋以后，名称扬于时者，代北之子孙十居六七矣。"胡三省借古抒怀，我们自不必拘泥于他的胡汉之见，也不必拘泥于他在此处所做的数量估计是否完全准确。但是单就这一突出事实而论，十六国以来中国北方民族融合的历史成果，也是十分可观的。

　　这个时期以后，中国皇朝历史上还有过契丹人、女真人、蒙古人、满洲人入侵和统一北方的事，其中的女真人、蒙古人、满洲人都曾由北方入侵南方，而蒙古人和满洲人都曾完成过统一中国的事业。蒙古人灭南宋，满洲人灭南明，都是由入侵战争转变为统一战争。由于这两次战争,每次主要只牵涉对抗着的两个民族,入侵者背后没有紧接着出现军事力量更为强大的第三个、第四个民族的干扰,所以过程比较简单,比较短促,我们只能在理论上承认战争性质的逐渐转变,而难于确指这一转变的契机何在,标志是什么,出现在何年何月。虽然如此,我们仍然只有从战争性质的两重性即入侵战争和统一战争的变化来分析,才能解释清楚宋元之际和明清之际的一些历史现象。

中国古代这一类型的南北战争的两重性的分析,并不一定妨碍我们对每次战争的正义性和非正义性的区分,如果必须对古代战争作这种区分的话。因为两重性不是均匀地存在于每次战争之中,也不是均匀地存在于一次战争的整个过程之中。不过,如果承认对这种类型战争的两重性的分析是可取的,就不应把每次战争的性质看得纯粹又纯粹。须知,这一类型的战争毕竟是中国境内各民族之间的战争,而各民族通过各自的途径,都在创造着这个国家的历史。与外敌入侵相比,这种类型的战争,归根到底还只能说是中国历史上的内战。自然,这种内战往往给各族人民造成极大的灾难。我们知道,阶级社会中历史的进步,本来就是以人民的痛苦为代价来取得的。

门阀政治的终场与太原王氏

一 小 引

东晋门阀政治中起过重大作用的士族,在琅邪王氏、高平郗氏、颍川庾氏、谯国桓氏、陈郡谢氏之后登上舞台的,是太原王氏。

太原王氏影响东晋政局的时间,是在淝水战后至桓玄之叛的约二十年中。由于淝水战后司马皇室力图振兴皇权和相权,由于太原王氏作为当政的士族已经没有兵权和足为时局重心的人物而不同于前此的王、庾、桓、谢诸族,所以太原王氏只能是依附而无力超越皇帝(孝武帝)或相王(会稽王司马道子)的权威而起作用。我们可以说,太原王氏居位的门阀政治,实际上是回归皇权政治的过渡的一步,是东晋严格意义的门阀政治的终场。

历史的发展往往多有反复,特别是在其转折时期。行将退场的门阀士族阶层并不愿意就此退场,所以有桓玄之叛成为门阀政治的回光返照。力图振兴的皇权不可能在业已腐朽的司马氏皇族手中得到振兴，因而有刘裕等人物之起，成为门阀政治的"掘墓人"①。刘裕还担当了重建专制皇权的历史任务。桓玄之叛与刘裕之起，又与太原王氏两派的矛盾，以及与太原王氏两派所分别支持的司马氏皇权和相权的矛盾，有直接或间接的关系。

太原王氏，总的说来始终是依附于司马氏皇权或相权而发展。这家士族在东晋门阀政治中的地位，远不如前此居位的各家士族重要，因而不甚为史家所注意。其实就东晋居位擅权的各个门阀士族而言，其家世的渊源和门第的显贵，只有琅邪王氏可以和太原王氏相比。这两个王氏家族，一个佐东晋以兴，一个伴东晋而灭；一个开门阀政治之端，一个附门阀政治之尾。也许我们可以借用"王与马共天下"之语，来说明东晋一朝的门阀政治以门第最贵的王氏家族始，也以门第最贵的王氏家族终。不过这样一来，"王与马共天下"的意义就超过了谚语原来意义的范围，而成为谶语了。

二 "𩲡王"世家

太原王氏始显于曹魏时的王昶。王昶后人显于西晋者为昶子浑的一支，显于东晋者为昶子湛的一支，如下所示：

$$
昶 - \begin{cases} 浑—济 \\ 湛—承—述—坦之…… \end{cases}
$$

---

① 作为门阀政治的"掘墓人"，孙恩、卢循的作用与刘牢之、刘裕一样，虽然刘牢之、刘裕是孙恩、卢循战场上的敌人。此点下章将评论。

曹魏时王昶之后的两支分别显达于西晋和东晋，有一定的历史原因。

王昶子浑，以灭吴之功为西晋重臣，死于元康七年（297）。王浑子济，尚武帝姊常山公主①。《世说新语·言语》"王武子、孙子荆各言其土地人物之美"条注引《晋诸公赞》，谓王济"有俊才，能清言"，是称著中朝的玄学名士。王济和叔父王湛，都是标志太原王氏向玄学大族转化的重要人物，但是这两支后人的发展却很不相同。

王昶、王浑、王济，是太原王氏在中朝的嫡宗、北方的华族。他们祖孙三代，都与并州匈奴贵族刘氏关系密切。《晋书》卷一〇一《刘元海载记》，谓刘渊七岁遭母忧，哀感旁邻，司空太原王昶等闻而嘉之，并遣吊赙。刘渊生于魏嘉平中，七岁当魏正光、甘露之际。此后太原王氏与并州匈奴刘氏遂为通家，王昶之子"王浑虚襟友之，命子济拜焉"。②魏末咸熙中，刘渊为匈奴任子在洛阳。入晋，"泰始之后，浑又屡言之于武帝"。王浑答晋武帝问，谓刘渊其人不但仪容机鉴过人，而且文武才干远远贤于由余、金日䃅，力言"若任之以东南之事，吴会不足平也"。齐王攸对刘渊曾有所怀疑，请武帝除之，王浑反对甚力。

---

① 据《文选》卷五八王俭《褚渊碑》注引王隐《晋书》。王伊同《五朝门第》附世系表误作武帝女。

② 唐长孺《魏晋南北朝史论丛》（生活·读书·新知三联书店，1978年）中《魏晋杂胡考》一文，考王济年龄与刘渊相近或略长，怀疑王济拜刘渊这条材料的真实性。但唐先生否定《晋书·载记》所记刘渊事迹过多，认为是因袭前赵史官的假造，似尚可酌。

他说:"元海长者,浑为君王保明之。且大晋方表信殊俗,怀远以德,如之何以无萌之疑杀人侍子,以示晋德不弘?"《晋书》卷一〇二《刘聪载记》,刘聪年未弱冠,"太原王浑见而悦之,谓元海曰:'此儿,吾所不能测也。'"晋怀帝被掳平阳,刘聪谓曰:"卿为豫章王时(按司马炽封豫章郡王在太熙元年,即290年),朕尝与王武子(济)相造,武子示朕于卿,卿言闻其名久矣。"

太原王氏王昶以下,昶、浑、济三代数十年中,均与匈奴刘氏关系特殊,是出于什么动机呢?刘渊自己曾有解释说:"王浑、李憙①以乡曲见知,每相称达。"其实更重要的原因,是匈奴刘氏在并州势力非常强大,一则与并州望族利害相关,二则于西晋朝廷举足轻重,所以并州望族官僚与之曲意相结,以求缓急得其助力,这远远不止是出于乡曲提携。匈奴五部之众,王济请委以平吴之事,李憙则议用之勘定秦凉。可见这是一支朝廷瞩目的重要军事力量。王济、李憙之议虽未成为事实,但是不久以后,镇邺的成都王颖用以抗东海王越之弟东瀛公腾之师,终于使匈奴刘氏势力介入中原政争,使胡骑驰骋中原之局一发而不可复止。八王之乱末期,在纷纭局势中逐渐形成以成都王司马颖、匈奴刘渊、羯石勒等为一方,东海王司马越、鲜卑拓跋部、鲜卑段部等和"乞活"为另一方的尖锐对立,然后又形成由司马越势力派生出来的江左司马睿政权,并出现江左政权坚决不与党附司马颖

---

① 李憙,上党人。咸宁中秦凉多事,李憙建议"发匈奴五部之众,假元海一将军之号,鼓行而西,可指期而定"。见《刘元海载记》。

的刘、石通使的国策。推究渊源,不能不说太原王氏王浑父子曾在其中起了一定的作用①。

司马睿初建的东晋政权,既然由于历史原因,一贯仇视刘、石,那么,对于太原王氏长期与匈奴刘氏有深交的王济一支,自然是不能相容的。所以王济兄弟子侄不闻仕于江左,王氏嫡宗的这一支门望遂衰②。

在东晋门阀政治中最后登上舞台的士族太原王氏,不是出于王济后嗣,而是出于其家族中与匈奴刘氏没有瓜葛的另外的支脉,即王湛一支。陶潜《群辅录》谓太原王氏"五世盛德,闻之于故老",所列五世为昶、湛、承、述、坦之。《三国志·魏志·王昶传》昶"为兄子及子作名字,皆依谦实以见其意,故兄子默字处静,沈字处道,其子浑字玄冲,深字道冲",并作书诫之,欲其"立身行己,遵儒者之教,履道家之言","宝身全行,以显父母"云云。所以故老传闻以王昶为王氏盛德之始,是有据的。又同传注引《晋书》亦曰:"昶诸子中湛最有德誉,而承亦自为名士,述及坦之并显重于世,为时盛门云。"这也就是

---

① 八王之乱后期,出于太原王氏的幽州刺史王浚,曾与司马越同抗司马颖,是一例外。王浚父王沈为王昶从侄,与王济血属已疏。王浚在幽州,与鲜卑为邻,遂结鲜卑以自固,因而就站到了司马颖和刘、石的对立面。王浚贱出,无学术,在士族名士中无地位。他后来被石勒所杀,后嗣无闻。参《晋书》卷三九《王沈传》《王浚传》。

② 据《晋书》卷四二《王济传》,济无嫡嗣,庶子二人均不显。济二弟并历清显,时在中朝。

故老传闻的所谓"五世盛德"[1]。

《群辅录》及《魏志·王昶传》裴注述及太原王氏门户承籍,王昶或王浑以下,只列江左诸人物而不及中朝的王济,显系东晋史乘以王济行事为讳。王济别无功业,又早卒。从实际说来,太原王氏家族如无王浑的功业位望,只凭"盛德""德誉",是断难维持其家族地位于不坠的。不过,玄学名士,乐道"得鱼忘筌","忘筌"之旨,在于"得鱼"。只要王氏家族地位得以维持,祖辈行事如何,自然可以淡化,太原王氏遂不必标榜先人功业,而只说"盛德"传家了。

王湛后嗣得显于江左,除了上述与匈奴刘氏没有瓜葛以及有"盛德"之誉外,还有一个同样重要的原因,即王承与司马越有密切关系。王湛、王承父子都是受到时人称道的玄学名士。王承弱冠,王衍曾比之于乐广。《王承传》曰:承"值天下将乱,乃避难南下,迁司空从事中郎(按其时司空为东海王越),豫迎大驾,赐爵蓝田县侯。迁尚书郎,不就。东海王越镇许,以为记室参军"。所谓"天下将乱",盖指邺(成都王颖所在)、洛(东海王越所在)之间酝酿大战之事。"避难南下"者,盖指东海王越

---

[1] 《世说新语·德行》"王仆射在江州为殷桓所逐"条注引《晋中兴书》曰:"自王浑至坦之六世盛德"云云,世次与本文所引各条史料均不合。李慈铭《越缦堂读书简端记》(王利器纂辑,天津人民出版社,1980年)第225页云:"按王浑当作王泽。……《晋书·王绥传》云:'自昶父汉雁门太守泽,已有名称……'"按李氏之说甚是。泽—昶—湛—承—述—坦之正六世。"六世盛德"之说不含王浑而含王泽,与自昶至坦之"五世盛德"之说可以相容不悖。

于荡阴败后逃奔下邳之时，其时王承亦南出洛阳，旋入司马越府。由此可知，王承追随司马越，是在司马越处于危难之际。所以王承本传又谓司马越对王承"雅相知重"，敕世子毗以承为师。几年以后，司马越又以王承为东海内史，出掌司马越封国政事。

王承与司马越的关系既然如此之密切，王承过江后司马睿甚见礼待，就是必然之事了。本传谓"渡江名臣王导、卫玠、周颛、庾亮之徒皆出其下，为中兴第一"。王承获得这样高的评论，除了人物风流的原因以外，当更由于他与江左政权的历史渊源。王承在江左，仕履未达而早死。《晋书》史臣赞王承"虽崇勋懋绩有缺于旂常，素德清规足传于汗简"。旂常，诸侯用之以纪功受勋的旗帜。"有阙于旂常"，盖言王承无功勋足纪。王承有德而无事功，但是历史渊源却是重要的政治砝码。这种家族背景，使太原王氏的这一支脉得以在东晋上层社会中占有地位，可以待时而显。王承子王述，虽然与其祖王湛一样少有隐德，人谓之痴，但终于在桓温见逼之时代殷浩为扬州刺史。王述刺扬州，又为其子坦之贵达，以及为坦之诸子操持政柄创造了条件。

东晋当轴处政的门阀士族，或者是凭借与司马越的历史关系，如琅邪王导、颍川庾亮、陈郡谢鲲、太原王承；或者是由于南渡后的特殊建树，如高平郗鉴、谯郡桓彝。只有这样，他们才得以尊显于朝，据有门阀政治中的一个特定位置。没有一个士族，只是单凭先人在中朝的官宦权势，而自然得到东晋门阀政治中最有权势的高位。所以太原王氏的王承及其后人，只需凭借与司马越的历史关系，标榜"盛德""德誉"，即可立足于东晋的上层社会。至于所谓王氏“五世盛德”云云，也不过是太原王氏高自标置之词，并没有什么可以称道的事实流传下来以为“五世盛德”的证明，至少《世说新语·德行》中一件也见不到。

以“五世盛德”标榜太原王氏门第之说，不但煽扬于江左，而且影响到了北方。王湛六世孙、王坦之曾孙王慧龙，东晋末年避刘裕之逼而出奔后秦，又奔北魏。王慧龙北奔，身无信物，来历难明，所以《魏书》《北史》述其事，都谓其“自言也如此”。据《魏书》卷三八《王慧龙传》，崔浩弟崔恬以女妻王慧龙，既婚，崔浩见王慧龙，一则曰：“信王家儿也”，再则曰：“真贵种矣。”原来，“王氏世齇鼻，江东谓之‘齇王’”。“齇王”之称，北方悉闻，崔浩见“慧龙鼻大”，遂以定其家世为太原王氏无疑。据此可知，作为太原王氏人物相貌特征的“齇鼻”，与“鼻大”是一回事[①]，而太原王氏“鼻大”，却是起源于王湛。《王湛传》：湛“龙颡大鼻”，这当是“齇王”得号之始，而王浑、王济等传，都不见类此的记载。

“齇王”贵种之说，“五世盛德”之说，都是标榜太原王氏王湛以后的门第，而不及中朝的王浑、王济。这些也都是有力的

---

① 《南史》卷二《宋前废帝纪》，前废帝曾骂其父孝武帝为“齇奴”，拟掘其陵。《通鉴》宋泰始元年，载前废帝令太庙别画祖考之像，废帝入庙，指孝武帝像曰：“‘渠大齄鼻，如何不齄？’立召画工令齄之。”胡注：齄，“鼻上皰也”。按齄即齇，上引《南史》与《通鉴》之文可证，又见《集韵》平声三麻。废帝言“大齄鼻”，更可证“齇鼻”与“鼻大”是一回事。严格说来，齇鼻是鼻皰而大，俗称酒糟鼻者，《十七史商榷》卷五四“齇”条可参。又，王慧龙“鼻大”，《北史》卷三五本传作“鼻渐大”。

旁证，说明江左的太原王氏王湛之后，力图疏远与匈奴刘氏为伍，因而也是与司马颖为伍、与司马越为仇的太原王氏王浑、王济嫡宗。

江左的太原王氏，还有一些是"黜王"的旁支。东晋简文帝后父王遐，《晋书》有传，是王湛从侄。王遐后人可考者不多，没有在政治上起重大的作用，可以略而不论。

王昶兄子王默之孙王峤、王讷兄弟，是"黜王"以外太原王氏在江左较为重要的一支。王峤携二弟避乱渡江，其一弟王讷为新淦令。王讷之子王濛，哀皇后之父，是永和名士的冠冕。王濛子王蕴，孝武帝皇后之父。王蕴与子王恭，也都是当时名士。太原王氏的这一支，与"黜王"一支在东晋晚期的门阀政治中，同样起着重要的作用。

"黜王"一支王坦之之后，于孝武帝时依附于居于相位的会稽王司马道子，会稽王妃出于此支。王峤兄弟一支王濛之后，则依附于孝武帝，孝武帝皇后出于此支。当孝武帝与会稽王司马道子主相之间，亦即兄弟之间相安无事时，呈现出皇权得相权辅翼而振兴的气象，太原王氏的两支之间亦得相安；当主相之间发生重大矛盾时，严重的政治纠纷也会出现在太原王氏的两支之间。东晋太元以后的政争，就司马氏说来是主相之争，是兄弟之争，就太原王氏的两支说来是后党与妃党之争。作为政争的结果之一，是王氏二支两败俱伤，死亡殆尽。东晋百年的门阀政治，实际上也就在太原王氏这两支的衰败灭亡中，逐步走向终场。

严格说来，太原王氏虽然继陈郡谢氏之后居于权势地位，但并非以门阀之重与司马氏共治天下。太原王氏各支无人才亦无事功,不足以制约皇权并维持政局的平衡,只有分别依附司马氏而贪图门户利益。这与前此的门阀政治格局已颇不相同。所以门阀政治此时走向终场,并不是偶然之事,此点下文还将讨论。

帝王之兴,皆有驱除。古人观察到的这一现象,就历史转折关头出现的过程的复杂性、反复性说来,具有普遍的意义。司马氏主相、王氏两支交错构成的纷争,为桓玄制造了机会;而桓玄的一时得逞,又成就了刘裕的事业。纷争只是政治现象。纷争所包含的实质性的内容,是皇权力求振兴,是门阀政治行将结束。这种历史任务,由刘裕来完成,凡是为刘裕获胜创造条件的事件和人物,看来都是在为刘裕"驱除"。不过,这是客观的历史进程,与古人所信的天命完全不是一回事。

三 孝武帝与皇权政治

淝水之战以后,东晋朝廷在处理南北关系方面,在控制士族权臣方面,都处于有利地位。一时皇权有振兴之势,门阀政治出现转折。

东晋朝廷内部,士族当轴人物陆续凋零。桓冲死于淝水之战的第二年即太元九年(384)。谢安于淝水战后未及受赏,于十年死。十三年,谢玄、谢石相继死。东晋士族人物,无论居中居外,无论事功学术,再没有过去那种人才相衔而出的优势了。

东晋门阀政治,重门第兼重人物。当权门户如无适当人物为代表以握权柄,其门户统治地位也就无法继续,不得不由其他门户取而代之。王导死，琅邪王氏浸衰；庾翼死，颍川庾氏几灭；桓温死，陈郡谢氏代兴。凡此都是人物存亡影响士族门户地位升降之例。所以当轴士族在择定其门户的继承人时，往往是兼重人才而不专重嫡嗣，宁重长弟而不特重诸子。王导兄弟辈几乎都居重任，庾亮死而弟庾冰、庾翼相继握权，桓温临死不以世子而以弟桓冲代领其众，谢安继诸兄弟之后始出仕而又于宗门中特重其侄谢玄。这些都是士族慎择人物以图光大门第之例。庾翼临死，庾氏门户中才能出众的人已不可得，乃以子庾爰之代为荆州，引起满朝非议。何充表曰："陶公（侃），重勋也，临终高让；丞相（王导）未薨，敬豫（导次子王恬。按导长子王悦先导死）为四品将军，于今不改；亲则道恩（庾亮子庾羲），优游散骑，未有超卓若此之授（按指庾爰之为荆州事）。"朝廷乃以桓温为安西将军荆州刺史，事见《世说新语·识鉴》"小庾临终"条注引《陶侃别传》。何充所举事实，特别是王、庾之例，客观上反映了当权士族以宗族门户地位为重，或者兄死弟代，或者择子侄之长而有能者继承权势，一般并不特重嫡嗣，因而何充得以引述这些事例来反对庾翼以兵权传子之事。从一个士族门户看来，有了其家族的政治地位，每个家庭的利益都有了保障。东晋门阀政治维持了一个世纪之久，当轴士族换了几家，但门阀政治的格局依旧。看来其原因之一，是士族重视宗族利益而不只是着眼于一个家庭，因而能够从全族中慎择人才以保障门第。《颜氏家训·后娶》所谓"江左不讳庶孽"，我疑与这种社会政治情况颇有关系。东晋皇位兄终弟及较多，与此亦有若干相通之处。

南渡士族虽重人才，但是经过三代、四代之后，士族腐朽程度普遍增加，人才越来越感匮乏。南渡士族往往是在若干家士族的极小范围内通婚，尽管为了扩大通婚面而不拘行辈，"不讳庶孽"，也不可免于出现生理学上人才退化的趋势。东晋末年的政局中，各家士族都不再见到如前出现过的人才，这显示门阀政治的全盛时期已经过去。

门阀政治，以特殊际遇下出现的"王与马共天下"为开端，下启庾、桓、谢氏迭相执政局面。各家执政情况虽然不尽相同，但基本格局仍然是庾与马、桓与马、谢与马共天下。这是秦汉以来专制皇权结构的一大变局。当轴士族控制皇权，操纵政柄，在一定时期内其统治居然比较稳定，朝廷政变极少出现；但是从秦汉以来传统的政治体制说来，国家权力结构的这种变化，毕竟是不正常的，不能长久维持。某些要求有所作为的皇帝，作过伸张皇权的努力，例如用近臣、用外戚、用宗室，以图抑制士族权臣。元帝曾用刘隗、刁协以制王导。明帝之初，起用庾亮以分王导之权，后来又用虞胤、司马宗等以制庾亮。但是当权士族对此的反抗是非常强烈的。明帝所援引的外戚庾亮，本身就是门阀士族，他借外戚地位进一步扩大了庾氏门户势力，而没有真正伸张皇权。后来，以宗室近王而被援引入主中枢的司马昱，靠周旋于士族名士之间以自固结，成为玄学名士的保护人，所以能够得到士族的支持而长期居位。司马昱居中枢，与其说是伸张司马氏的皇权，不如说是为了协调士族利益。他最后终于成为士族桓温的工具，屈辱而死。从这些事例看来，当士族尚有力量当道掌权的时候，伸张皇权的努力总是归于失败，胜利者总是当权的士族。皇帝不能选择士族，而士族却可以按自己的门户利益而在一定的条件下和一定的范围内选择皇帝。即令是长君在位，也改变不了这种情况。淝水战前的朝廷形势，大抵都是如此。

淝水战后，形势起了变化。谢玄北伐，值北方各族混乱异常，北府军胶着于中原，劳多功少；谢安、谢玄面临皇权的挑战，步步退却，谢氏人物日就凋零；其他士族则既无勋劳又乏人物，不足以各树一帜，制约皇权。一句话，门阀士族已是今非昔比。另一方面，东晋朝廷经历了一个极度衰弱的阶段以后，孝武帝伸张皇权的努力，似有见成效的可能。

太元八年九月，当苻坚军已渡淮，谢安正部署应敌之际，朝廷以孝武帝同母弟会稽王司马道子录尚书六条事，与谢安一起，参录机衡，司马道子政治地位得以提高。淝水之战以后，谢安功高不赏，附于司马道子的太原王氏王国宝，又以"谗谀之计"行于孝武帝与谢安之间，遂成嫌隙，以致谢安难于安居建康，不得不出镇广陵以避祸灾。据《晋书》卷八一《桓伊传》，孝武帝召桓伊宴，谢安侍坐，桓伊抚筝而歌怨诗，词曰："为君既不易，为臣良独难，忠信事不显，乃有见疑患……"谢安闻歌，泣下沾衿①。谢安死，司马道子遂得以骠骑将军假节都督中外诸军事，原来谢安卫将军府文武，也悉数归入骠骑府了。

司马氏以相权辅佐皇权，发挥作用，暂时没有遇到来自士族

---

① 《桓伊传》系此事于"孝武末年，嗜酒好内"之下，年代显误。《世说新语·任诞》"王子猷出都"条注引《续晋阳秋》、《北堂书钞》卷一一〇引《语林》，叙及此事，均不谓在孝武末。《魏书》卷九六《司马睿传》曰："是时昌明（按即孝武帝）年长，嗜酒好内"云云，可证《桓伊传》"末年"为"年长"之误。

的反抗,皇权在相当的程度上加强了。《晋书》卷九一《范弘之传》太元十六年与会稽王司马道子笺曰:"晋自中兴以来,号令威权多出强臣。中宗、肃祖敛衽于王敦,先皇受屈于桓氏。今主上亲览万机,明公光赞百揆,政出王室,人无异望……"这种景象,可以说是东晋建国以来尚未有过。直到孝武帝末年,孝武对权臣防范还很严密。《世说新语·排调》:"孝武属王珣求女婿,曰:'王敦、桓温,磊砢之流①,既不可复得,且小如意,亦好豫人家事,酷非所须。止如真长(刘惔)、子敬(王献之)比,最佳。'珣举谢混。"这表露了孝武帝对士族权臣的复杂心态:既不得不姻娅相连,又不得不防其僭越。

从孝武帝属王珣求女婿事中,可以看到如下一些问题:一、东晋末年的士族中,已找不到王敦、桓温那样才能出众、磊砢英多的人才。二、王珣是王导之孙,桓温同党,曾谓桓温废昏立明,有忠贞之节。孝武帝面对王珣指责王敦、桓温,意在表示对王、桓家族凌驾皇室的不满,借以警告王、桓家族。三、谢混风流有美誉,王珣虽与谢氏家族已成仇衅,仍不得不从人望以举谢混,可见门第与风流仍然是考察人物的主要标准,不过必须没有"好豫人家事"之嫌。四、谢混是谢安之孙,谢琰之子,士族冠冕,影响尤深。他后来以党于刘毅而为刘裕所诛,而裕、毅相仇,主要就在于刘毅要结士族以自固。可见谢混一旦"小如意",亦不免有"豫人家事"之嫌。五、在皇权加强的同时,士

---

① 磊砢,人才特出之意。《世说新语·言语》"王武子、孙子荆各言其土地人物之美"条:"其人磊砢而英多。"

族既可能是皇权的障碍，又可能是皇权的助力。刘裕杀谢混，在相当程度上排除了谢氏对政治的影响；但是刘裕本人在受禅时，犹恨不得谢混以奉玺绂，使后生无从见其风流，说明皇权还是重视士族的助力。

皇权的伸张，既要排除士族超越皇权的可能，又要借重士族的社会影响以为皇权所用。因此，皇权承认并尊重士族的存在，只是要求他们从属于皇权。从属于皇权的士族，仍可居实权之位。太原王氏自不必说，其他如琅邪王珣、高平郗恢、陈郡殷仲堪等均以高名而任居内外，权势颇高。太学博士范弘之以言论忤桓、谢，又不为王珣所容，不得不外出为余杭令。这是东晋末年的情况。入南朝后，皇权得到巩固，情况进一步变化，士族但居高位，享虚荣，难得再有实权了。就士族地位和皇权状况言之，孝武帝一朝伸张皇权，正是由东晋门阀政治向刘宋皇权政治的过渡。

前已述及，孝武帝伸张司马氏的皇权，主要依靠母弟会稽王司马道子。司马道子录尚书事，以相权辅佐皇权。孝武皇后为太原王氏王蕴之女，王蕴及其亲属自然支持孝武帝。会稽王妃为太原王氏王坦之之子王国宝的从妹，王坦之的后人自然支持会稽王司马道子。太原王氏的这两部分，即王蕴父子和王国宝兄弟，均以皇室姻亲而成为东晋晚年政局中的重要人物。他们的权势分别来自皇权和相权，分别从属于皇权和相权，也就是说，他们都从属于司马皇室，与前此居位的某几家士族与司马氏共天下者，已大有不同。于是我们看到，以司马道子的相权辅佐孝武帝的皇权，加上主、相的分属太原王氏两支的后党、妃党的助力，东晋朝廷出现了一种不同于门阀政治的政治格局。这种政治格局基本上与汉、晋以来以宗室、外戚辅佐皇帝、驾驭朝廷的格局相同，只不过有以太原王氏为代表的士族权宜维系于其间，还保留着门阀政治的痕迹。东晋政权在孝武帝时，如果不是司马皇室与诸家士族同样腐朽不堪的话，是有可能结束士族凌驾皇权这种门阀政治的格局，而回归于专制皇权的古老传统的。

孝武帝力图伸张皇权，还可以从他用儒生、兴儒学这两端得到说明。《晋书》卷九一《儒林·徐邈传》："范宁与邈皆为帝所任使，共补朝廷之阙。"《世说新语·逸险》"孝武帝甚亲敬王国宝、王雅"条注引《晋安帝纪》曰："〔王〕雅①之为侍中，孝武帝甚信而重之。王珣、王恭特以地望见礼，至于亲幸，莫及雅者。"范宁、徐邈、王雅等三人在士族中门第都不很高，都以儒学事孝武帝，与江左前此玄风流煽、名士纵横的情况大不一样。

范宁为范汪之子。范汪六岁过江，依外家新野庾氏。《范汪传》谓汪"善谈名理"，但这只是范汪干谒求进的一种手段。范汪一生行事，全在崇儒。《世说新语·排调》"范玄平在简文坐"条注引《范汪别传》，谓汪"通敏多识，博涉经籍，致誉于时"。他在东阳太守任内"大兴学校，甚有惠政"。他礼学精湛，《通典》载其议丧礼之文甚多。范宁更是"崇儒抑俗"，以为"浮虚相扇，儒雅日替"，其源始于王弼、何晏，乃著论非之，比之于少正卯。范宁有《礼杂问》，载于《通典》中的范宁议礼之作，当系《礼杂问》的遗文。范宁的陈政事诸疏，类似汉代以来儒

---

① 王雅出东海郡望。

家论治道的常见作品。范宁先在余杭兴学校，养生徒，史谓"自中兴以来，崇学敦教，未有如宁者也"。后为豫章太守，奖学更力。《舆地纪胜》卷二六引章公弼《学记》，谓范宁于豫章大设庠序，远近至者数千人①，"自汉至晋旷数百年间，独得一范宁而已"。范宁有《春秋穀梁传集解》之作，序谓该书系范汪升平末免官居吴，率门生故吏、兄弟子侄研讲敷陈而成，实际上可视为范氏家学著作。范宁子范泰也以博士起家，《宋书》卷六〇《范泰传》记其议礼、兴学诸事，正是父祖流亚。范泰从兄范弘之，《晋书》入《儒林传》，颇有抑强臣、崇皇权的思想，因而不见容于士族诸门户。范泰子晔，出继范弘之，《宋书》卷六九《范晔传》亦谓其"博涉经史，善为文章"，一生在名教中浮沉，卒至诛夷。自范汪至范晔四世，范氏是江左少有的一个儒学家族，而范氏兴儒事迹，多有见于晋孝武帝时者。

徐邈事在《晋书·儒林传》，曰："孝武帝始览典籍，招延儒学之士。邈既东州儒素，太傅谢安举以应选"，有《五经音训》之作，又有《春秋穀梁传注》，在范宁之后。邈子豁为博士。邈弟广除有《晋纪》外，还有《答礼问》之作，今《宋书·礼志》《晋书·礼志》以及《通典》均有徐广议礼之文。

王雅为曹魏大儒王肃之后，居官"以干理著称"，似乎为学未杂染玄风。王雅后人王僧孺以《孝经》所论者忠孝二事，常愿读之。其人笃爱坟籍，也是经义文章之士，与玄学无缘。

宁康三年（375）孝武帝讲《孝经》，为一时盛事。《晋书》

---

① 《晋书》卷七五《范宁传》作千余人。

卷八三《车胤传》记其事曰："孝武帝尝讲《孝经》，仆射谢安侍坐，尚书陆纳侍讲，侍中卞耽执读，黄门侍郎谢石、吏部郎袁宏执经，胤与丹阳尹王混摘句。"按此年孝武帝始十四岁，其时桓冲已让扬州，谢安居位，讲《孝经》事当为谢安筹划。《世说新语·言语》有孝武帝开讲之前"谢公兄弟与诸人私庭讲习，车武子（胤）难苦问谢"之事，也说明这次讲经，主事者是谢安兄弟。谢安并于此年荐儒生徐邈为中书舍人，每被顾问，多所匡益。谢安其人出入玄儒，居位以后以恭慎自持，企图恢复西晋初年以孝为治的气氛，表示输忠晋室[①]。这种振兴儒学的活动，与以后孝武帝伸张皇权的要求，是完全吻合的。

孝武帝伸张皇权的另一表现，是企图恢复国学。按国子之学，成帝咸康时议恢复，但是如《宋书》卷一四《礼志一》之言，"世尚庄老，莫肯用心儒训"，穆帝永和八年，国学就以军兴而废罢了。孝武帝太元元年，也就是孝武帝讲《孝经》的翌年，谢石又奏请兴复国学，以训胄子。其年"选公卿二千石子弟为生，增造庙屋一百五十五间，而品课无章，士君子耻与其列"。学校之废，儒学之衰，时间已经很久，恢复起来也非一朝一夕可办。国子学如此，太学可知。至于地方之学，庾亮在武昌，曾下教兴学，并准临川、临贺二郡恢复学校的请求，但是均无成功。地方学校唯一可言的，还是太元时范宁在豫章兴学的成就，已见前叙。

[①] 东晋穆帝亦有讲《孝经》事，一在永和十二年二月，一在升平元年三月，时穆帝年十三四岁，主其事者为司徒会稽王司马昱，情况与孝武帝讲《孝经》相似。

总之，振兴皇权必与振兴儒学相辅而行，这两者的诸多事迹，都见之于孝武帝一朝。虽然成效不多，但却为南朝开通风气，铺陈道路。

皇权政治的逐渐恢复，主要人物是孝武帝和司马道子。史籍所载，孝武帝是昏君，司马道子父子是乱臣，这些都是事实。但在这些昏君、乱臣的某些行事中，却体现了门阀政治向皇权政治的转折。回复皇权政治，是回复中国古代历史的常态。这是客观的历史趋势，与评价门阀政治无关，也与评价人物无关。或者还可以说，正由于昏君乱臣当朝，本来是可能有所收获的恢复皇权的活动，才没有出现真正的成效，徒然成为一阵噪音，一场闹剧。

四 主相相持与太原王氏

《魏书》卷九六《司马睿传》曰：淝水战后，"昌明（按即东晋孝武帝）年长，嗜酒好内，而昌明弟会稽王道子任居宰相，昏蔷尤甚，狎昵谄邪。于是尼娼构扇内外，风俗颓薄，人无廉耻"云云。《晋书》卷六四《会稽王道子传》所录孝武帝与司马道子昏庸腐朽诸事，大抵类此。

淝水之战以后，士族腐朽，是孝武帝伸张皇权的大好时机。但是，司马皇室同样腐朽不堪，徒有伸张皇权的愿望而没有真正的能力。加以异族入侵的压力，由于北方动乱不已而大为减少。在逸乐的环境中，东晋朝廷主相之间又起矛盾，士族人物得以煽扬其间。不论是皇室或是士族，都在这种政治纠纷中更加削弱。

尽管皇权振兴是必然的趋势，但是要使司马氏皇权在稳定的秩序中振兴，又维持一种稳定的司马氏皇权秩序，在当时是不可能的事。

腐朽的政治，具有王朝末期的特征。孝武帝是昏君，司马道子是乱臣。他们在伸张皇权方面成事不足。但是他们的政争却破坏了门阀政治，诱发了江左社会中可能出现的各种矛盾。我们进一步探索政争的发展过程，正是为了从纷纭的现象中找到历史的去向，辨认参与政争的各种势力，并且进一步弄清这些势力客观上为一个能够体现皇权政治秩序的新朝代的出现扫清道路的具体活动。

(一) 主相相持的开端（太元九年至十四年，384—389）

主相相持而孕育纠纷，淝水战后逐渐显露。

孝武帝与司马道子，都是简文帝宫人李氏所生。简文诸子或夭或废，诸姬绝育将近十年。孝武帝及道子的诞生，《晋书》卷三二《孝武文李太后传》言之甚详；先于此者，《异苑》①、《幽明录》②、《太平经》③ 以及《真诰》皆有说，虽涉神异，亦见传闻之广。孝武帝及司马道子既是亲兄弟，又同具有诞育于天师道的环境中，后来又皆兼信佛教的宗教背景。孝武帝近亲中，父辈皆死，兄弟辈只余道子一人。所以孝武帝引道子握相权以为辅佐，是势所必至，理所固然。以后主相之间出现矛盾，后妃族党

---

① 《北堂书钞》卷九〇、《太平御览》卷五一九引。
② 《太平御览》卷八九二引。
③ 《太平御览》卷六六六引。

及僧尼之属又拨弄其间，但有太后周旋制约，终于使孝武帝不废黜道子，道子亦不危及孝武帝。终太元之世，孝武帝与道子始终维持着虽相依维、复有矛盾的关系，这种关系，正是时局虽然纷纭但迄无内战的原因之一。

时局纷纭的另一原因，是孝武皇后家太原王氏王蕴之子王恭以及道子妃家太原王氏王坦之之子王国宝等，分别支持主方和相方，簸扬其间。而太原王氏正是此时居于鼎盛地位的士族。《宋书》卷三一《五行志》："太元中小儿以两铁相打于土中，名曰斗族。后王国宝、王孝伯一姓之中自相攻击。"史家但知太原王氏两支中王恭、王国宝相攻击事，而未尝究及二王背后尚有后妃，后妃背后尚有主相，纠纷盘根错节，既复杂又深远也。

孝武帝纳王蕴之女为后，在宁康三年，孝武年十四。纳后之事，得到当时主政的两大家族的代表桓冲及谢安的支持，无疑具有政治婚姻的意义。《晋书》卷三一《孝武定王皇后传》谓孝武将纳后，访于公卿，谢安谓人曰："若帝纳后，有父者唯荫望如王蕴乃可。"《太平御览》卷二四三引《晋中兴书》亦谓谢安之言曰："王蕴地望，可与国婚。"至于桓氏意见，《孝武定王皇后传》引桓冲等为孝武纳王皇后事奏曰："盛德之胄，美善先积……可以配德乾元，恭承宗庙"云云，"于是帝始纳焉"。皇帝纳后而咨之于多家当权士族，经一致推举，始成婚姻，这在东晋是仅见的。谢安、桓冲等一致举以应选的是太原王氏，这自然是估量了当时各士族门户势力的结果。至于谢安明确地举以为国婚的并不是太原王氏炙手可热的王坦之之后，而是王蕴之后，这似乎有令人深入思考的余地。

太原王氏两支，均有国婚记录：王述从妹为简文帝皇后，王蕴姊妹为哀帝皇后①。王述子王坦之于简文、孝武之际有大功勋，按理，以举王坦之后人入皇后之选为得。桓冲所奏王后"盛德之胄"，与前节引《群辅录》王坦之父祖以上"五世盛德"相照应，似是模棱之词，因为王蕴数代以名士闻，而不闻有盛德之誉。所以桓冲之奏表面上虽然支持了谢安，却又暗含以王坦之后人入皇后选为宜的主张。可以说孝武帝册立王蕴之女为后之事，实际上的决定者是谢氏而非桓氏。

谢安不愿立王坦之后人为皇后，似乎还有家族关系的背景。王坦之之子王国宝为谢安婿，谢安恶王国宝为人，抑之不用，而重王蕴之子王恭，谓其"人地可以为将来伯舅"，见《晋书》卷八四《王恭传》。王氏二支之间亦有嫌隙。王恭少与王坦之之子王忱齐名友善，据《王蕴传》，王蕴在会稽，王忱来拜墓，王恭往省王忱，归，"蕴曰：'恐阿大非尔之友。'阿大，忱②小字也。后竟乖初好"。这是淝水之战以前的事。以迹象度之，谢安举王蕴女入皇后选，目的即在抑制王坦之家族。王坦之家族未得入皇后选，却得与会稽王司马道子为婚，道子妃即王国宝从妹。此

---

① 哀帝王皇后为孝武帝王皇后之姑，但哀帝在辈分上却是孝武帝之侄。可见东晋士族婚姻并不讲究行辈。庾冰妹为明帝皇后，而庾冰女又为明帝之孙废帝皇后。周一良《魏晋南北朝史札记》"婚姻不论行辈"条，以南朝事例说明士族婚姻不论行辈，甚是。不过这一现象六朝都是如此，不只南朝，也不只东晋，孙吴时已多有此等例证。六朝婚姻行辈错乱特多，我想士族通婚范围过于狭窄，可供选择的余地甚少，所以再不能拘泥于行辈了。

② 忱，《晋书》误为悦。

后，孝武帝与司马道子主相之间亦即兄弟之间的复杂关系，遂演化为皇后、王妃家族亦即太原王氏二支之间的生死搏斗，这自然是谢安无从预料的。

司马道子昏乱而本已势倾天下，袁悦之更劝司马道子专揽朝政，王恭乃请孝武帝杀袁悦之。《世说新语·谗险》注引《袁氏谱》曰：孝武帝托以他罪杀袁悦之于市中，"既而朋党同异之声，播于朝野矣"。主相之间的矛盾由于袁悦之被杀而公开化了，据《通鉴》，这是太元十四年十一月的事。

(二) 上下游的争夺——王忱与王恭（太元十四年至十七年，389—392）

《谢安传》："是时桓冲既卒（按冲死于太元九年），荆江二州并缺，物论以〔谢〕玄勋望，宜以授之。安以父子皆著大勋，恐为朝廷所疑，又惧桓氏失职，桓石虔复有沔阳之功，虑其骁猛，在形胜之地，终或难制。乃以桓石民为荆州，改桓伊于中流（按指江州），石虔为豫州。既以三桓据三州，彼此无怨，各得所任。"淝水战后桓氏据有上游的局面，在谢安生前一直维持着，只不过以桓氏疏宗的桓伊处于中流，多少可以防止荆州、豫州桓氏的联合，缓冲上下游的矛盾。

太元十四年六月，荆州刺史桓石民死；太元十五年，镇京口的青、兖二州刺史①谯王恬死。上下两藩的空缺，相继发生于中

---

① 以青、兖二州刺史镇京口而不带徐州刺史，这是由于徐州刺史已为宰相司马道子兼领之故。以下王恭以青、兖二州刺史镇京口，亦同此。

枢主相相持的关键时刻，其时孝武帝杀司马道子之党袁悦之，引起朝野"朋党同异之声"。因此，上下两藩位置，一时成为主相争夺的焦点。十四年七月，司马道子以王国宝之弟王忱为荆州刺史镇江陵①；十五年二月，孝武帝以后兄王恭为青、兖二州刺史镇京口；十五年八月，司马道子复以其党庾楷为豫州刺史镇历阳②。于是，主相在中枢相持的局面，遂演化为诸藩镇犬牙交错，各附一方。其中主要对立的两藩，是江陵的王忱与京口的王恭，同属太原王氏。

王忱与王恭，少年时齐名友善，俱为贵胄公子。涉身政治以后，他们分属孝武帝与司马道子两方，逐渐生嫌而为仇隙。王蕴早料定"恐阿大（王忱）非尔（王恭）之友"，已见前引。《世说新语·赏誉》曰："王恭始与王建武（按王忱为建武将军）甚有情，后遇袁悦之间，遂致疑隙。"注引《晋安帝纪》，谓恭、忱"及并登朝，俱为主、相所待，内外始有不咸之论。恭独深忧之，乃告忱曰：'悠悠之论，颇有异同，当由骠骑（按指司马道子）简于朝觐故也，将无从容切言之邪？若主、相谐睦，吾徒当戮力明时，复何忧哉？'"以后，恭、忱嫌隙日趋明朗。《世说新语·忿狷》："王大（王忱）、王恭尝俱在何仆射（澄）坐。恭时为丹阳尹，大始拜荆州。讫将乖之际，大劝恭酒，恭不为饮，

---

① 据《南齐书》卷一五《州郡志下》，太元四年前秦陷襄阳后，桓冲避居上明，"重戍江南，轻戍江北"。王忱刺荆州，始还治江陵。

② 庾楷党于王国宝，见《晋书》卷八四《王恭传》；王国宝以庾楷为豫州刺史在十五年八月，见《宋书》卷二〇《五行志一》。

大逼强之，转苦，便各以裙带绕手。恭府近千人，悉呼入斋；大左右虽少，亦命前，意便欲相杀。何仆射无计，因起排坐二人之间，方得分散。所谓势利之交，古人羞之。"刘义庆以此事归入"忿狷"一类，以品性相责，只是见其一面；但所谓"势利之交"，似又近二王忿争的实质。不久以后，王恭出镇京口，二王的忿争成为两藩的对立，这比起京师主相之间的争执，更要明朗。诸种现象在这时出现，都预示着政争在继续加深，继续扩大。

荆州的形势，还有一个重要因素在起着作用，即桓氏遗留的势力。王忱至荆州之年，桓氏自桓温以来在荆州的统治，已持续了半个世纪之久。桓氏人物虽然物故者多，但尚有存者。特别是桓温世子桓玄袭爵南郡公居于江陵，是桓氏在荆尚存势力的核心所在。《王忱传》曰："桓玄时在江陵，既其本国，且奕叶故义，常以才雄驾物，忱每裁抑之。"太元末年，桓玄出为义兴太守。《世说新语·言语》谓："桓玄义兴还后，见司马太傅（按即道子），太傅已醉，坐上多客，问人云：'桓温来（按"来"，《司马道子传》作"晚涂"）欲作贼，如何？'桓玄伏不得起。"由是桓玄不自安于道子。道子所授荆州刺史王忱，是王坦之之子，而坦之又是阻碍桓温夺位的主要人物之一。这种历史关系，决定了桓玄在荆州对王忱采取对抗态度。因此在荆州内部，又形成了一组新的矛盾，这组矛盾终将与全局的矛盾联系起来，成为动乱的另一根源。

桓温篡迹，人所共知，这对桓玄的处境是很不利的。桓氏所据上游方镇又已尽失，桓玄无所依傍。在这种于桓氏不利的情况下,桓玄犹能保存势力,对抗公府,是由于皇统在简文帝子嗣之手,而简文帝得立,是桓温废黜海西公的结果。这就是说,孝武帝的天下得之于桓氏,彻底否定桓温,即等于否定简文、孝武的皇统。所以王珣、谢重均公开倡言桓温废昏立明①,《通鉴》更谓"是时桓氏犹盛"也。

(三) 殷仲堪入荆与孝武帝得势(太元十七年至二十一年,392—396)

太元十七年,王忱死于荆州,激起了孝武帝夺回荆州的努力,东晋政局又为之一变。

《世说新语·纰漏》:"王大(忱)丧后,朝廷或云国宝应作荆州。"注引《晋安帝纪》曰:"王忱死,会稽王欲以国宝代之。孝武中诏用仲堪,乃止。"中诏,诏从中出,非铨叙常规。据《晋书》卷八四《殷仲堪传》,殷仲堪曾为谢玄参军,出守晋陵郡,太元末领黄门郎,"宠任转隆。……帝以会稽王非社稷之臣,擢所亲信以为藩捍,乃授仲堪都督荆益宁三州军事、振武将军、荆州刺史"。由此可见,殷仲堪得为荆州,是孝武帝对司马道子斗争的一大胜利。

《世说新语·德行》"殷仲堪既为荆州"条注引《晋安帝纪》曰:"自杀袁悦之后,上深为晏驾后计,故先出王恭为北藩。荆州刺史王忱死,乃中诏用仲堪代焉。"殷仲堪莅荆州之前,与王忱之死同月,孝武帝已抢先一步,出"以才学文章见昵"(《王

---

① 分见《通鉴》太元十六年九月及《世说新语·言语》"桓玄义兴还后"条。

珣传》）的郗恢（郗鉴之孙，郗昙之子），代替以老病退的朱序刺雍州，镇襄阳，造成夺取荆州的有利条件。而在司马道子策划以王国宝为荆州时，孝武帝又不经过吏部，以中诏出殷仲堪。这些情况，都可见其时事机的紧迫，斗争的激烈。

殷仲堪刺荆州，还有一个得利者，就是桓玄。原来王忱在荆州，每裁抑桓玄，桓玄当然迫切希望改变这种局面，希望出现一个能与桓氏合作共事的荆州刺史。释宝唱《比丘尼传》卷一《简静寺支妙音尼传》曰："荆州刺史王忱死，烈宗（孝武帝）意欲以王恭代之。时桓玄在江陵，为忱所折挫，闻恭应往，素又惮恭。……玄知殷仲堪弱才，亦易制御，意欲得之。乃遣使凭妙音尼为堪图州。"① 孝武帝以此事问妙音，答曰："外内谈者，并云无过殷仲堪，以其意虑深远，荆楚所须。"因此殷仲堪得以代王忱刺荆。殷仲堪在荆州，一反王忱裁抑桓玄的态度。《通鉴》太元十七年谓："玄在江陵，仲堪甚敬惮之。桓氏累世临荆州，玄复豪横，士民畏之过于仲堪。"所以妙音为仲堪图州的举动，对于以后桓玄势力的坐大，荆州局面的发展，关系甚为密切。

顺便论及，殷仲堪入荆，不利者除了司马道子以外，还有琅邪王氏的王珣。《世说新语·识鉴》："王忱死，西镇未定，朝贵人人有望。时殷仲堪在门下，虽居机要，资名轻小，人情未以方岳相许。晋孝武欲拔亲近腹心，遂以殷为荆州。"按王珣名地出众，桓氏故吏，自谓桓氏己之所善，由他出守桓氏世守之地，是理所当然。但是琅邪王氏此时已失去发展势头，王珣只以世资居

---

① 据日本《大正新修大藏经》第五〇册。

位,于朝中两派均无党援。其他琅邪子弟,但求依违于各种势力之间以求禄位,并无一致的政治动向。如王凝之为江州刺史,弹豫章太守范宁,显系为司马道子效力;王恭之叛,王廞应恭而又背恭;王谧以晋臣而为桓玄奉玺绂;王珣本人,亦被王恭目为胡广①。所以在东晋门阀政治的最后一个回合中,琅邪王氏已经无足轻重。王珣以才地自许而求增益权势,是不可能成功的。

综上言之,王忱死后,孝武帝得势,以郗恢为雍州镇襄阳,以殷仲堪为荆州镇江陵,以王恭为青、兖镇京口。在他看来,以名士镇名藩,各摄一方,互相呼应,囊括江左,共拥朝廷,从劣势彻底转为优势,司马道子在中枢的作用也就不足道了。但是风云未测,事与愿违,东晋政治糜烂过程还未走到尽头,真正能够变动乱为安定的因素还未出现。动乱的进一步发展,就要以兵戎相见了。

(四) 孝武帝死后王恭、殷仲堪连兵叛乱——两藩与中枢之争
  (太元二十一年至隆安二年,396—398)

太元二十一年九月,孝武帝暴死,安帝继立,东晋主、相相持局面结束。安帝是白痴,他继位后中枢政柄全归司马道子掌握。道子所信任的王国宝及国宝从弟王绪二人"相为唇齿,并弄权要"(《世说新语·规箴》),京师已不存在强硬的对手。但是从全局说来,上下游的强藩尚未处置,司马道子的劣势还未真正

---

① 东汉胡广屈从于梁冀,背弃与李固、赵戒共立长君之约,获讥于当世。《后汉书》卷七四《胡广传》谚曰:"万事不理问伯始(胡广字),天下中庸有胡公。"《通鉴》太元二十一年胡注曰:"谓依违权奸之间以保禄位。"

扭转过来。《魏书》卷九六《司马睿传》载王恭抗表讨王国宝之言曰："先帝暴崩，莫不惊号，而国宝靦然，了无哀容，方犯閤叩扉，求行奸计，欲诈为遗诏，矫弄神器。"时王恭之弟王爽为侍中，拒之门外，王国宝遂不得逞。以其时内外形势度之，王国宝诈诏，不管是否涉及皇位继承问题，都会有处置强藩的目的。《桓玄传》桓玄说殷仲堪反对司马道子，所持理由之一即是："若发诏征君为中书令，用殷顗（按顗为仲堪从兄，时为南蛮校尉，后来反对仲堪兴兵）为荆州，君何以处之？"矫诏以处置方伯，抢夺要冲，正是司马道子的当务之急。

中枢与两藩的矛盾，达到一触即发的地步。王国宝、王绪力主司马道子裁损王恭和殷仲堪的兵权。王恭等则缮甲勒兵，表请北伐，实际上是严阵以窥中枢之隙。隆安元年（397）四月，王恭表列王国宝罪状，举兵入讨。

王恭举兵，本与殷仲堪有约。在此之前，桓玄力主殷仲堪劝王恭"宜兴晋阳之师以内匡朝廷。己（殷）当悉荆楚之众，顺流而下，推王为盟主。仆（桓）等亦皆投袂，当此无不响应"（《桓玄传》）。此时江陵、京口两藩，各有特点。京口王恭居元舅之尊，有久经征战的北府兵为之羽翼，所以望实俱重，朝廷畏惮。但王恭暗于事机，不娴兵略，而又自矜门第，与北府将不协。江陵殷仲堪以中诏超授得州，时人不以方伯相许，缺乏自重的条件。但荆州一旦与朝廷反目，可以聚集可观的军事力量：其一，荆州都督所部；其二，桓氏在荆州的故义；其三，由杨佺期率领的以襄阳为后方的流民武装，这是荆州可用的最重要的军力。当雍州刺史郗恢、南蛮校尉殷顗、南郡相江绩表示不赞同荆州起兵之时，殷仲堪立即引杨佺期势力入荆，以杨佺期代江绩为南郡相。杨佺期更驱逐郗恢，席卷雍、梁、秦州。这样，荆州就结成了殷仲堪、桓玄、杨佺期的联盟，殷居方伯，桓多故义，杨有实力。但是荆州与青、兖相比，青、兖犹居上乘，所以桓玄主张盟主应属王恭。但当王恭兵起之后，荆州却意存观望，犹豫不敢下，直到王恭罢兵之时，始有杨佺期一度下屯巴陵之举。

王恭除上结荆州夹击建康以外，又以王导之孙王廞为吴国内史，使他起兵三吴。王廞约会稽虞啸父募众于吴兴、义兴，赴者万计。虞氏会稽大族，在三吴的影响远胜王廞。虞啸父本见重于孝武帝，疾恶司马道子。他们兵起以后，建康面临断绝补给的危险，形势紧急。司马道子不得不杀王国宝、王绪兄弟以谢愆失，止王恭之兵。王恭罢兵后，王廞以起兵之际多杀异己，势不可止，因此又出现王廞送笺于司马道子以讨王恭，王恭遣北府将刘牢之击王廞之事。王廞事虽即弭平，但开启了东方动乱的先声。《魏书》卷九六《司马睿传》谓王廞起事后"以女为贞烈将军，亦置官属，领兵自卫"。此事极似天师道的军事活动，而琅邪王氏本天师道世家。《晋书》卷一〇〇《孙恩传》，孙恩叔父泰为新安太守，"王恭之役，泰私合义兵，得数千人，为国讨恭"。孙泰"为国讨恭"与王廞后来反恭的立场吻合，颇疑王廞事同孙泰事一样与天师道有关，但详情于史无考①。

司马道子失王国宝、王绪后，引谯王司马尚之及其弟司马休之以为腹心。司马尚之说司马道子出王国宝之兄、桓温女婿王愉

---

① 关于天师道与晋末政治关系，下章有说。

为江州刺史、都督江州及豫州之四郡诸军事，以为建康藩卫。此前，夹处荆州和青、兖二强藩之间的江州和豫州，分别在王凝之和庾楷之手。王凝之是王羲之之子，王导从孙；庾楷是庾羲之子，庾亮之孙。他们为藩镇分列江渚，多少能起上下游之间的缓冲作用，而且也是门阀士族利益均沾的一种象征。但王凝之、庾楷并非中立于上下游之间。王凝之从江州上表，以违礼罪奏纠豫章太守范宁，就是迎合司马道子之意以求容身自保的表示。庾楷在豫州，由于地接胡寇，有一定的兵力。庾氏子弟屡经桓温诛夷，门户孑余，唯有庾楷。孝武帝死后，王恭借入赴山陵之名向司马道子耀兵，其时庾楷勒兵而至以助司马道子。王恭再次起兵后，司马道子语庾楷曰："本情相与，可谓断金。往年帐中之饮，结带之言，宁可忘邪？"（《司马道子传》）可见庾楷与司马道子曾有密约在先，庾楷是党附司马道子的。但庾楷以衰宗而值此际会，首要的事是保全门户，而不是死助一方。所以当道子欲割豫州四郡入江州都督范围以畀王愉时，庾楷意识到这是司马道子收江、豫为己有以排斥王凝之、庾楷的打算，于是转而倒向王恭，共讨司马道子，使藩镇连兵向阙的局面又出现一个高潮。《晋书》卷八四史臣赞，列叙其时各种矛盾之后说："庾君含怨，交斗其中。"庾楷在事态发展中翻云覆雨，不知自处，卒为桓玄诛灭。

（五）太原王氏的覆灭（隆安二年至三年，398—399）

庾楷以失豫州四郡，说王恭起兵，王恭又联络上游的殷仲堪与桓玄，同赴京师。鉴于上年起兵时殷仲堪观望误期，王恭乃先行举动，上表请讨王愉及司马尚之、休之兄弟。殷仲堪应期发兵,以杨佺期兄弟(兄广,弟思平,从弟孜敬)率舟师为前锋,桓玄次之,殷仲堪军继进。八月,杨、桓兵至溪口,江州无备,刺史王愉仓促出奔临川,被桓玄偏师追获。王愉是桓温之婿,所以桓玄篡晋时犹以王愉为尚书仆射。元兴三年刘裕诛王愉,夷及子孙。王愉兄恺、弟国宝、弟忱,均先愉死。这样,太原王氏王坦之诸子作为司马道子的妃党,活动十余年后终告覆灭。

桓玄、杨佺期兵至石头,王恭所遣北府将刘牢之军据竹里,夹击建康。此时中枢权力已经转移至会稽王世子司马元显之手。王恭以门第傲物,既恃刘牢之的武力,又以部曲将薄遇刘牢之。司马元显利用这一矛盾,遣原为北府将的高素①说刘牢之倒戈。王恭败走被擒,与其子弟党羽俱斩。这样,作为孝武帝后党的太原王氏的王蕴一支,也告覆灭。

本书《论郗鉴》篇曾论及东晋门阀政治出现的两个基本条件,一是皇权不振,一是士族专兵。太元以来太原王氏活跃之时,孝武帝力图重振皇权,又图以司马道子的相权相辅,是皇权不振这一基本条件已在改变之中,或者说已有了改变的可能性。太原王氏二支之中,居京口重镇的王恭,兵力仰赖于并非门阀士族的刘牢之;先后居上游荆、江的王忱、王愉,也都无兵权在握,是士族专兵的这一基本条件已不存在。所以,代表门阀政治一个特定阶段的太原王氏两支的覆灭,实际上也是东晋百年门阀政治的终场。

---

① 高素出乐安高氏,世为北府将,事详下章。

太原王氏在东晋的政治作用消失了，东晋一朝的门阀政治实际上从此结束。但是，司马氏政权的命运也处在风雨飘摇之中。政局山重水复，前路何在，什么力量将代之而起，孝武帝开始的振兴皇权的历史趋势是否还能继续下去，这一切，此时此刻尚不见端倪。

王恭死后，刘牢之代王恭居北府之任，北府重镇第一次落到将门出身的下层士族之手。刘牢之率北府兵至京邑以拒上游之师，杨佺期、桓玄、殷仲堪回军蔡洲。司马道子信左卫将军桓修（桓冲之子，桓玄从兄，尚简文帝女武昌公主）之谋，以桓玄为江州，杨佺期为雍州，黜殷仲堪为广州，而委桓修以荆州之任，居上游之核心。桓修说："西军可说而解也，修知其情矣。若许佺期以重利，无不倒戈于仲堪者。"（《殷仲堪传》）由此可知，上游诸军存在重重矛盾，其军事实力的关键在杨佺期。殷仲堪初不接受朝命。但是，桓玄一则喜于江州宠授，二则喜于与荆州桓修为邻，所以意存观望，有接受朝命的可能。杨佺期亦在可否之间。但是桓、杨将士家属多在殷仲堪治下的江陵，殷仲堪命将士南归荆州，否则大军至江陵，将悉戮余口，以此胁迫桓、杨置朝命于不顾。这种复杂的利害关系，使得殷—桓—杨联盟又维持了一段短暂的时间。他们彼此以子弟为质，盟于浔阳，共拒朝命，不过盟主地位已由殷仲堪改属桓玄。此时，孙恩之众已起于会稽，上游之事朝廷已无力顾及。

隆安三年（399），殷仲堪与杨佺期共谋袭击桓玄，反被桓玄分别消灭。桓玄并有殷、杨军力，独揽上游，对建康威胁甚大。只是由于孙恩之众横扫三吴，上游才得短期敛兵，未向下游发动攻击。

元兴元年（402），司马元显讨伐桓玄，桓玄乘机举兵东下，至于姑孰，北府将刘牢之向桓玄投降。桓玄入京师总揽大局，刘牢之所领的徐、兖刺史亦为桓玄所夺。桓玄杀司马元显，流司马道子。刘牢之惧祸，拟奔江北，途中自缢而死。桓玄消灭了一切对手，并趁卢循主力泛海南下之机，于元兴二年十二月代晋为楚。

五　小　结

上述晋末政争的五个阶段，是江左的太原王氏由极盛到覆灭的过程，是严格意义的门阀政治最终结束的过程，也是司马氏的东晋政权彻底败落的过程。东晋末年政局，由主相相持演变为两藩对立，再变为孝武帝死后两藩联合以抗中枢，再变为一藩失败一藩成功，再变为桓玄暂得独揽权力而成篡局。在这十余年瞬息变化的政局中，不论是皇帝，是相王，是权臣，是藩镇，是士族，没有一个人得以成为时局的重心。百年门阀政治的格局破坏了，而皇权政治并没有真正树立起来。中枢既昏乱，又虚弱。如果说有什么势力在这十余年中真正起了作用，那就是上下游两强藩所倚恃的军队，上游是以杨佺期雍州兵为主的军队，以襄阳为巢穴；下游是刘牢之的北府兵，以京口为驻地。

上下游这两支军队，都是由边境地区的北来流民为主体而组成的。军队的统领，刘牢之是出自将门的次等士族；杨佺期虽出弘农杨氏高门①，亦因晚渡及婚宦失类而不得预于胜流，实际地位与刘牢之相近，只能算作次等士族。北府兵和雍州兵，军队由次等士族的武将率领，而武将则由门阀士族指挥，武将和门阀士族之间一直存在矛盾。王恭轻视刘牢之，桓玄以寒士裁抑杨佺期，都是同样的性质。所以这两支军队都有脱离士族统治的倾向，实际上是走着与士族相对独立的但却是迂回曲折的发展道路。

在门阀政治无法继续，皇权政治不得复兴的条件下，只有刘牢之、杨佺期的军队具有澄清局势、恢复安定的潜在作用。但是这些伧荒武将并不理解自己能起的作用和自己的历史使命，不具备使自己的军队完全脱离门阀士族附庸地位的意识。他们没有一定的方向，始终只是在百年门阀政治造成的迷宫里跌跌撞撞。

以下游武将刘牢之论，他虽然握有一支决定建康命运的军队，但他一叛王恭而降司马道子，二叛司马道子而降桓玄，三叛桓玄而走上绝路。他始终只是为了自存，而又终于无法自存。《谢安传》谢安疑刘牢之"不可独任"，《刘牢之传》牢之参军刘袭谓"一人而三反，岂得立也！"刘牢之的行动并不只是个人晕头转向、进退失宜的问题，而是反映了本来是门阀士族的工具的

---

① 杨佺期，东汉杨震十世孙。祖杨林，没胡。父杨亮，仕于姚襄，永和十二年（356）桓温北伐时奔于温。杨亮累任东晋梁州刺史，杨佺期也长期为边将。事见《晋书》卷一一六《姚襄载记》、卷八四《杨佺期传》。又，据宋桑世昌《兰亭考》卷三自注，谓《兰亭序》墨迹，所传均高门子弟之入佛者。累传至元素，俗姓杨氏，其"六代祖佺期为桓玄所害，子孙避难江东，后遂编贯山阴"云云。其时高门晚渡问题早已不存在，杨氏门第已不为世人关注了。

伧荒武将转化为社会统治力量时必然出现的曲折。居间行计以促成刘牢之反复的，一次是司马道子派出的高素，一次是司马元显派出的何穆之，这二人都是北府旧人，但也都不明白北府兵的历史作用。不过，也还应当看到，刘牢之几次倒戈后，北府兵既未真正归于司马道子父子，也未真正归于桓玄。桓玄蓄意剥夺刘牢之兵权，先是自己兼领徐州，后来又以桓修出镇京口，并徙刘牢之于会稽，以北府兵配诸桓。尽管如此，北府兵并不为桓玄所用。当刘裕进攻桓玄时，桓玄以桓谦等人拒战，"谦等士卒多北府人，素慑伏裕，莫敢出斗……谦等诸军一时奔散"，事见《晋书》卷八五《刘毅传》。甚至在刘牢之自杀以后，北府势力还能重建，并团聚在刘裕周围，成为刘裕驱逐桓玄，压平卢循，进行北伐，废晋立宋的主要力量。

至于上游杨佺期的武力，与刘牢之的北府兵相比，性质上很相像而结局却又不同。杨氏的兵力是上游荆州的决定力量，没有它，殷仲堪和桓玄很难有所作为。而杨氏兄弟始终只是依违于门阀士族势力之间，没有独立发展的打算，与刘牢之所统北府兵相似。不过，杨氏兄弟的武力被桓玄兼并后，就成为门阀士族桓氏的工具，成为桓玄入京代晋的垫脚石，这又与北府兵完全不同。桓玄兼并杨佺期，这是局部问题；桓玄终于被北府将刘裕所灭，这是全局问题。从局部看来，门阀士族可以吃掉强大的伧荒武将；从全局看来，门阀士族的统治地位终将被伧荒武将所取代。

还有，即令是荆州这一局部，桓玄兼并杨佺期，也没有长期地改变荆州地区门阀士族与伧荒武将的关系。《梁书》卷一〇《萧颖达传》："江陵素畏襄阳人。"襄阳人就是指雍州兵。陈寅恪先生《述东晋王导之功业》① 一文据此立论曰："此点不独涉及梁武帝之霸业，即前此之桓玄、刘毅、沈攸之，后此之梁元帝、萧詧诸人之兴亡成败皆与之有关也。"东晋以来，特别是桓温居江陵以来，上游侨人门第较高者常居江陵，门第较低而有武力者大率居襄阳附近，与下游侨人门第较高者居建康，门第较低而有武力者大率居京口附近的情况相类似。《南齐书》卷一五《州郡志下》：襄阳、江陵"步道五百，势同唇齿"。江陵必须用襄阳的武力，始能维持上游的统治；襄阳的武力总是在关键时刻，影响甚至决定江陵的政局。这就是"江陵素畏襄阳人"的历史背景。杨佺期之后有鲁宗之。据《宋书》卷七四《鲁爽传》，太元末鲁宗之自扶风至襄阳，开始以其武力影响江陵政局。他在以后的关键时刻三入江陵，一是支援刘道规灭桓氏余党，一是助刘裕灭刘毅，一是抗拒刘裕而未成功。入刘宋后，门阀政治的格局不存在了，但襄阳武力对江陵政局的举足轻重作用，大体如旧。

襄阳兵影响江陵局势，京口兵影响建康局势，两者同是江左历史中的重大问题，两者之间亦极具可比性。只是此点越出本题范围，不拟细究。

这里再顺便谈一下与其时政局关系密切的孙恩问题。《魏书》卷九六《司马睿传》曰："德宗（司马德宗，即晋安帝）以来，内外乖贰，石头以外，皆专之于荆、江；自江以西，则受命于豫州；京口暨于江北，皆兖州刺史刘牢之等所制，德宗政令所

---

① 见《金明馆丛稿初编》。

行,唯三吴而已。"上下游的藩镇兵皆不在司马道子父子之手,道子父子欲补充京师兵力以求自保,只有从三吴一隅征发,于是而有发东土诸郡"免奴为客者",号之曰"乐属",移置京师以充军役之事,终于激发三吴农民暴动。所以从导火线说来,东晋的农民暴动正是东晋统治者长期内争的直接结果。征发"免奴为客者"为兵,其事同晋元帝太兴四年(321)"免中州良民遭难为扬州诸郡僮客者以备征役",性质是一样的,但时机迥异,所以后果各不相同。

孙恩家族,在西晋时已跻入社会高层;卢循更是出于北方门阀士族。他们南渡均晚,在江左不得预于胜流,没有方便的、良好的仕进机会,与杨佺期、刘牢之、刘裕属于同一社会阶层,即次等士族。这些同属于江左侨姓次等士族等级的人物,却具有各自不同的面貌,在晋宋之际,以各种不同的方式,宗教的和世俗的,政治的和军事的,来显示自己的存在,以求代替门阀士族的政治作用。这是晋宋之际政局发展的显著趋势和重要内涵。

在门阀政治终场的过程中出现了桓玄的兴废,这只能视为门阀政治的回光返照,已如前论。桓玄终于被刘裕击败,这可以视为次等士族对于主宰东晋政治百年之久的门阀士族的决定性的胜利。在此以后,刘裕还有一个经营过程。不过刘裕在这个过程中的竞争对手已不再是门阀士族,而是以道教面貌出现而与他角逐的另一次等士族人物,即卢循。这就是说,次等士族的各种成分之中,究竟该由哪一种成分占据统治地位,还须由历史来选择。结果是历史选择了北府将刘裕。

次等士族代替门阀士族的统治地位，终于要导致朝代易姓和易制。易制才能保证易姓的成功。所谓易制，就是刘裕企图把东晋孝武帝欲恢复而未成功的皇权政治真正付诸实现。《孝武帝纪》记谶曰："晋祚尽昌明。"东晋门阀政治，到孝武帝时确实将要结束了，但是代替东晋门阀政治的刘宋皇权政治，却是在实现着东晋孝武帝的遗志。刘裕在建宋以前的活动，正是在为实现孝武帝的遗志做多方面的准备。

回顾谢安死后东晋的这一段历史，无论是主是相，还是其他内外当权士族，人物均甚鄙陋，活动均具皇朝末代特征。但是这些人物活动所具有的客观意义，都可以从时代背景上加以解释。不过鄙陋人物毕竟不可以当大任，成大事，所以晋末政局琐碎不堪，史家多不屑于探究。这一阶段由依附于主、相的太原王氏交织其间的、由门阀政治过渡到皇权政治的历史内容，遂因其纷纭杂乱而隐晦不显，只有刘裕个人，近年来稍被史家注意，作出肯定的评价，但大多也不过是限于个人才能运用方面而已。

东晋百年的门阀政治中，曾经居于权力中心的士族只有几家。其中颍川庾氏受桓温诛戮；谯郡桓氏在桓玄败后死绝；太原王氏世称华胄，它的两支也都在政争中覆灭。只有琅邪王氏和陈郡谢氏，在长时间的复杂冲突中，没有受到集中的毁灭性的打击①。所以王、谢家族人物就成为替新朝奉玺绶的工具而受到特

---

① 晋末宋初陈郡谢氏人物被杀者比琅邪王氏为多。但谢安兄弟辈子孙众多，迭有人物，其门户元气还未大丧。

别的重视，家族发展得以延绵久长，至于南朝之末。后代所称五朝门第，遂以王、谢为其代表。这种情况是由东晋的政局造成的，而不是说魏晋以来的门阀士族中，本来就以王、谢的门第最高。

刘裕与孙恩

——门阀政治的"掘墓人"①

一 晋末的北府兵

《晋书》卷七九史臣曰:"建元之后,时政多虞,巨猾陆梁,权臣横恣。其有兼将相于中外,系存亡于社稷,负扆资之以端拱,凿井赖之以晏安者,其惟谢氏乎!"史臣所论,起自陈郡谢氏谢尚辍黄散以受军旅,迄于谢玄以疾解北府之任,其间四十余年(344—387),谢氏于晋室有殊功而少愆失,故作襃掖如此,以见谢氏家族发挥的历史作用。与东晋其他几家当政士族相比,谢氏翼卫东晋朝廷而又门风谦退,不妄生事端的特点,是非常明显的。

但是,还有不曾为史臣注意到而后果甚为重要的问题,即淝水战后不及二年,谢安离京师外驻广陵,让出了中枢相权;三年甫过,谢玄又退居会稽,让出北府兵权。谢氏此举虽属被逼于皇帝和宗室的压力,但压力之下毫不反抗而放弃相权和兵权,这在

---

① "掘墓人"是借用语词,取门阀政治终于其手之意。

东晋门阀政治历史上是罕见的。谢氏离开中枢的结果,是相权完全归于宗室司马道子;谢氏让出兵权的结果,是由谢氏组成和指挥的北府兵逐渐解体。长远看来,这些变化对于门阀政治的逐渐消亡,关系非常重大。

北府兵在淝水之战前夕从事淮南、淮北的战争,指挥者是谢玄。淝水之战,谢石受其兄谢安之遣,解仆射之任,以将军、假节、征讨大都督,统率兄子谢玄、谢琰以及豫州刺史桓伊等军应战。谢安则坐镇建康。淝水战后的北伐战争,谢玄为前锋都督,谢安甚至自求征讨。这些阶段,合共约十年,驰骋疆场的大半都是北府兵,最重要的将领是出身谢氏豫州军府的刘牢之,指挥权则在谢氏家族人物之手。谢玄卸北府之任后,北府宿将日就零落,他们分散于淮北、淮南各州郡及其他军府,不再自成系统,也不能合力应战。这时羌、氐、鲜卑慕容及其他各族诸国彼此攻伐,鲜卑拓跋部力量逐渐兴起,长期战事不已,北方混乱异常。所以南北之间作战的机会大大减少,淮南、淮北的北府兵暂时没有从事外战的需要。

太元十二年(387)正月谢玄自彭城南返会稽以后,原由谢玄统领的徐州,与兖、青二州又析为二镇。宿将朱序监兖青二州军事、二州刺史,自彭城退镇淮阴。朱序为桓温旧部,将家出身,当十余年前桓冲为徐州时曾暂驻兖州。朱序虽然资望甚深,但于北府没有多少历史关系。所以当他再度出刺兖、青时,谢氏旧将留驻淮南、淮北者未必服从他的节度指挥。观《晋书》卷八一《朱序传》序于此时表求运江州米帛以资军俸一事,可知朱序兖、青任内,军资还要仰赖上游桓氏老巢支援,不能在兖、青就地取给，也不能从扬州江南诸郡获得，其处境是困难的。朱序在兖、青未得久任，太元十三年四月徙刺雍州，戍洛阳，谯王司马恬遂出继兖、青之任。《晋书》卷三七《谯王恬传》：“恬既宗室勋望，有才用，孝武帝时深杖之，以为都督兖、青、冀、幽、并、扬州之晋陵、徐州之南北郡军事，领镇北将军、兖青二州刺史。”谯王恬所督既包括晋陵在内，则其时兖、青二州治所已由前此之淮阴南迁京口。《谯王尚之传》直谓其父"恬镇京口"；《太平广记》卷二七六引《异苑》谓恬在京口为都督，重修邓艾庙，均可证实此点。《元和郡县图志》卷二五亦作如是说。

至于徐州刺史之职，自谢玄离北府后即由执政司马道子兼领。因此之故，徐州刺史虽置文武，但府第当在建康。《元和郡县图志》卷二五在述及升平二年（358）徐州刺史荀羡等北镇下邳而于京口有留局以后说："后徐州寄理（治）建业（建康）。"徐州寄治建康，即指司马道子兼领徐州时之事。

太元二十一年孝武帝死，安帝即位，司马道子始解徐州之任[①]，《通鉴》谓"以散骑常侍彭城刘该为徐州刺史，镇鄄城"。彭城刘该不见于今本《晋书》。《魏书》卷二六《长孙肥传》有刘该遣使诣肥请降记事，据《通鉴》时在隆安五年（401）七月。《宋书》卷一《高祖纪》元兴三年（404）："北青州刺史刘该反"；同书卷五一《宗室长沙王道怜传》，谓义熙元年（405）

[①] 据《晋书》卷六四《司马道子传》。传谓道子解徐州之任在是年九月安帝践祚之后，而《通鉴》于是年五月已录徐州易人。

南彭城内史刘道怜追斩叛将刘该。刘该刺徐州时驻鄄城,刺北青州亦治荒外,其人前后居疆场之任八九年之久而未得代,似亦习于征战而且还反复于南北之间的将家①。刘该刺徐州之前曾为散骑常侍,此官在晋世选望甚重,与侍中不异,其后职任闲散,用人渐轻②。东晋末年亦可用将门子弟居之,刘隗之孙刘波自北投南,为桓氏将,曾累迁而居此职,刘牢之子刘敬宣亦尝居此职。凡此种种迹象,说明刘该或为北府将而又早已投身建康,依靠司马道子。刘该为徐州刺史镇鄄城之后,据《司马道子传》,隆安元年(397),道子以其卫将军府及"徐州文武"悉配其子司马元显。下年王恭死后谢琰出刺徐州,当是另行组织徐州刺史这一机构。而刘该由徐州刺史转北青州刺史,亦当在这个时候,因为不能有两个徐州刺史同时存在。

总绾北府诸将的徐州本治京口,自谢玄去职之后,先由司马道子在建康置局遥领,后入将家刘该之手而迁治于接近黄河的鄄城,不得回治京口。这是一方面的情况。另一方面,本来是侨寄江北、常以广陵为治的兖州,却入孝武帝深相委托的谯王恬之手,移镇京口。这样,就在东晋的要害之地,出现了罕见的州治

---

① 据近时研究,刘该出于彭城丛亭里,依其先人历史及刘该行事看来,丛亭里刘氏既是士族,又是将家。刘该降魏后娶崔玄伯姊妹为妻,是崔浩姑父。孝文帝时的刘芳是刘该之孙。事见《魏书》卷五五《刘芳传》,以及《元和姓纂》卷五、《新唐书》卷七一《宰相世系表》彭城刘氏条。请参看田余庆、滕昭宗《南北对立时期的彭城丛亭里刘氏》一文,载《国故新知:中国传统文化的再诠释——汤用彤先生诞辰百周年纪念论文集》,北京大学出版社,1993年。

② 参看《宋书》卷八四《孔觊传》。

互移现象。为什么会出现这种现象呢？我认为这是出于中枢控制北府诸将的需要。

淝水战后谢玄北伐，北府诸将多偕同北行，谢玄自领的徐州与兖州刺史，也均随军事需要移驻北方。其时北方各族混战正酣，江表无烽警之虞，朝局亦尚稳定，京口无须重兵驻守。后来谢玄南归，北伐活动暂时停顿，但留在北方的北府诸将并未立刻相偕南还。暂驻淮阴的宿将朱序，虽以其监青兖二州军事、二州刺史之职，有指挥北府诸将的权责与资望，但未必为北府诸将所接受，也未必符合朝廷的愿望。所以司马道子以执政地位兼领徐州刺史，必有对北府诸将遥领而羁縻之的目的，但实际上是徒有其名，鞭长莫及。后来刘该刺徐州镇鄄城，当是承司马道子的意旨，谋求实际控制久在荒裔的北府诸将。这当然是不会有成效的。刘该出为徐州刺史后，只有一两年即转为北青州刺史。

如前题所叙，太元政局，孝武帝与司马道子之间，既是主相相维以张司马氏的皇权，又是主相相争而各有树置。太元十三年（388）四月，孝武帝委谯王司马恬为兖青二州刺史以代朱序。兖青二州刺史既然起不了实际控制远在北方的北府诸将的作用，所以改镇京口，徐图在京口重新配置力量，与建康呼应，以代替过去徐州刺史镇京口的作用。司马恬在京口，以子司马尚之为广陵相，父子隔江相望，企图牢固地控制下游，以为建康保障。

孝武帝既然先走一步，以亲信谯王恬据有京口，司马道子接着于十四年七月也走一步，以妃兄名士太原王忱出刺荆州镇江陵，取得了上游。然后孝武帝又乘司马恬死的机会再进一步，以皇后兄名士太原王恭为"都督兖、青、冀、幽、并、徐、〔扬〕州〔之〕晋陵诸军事、平北将军（按后来改号前将军）、兖青二州刺史、假节，镇京口"①。王恭与孝武帝关系之密切，远胜于谯王恬。至此，东晋政局又恢复了中枢实际执政者（这时是孝武帝本人）牢固控制京口，权臣（这时是司马道子）则据有上游以为分陕之势的格局。

孝武帝死，形势为之大变，主相矛盾不存在了，司马道子独揽朝权。据有京口的王恭徒有地望虚誉而无实力，无法对抗司马道子。所以他在筹划讨伐王国宝时，不得不以北府宿将刘牢之为府司马，引他还驻京口以为援助。据《晋书》卷七四《桓修传》，我们知道与刘牢之同还京口的北府将，还有晋陵人孙无终等，而刘裕就在孙无终军中为司马。这样，曾长期被置于边裔的北府将纷纷率部南返，或投京口，或投建康，得到在江左内争中发挥作用的机会，而京口由于有了还驻的北府兵，也恢复了对建康举足轻重的地位。

如前所述，为了至少在名义上统领在北方屯驻作战的北府诸军，先有司马道子在建康置局，兼领徐州刺史，后有刘该继为徐州刺史，出镇鄄城。隆安元年，刘牢之已引所部北府兵归于王恭麾下。王恭虽然只居兖、青刺史而无徐州刺史之名，亦未受平北将军一类军号，但由于有刘牢之以府司马率北府兵相随，是名副

---

① 《晋书》卷八四《王恭传》。脱字据《廿二史考异》卷二二之说补入。《晋书》同卷《刘牢之传》牢之代王恭之位，所叙有扬州，可证。

其实的北府镇将。《王恭传》谓恭"自在北府"云云；又王恭起事前曾说刘牢之曰："事克即以卿为北府。"这些情况，说明在京口为北府镇将的王恭，只有倚靠刘牢之的北府兵才能自存，才能具有震慑作用；而刘牢之的北府兵南归后还须依附士族，仍然是一支为门阀政治所用的军队，还不具有对士族的独立性。

　　北府兵摆脱士族控制而成为一支独立的力量，是王恭兵败以后的事。王恭败死后，驻在京口的都督军府与州刺史分离：王恭所遗以京口为治的兖青二州复改徐州，谢琰为刺史；王恭所遗都督兖、青、冀、幽、并、徐、扬州之晋陵诸军事职则由刘牢之继任，亦在京口①。刺史不带都督，成为所谓"单车刺史"；而都督拥兵，北府之名专归都督所有。《晋书》卷一〇〇《孙恩传》谓谢琰以徐州刺史南讨孙恩，加督会稽五郡军事，遂"率徐州文

---

① 钱大昕《廿二史考异》卷二二辨太元以来徐、兖分合问题，甚为清晰。钱氏乾嘉巨子，学风重考据事实而不多作解释。故本文特诠释其原委如此，以为补充。钱氏考史亦有偶误处，如云"安帝即位，道子解徐州，其刺史当即恭兼领"。按道子解徐州后，刘该为徐州刺史，而王恭只刺兖、青，并未兼领徐州。《世说新语·文学》"桓玄尝登江陵城南楼"条注引《晋安帝纪》载桓玄《诔王恭·叙》曰："隆安二年九月十七日，前将军青、兖二州刺史太原王孝伯薨"云云，王恭官号只有青、兖而不及徐州，亦足为证。至于刘该，其人事迹不显，故钱氏未及细察。钱氏之误，与檀道鸾如下之误相似。《世说新语·文学》引《续晋阳秋》："及平王恭，（牢之）转徐州刺史。"按刘牢之只因王恭都督位号，王恭所遗兖、青刺史改为徐州刺史，由谢琰继替，牢之未尝居徐刺也。关于此问题，吴廷燮《东晋方镇年表》记事较准确。万斯同《东晋方镇年表》则于司马道子及刘该二任徐州刺史并漏。

武戌海浦";而同书卷八四《刘牢之传》则谓刘牢之奉朝廷命讨桓玄,"率北府文武屯洌洲"。这里,谢琰的"徐州文武"指刺史所部,刘牢之的"北府文武"指军府所部,两者是区别得很清楚的。

刘牢之由王恭府司马上升为都督数州诸军事,这是北府兵由士族工具的地位转变为独立力量的开始,也是东晋门阀政治演变的一大关键。原来,刘牢之在王恭军府时,王恭虽然只有仰仗这支武力的支撑才能存在,然而他出于门阀士族的偏执,对刘牢之以行阵武将相遇,礼之甚薄。刘牢之也自负才能,深怀耻恨。可是另一方面,王恭为了得刘牢之死力,又不得不屈尊与之拜为兄弟,甚至还在自己生死攸关的时刻,向刘牢之许下"事克即以卿为北府"的诺言。同时,司马元显派遣时为庐江太守的另一北府将高素向刘牢之策反,其诺言也是:"事成,当即其(按指王恭)位号。"交战双方都对刘牢之以北府相许,后来果然成为事实,说明时势如此,非刘牢之不能统率北府兵,非刘牢之不能发挥北府兵的作用。门阀士族垄断北府职任,并按照自己的愿望来使用北府兵,已不再可能;门阀士族专兵的现象,已经不存在了。不过这还只能说北府兵已成为一支独立的军事力量,至于说成为一支独立的政治力量,那还需要等待一个过程。

历史的演变总是迂回曲折的。新近居位的刘牢之并不能自如地运用其北府统帅的权力。《刘牢之传》谓"牢之本自小将,一朝据恭位,众情不悦,乃树用腹心徐谦之等以自强"。其时内有司马道子父子宗室名分之重,外有门阀士族桓玄的社会影响,一朝居位的刘牢之既不能也不敢突破这些障碍。刘牢之惶惶然不辨方向，举措失常，一变再变，直到投降桓玄后桓玄以之为会稽太守时，才明白筹算不在自己手中，形势对自己极端不利。他说："始尔，便夺我兵，祸将至矣。"但是事机已失，无可挽回，广陵一江之隔，遂不可达，终于穷途自缢。刘牢之完全失败了。他败于政治而不是败于军事。政治上失败，军事力量也随之瓦解。后来刘裕兴北府之师以克桓玄，并没有现成的北府兵可用，只有利用京口的条件另起炉灶①。

值得注意的是，刘裕虽然起兵于北府，但是从义诸人除刘裕本人确知曾为孙无终司马、刘牢之参军外，其他人与昔日的北府有过直接关系的，恐怕不多。在南的北府旧将，已经被桓玄诛戮殆尽。史家往往只注意到刘宋的建立是北府兵的胜利，未曾注意与刘裕共义之人并不是那些当年有疆场功勋的北府将领，而这一点对于刘裕以后的活动是相当重要的。

《宋书》卷一〇〇沈约《上〈宋书〉表》，说到京口共义者刘毅、何无忌、魏咏之、檀凭之、孟昶、诸葛长民等人，"志在兴复，情非造宋"。这就是说，他们参加起兵，目的只在于打倒桓玄，兴复晋室，而没有废晋自立，取代门阀政治的意图。甚至于打倒桓玄，主要也只是由于桓玄妨碍了他们仕进途辙的缘故。

---

① 刘裕所依靠的，绝大部分是京口附近的侨人，多出于次等士族。也有个别门阀士族的沉沦者参加了刘裕的阵营，如王懿（仲德）。《宋书》卷四六《王懿传》：懿出太原王氏，祖仕石虎，父仕苻坚，均二千石。苻坚败后，懿起兵，曾事丁零翟辽积年。太元南徙，往依同族太原王愉，礼薄，又投桓玄。桓玄篡晋后，王懿在建康密应刘裕，遂为刘裕大将。王懿的道路和杨佺期相近，不过只是个人的事，不涉及一支军队。

桓玄鄙视魏咏之"不成令器",又禁何无忌领小县,分见魏、何本传。桓玄原本器重孟昶,以刘迈忌之而未见用。《晋书》卷九六《列女·孟昶妻周氏传》孟昶语妻周氏曰:"刘迈毁我于桓公,便是一生沦陷,决当作贼(造反)。"所以刘裕在逐桓玄、灭卢循、"兴复"东晋以后,为了"造宋",还必须建立对北敌的疆场功勋,求取信于朝野,并于其中物色可以随同"造宋"的人物,才可以逐步完成晋宋禅代的准备。刘裕迟迟不敢称帝,必于灭南燕、灭谯纵、胜后秦以后始成其篡事,主要原因就在这里。如果有疆场功勋的刘牢之在,而刘牢之又能够准确估量形势,谨慎行动,代晋过程就可能不是如此曲折了。

北府影响于东晋的政局,大而且久。百年来特殊的历史条件,使京口蕴藏着可观的军事力量。但是如果没有刘牢之辈北府将失败的教训,刘裕的成功得来可能更不容易。这是研究晋宋之际历史不能不注意的一个问题。

在本书的几个篇章中,都涉及东晋的北府和北府兵的问题。借此机会,让我将北府兵的创立及其发展阶段,作一小结。

回顾东晋之初,门阀政治尚不稳定,王敦、苏峻叛乱相仍。由于建康没有较强军事力量的支持,叛乱者动辄下都,威胁东晋朝廷的存在,而且扰及三吴地区。这种历史背景,导致北府重镇的建立。广陵、京口及其左近定居的以及不断南来的北方流民和他们之中的流民帅,是北府兵的主力。郗鉴是北府兵最早的组织者和指挥者。郗鉴以来,北府兵经历了并不完全衔接的四个阶段:

一、郗鉴首创并受郗鉴后人控制和影响的阶段,从咸和三年到太和四年（328—369）。这个阶段的北府兵是一支门阀士族兵，从战略上说来，它的主要作用是支持建康朝廷的门阀政治，维持几家当权士族力量的平衡，消除已形成的和潜在的军事叛乱，稳定东晋政局。有时这支军队也用于外战，但这不是它的主要作用。桓温逼走郗愔后，这个阶段遂告结束。

二、谢玄组建并由谢氏家族人物指挥，由谢氏豫州旧人刘牢之实际统领的阶段，从太元二年至十二年（377—387）。这个阶段的北府兵仍然是一支门阀士族兵，领兵者有的是前一阶段的北府旧将，有的是新应募而来的流民帅。它的主要作用是从事外战，包括淝水之战和淝水战后的北伐战争。同时，它也起着支持建康执政，维持政局稳定，保持与上游桓氏势力平衡的作用。谯王恬在北府时，北府兵性质尚无变化，以后则越来越多地介入东晋内争。

三、刘牢之为统帅的阶段，自隆安二年至元兴元年（398—402）。这个阶段的北府兵，正经历着由门阀士族军队向次等士族军队的转变。它虽在军事上取得了独立性，但政治方向不明确，行动无准则，朝秦暮楚，东倒西歪。它想在门阀政治的斗争中取得近利，但摆脱不了对门阀士族的政治依赖，终于在几经挫折以后归于失败。

四、元兴三年（404）刘裕在京口重组的北府势力，完全是次等士族的武装。它摧毁了以桓玄篡晋形式出现的门阀士族统治，也就是门阀政治的回光返照；它压平了由另一些次等士族领导的农民反抗斗争；它又取得了多次的外战胜利。然后，出现了刘裕代晋自立。这一支本来是次等士族的力量，转化为刘宋皇权,终于恢复了中国古代皇朝的权力结构形式和统治秩序。中国历史上的门阀政治时期,也就是皇权变态时期,基本上宣告结束。由此至南朝之末,门阀士族仍然存在并起着相当的政治作用,但已不是决定性的政治力量了[①]。

二 北府将乐安高氏

太元时重要的北府将领并不止刘牢之一人。其余的北府将动向如何,在后来的内争中起过什么作用,这也是尚未为史家注意的问题。这里拟就其他北府将的一些事迹,探索他们在晋末政局中的态度,作为前节所论北府兵及本书其他有关论点的补充。

太元中期、晚期,隆安之初,还有一些北府将陆续回到南方,他们大抵同刘牢之一样,在江左纷纭政局中或秦或楚,几经反复,备受摧残,多归灭亡。北府将晋陵孙无终,与刘牢之一起在王恭军府,后来投降司马道子,事见《晋书》卷七四《桓修传》。元兴二年(403)孙无终为桓玄所害,见《晋书》卷一〇《安帝纪》及卷九九《桓玄传》。世为将家的北府将乐安高氏由北返南后,直接投向朝廷的司马道子,其事迹较为曲折复杂,值得详细加以考察。

[①] 关于北府兵,我以此为基础,增补资料,充实论证,另行写成《北府兵始末》一文,刊于《纪念陈寅恪先生诞辰百年学术论文集》,北京大学出版社,1989年,又收入《秦汉魏晋史探微》(中华书局,1993年),请参看。

《搜神后记》①卷五："晋太元中，乐安高衡为魏郡太守，戍石头。其孙雅之，在厩中，云有神来降，自称白头公，拄杖，光辉照屋。与雅之轻举宵行，暮至京口来还。后雅之父子为桓玄所杀"，云云②。此则故事，其鬼神形见的荒诞部分在道术流行的东晋时期的著作中是常见的③，可不置论。其所记高衡及其孙高雅之之事，则有一定的史料价值。

按高衡于太元二年（377）应谢玄募入北府，《晋书》著录其事迹，仅见《谢玄传》《苻坚载记》所谓东莞太守高衡与彭城内史何谦军泗口、援留城一项。何谦是庾希居北府时旧将，高衡与他官守相当，资历年齿当亦相近，估计也是久在江淮的流民帅。《搜神后记》所著高衡籍贯，与《晋书》相同，而增加了下述事实：一、高衡曾为魏郡太守，戍石头④；二、高衡为高雅之的祖父；三、高雅之与祖父高衡同居京邑，但与京口多有往来。这几点事实没有可疑之处，可以补充史阙。《搜神后记》所云

---

① 《搜神后记》，旧题陶潜撰，史家多认为是伪托。但此书文辞简古，所叙人物事迹多有暗合史实者，可知亦非晚出杜撰不经之书可比。《高僧传·序录》提到陶渊明《搜神录》，当即《搜神记》，则此书在梁代以前即已流传。余嘉锡《四库提要辨证》（中华书局，2008年）小说家类有考。

② 《太平广记》卷二九四引《幽明录》，暮至京口"来还"作"晨已来还"，"所杀"作"所灭"。

③ 例如《真诰》卷一六《阐幽微第二》及注，谓徐宁死后为鬼官，其孙徐羡之年少时，徐宁"尝来形见"云云。

④ 据《宋书》卷三五《州郡志》，魏郡，咸康四年（338）侨立，隶扬州，寄治京邑（建康）。所以高衡得以魏郡太守戍守石头。

"雅之父子为桓玄所杀"一语,有可疑处,须另作稽考。所云高衡、高雅之之事发生在"晋太元中",如无误记,则可证高衡或北伐南返过江较早,或没有参加北伐①,宜其得以在建康为司马道子所用。

《搜神后记》未记高衡之子、高雅之之父的名讳仕履。考诸晋末人物,看来应当就是高素。高素是一名随谢玄北伐的北府将,官淮陵太守,见《谢玄传》及《苻坚载记》附《苻朗传》。最晚到太元末、隆安初,高素依司马元显,为庐江太守。王恭于隆安二年起兵时,司马元显遣高素说刘牢之使叛王恭,并许诺事成以刘牢之袭王恭位号,见《刘牢之传》。是役,司马元显又以高素随左将军谢琰讨伐王恭,灭之,见《司马道子传》。稍后,谢琰以卫将军、徐州刺史镇压孙恩军,高素为卫府司马,受遣助刘牢之,见《刘牢之传》。隆安五年孙恩军至丹徒,高素以冠军将军戍守石头,见《安帝纪》。元兴元年(402)桓玄大杀刘牢之同党的北府旧将,高素包括在内,见《桓玄传》。高素被杀时官吴兴太守,当是高素镇压孙恩军有功,继替谢邈、庾恒②出守吴兴。东晋三吴的太守、内史通常以门阀士族居之,高素得为吴兴太守,与刘牢之得为会稽内史一样,说明刘牢之、高素在北府将中地位特殊,得以突破门阀士族的禁区为官,这在时局变化中

---

① 这就是说,谢玄过江北伐时,高衡年老,留在石头戍守,而以子高素(见下考)随谢玄北行。如果是这样,高素南返时必就其父于建康而事司马道子。

② 庾恒,《通鉴》隆安四年五月作庾桓。此据《世说人名谱·庾氏谱》及《魏书》卷九六《司马睿传》。庾恒为庾亮孙,庾和子。

颇具象征意义。不过从门阀士族的传统观念看来，这毕竟是一种不寻常的权宜措施，只要有机会，门阀士族总要对他们予以排斥。

高素南返以后在司马道子一边，与高衡同。但高衡早已不见于历史记载，而高素却又有隆安五年戍石头之事，疑其时高衡早死，高素戍守石头系代高衡之任。取这些事实与前引《搜神后记》对勘，以高素为高衡之子、高雅之之父，是可以合拍的。

据《王恭传》，刘牢之反王恭，恭败还京口城，高雅之闭城门不纳，则其时高雅之当适在京口城。据前引《搜神后记》"雅之轻举宵行，暮至京口来还"之语，已知高雅之常往来于建康、京口之间。而高雅之又是刘牢之之婿，雅之常来京口，也是合乎情理的。高素得以受遣说刘牢之倒戈，除由于北府旧谊以外，更重要的还是二家有姻亲关系。我们知道后来桓玄进至姑孰，劝刘牢之降时，所遣之人是刘牢之族舅何穆之，显然也是利用亲戚关系。

高、刘二家在江左多变的局势中曾一度分属司马道子和王恭两个对立阵营，这大概是由于刘牢之、高素两家南返时机不同，受不同形势影响的结果。但王恭败死、刘牢之投降司马道子以后，刘牢之与高素二人进退就基本一致了。刘牢之最后决定背叛桓玄时，企图先奔广陵，以就其婿广陵相高雅之；而当刘牢之途穷自缢后，偕刘牢之子刘敬宣北奔的也是高雅之。数月以后，高素为桓玄所杀，刘敬宣、高雅之等拟据山阳起兵以反桓玄，不克而走，投奔南燕。

《搜神后记》叙及高雅之，未著官守，似为较早之事，其时高衡健在，而高雅之尚在未仕之年。《晋书》录高雅之事迹，最早的是《王恭传》高雅之闭城不纳王恭一条，亦未著其官守，只是说刘牢之遣子刘敬宣与婿高雅之共击王恭云云。但《通鉴》此处却谓高雅之为东莞太守，而东莞太守又曾是其祖高衡早年位号。疑高衡死后高雅之代袭此位，就像以后高素于隆安五年继高衡戍守石头的职任一样。隆安三年，高素以卫府司马随谢琰东出，雅之或亦在军。四年，高雅之与桓不才、孙无终等击孙恩，战于余姚，败绩；又战于郁洲，被孙恩俘获，分见于《安帝纪》《孙恩传》以及《天文志》中、下。其时高雅之为宁朔将军。高雅之何以得从孙恩军中归来，不明原委。元兴元年刘牢之叛桓玄失败，欲奔高雅之之时，雅之为广陵相，见《刘牢之传》。高雅之与刘敬宣北投慕容德，见《刘敬宣传》及《慕容德载记》。元兴三年刘裕逐桓玄后，高雅之南归，南燕人追及雅之，杀之，见《通鉴》。

高雅之事迹，史籍所见如此。与《搜神后记》扞格之处，只有"雅之父子为桓玄所杀"一点。按桓玄杀高雅之父高素，据《通鉴》在元兴元年十一月，其时高雅之在北，自山阳奔南燕，不可能罹于高素之难。高雅之之死，当以《通鉴》所记南燕追兵杀之为是。所以我疑"雅之父子"被杀一句，是指高雅之之父和高雅之之子均被杀，亦即桓玄杀高素时并及于高雅之之子。这样，《搜神后记》此则故事就可以诠释通畅。或者，还有一种可能，即"雅之父子"，中"子"字为衍文，去掉"子"字，也可以诠释通畅。总之，此则故事虽似小说家言，但是去其伪而存其真，颇可以补史籍之不足。高衡、高素、高雅之为北府将门乐安高氏三代之说,也可以成立。高氏三代将门中,祖孙两代都曾为东莞太守,祖父两代都曾为谢氏(分别为谢玄、谢琰)部将,都曾替司马道子戍守石头。以辈分论,高衡老将,为刘牢之父执,与刘牢之之父曾为谢氏豫州旧将名刘建者一辈;高素则为刘牢之的亲家,自然是同一辈;高雅之与刘敬宣更是患难与共,进退相随,义同于手足。这是北府最重要的两个将家中三代通谊,地位相近,命运也相近的一个实例。他们是东晋中期以来众多的北府将家中有较多史料可以稽考的两个家族。

乐安高氏三代,在纷纭政局中基本上是归属于东晋朝廷一方,没有像刘牢之那样出现戏剧性的反复。但是在桓玄事件中,高氏和刘氏是同步进退,同归失败。卷入上层政治旋涡的将门,不知如何自处,行动相当盲目,高氏、刘氏是一样的。他们同是次等士族进入最高统治地位这一历史性事件的先驱者和牺牲者。所以刘牢之的反复无常,看来是他个人的失算,实际上也是次等士族的将门这一社会阶层在门阀政治的变化中茫茫然无所适从的必然表现。高氏将门的表现,何尝不是如此?

附带说及,乐安高氏之侨寓江左者,据知尚有高柔其人。《世说新语·言语》"孙绰赋遂初"条及同书《轻诋》"高柔在东"条及注,颇载高柔事迹。高柔字世远,乐安人,营宅于会稽东山畎川,与名士孙统、孙绰邻居友善,并为谢尚所重。《世说新语·轻诋》注引孙统《高柔集叙》谓高柔"家道隆崇",娶泰山胡母氏女,曾为司空参军、安固令。按此司空指郗鉴,郗鉴为司空在成帝咸和三年至咸康四年(328—338);安固县,属扬州临海郡。《高柔集叙》又谓"尚书令何充取为冠军参军"。按何充咸康四、五年为吏部尚书,进号冠军将军,六年迁尚书令,高柔为冠军参军当在咸康四至六年之间。从高柔婚宦及交游看来,高氏得入士族之列,但非一流门第。稍后出现的北府将乐安高衡与此乐安高柔有宗族关系,可以肯定。但高衡一支是否系由营居会稽畎川的高氏分离出来,尚无直接证据。我们已知以下一些情节:一、谢尚在东时甚重高柔;二、谢尚在成、康时自东出仕,有一段戎旅生涯,穆帝永和初以来长期居豫州西府督将之任;三、西府与北府历来关系密切,谢玄所募北府将有些即是豫州西府旧人。据此类情节推测,乐安高衡或其父兄辈有可能与高柔同居会稽,随谢尚出充戎旅之任,遂留西府豫州;后来谢万的西府兵败溃,高衡率兵流荡淮域,太元初始归北府建制。当然,这只是一种推测。此推测如能证实,则乐安高衡与彭城刘牢之经历更多相同之处:同为次等士族,同属于北府中的豫州势力,同为谢氏多年旧属。

刘裕从刘牢之、高素两家的失败中接受了教训,看清了道路。《宋书》卷一《武帝纪》载,刘牢之将反桓玄,邀刘裕同奔广陵,刘裕答曰:"将军以劲卒数万,望风降服,彼(按指桓玄)新得志,威震天下,三军人情都已去矣,广陵岂可得至邪?裕当反服还京口耳!"刘牢之之甥何无忌问刘裕:"我将何之?"刘裕答:"镇北(刘牢之)去必不免,卿可随我还京口。桓玄必能守节北面,我当与卿事之;不然,与卿图之。"刘裕有前车之鉴,待机而不妄动,一有口实,就敢于独树一帜,与刘牢之和高素都不相同。桓玄称帝坚定了刘裕以兵相图之心,卒得利用京口环境首倡起事，一举成功。高素和刘牢之作为先驱者的作用，是不可忽视的。

三 道术与政治

在次等士族的代表人物刘牢之、刘裕以北府力量取代门阀士族统治地位的过程中，在刘裕取代东晋政权的过程中，次等士族的另一些代表人物以道术为手段，采取不同的方式，也在进行目的相同的活动。

东晋以来，江左社会中道教和佛教同步发展。接受道教、佛教信仰的人，遍及社会各阶层，上自皇室、士族，下至平民。这个时候，佛、道彼此包容，可以并行不悖，尚未形成像在南朝那样的宗教壁垒。

宫省上层的佛、道活动，很容易与政治发生关系。就佛教言，《司马道子传》载许营疏云："僧尼乳母，竞进亲党"；闻人奭疏亦云："尼妪属类，倾动乱时。"释宝唱《比丘尼传》卷一《支妙音尼传》谓妙音为孝武帝及司马道子所敬奉，"权倾一朝，威行内外"，甚至殷仲堪得为荆州刺史，也是桓玄借妙音之力促成。这是一方面的情况[①]。

另一方面，道教进入宫省，也影响东晋政治。《真诰》卷二〇《翼真检第二》："简文皇帝久垂俗表之顾，与时贤多所俦

[①] 参汤用彤《汉魏两晋南北朝佛教史》（中华书局，1955年）"晋末朝廷之佛教"一节。

结。"这里"时贤"所指,主要是道教名流许迈、许谧和杨羲等人。《晋书》卷三二《孝武文李太后传》谓简文帝为相王时,曾问许迈以继嗣之术,遂纳宫人李氏而生孝武帝及会稽王司马道子。《太平御览》卷六六六引《太平经》则谓简文帝曾使人祈请于道教徒濮阳,于是黄气堕室,遂有孝武。以后孝武帝与司马道子结交于道教首领孙泰,是有这种历史背景的[①]。

佛教与道教同步发展,在士族门户之内往往也是如此。东晋奉道教诸士族,并不排佛,反之亦然。据《郗愔传》,郗愔、郗昙兄弟谙于道,而郗愔子郗超却以佞佛著称,为支遁信徒。《世说新语·术解》谓郗愔信道精勤,因服符水患腹内恶,为他疗疾者却是沙门于法开。王羲之家族世事天师道,但据《莲社高贤传·道敬法师传》,王羲之子王凝之为江州刺史时,其孙年十七,从慧远出家于庐山,称道敬法师。谢玄之孙谢灵运,自婴幼即长于道教环境之中,而谢灵运又笃信佛教,先后与高僧慧远、昙隆、道生等多有交往。刘𫗧《隋唐嘉话》卷下还说谢灵运被杀于广州,死前以美髯施诸南海祇洹寺为维摩诘须,寺僧深宝惜之。

东晋时期,佛道思想都受玄学影响,彼此抵触无多,与萧齐时顾欢引夷夏观念入于道教,因而出现佛道交争的情况不同。这是东晋时佛道得以同步发展的一个重要原因。帝王、士族口唱玄言而又出入佛道,乃是平常之事。佛道传播兼及平民,比之玄学

[①] 参陈寅恪《天师道与滨海地域之关系》,见《金明馆丛稿初编》。本题采陈寅恪见解及所用资料,还有数处,不备注。

仅及于士族阶层者不同，有更广阔的社会基础和更长久的活动力量。

但是东晋佛教和道教的传播，也有重要的差别之处，即佛教较重思想信仰，道教则偏于法术①。《高僧传》卷九、卷一○虽有神异诸僧事迹，但时涉东晋者少，并且没有以神异之术授徒聚众之事②。道教则不然。东晋时道教上清诸经尚未流布③，传教者类皆以道术为招引手段。《抱朴子·道意》谓其时"诸妖道百余种，皆煞生血食"云云。就此而论，道教在民间，比佛教影响要大得多。当佛道活动于宫廷中和士族间的时候，民间道教以法术相诳惑，团聚了不少平民。在孙恩起事以前二十余年，彭城人卢悚传布道教，事之者八百余家，于孝武帝咸安二年（372）率徒众三百，由京口至建康，突入殿庭，略取府库甲兵。卢悚，《晋书》卷八《海西公纪》及卷二七《五行志上》均谓之为

---

① 参陈国符《道藏源流考》增订版（中华书局，1963年）附录二"道及道教"诸条。陈氏谓汉晋间观念，道即道术，而道术又称法术。

② 释慧皎强调佛门与道士虽均有神异之事，但不相同。其论曰："若其夸衒方伎，左道乱时，因神药而高飞，借芳芝而寿考，与夫鸡鸣云中，狗吠天上，蛇鹄不死，龟灵千年，曾是为异乎？"见《高僧传》卷一○。此中点睛之笔，是责备道教"左道乱时"。佛教徒攻击道教的文章，多有此论点。

③ 据《真诰》卷一九所载《真诰叙录》，道教上清经籍盖魏夫人于兴宁二年（364）降真，由杨羲、许谧（许长史）、许翙（许掾）等人写出。许翙子许黄民（许丞）收集历岁，于元兴三年（404）奉经入剡，时人多加崇敬，钱唐人杜道鞠数相招致。刘宋以后，经籍始渐传布云云。关于此问题，可参看前揭陈国符《道藏源流考》增订版第29页《道经传授表》以及相关文字。

"妖贼",《法苑珠林》卷六九称"彭城道士",《通鉴》咸安二年称"彭城妖人""大道祭酒",其为道教首领,自无疑义。《魏书》卷九六《司马睿传》,称卢悚为"徐州小吏",可知其人社会政治地位不高,但也非一般平民。道教由于以道术相惑而具有较大的团聚力量,所以此时企图利用宗教力量聚众从事政治活动的人,都是出自道教而不是出自佛教。这种情况,从东汉以来一直如此。刘勰《灭惑论》谓道教"事合氓庶,故比屋归宗。是以张角、李弘流毒汉季,卢悚、孙恩乱盈晋末,余波所被,实蕃有徒。"① 刘勰虽为攻讦异教而发,但合事实。

《晋书》卷一〇〇《孙恩传》、《宋书》卷一〇〇《自序》以及《建康实录》卷一〇,均谓孙泰之师钱唐杜子恭,有道术,人多惑之,敬之如神。杜子恭以法术结交朝望,由来已久。《太平御览》卷六六六引《太平经》:"陆纳为尚书令,时年四十,病疮,告杜恭……恭为奏章,又与云飞散,谓纳曰:'君命至七十。'果如其言。王右军病,请恭,恭谓弟子曰:'右军病不差,何用吾?'十余日果卒。"按陆纳年四十时当哀帝兴宁三年(365);王羲之死,据《真诰》卷一六《阐幽微第二》注及《法书要录》卷八载张怀瓘《书断中》,在穆帝升平五年(361)。可知杜子恭结交陆、王辈,最晚就在这个时候。《宋书·自序》谓"东土豪家","京邑贵望",并事杜子恭为弟子,可见杜氏在上层人物中影响之大之广。

《异苑》卷七:"初,钱唐杜明师夜梦东南有人来入其馆,

---

① 《弘明集》卷八。

是夕即〔谢〕灵运生于会稽。旬日①而谢玄亡。其家以子孙难得，送灵运于杜治养之，十五方还都，故名客儿。"② 治，道家奉经修事之处③。据此可知谢氏与杜氏关系极为密切。杜治主事人物"杜明师"，就是杜子恭④。杜子恭原名杜昺，唐人载籍写作杜炅、杜炯，子恭是其字。

杜子恭死，孙泰传其秘术，一方面交结于朝贵，一方面以道

---

① "旬日"有误。谢玄死于太元十三年（388）正月。至于谢灵运，据《南史》卷一九及《宋书》卷六七本传所记推之，当生于太元十年，在谢玄死前两三年，并不只于"旬日"。所以谢玄得见灵运于童稚之年，知其聪悟。不过《晋书》卷七九《谢玄传》谓玄知"灵运文藻艳逸"云云，亦不可信，因为二三岁婴儿，何来"文藻"可资判断？

② 或云"谢玄亡"当作"谢安亡"，安亡与灵运出生同年，可释上文"旬日"之疑。但是"谢安亡"又与下文"子孙难得"之意不叶。灵运为谢玄之孙，玄死其家念及子孙难得，是顺理成章；而灵运与安服属已远（灵运曾祖奕，与安为兄弟），安死，灵运家似难于萌生"子孙难得"之念。或云"谢安亡"当作"谢瑍亡"。谢瑍为谢玄子，谢灵运父。作"谢瑍亡"与下"子孙难得"语相叶。但史传不载瑍亡的确切年份，终难定案。

③ 黄生《义府》卷下谓"道家以符法禁治鬼神，故名其所居为治"，并引《异苑》此条为证。据《字诂义府合按》本。

④ 杜明师，据《云笈七签》卷一一一《洞仙传·杜昺传》，其人就是杜昺，也就是杜炅、杜子恭。据云昺字犯李渊父讳，唐人改写为炅，又别作炯。杜子恭以字行，当即此故。本书对杜明师是否即杜子恭本人，原来未作断语。谢文学先生函示上述高见，并寄赠大作，谨致谢忱。又，据《说文》、今本《玉篇》、《广韵》以及《晋书音义》，炅、炯义同，均读古迥反，当是一字异写。《洞仙传》，《隋书·经籍志》著录，当是南朝人所作，故作杜昺，而非杜炅。

术诳惑百姓。孝武帝末年，孙泰从流放地广州回到建康，与司马道子、司马元显辈交往，影响更大。司马元显屡诣孙泰，求其秘术。《魏书》卷九七《桓玄传》载桓玄讨司马元显檄文曰："居丧（按当指居孝武帝之丧）极味，孙泰供其膳；在夜思游，亦孙泰延其驾。泰承其势，得行威福。"这时的孙泰，已经产生了聚众起兵，取司马氏天下的图谋。《孙恩传》说："王恭之役，泰私合义兵得数千人，为国讨恭"；又说："泰见天下兵起，以为晋祚将终，乃扇动百姓，私集徒众，三吴士庶多从之。"孙泰以会稽内史谢輶"发其谋"而被诛，可见他确有反晋之"谋"，比北府将几经反复之后始有刘裕"造宋"之举，要早几年。可以说，以道教为活动手段的这一部分次等士族的代表人物，蓄谋取代门阀士族统治，取代东晋政权，本来是走在北府将前面的。

孙泰被杀一事，史籍记载颇有歧异。《通鉴》谓孙泰收合兵众，为时所忌，隆安二年十二月"己酉，会稽王道子使元显诱而斩之，并其六子"。但是《晋书》卷一〇《安帝纪》却说隆安二年十二月"己酉，前新安太守杜炯反于京口，会稽王世子元显讨斩之"。这两条史料说的是同一件事，歧异处是被杀者一作孙泰，一作反于京口的前新安太守杜炯，而孙泰却也曾做过新安太守。杜炯被杀事无他佐证，疑为孙泰之误。但是《晋书》误孙泰为道教世家杜炯，而且标出京口地方，罪名是反叛，似不是一般的鲁鱼亥豕之误，其中似乎有其致误之因，而且涉及政治。为了探求真相，兹据《南齐书》卷五四《高逸·杜京产传》，参考其他资料，将钱唐杜氏数代人物事迹排比如下：

杜子恭　《南史》卷五七《沈约传》曰："杜炅，字子恭。"杜炅即杜昺所改，李延寿避唐讳也。杜子恭以字行。子恭墓在钱唐，见吴自牧《梦粱录》卷一五。

杜　该　正史缺名。《云笈七签》卷一一一《洞仙传·杜昺传》："桓冲欲引昺息该为从事，昺辞曰：'吾儿孙并短命，不欲令进仕。'"按桓冲欲引杜该为州从事，当在冲为扬州刺史的宁康元年至三年（373—375）之时。

杜　运　刘毅卫军参军。按刘毅初为卫将军，在义熙五年（409）。

杜道鞠　州从事。按义熙四年以后至东晋之末，扬州刺史为刘裕兼领，是杜道鞠为刘裕故吏。《真诰》卷一九《翼真检第一·真诰叙录》，谓杜道鞠"道业富盛"云云，是其虽居州官而道教领袖地位迄无变化。

杜京产　字景齐，不仕。京产之名，说明他出生于京口①，杜道鞠或道鞠以上杜氏先辈有居于京口的历史。《真诰》卷一二《稽神枢第二》注，谓杜京产与陶弘景"共有诗咏"云云。杜京产（436—499）比陶弘景（456—536）年长一辈。《真诰·翼真检》有杜京产居剡写经事。

---

① 晋人名"某产"者，"某"字若为地名，即为某地出生之人。如《世说新语·言语》："刘尹云：'人想王荆产佳'"，云云。注"荆产，王微（按当作徽）小字也。《王氏谱》曰：'微（徽）字幼仁，琅邪人。……父澄，荆州刺史。微（徽）历尚书郎、右军司马。'"《晋书》卷四三《王澄传》：澄"次子徽，右军司马"。王澄曾长期在荆州刺史之任，王徽当是在荆州出生，故名。

杜　栖　随父隐居。《颜氏家训·杂艺》谓陶弘景有弟子杜道士，其人不知是否即杜栖或钱唐杜氏族内其他人物。

以钱唐杜氏家世资料与其他资料对参，试作推论如下：

《魏书》卷九七《桓玄传》曰：孙泰"虽加诛戮，所染既多"云云。前引《云笈七签》亦曰："孙泰以妖惑陷，咎及祸延者众。"江左各地道教徒因孙泰一案多有株连获罪，或有反抗举动，乃意料中事，而发生过卢悚事件的京口，应首当其冲，震动最大。杜氏家族有居住京口的历史。杜子恭为孙泰之师，孙泰被杀后子恭"忽弥日聚集，纵乐无度"，并作"吾至三月二十六日中当行"之语，说明杜子恭涉孙泰案，甚或有聚众反抗之事，而这类反抗必定也是司马元显压平的。考虑这些情况，《晋书·安帝纪》误记杀杜炯于京口，不为无因。不过孙泰死在隆安二年十二月，杜子恭自卜死期在"三月二十六日"，当指隆安三年。《宋书·自序》记"子恭死，门徒孙泰、泰弟子恩传其业"；《晋书·孙恩传》亦记"子恭死，孙泰传其术"。把孙泰之死说成在杜子恭既死之后，恐怕是时间倒错，不足为信。

杜子恭之子杜该，事迹不详。杜该下一辈杜运，杜运子杜道鞠，一为刘毅参军，一为扬州从事，年代在刘裕、刘毅与卢循军作战之时以及稍后。由此可断，杜子恭虽染孙泰之案，但其后人并未参与孙恩、卢循的活动，或虽有所参与而旋即被刘毅、刘裕争取过来。刘裕辈还是要与道教领袖杜氏家族维持良好关系，以减孙恩、卢循之势。刘裕辈能包容南人道教的杜氏人物，却不能包容北人道教的孙氏、卢氏。南朝成书的《洞仙传·杜昺传》，涉人涉事叙述的立场，正是如此。

孙恩、卢循起事虽有浓厚的道教因素，但是宗教冲突的成分毕竟不大。在孙、卢的对立阵容中有大量的道教徒。唯其如此，孙恩为了使道教徒死力相随，只有极力煽动宗教狂热以平衡杜氏的影响，因而出现大批的弃婴、水死等乖情悖理之事。但宗教狂热是难以持久的，所以卢循只有远走广州。自此以后，宗教在卢循军中虽已不起或不甚起作用，但宗教习俗还是保存着的。

以上关于东晋末年道术与政治一节，主要是借道教流传立说。其实江南之地，尤其是会稽一带，民间普遍崇奉的并非有组织的道教，而是旧俗相沿的巫觋①，追随孙泰、孙恩、卢循的恐怕多是笃信巫觋的农民。不过巫觋近于道术，孙泰利用了民间旧俗，所以能够诳惑而起。

四 孙恩、卢循、徐道覆的家族背景

晋末道教的广泛传布，道术手段的广泛利用，曾经为卢悚从事政治活动创造了群众条件，后来又为孙恩、卢循从事规模大得多的政治活动创造了群众条件。农民群众爆发斗争，是阶级斗争

---

① 《三洞珠囊》卷一引《道学传》，谓杜炅善治病，上虞龙稚、钱唐斯神并为巫觋，常诱毁杜炅。"俄而稚妻暴卒，神抱隐疾，并思过归诚。炅为解谢，应时皆愈。"这反映道教在浙东民间争取巫觋归诚的努力。又，《高僧传》卷三《昙摩密多传》：元嘉初年孟顗为会稽太守，请昙摩密多同游。"东境旧俗多趣巫祝。及妙化所移，比屋归正。"当然，"比屋"皈依佛教，也有夸张。

性质。但是从其领袖人物而言，无论是卢悚还是孙恩和卢循，他们所追求的，从首要方面说来，既不是宗教的目的，又不是宗教徒日常的生活目的。他们谋求自身的政治权力，谋求可以与门阀士族相当甚至超过门阀士族的政治权力，这却是统治阶级内部斗争问题。

陈寅恪先生《天师道与滨海地域之关系》一文中"孙恩之乱"一节，分析了孙恩、卢循的身世。他指出孙恩先人孙秀是道教徒，是另一道教徒赵王司马伦的谋主。他又论及卢循先人卢谌与赵王伦的死党刘琨关系非同一般，疑卢氏亦道教世家。他还从徐道覆的滨海籍贯及其与卢氏的婚姻关系，推出徐氏亦出道教世家。陈先生还认为"彭城道士"卢悚遣许龙迎海西公于吴一事，"许龙或即许迈同族，卢悚或即循同族，彭城或为侨居之地，而非郡望。此皆无可考，不能决定"云云。陈先生综贯会通各种史籍，于其所探赜诸事虽未遽下断语，但推测十九中的。兹承袭陈寅恪先生见解，不惮繁复，略作补充如下。

道教徒孙秀虽然出身小吏，但在赵王伦得势时居中书令之位，这段经历足以使他脱离小吏的卑微身份，也足以使他的家族从寒庶地位上升。孙秀后人何时南渡，史籍无征。南渡后的孙氏大概卜居在吴会，因为孙氏的活动几乎都在吴会地区，他们在吴会有相当的基础；而后来发孙泰聚兵之谋的，也是会稽内史会稽人谢輶。孙恩起兵地点，是经过他自己实地选择的。据《宋书》卷五二《谢方明传》，孙泰被杀后，孙恩曾为吴兴太守谢邈的舅子长乐冯嗣之和北方学士冯翊仇玄达的"从者"，"本欲于吴兴起兵，事趣不果，乃迁于会稽"。而当孙恩率众自海岛趋上虞登陆后，会稽、吴郡、吴兴等八郡一时俱起，杀长吏以应孙恩，旬日之中，众数十万。这种情况，如果事先没有孙氏长期在吴会的经营和组织，只凭"乐属"的自发行动，是不可能在旬日中骤然出现的。

孙氏过江后不求官于建康，而以道教为手段活动于吴会，原因何在呢？我认为：一、孙氏先人在北方时，与东海王越的势力没有历史渊源，没有求官建康的便利条件；二、孙氏不是乘永嘉之乱过江，因而也没有求官建康的便利时机。所以孙氏在东晋，直到太元末年还默默无闻，后来孙泰出仕，是由于以道术得幸于帝王，而非凭其才地。晚渡伧荒，其先人一般与胡族政权有染，他们要在东晋得到仕进机会，除了武功以外，只有靠特殊的际遇。即令得到入仕机会的人，想要预于江左的士流，那就更不可能。孙氏情况当然也是这样。不过孙恩其人由于家世影响，多少还具有一些士流的特点。他爱书法。《法书要录》卷二虞和《论书表》谓孙恩起兵后自会稽入海时，曾带走王羲之、王献之所书棐板甚多。孙恩还有文章行于时，《隋书·经籍志》中著录有《孙恩集》。从这些看来，孙恩在文化素养方面本来具有出仕的条件。他也不是安于屈居里巷之辈。孙恩求闻达而无门径，又不像北府将那样有流民武力可资凭借，所以其家世所奉的道教，就成为他用以争竞于时的重要手段。

卢循为孙恩妹夫，范阳卢氏卢谌之后。卢谌好老庄，擅书法，善属文，反映卢氏家族业已完成从儒学向玄学的转变。八王之乱后期，在成都王颖与东海王越对垒阶段，卢谌父卢志是成都王颖死党。成都王颖失败后，卢志、卢谌父子虽暂时受命于东海王越,但不属东海王越系统。所以永嘉之末,卢氏既未预司马越、王衍项城之难,又未渡江进入江左百六掾的行列。卢谌先投刘琨,刘琨败后卢谌没于胡中,出仕后赵,死于永和六年(350),事迹备见《三国志·魏志·卢毓传》注引《卢谌别传》以及《晋书》本传和有关《载记》。卢氏子孙渡江,当在卢谌死、后赵亡、中原乱之时,其为晚渡伧人,更无可疑。参以卢悚事迹,卢氏族人渡江后或即卜居于京口。

《卢谌别传》说及卢谌死后其"胡中子孙"过江之事,但未指明始过江者究竟是谁。根据《卢循传》,卢循为卢谌曾孙。如果史籍所谓卢谌"胡中子孙"过江者乃是确指卢谌子辈及孙辈而非泛指卢谌后人,那么始过江者应当就是卢循的父辈和祖辈,而这些人的名讳,史籍中均可考见。

据《元和姓纂》卷三及《新唐书》卷七三上《宰相世系表三上》,卢谌子辈有北祖和南祖之分,居巷南者号南祖,居巷北者号北祖。北祖卢偃以下,历仕慕容、拓跋,世传卢谌书法,子孙繁衍贵达,以迄隋唐,是范阳卢氏正宗。南祖卢勖,史不著其后人。冯君实《晋书孙恩卢循传笺证》认为卢氏北祖和南祖,分别为卢氏留居北方者及流寓江左者二支,并非巷北巷南之谓,因而断定卢勖过江始为卢氏南祖,卢循则卢勖之孙。冯氏此说甚有理据,可以肯定。《卢循传》称卢循"善草隶弈棋之艺",虞和《论书表》亦谓"卢循素善尺牍,尤珍名法",这正是范阳卢氏的家学与门风。《卢循传》中还透露卢循之父为卢嘏。因此江左卢氏南祖世系当为卢勖—卢嘏—卢循三代。看来卢谌"胡中子孙"过江者,正是指谌子勖和谌孙嘏。

我们还可以进一步推定卢谌"胡中子孙"南来的过程。永和六年，卢谌死，正值北方大乱。卢勖、卢嘏当于服丧终制以后南来。卢勖在《晋书》中无迹可寻，可能在南行途中或南来后不久即死。与卢氏父子同行过江者可能有卢氏族人，例如卢悚。他们南行采取自广陵渡江路线，渡江后即居京口或其附近。他们的先人与东海王越为仇，祖辈臣事胡族政权，自己过江又晚。凡此种种，都使他们无缘进仕建康。卢氏族人卢悚得为徐州小吏，可能际遇较好。但卢悚主要活动并不是在官府，而是在民间传播道术，其徒属八百余家之中，估计卢氏宗亲当占相当比例。卢嘏南来卜居以后，事迹无闻，以卢悚、孙泰情况度之，大概也是从事道术活动①。

《高僧传》卷六《慧远传》，谓慧远早年在北，曾与卢嘏②"同为书生"。那时慧远博综六经，尤善老庄，其学行志趣与卢氏家风合，可知卢嘏当亦如此。后来慧远欲渡江从范宣③习经，以路断不果，乃改从释道安出家于太行，时年二十一岁，当东晋永和十年（354）。卢嘏于卢循兵起时随在军中。义熙六年（410）卢循从广州回兵北上，进据江州，曾登庐山谒见慧远，

---

① 卢氏在北，不见有信奉道教的直接资料。卢氏何时开始信道，尚不可考。据《晋书》卷一〇〇《卢循传》及《水经·叶榆河注》，卢嘏、卢循似均赴水死，水死为其时道徒习俗，于《孙恩传》可见。

② 卢嘏，《宋书》卷四七《孙处传》、卷九二《杜慧度传》以及《南史》卷一《宋本纪》、卷一七《孙处传》、卷七〇《杜慧度传》，均作卢嘏，与《晋书》同。《高僧传》作卢瑕，《莲社高贤传》作卢遐，似误。

③ 范宣，《莲社高贤传》作范宁。范宁年代较晚，似以范宣为是。

时距卢嘏、慧远同学之时，已逾半个世纪了。假定卢嘏与慧远同岁，则卢嘏南渡尚在弱冠之年。

卢循是孙恩妹夫，徐道覆又是卢循姊夫。这是三个互通婚姻的家族，社会地位应当是相同或相近的。我们已知孙恩、卢循都是晚渡伧荒和道教首领，那么徐道覆又如何呢？

《魏书》卷九七《刘裕传》："〔卢循〕党琅邪人徐道覆为始兴相"，似徐道覆为琅邪人。但是《晋书》记载江左人物籍贯，除门阀士族必著旧望以外，一般人物或著旧望，或著侨居之地，并不完全一律。所以琅邪究竟是徐氏旧望，还是其侨居之地，尚不清楚。按《元和姓纂》徐氏有琅邪一望，曰："晋仆射宣之后，宋有徐爱。"晋仆射徐宣不详①。徐爱，《宋书》卷九四有传，曰："晋琅邪王大司马府中典军，从北征，微密有意理，为高祖所知。"徐道覆似不得与这一与晋、宋皇室都有亲近关系的人同族为琅邪人。《宋书》卷一《武帝纪上》记徐道覆，只是说"其（按指卢循）同党徐道覆为始兴相"，未著琅邪。《宋书》卷五〇《刘康祖传》有东海人徐道期流寓广州，义熙末于广州起兵，攻始兴郡之事②。道期、道覆，名相近，均带道教徒名中常用的道字，而道期进攻之地，又为道覆长期驻守过的始兴。颇疑

---

① 《三国志·魏志·徐宣传》，魏徐宣，广陵海西人，明帝时为左仆射，姓名官位与《元和姓纂》合。但海西在今苏北灌南县境，与琅邪颇有距离，地望与《元和姓纂》不合。看来晋徐宣并非魏徐宣。

② 《晋书》卷一〇《安帝纪》义熙十二年七月"南海贼徐道期陷广州，始兴相刘谦之讨平之"。南海盖指徐道期流寓之地，非其本贯。据《元和郡县图志》，南海县南六里本有卢循故城，疑此地留有卢循故众。

道期为道覆近属，道覆败亡后藏匿不出，至是始取广州，攻始兴①。如果推测可以成立，则徐道覆籍贯当同于徐道期，为东海人，而非琅邪人②。《魏书·刘裕传》所说琅邪徐道覆，琅邪或指道覆在江左侨居之地，即建康附近的琅邪郡。东海徐道覆，与道教徒东海徐宁当为同族。

徐宁，东海郯人。祖台，西晋丹阳令；父褚，太子洗马，见《新唐书》卷七五下《宰相世系表五下》。徐宁事迹附《晋书》卷七四《桓彝传》。王敦之叛前夕，徐宁为江北广陵附近一荒县的县令，不为人知，桓彝力荐于庾亮，始得过江至建康为吏部郎。徐宁虽不属晚渡伧人，亦不类门阀士族，如非特殊际遇，是难于入仕建康的。徐宁之孙徐羡之尽管显贵于刘宋初年，但《宋书》卷四三《徐羡之传》还说他"起自布衣，又无术学"；《南史》卷二三《王华传》亦谓为"中才寒士"，可证徐宁家族地位未因徐宁入官而有大的变化。徐道覆没有特殊际遇，所以沉沦里巷，不得仕进，是可想而知的。但是徐宁是有名的道教徒，这对徐道覆却能发挥较大的影响。

《太平御览》卷六六四引《神仙传》："鲍靓，明帝时人，年过七十而〔尸〕解去。有徐宁者，师事鲍靓……"《文选》卷二

---

① 参冯君实《晋书孙恩卢循传笺证》第59页。又，《太平御览》卷九四二引《岭表录异》，谓卢循败后余党奔于海岛野居。"南海贼徐道期"或即出于这些海岛的卢循、徐道覆余众。

② 东晋著名道士鲍靓，亦有东海人和琅邪人等说，前者见《晋书》卷九五《鲍靓传》，后者见《御览》卷六六四引《神仙传》。似可与徐道覆籍贯问题比照。

一颜延年《五君咏》注引顾凯之《嵇康赞》:"南海太守鲍靓,通灵士也,东海徐宁师事之。"又《真诰》卷一六《阐幽微第二》所列道教鬼官,有"陶侃为西河侯……徐宁为长史。宁坐收北阙叛将,不擒,免官……"注:"徐宁,字安期,东海郯人,羡之祖也。……羡之年少时常来形见,自称'我是汝祖',戒其祸福,后并如言。"《真灵位业图》亦有"西河侯陶侃……长史先用徐宁,被弹,今用蔡谟"云云。如果徐道覆果为徐宁同族,则徐宁的家世门户与道教信仰,都可以作为徐道覆家世及信仰的旁证。徐道覆大概也是南渡后不得官宦,遂以传布道教为其职业,与孙恩、卢循相同。

综上所叙,孙恩、卢循、徐道覆的家族,具有如下一些共同点:一、同为侨人;二、同为寓居江左的次等士族;三、同奉道教;四、共为婚家;五、同活动于建康以外而不得进入东晋政治中枢;六、同有突破门阀政治限制的要求。这种种条件,使孙、卢、徐三家结合在一起。他们先是力求凭借道术跻身门阀政治行列之中,失败以后转而利用他们所团聚的道教信徒乘时举兵,反对当权的司马道子父子。

孙恩等的活动,客观上看来也是次等士族对门阀士族的一种反抗,但并不都是自觉行动。据《孙恩传》《卢循传》,孙泰被杀后,孙恩于海中聚众,不过是"志在复仇",即复司马道子父子杀孙泰之仇。所以他只是表司马道子父子之罪,请朝廷诛之。孙恩据有会稽,自号征东将军,这显然只是假借东晋朝廷的名号,并无建号自立之意。以后卢循也接受桓玄所授永嘉太守和刘裕所授广州刺史之号。卢循俘获原广州刺史吴隐之,以隐之党附桓玄，表朝廷诛之，朝廷不许，卢循也不专擅行事。《宋书》卷五二《王诞传》，王导曾孙王诞被桓玄徙广州，卢循以王诞为平南府长史，诞说循曰："下官流远在此，被蒙殊眷，士感知己，实思报答。本非戎旅，在此无用。素为刘镇军所识，情味不浅，若得北归，必蒙任寄。公私际会，思报厚恩，愈于停此，空移岁月。"卢循乃遣王诞、吴隐之同还建康。这种种迹象说明，孙恩、卢循虽然对门阀士族进行了冲击，以求改变自身的社会地位和政治地位，但在精神上仍受门阀士族的束缚，这一点与刘牢之相像。孙恩、卢循、徐道覆都不曾建号以与东晋朝廷决裂，也是他们精神上受到束缚的表现。

  范文澜先生在《中国通史简编》中，早就认为孙恩纯系野心家，不承认孙恩起兵是正义的农民战争。我起先不同意范文澜先生的意见，后来感到这种意见颇有道理。不过孙恩不是一般意义的野心家，他的野心具有突破门阀政治这一时代特点，这与刘牢之、刘裕并无不同。孙恩本无武力依恃而居然得以起兵，是由于门阀政治之争导致司马元显"苦发乐属，枉滥者众，驱逐徙拨，死叛殆尽"①，因而造成了起兵的便利条件。发乐属既损害乐属本人及其家庭，又触及乐属主人的利益，结果是地主与农民同起反抗；征发枉滥指发及乐属以外，结果是乐属与自耕农民同起反抗；乐属主人多是江左吴姓豪族，结果是江左吴姓豪族也与孙恩同起反抗。司马元显的一项措施，牵动了江左社会的许多矛盾，使孙恩起兵有广泛的社会基础，有很复杂的性质。加上道术

---

① 《魏书》卷九七《桓玄传》桓玄讨司马元显檄文。

的煽动作用，几十万人的暴力反抗，就在旬日间形成了。

需要说明，本节主旨只是从孙恩、卢循、徐道覆家世的社会属性和政治动向立论，而不求综论数十万农民的反晋斗争。被压迫群众自发的反晋斗争是正义的，爆发这场斗争的原因和斗争的英勇事迹，史籍具在，清楚可考，只是这些并非本节主旨，所以不多论叙。

五　孙恩、刘裕与次等士族

孙泰、孙恩等人在江左以道术奉事帝王公卿，又转而以道术聚众起兵反对东晋当权人物。这是一部分其身份同于次等士族的晚渡侨人谋求政治出路的手段，其社会、政治意义，与原为门阀政治服务的北府将转而颠覆门阀政治一样。

刘牢之与刘裕，孙泰与孙恩，这是两支虽然表现迥异但实质上却有许多相同之处的平行活动力量。它们在各自发展的过程中，走过相似的道路。当刘牢之只是在门阀士族中求发展，未成为独立势力时，孙泰也在门阀士族中求发展，未成为独立势力。孙泰由于企图成为独立势力而聚众时被司马元显诱杀，刘牢之亦以拥兵自重而被桓玄逼死。孙恩乘农民暴动之势起兵反对门阀士族，刘裕则乘桓玄篡晋而起兵消灭门阀士族的代表桓玄。两种势力所走的道路如此相同，是由于它们反映了统治阶层变化这同一的历史趋势的缘故。

《太平御览》卷九七二引《三十国春秋》，卢循由广州领兵北上时，曾馈刘裕以益智粽，刘裕则答以续命汤。这是当时很多地方的风俗，京口也是如此。据《至顺镇江志》卷三《风俗》，京口逢端午则"系百索"，"为角黍"。"角黍"即粽，端午作粽，起源甚早。益智即龙眼，出广州，故卢循得馈益智粽与刘裕①，并且还以之馈赠庐山慧远②。"百索"，以五彩丝系臂，辟鬼辟兵，即所谓"续命缕"，起源亦甚早，刘裕赠卢循的"续命汤"，当为"续命缕"之讹③。刘裕、卢循出自京口，皆同此俗。刘、卢二人社会地位本来相近，但此时却处于敌对的竞争地位。他们互以此二物为赠，或是寓机语于酬对之中，说明二人颇有心照。

从刘牢之和刘裕、孙泰和孙恩这两支力量的平行活动中，我们看到在统治阶层发生变化的时刻，一支坚强的军队是十分重要的。北府兵基础牢固，活动于建康附近，败散了还可重建。所以刘牢之之后，刘裕又继踵而起。建康的任何执政者，都不能忽视北府势力。孙泰、孙恩的基础却与之不同。他们以道术干人主，虽不失为一条出仕门径，但他们的命运决定于人主偶然的宠幸和门阀士族暂时的优容，是不可靠的。孙泰在建康，虽获得一部

---

① 《通鉴》宋明帝泰始元年（465）七月癸酉条胡注曰："宋人以蜜渍物曰粽。卢循以益智粽遗武帝，即蜜渍益智也。"益智即龙眼，见《广雅·释木》。

② 《太平御览》卷九七二《惠（慧）远法师答卢循书》："损饷深抱情至。益智乃是一方异味，即于僧中行之。"

③ 前引冯君实书第57页据《九家旧晋书辑本》臧荣绪《晋书》，亦述及"续命缕"。按《真诰》卷一七《握真辅第一》提到"长命缕"，即"续命缕"。《荆楚岁时记》："一名长命缕，一名续命缕，一名辟兵缯，一名五色丝，一名朱索"云云。应劭《风俗通义》有关于续命缕的记载，参王利器《风俗通义校注》（中华书局，1981年）下册第605页所辑佚文。

门阀士族的信奉，而王珣却得以一言流之于广州。孙泰在广州，虽得王怀之任之为太守，又得王雅荐之于朝廷，但谢辅又以一言而诛之，并及其子。孙泰在东晋居官，浮沉生死全在他人，没有什么可恃之资。这样才使孙恩无可选择，只有乘三吴民怨而走上以道术组织武力的道路。三吴农民中蕴藏着极大的反抗力量，但是在孙泰的领导下他们只能是一支盲动的冲击力量，暂时靠道术的鼓动而自存。等到宗教热度降低，他们的冲击力量不但将丧失，而且连农民起义的色彩也会逐渐减退。

但是，孙恩毕竟是首先对东晋门阀政治表示决裂的人。他的起兵不能不对刘裕以后的行事产生直接影响。孙恩起兵摧毁了门阀士族在三吴统治的盘根错节的基础，扫荡了一些最具影响的侨姓士族，所以刘裕以后的活动，包括"造宋"在内，没有遇到来自三吴的侨姓门阀士族的很大反抗。因此，孙恩和刘裕二人，就其客观作用说来，都是门阀政治的"掘墓人"，孙恩还是刘裕的先行者。当刘裕得势，独揽朝政，把门阀士族摆在一边的时候，卢循、徐道覆向建康进攻的行动，只能认为是次等士族内部不同派别之间的生死竞逐。刘裕有北府资实，又有复晋的功勋。他还有为东晋平寇乱的口实，师出有名。卢循反对司马元显的理由，由于司马元显之死，已不复存在，宗教狂热又已消失，师老兵疲，不堪久战。所以次等士族这两支力量竞逐的必然结局，是越来越清楚了。

次等士族反对门阀士族垄断政权，反对门阀政治，在东晋末年是遍及全国的事，上游荆州政局的纷纭变化，也反映了这种总的形势。隆安以来在上游活动的势力，殷仲堪与桓玄都是门阀士族,而杨佺期却是次等士族。杨佺期由北南来,居襄阳边地,以武力自固,似刘牢之。杨佺期出北土华胄,以晚渡不得预于东晋门阀政治行列,又似卢循。殷、桓由于处在不被中枢信任的地位,所以暂时与杨佺期结成联盟,借重杨佺期的兵力,反对当权的司马道子,这与王恭、刘牢之之间暂时结盟的关系大体一样。杨佺期与殷、桓之间,毕竟存在具有时代意义的矛盾。杨佺期受门阀士族排斥,慷慨切齿,欲因事际以逞其志,逐步发展为一支独立于门阀政治的势力。这种情况,与下游的刘牢之、刘裕一样,与孙泰、孙恩也很相似。不同的是,上游的斗争没有宗教势力介入,杨佺期以外还没有其他的次等士族势力的代表存在,情况比较简单。下游毕竟是全国重心所在,矛盾更为复杂,其变化又制约着上游局势。上游次等士族代表杨佺期的势力虽然被门阀士族桓玄并吞,但是桓玄终于又被下游次等士族代表刘裕消灭。历史趋势如此,胜利者终究是次等士族。上游的变化,不过是全局变化的一个回流,一个片段,一个侧面。

回顾晋末历史,事端迭起,矛盾交织。各种矛盾在局势的演化中都起了自己应起的作用。我在这里试图说明的问题只是:各种矛盾的发展都受这个时代的主要矛盾的制约,都在促进次等士族夺取门阀士族的统治权力,从而完成孝武帝开始的重振皇权的过程。"晋祚尽昌明",而继立的宋祚却执行着司马昌明的遗嘱;其中被扬弃的,是以"王与马共天下"为开端的门阀政治。这是一个历史的辩证过程。

门阀士族让出了统治权力。他们在政治上、军事上失败了。但是在社会上、文化上,他们还有相当大的潜力和影响。次等士族胜利了,用军事力量巩固了自己的统治地位,但还要把门阀士族供奉在庙堂之上,以为自己张目。刘毅聚结门阀士族与刘裕对抗,门阀士族谢混党附刘毅,均被刘裕处死。这就是说,政治军事权力全入次等士族刘裕之手。但据《晋书》卷七九,刘裕受禅,以不得谢混奉玺绂为憾。刘裕本人也渐染士族习俗,以风雅为高。《艺文类聚》卷一四沈约《〔梁〕武帝集序》说:刘裕虽阙章句之学,却是"好清谈于暮年"。《南史》卷三三《郑鲜之传》:刘裕为宰相后"颇慕风流,时或谈论"。这就是说,次等士族刘裕总揽了政治、军事权力之后,还必须附庸风雅,周旋于按照传统本是被门阀士族长期垄断的文化领域之中。尽管如此,次等士族的势力业已转化为皇权,中枢和藩镇总是控制在皇室之手,门阀士族人物虽然还可能兴风浪于一时,形成政局的暂时反复,但是严格意义的门阀政治是确定不移地一去不复返了。

在皇权政治之下,南朝的道教传播依然如旧,但道术活动受到控制。杜氏家族后人或仕或隐,以传杜氏道术聚众起兵的事,也不再出现了。

东晋和南朝,历来都被认为是门阀政治的时代。实际上,真正的严格意义的门阀政治只存在于东晋,不存在于南朝。东晋门阀政治以皇权政治的变态出现。刘宋以后,皇权政治基本上恢复了常态。在东晋门阀政治之下,必须维持几个最强有力的门户之间的利益平衡,还要保留司马氏的皇位。各个强大门阀士族之间,彼此起着制约作用,所以当权士族多少有所顾忌,而东晋政权也得以维持至百年之久。南朝排斥了门阀政治,恢复了皇权政治,但皇权政治的基础和格局并不能一次巩固下来,政权反而失去了稳定的因素，不断发生皇族内战和易姓换代纠纷。宋齐两代，皇帝与诸王争斗频繁，几无宁日，政局如走马灯。相比之下，东晋朝廷砍杀并不多见。这或许可以视为门阀政治曾经发挥过一些积极作用的证据。宋洪迈《容斋随笔》卷八"东晋将相"条谓东晋能享国百年，盖自有术："尝考之矣，以国事付一相而不贰其任，以外寄付方伯而不轻其权。文武二柄既得其道，余皆可概见矣。"洪氏所见不为无因，只是所谓国事与外寄之当"付"者，并非皇帝自择，而是迫于形势。明代于慎行《谷山笔麈》卷一六《论略》谓："乔木世臣，国体乃关，廉远堂高，积非一日，门阀之重，固不为无益也。"于氏之论失之迂腐，但也并非全无道理。

严格意义的门阀政治不存在了，门阀士族还在，而且还颇为顽强。但是他们毕竟已经越过了权势的顶峰而就衰了。他们无法以凌驾于皇帝的赫赫权势来证明自己的存在，只好摆出傲慢、排他的姿态，以图显示其家族仍具有居官从政的特权和独特的社会地位。唯其如此，他们钻营富贵而又贱视富贵，依附王侯而又傲视王侯，才不能不矫揉造作，故作矜持。隔世看来，他们好像是偶人戏中的角色，真正的表演者毋宁说是他们的先人，那些人曾经左右过东晋局势，但早已成为冢中枯骨。《梁书》卷二一《王峻传》载，琅邪王氏王峻之子王琮尚始兴王女，以不慧而被始兴王离异。王峻矜持地对始兴王说："臣太祖是谢仁祖（陈郡谢氏谢尚）外孙，亦不借殿下姻媾为门户。"王峻台词很强硬，但是显而易见，真正的强者并不是王峻本人，而是东晋时的陈郡谢氏和琅邪王氏。

《魏书》卷七二《贾思伯传》，思伯虽贵重而不骄人，答人问曰:"衰至便骄,何常之有?"当世以此为雅谈。由贾思伯之言可见,一般说来,魏晋南北朝的士大夫懂得有盛必有衰,懂得"衰至便骄",不衰无须骄矜作态的道理。只不过南朝的那些忸忸怩怩的门阀士族,并不像北魏贾思伯一样,直言不讳地承认这一事实罢了。

唐长孺先生在论及门阀士族衰落和寒人兴起问题时曾说:"士庶区别在晋、宋之间似乎已成为不可逾越的鸿沟,然而那只能是表示士族集团业已感到自己所受的威胁日益严重,才以深沟高垒的办法来保护自己。"① 入南朝后,门阀士族以妄自尊大其门户地望为好尚,偃仰自高,骄矜溢露,不放弃任何可以利用的机会。这确如唐先生所说,不过是他们感到威胁严重因而"深沟高垒"自固的一种手段而已。我赞同唐先生的卓识,只是想做一点补充,即门阀士族"深沟高垒"以自固,不但是为了如唐先生所论戒备寒人的"僭越",而且是为了戒备皇权的蚕食侵逼,后者的意义更为重要。因为,寒人"僭越"必须仰赖于皇权提掖,而且是在门阀士族就衰的时代之后。

沈约记晋宋间事,认为寒人之起,在刘宋中叶。《宋书》卷九四《恩幸传·论》曰:"孝建、泰始,主威独运,空置百司,权不外假。而刑政纠杂,理难遍通,耳目所寄,事归近习。赏罚之要,是谓国权,出内王命,由其掌握。于是方涂结轨,辐凑同奔。人主谓其身卑位薄,以为权不得重,曾不知鼠凭社贵,狐借

---

① 《南朝寒人的兴起》,见《魏晋南北朝史论丛续编》(生活·读书·新知三联书店,1959年)。

虎威"云云。沈约解释作为皇帝近习的寒人势力之起，是宋孝武帝、宋明帝"主威独运"的结果；寒人凭借"国权""王命"，始得凌驾"百司"，而"百司"之主，往往就是凭借门第偃仰自高的门阀士族。所以门阀士族深沟高垒以严士庶之别，是他们明白自己已处于"空置"地位的时候对皇帝"主威独运"的一种戒备措施，不管他们是自觉还是不自觉，客观意义只能是如此。不过沈约只看重宋孝武帝、宋明帝个人专断的政治举措使寒人得以代替门阀士族掌握机要的事实，而未究及寒人何得恰在此时而不是在别的类似的政治条件下（例如东晋孝武帝时）成批地出现于朝堂之上。沈约也未能论及门阀士族骄矜自大之状看来是针对寒人，实际上是对皇权利用寒人而产生的戒备心态。

门阀争高，南风北扇，王侯也不得不攀附士族以自重，但是强者毕竟还是王侯。北魏尊氏族，胡汉相糅，而首姓归于元氏；李唐纂《氏族志》，而推崇"今朝冠冕"，以李氏为首。皇权侵夺门阀士族地位，东晋以后历代如此，而后甚于前。我们知道，唐代山东旧族，如唐太宗所说，本已"世代衰微，全无冠盖"①，犹力求自筑"深沟高垒"，死守其已失的膏粱、华腴阵地，企图凌驾新朝冠冕，这与晋宋之间的情况，何尝不是相通而又更甚呢！《梦溪笔谈》卷二四沈括慨叹唐代氏族以"地势相倾，互相排诋，各自著书，盈编连简，殆数十家"。以上述观点来解释这种现象，我们完全可以断言，氏族相倾相诋，同样不是反映这些门户的强大，而是反映它们因生机已失而日趋虚弱，不得不骄矜作态以求存。

---

① 《旧唐书》卷六五《高士廉传》。

后　论

一　旧族门户和新出门户

　　魏晋士族，是历史地形成的一个社会阶层。东汉所见世家大族，是魏晋士族先行阶段的形态①。这两者都是中国古代社会中宗族结构与封建经济发展潮流相结合的产物。东汉世家大族得入魏晋为士族，意识形态由儒入玄也是必要条件。

　　魏晋士族，就其一个个的宗族而言，可分为两个类别。一类是由东汉的世家大族经过一个更新过程而来，基本上保持儒学传统而又或多或少地兼染玄风，个别的已由儒入玄。他们在魏和西晋居于高位，被视作旧族门户。魏晋士族的另一类，多属乘时而起的所谓新出门户，不是来源于世家大族，一般都是习于玄学或者出入玄儒。他们的政治地位在魏和西晋迅速上升，入东晋后更

---

　　①　其实西汉历史中所见的豪强大族，也是这一发展序列中的一种形态。西汉豪强人族的一部分，经济势力日益巩固，又得为儒学世家，由通经入仕，而使自己政治地位上升，遂成为东汉的世家大族。当然这只是就一种途径言之，而不是说东汉世家大族都出自西汉豪强大族。这一问题离开了本书研究范围，故不作追溯。

为突出。有些魏晋士族，介乎上述两类之间，其先世在东汉末年始得入仕，或至九卿、二千石，但真正形成门户，还是在魏和西晋。这样的士族，往往也被视为旧族门户，本书也把它归入此类。

魏晋士族，就其一个个宗族而言，只有少数几家具有东汉世家大族渊源；多数并非由东汉世家大族演变而来，而是魏和西晋因际遇而上升的新出门户。但是，如果就社会阶层演变的整体言之，魏晋士族却是东汉世家大族发展的延续。没有东汉世家大族的存在，就不可能出现魏晋士族阶层。世家大族虽然带有世代承籍的性质，但其身份地位与具有法律保障的世袭封君毕竟有所不同。所以中国古代社会宗族势力尽管延绵长久，在东汉表现为世家大族，在魏晋表现为士族，但其成员却大都已经变换。促成这一变换的主要原因，一是社会的大动乱，一是频繁的易代纠纷。

魏晋士族的社会构成，其类别大体就是这样。至于就每一个士族门户来看，它们发展上升各有其独特的经历，情况要复杂得多。而且家世源流久长也并非门户高低的唯一条件。

东晋所见士族，其最高层即所谓门阀士族中的当权门户，以其执政先后言之，有琅邪王氏、颍川庾氏、谯国桓氏、陈郡谢氏、太原王氏五族。高平郗氏虽然发挥过极重要的政治作用，但由于未正式掌握过东晋国柄，故未计算在内。上述五族门户以其渊源及其他条件言之，可分为下述三种情况。

一种是来自东汉高层的世家大族，严格说来只有谯国桓氏可以属此。桓氏为东汉桓荣之后，是确凿无疑的事实。但是据考，桓荣六世孙桓范于魏世罹嘉平之难，诛及三族，门户源流已断。东晋桓氏是刑家孑遗，觍颜事仇，竟不敢追认先人世系，更不敢以门户骄人。所以桓彝、桓温完全同于新出门户，而且在新出门户中也是不受尊重的。

一种是虽有旧族渊源关系，但先世阀阅可追溯至东汉者仅一两代而已。属于这种情况的有太原王氏和琅邪王氏。太原晋阳王氏王昶，父泽，伯父柔，泽、柔总角往候郭泰，访以才性所宜，后均至二千石。王泽、王柔以上，则名讳仕履无闻。琅邪临沂王氏，据《晋书》卷三三《王祥传》及《新唐书》卷七二中《宰相世系表二中》，其先世可溯至西汉王吉，但是疑信难详。所以《世说人名谱》只以王祥、王览之父王融为王氏第一世，而不再向上追溯，并谓融"辟公府，不就"，也就是说尚未得到官位。但是这也不确。据《晋书·王祥传》，王祥祖王仁[①]，汉青州刺史；据《三国志·吴志·孙坚传》注引《王氏谱》，汉荆州刺史王睿是王祥伯父。这就是说，王仁有子融、睿，融虽辟公府不就，睿则仕至荆州刺史，为孙坚所杀。琅邪王氏王仁、王睿两代刺史，家世背景当始于桓帝时。从《世说新语·排调》琅邪阳都的诸葛恢与同郡临沂的王导"共争族姓先后"一事来看，认为王氏与诸葛氏都有旧族渊源，王氏在东汉已有相当的门户势力，也是符合事实，符合时人看法的。东汉末年，王祥于战乱之时扶母携弟避居庐江，至数十年之久，远离地著，其宗族虽尚或在原地，门户当已就衰。后来王氏复起，主要是曹魏黄初年间王祥得为徐州别驾，纠合义众，助刺史吕虔讨平利城之叛有功，始入正式仕途，遂以显达，开魏晋

[①] 《新唐书》卷七二中《宰相世系表二中》，王仁作王音，其子王睿亦未著官守。

琅邪王氏门户兴旺之端。太原王氏与琅邪王氏，其门户的儒玄转化，大体都在曹魏时代。它们与魏晋新出门户相比，虽说其来有自，但究非东京之杨、袁宗族一类，其先世只可以尾附于世家大族之列，充数而已，而不能视为世家大族入魏晋以后的真正代表。

一种是魏晋新出门户，有颍川庾氏和陈郡谢氏。庾氏庾嶷、庾遁起于魏晋；其父庾乘虽汉魏人，但汉桓帝时为县门下、伍伯，地位卑微，入魏为襄城令，亦难得入高门之列。庾嶷仕魏为太仆，庾遁诸子又贵达于西晋，庾氏始得为士族。谢氏谢缵仕魏，先世无闻，门户之起，更晚于庾氏。代表谢、庾门户的玄学名士谢鲲、庾敳，都始达于西晋。

从以上情况中可以看到，东晋的当权士族，除桓氏情况特殊已另有论外，并没有严格意义的出于东汉世家大族的所谓旧族门户。降格以求，或多或少有东汉门户渊源可以探寻的，也只有琅邪王氏和太原王氏，如此而已[①]。

[①] 美国学者 Dennis Grafflin 有另外的区分法。他在 The Great Family in Medieval Southern China (*Harvard Journal of Asiatic Studies*, 41: 1, 1981) 一文中说，东晋五大门阀士族中，只有太原王氏和颍川庾氏两族可以追溯到汉代；又说这五族中只有琅邪王氏、太原王氏和颍川庾氏可以说是"老的贵族"。按"贵族"是日本学者自内藤湖南以来习指魏晋士族的用词，"老的贵族"应相当于本书所说的"旧族门户"。对于谯国桓氏，Grafflin 文未作说明，但在其所依据的他本人 1980 年的论文 Social Order in the Early Southern Dynasties: The Formation of the Eastern Chin (Ph. D. Thesis, Harvard) 第 65 页的附表中，则将桓氏先世向汉代追溯到桓荣。他以桓彝为桓荣的第十世孙，而他所列世系中的第六世和第七世，有其位而缺其名。这里他于桓氏先世的诸种异说中采用了《世说新语》注引《桓彝别传》一说（按此说是不能成立的），但未将桓氏列入"老的贵族"。

东晋当权士族的门户背景,大体就是这样。

不过旧族门户与新出门户,界线也并非长久固定不变。随着时日的推移,新出门户日益自认或被认为旧族。颍川庾氏虽属新出,但入南朝亦成旧族。《南史》卷二三《王琨传》谓桓修小女适颍川庾敬度,"亦是旧族",即一例。此处所论,只是就东晋言之。

东晋所见士族中的旧族门户,即令其先人在东汉世家大族中地位平平,却都被认为比新出门户多一重凭借,多一分优势,因而也被认为高出一等。魏晋的社会观感本来如此。取代曹魏的河内司马氏以世吏二千石的门户自豪,东晋建立前后琅邪王氏以门高特受倚重,这些都非偶然。

魏晋社会中流行的这种门户观念,被那些处在衰落状态的旧族门户着意渲染。在他们看来,旧族门户哪怕权势日替,其社会地位也要比大权在握的新出门户为高。《世说新语·简傲》所载东晋中期陈留阮裕嘲笑陈郡谢万"新出门户,笃而无礼",就是显例。

阮裕所从出的陈留阮氏,魏世入士族行列的确较早一些。《世说新语·任诞》"阮仲容、步兵居道南"条注引《竹林七贤论》曰:"诸阮前世皆儒学。"按阮氏自阮籍辈以上,可以追溯两代[1]。阮籍父辈:阮瑀,少从蔡邕学,后仕曹操为记室;阮

---

[1] 诸阮前世事迹略具于《三国志·魏志·王粲传》及注、同书《杜恕传》注引《阮氏谱》、《世说新语·德行》"阮光禄在剡"条注引《阮光禄别传》、《世说新语·赏誉上》"王戎目阮文业(武)"条及注引杜笃《新书》、《世说人名谱·陈留阮氏谱》等。下文即综合这些史料言之,不一一出注。阮籍,一作阮䛒。

武,清河太守;阮颙,汝南太守(一作淮南内史)。阮氏这一代,以学行和官守论,均属儒学无疑。阮籍的祖辈:阮敦,仕履无闻;阮略,齐国内史;阮谌,杜笃《新书》谓为侍中,《阮氏谱》则谓其"征辟无所就,造《三礼图》传于世"。① 阮氏这一代以儒学出仕,也可概见。但是再上一辈,史籍就无征了。阮籍及兄弟子侄辈就是从这种儒学世家转入玄学家族的。

阮氏作为旧族门户,不过起于桓灵之世,并非承胤久远,累世不衰。这样的门户,在东汉也仅能尾附于世家大族,难得有很高的社会地位。陈留阮氏的历史,比起太原王氏和琅邪王氏来,似乎只是大体相当。而这个家族在阮瑀以后,尽管名士辈出,但由于门风濡染,宦情似薄,并没有出现过一个真正居位执政的人,家族地位在东晋时实际上日趋衰落。虽然如此,放达如阮裕,也不免以其门户历史自矜,不承认其时炙手可热的谢氏家族的社会地位。准此,在旧族门户中地位远远高于陈留阮氏的弘农杨氏杨佺期和颍川荀氏荀伯子,他们贬抑新出门户的傲慢态度(分见《晋书》卷八四和《宋书》卷六〇),在当时看来更是可以理解的事。

以旧族门户自矜于新出门户,在东晋越来越丧失了实际意义。魏晋士族中旧族门户的数量本极有限,其中之过江者已属寥寥,真正够得上世家大族之后,而又人才辈出,能够预于江左胜

---

① 按《隋书》卷三二《经籍志》谓"《三礼图》九卷,郑玄及后汉侍中阮谌等撰"。《宋史》卷四三一《儒林·聂崇义传》谓阮谌受礼学于颍川綦毋君,取其说为图云。

流,并且世有显宦者,更没有几户。所以江左立功立业,不得不依靠新出门户。东晋旧族骄矜作态,并不是由于他们强大,而是由于此时新出门户已扶摇直上,以至于本已就衰的旧族门户对自身的地位,产生了一种危迫之感的缘故。我们可以认为,即令在门阀政治的东晋时期,旧族门户为了稳定自己的地位,已自设有沟垒以戒备新出门户,不过森严的程度尚不突出。

南朝恢复了皇权政治,门阀士族中昔日的旧族门户和新出门户,都感觉受到威胁。他们共同以深沟高垒自固,看来虽是为了严士庶之别,实际上则是戒备凭借武力树立政权的以及与这种政权相伴存在的次等士族与寒人。而皇权的侵渔,更是以王、谢为代表的门阀士族所最关切的关键所在。由此可知,东晋和南朝,门阀士族出于自危自救而都有所戒备,两者是相同的;但是两者戒备的对象并不相同,一是在门阀士族内部,一是在门阀士族外部。这反映出南朝政治格局和权力结构与东晋相比,已经发生了巨大的变异。

二 东晋侨姓门阀士族的主要来源

世家大族和士族,都不是确定而不可移易的名称,史籍中所使用的称谓本来非常混乱,论者钩稽,竟得二十余种之多。本书选用这两个名称,一是为了求得用词的一致,一是由于这两个名称反映现实比较准确。东汉著名的宗族,特点是"世"和"大",即世代承籍和聚族而居。他们在地方有实力,不论是居官或不居官,社会影响都比较强大。但是,居官者即令是累世公卿，在朝廷也不一定有很大的实权。而魏晋士族，其特点是世居显位。士者仕也①。只要他们权势在手，濡染玄风，而又慎择交游，取得名士②地位，就算士族。反过来说，士族身份又可以巩固权位。当然，士族权位的轻重也因时而异，在魏和西晋，士族还得依附于皇权，而东晋居高位的士族，其权势甚至得以平行或超越于皇权之上。

世家大族和士族，我们以汉魏之际作为分界线。世家大族的发展处在一个相对和平安静时期，他们崇尚儒学，沿着察举、征辟道路入仕，罢官则回籍教授。至于士族，则或以乱世经营而得上升，或预易代政争而趋隆盛。他们一般以玄风标榜，沿着九品官人之法出仕。当然，这也只是大体言之，并非每个宗族的发迹都如此整齐划一。

就魏晋士族而言，他们在两晋之际，在八王之乱和永嘉之乱之中和以后，又出现了一次大分化。他们有的死守北方旧居，有的播迁江左。大体说来，真正根深蒂固、族大宗强的士族，特别是旧族门户，往往不肯轻易南行，例如范阳卢氏、博陵崔氏、弘农杨氏等等。甚至于与司马睿关系甚深的河东裴氏，都宁愿留在

---

① 《孟子·滕文公下》："士之仕也，犹农夫之耕也。"士与仕古字通。《孟子·公孙丑下》"有仕于此而子悦之"句，《论衡·刺孟》引作"有士于此而子悦之"。

② 名士，不同时期其条件也不全同。大抵汉末名士长于识鉴，魏晋名士特重玄言。少数人如光逸、王尼，门户太低，因特殊条件而得游于名士行列，但终不能成为士族。东晋末，王恭谓"名士不必须奇材，但使常得无事，痛饮酒，熟读《离骚》，便可称名士"，见《世说新语·任诞》。识者或谓王恭饰己之短，故作此语。

北方,甘冒风险。也有少数例外,如颍川荀氏,荀藩、荀组兄弟于洛阳陷后先后以西晋行台居密。荀组见逼于石勒,不得不自许昌东行过江。

同时还可以看到,决心过江的士族,就其多数而言,都是八王之乱后期东海王越与成都王颖对峙时属于东海王越阵营的名士。可以说越府聚集的名士,构成了以后江左门阀士族的基础。这些名士,深知江左的琅邪王睿与中朝的东海王越有着极为密切的渊源关系,他们估计过江后在建康朝廷立足是有保障的。而东海王越由于王国地境所在和活动范围所及的原因,所团聚的士族名士大抵为黄河以南诸州人,而且多为新出的门户子弟,所以江左用事臣僚也多籍隶青、徐、兖、豫诸州。史家认为永嘉以来籍隶黄河以南的诸士族以路近而多南奔,籍隶黄河以北的诸士族则否。这是一个合理的解释。但是南奔者一般都是在倥偬之际,自洛阳而非自本籍启程,而许多河北士族居官洛阳,南来亦非不可,但他们宁愿北归故里而不南行。所以只以士族本贯与建康道里远近一端来解释士族是否南行,而不考虑他们在历史上与司马越、司马睿的政治关系,似乎还是未达一间。

永嘉乱后留在北方(主要在黄河以北)的士族旧门,历十六国和北朝,与南迁士族相比,维持着比较保守的门风。《颜氏家训》所载北方士族鄙侧出,尚节俭,妇女持门户,重女红(分见《后娶》篇、《治家》篇)等,都是证明。他们也较多地保持着东汉世家大族的特点,一般地以儒学传家而不重玄学,聚族而居而不轻易举家迁徙。他们既是子孙相袭,历仕胡族政权,又与胡族政权保持着或隐或显的民族的和文化的隔阂。他们扬名显世或者不如南渡士族，但历数百年不离根本之地，其基础越来越巩固，与移植江外的士族难于固本者大为不同。所以他们的宗族大抵不因胡族政权频繁易手而骤衰，一直到隋唐时期还保存着固有的势力。不过，际遇不同，人物有别，也有些留在北方的士族，在此期间从历史上消失了。

两晋之际南渡的士族，即江左的侨姓士族，他们南来前夕多数在北方还没有发展到根深蒂固、枝繁叶茂的地步，可赖以雄踞一方的宗族势力还不强大，可溯的世系还不长久。南来以后，他们才得以乘时应世，逐渐尊显起来。他们南渡，一般说来所偕者止于父母兄弟辈近亲。他们起到支持江左政权的作用，受到欢迎。间有群体较大者，疏宗乡党，佃客部曲，络绎于途。这种较强大的群体构成一个个流民群，向南移动，往往为司马睿所忌，被阻止于江淮以北，不得至于建康。侨姓士族既然没有北方士族那样的强大宗族和土著根基，更得直接凭借权要地位求田问舍，企图尽快地重建家园，以维系其家族地位于不坠。所以江左草创伊始，侨姓士族就陆续进行占山护泽的竞逐。如果时运不济，无所树立，只有过贫穷的生活了。侨姓士族的门户地位既然不是特别稳定，所以一旦政局变化，他们就可能受到大的影响，就会有些士族升起，有些士族沉沦。侯景之难，如颜之推《观我生赋》自注所说："中原冠带随晋渡江者百家，故江东有《百谱》(《百家谱》)。至是，在都者覆灭略尽"云。周师入江陵，侨居江陵的士族又悉数驱迫北行。江左入隋，政局又一大变，昔日繁华竞逐的江左侨姓士族，几乎全部寂然无闻，只留下耸立的石头城和建康残迹，供后世的文士们千古凭高，漫嗟荣辱。

以上所称的侨姓士族，是就东晋高层的当权士族，亦即本书所谓门阀士族而言。门阀政治，就是指由这些士族所运转的东晋政治。但是，南来的侨姓士族并非都能居于高层的当权地位，并非都是门阀士族。侨姓士族之南来者，有些由于时势的原因而以武干显名，有些由于父祖事胡、本人渡江晚而不为时所重，有些由于缺乏可观的人物而在士族阵营中本来时誉不高，有些则由于缺乏历史关系和新的机缘而沉屈里巷。他们一般都不得居于建康。这些人在江左，地位大大低于门阀士族。陈寅恪先生称侨姓北府将为次等士族，本书采取这一名称，并认为次等士族的范围还应放宽，除包括北府武将以外，还应包括一些旧族门户之晚渡者如杨佺期、卢循等，包括所有无缘入仕东晋的士族其他人物。形形色色的次等士族人物在江左门阀政治中不受尊重，所以在一定条件下投入门阀士族的对立营垒以求出路。杨佺期、刘牢之、刘裕以及孙泰、孙恩、卢循，所走的道路各不相同；以刘牢之、刘裕为一方，孙恩、卢循为另一方，更是战场上势不两立的仇敌。但是就他们本人所处的社会层次说来，就他们为求得一种新的统治秩序以代替东晋门阀政治的这种要求说来，他们又有着彼此一致的地位。

　　不过，对于东晋末年出现于历史上的这些次等士族，还须补作一点说明。士族的形成，文化特征本是必要的条件之一。非玄非儒而纯以武干居官的家族，罕有被视作士族者[①]。到东晋时，

---

　　① 直到唐代，武人入士流，犹遭非议。《通鉴》唐显庆四年六月条："士卒以军功致位五品，豫士流，时人谓之勋格。"这是改《氏族志》为《姓氏录》时的事。

士族早已定型，他们一般是通过仕宦婚姻等途径，保持自己的士族地位于不衰。但是由于战乱流迁和其他缘故，南来士族，其门户地位有的上升，有的下降。士族门户下降者无从选择婚宦，也不一定都能维持门户的文化特征；而有些本来是不学无文的非士族的武将，却由于婚宦机缘得附于士族，居于其中的次等地位。杨佺期、卢循等属于前一类型，而刘牢之、刘裕则属于后一类型。两种类型的次等士族，在东晋政治地位大体一致，但是家族背景却本不相同。其实，本来是习武少文的齐、梁皇族得以纳入王、谢、袁、萧四姓士族之中，也是这个道理。这也说明，甚至在门阀士族鼎盛时期，社会阶层分野也不具有法律意义，阶层之间的流动也还是存在的。南朝以还士庶混淆、界限破坏，同样是基于这个道理。

三 门阀政治——皇权政治的变态

宗族发展历程，与中国古代历史上专制皇权的具体状况有密切关系。

在中国古代，宗族群体早于专制皇权而存在，古老的宗法制度就是以宗族的存在为前提的。但是，宗族在对土地和对劳动者的封建占有条件下迅速发展，则是专制皇权出现以后的事。专制皇权只看到宗族发展于己不利的一面，而认识不到这是必然的趋势，也认识不到这种发展终将与自己的利益一致，所以每当一个新的发展阶段的开头，总是企图抑制这种发展。西汉打击豪强，东汉实行度田，都是抑制措施。但是宗族随社会经济的自发进程而演变，皇权实际上是无力阻止的。东汉政府在法律上，在租赋兵徭制度中，虽然对此没有正式承认的意向表示，但是对于家族扩充田庄，占有佃客的现象却是默认了的。曹魏的租调制，征收户调以户为准而不计人丁，为承认宗族庇荫劳动人手的特权留下了余地，是制度上行将出现重大变化的先声。西晋的荫客制度和东晋的给客制度，可以说是对宗族的这种特权正式予以法律承认。专制皇权毕竟还有其相对的独立性，要保护自己的存在，所以在承认中还包含着数量上的限制，虽然数量限制在以后的年代总是不断地放宽。皇权与宗族，两者关系中相冲突的一面逐渐缓和，相依存的一面则日益显露。尽管如此，缓和总不是冲突的完全消除，依存也非两者的完全一致。关于这个问题，我在《秦汉魏晋南北朝人身依附关系的发展历程》一文[①]中有所分析，可以参看。

宗族的发展在经济上与专制皇权所形成的矛盾，总是或多或少地存在着。但是只要皇权比较稳定，宗族在政治上一般说来还是愿意效忠皇权。他们倾向于把自己的宗族利益寄托于一姓皇朝。他们是这一时期知识阶层的主体，也是皇朝官员的主体。如果皇朝稳固，宗族的发展就没有多少风险，总是顺当一些；反之，如果皇朝纪纲不立，政局不稳，动乱频仍，宗族也会受到挫折，得不到一帆风顺的发展条件。所以东汉宗族虽然社会影响很大，但对于朝廷并不敢轻启觊觎之心。和帝以后皇权政治出现异常现象之时，公卿大夫面折廷争，布衣之士私议救败，都是为了

---

① 见《秦汉魏晋史探微》，中华书局，1993年。

恢复正常的皇权政治秩序。甚至东汉瓦解，董卓入京，开头也只得"沙汰秽浊，显拔幽滞"（《三国志·蜀志·许靖传》），表现为整饬朝纲，延续汉祚，而不是急于取而代之。当汉已不汉之时，曹操力翦群雄，广延名士，以自壮大，然犹"畏名义而自抑"（《通鉴》建安二十四年条司马光语），只敢自况于周文王。由于宗族有拥汉的潜在力量，所以皇权易姓并不是容易实现的事情。

以东汉为例，我们可以这样认为：从政治上看，宗族处在皇权的控制之下，如果皇权稳固，他们是皇权的支撑者；如果皇权式微，他们便力图匡复；如果皇权已经瓦解，回天无术，他们就会理所当然地成为新的皇权的角逐者，但也不敢彰明较著地进行角逐。如果角逐者不是强大的宗族代表，因而不得不另有标榜的话，他们实际上也是尽可能地团结强大宗族，争取支持，甚至自身也会出现转化，逐步成为强大宗族的代表。战胜了袁绍的曹操，就是这样。

角逐的胜利者组成新的皇权。皇权稳固下来以后，它与宗族之间又会出现上述的关系。曹魏政权有点特殊，它并未等到真正稳固下来，就被强大的宗族司马氏取代了。不过，晋之继魏，犹汉之继秦，亦犹唐之继隋，既有损益，又是一脉相承。帝姓换了，政治格局依旧。从这个意义上说，魏和西晋可视为一个历史阶段。这是古代社会大动乱后回归稳定时常有的反复现象，与阶层的变动恐怕不一定有直接关系。陈寅恪先生在《书世说新语文学类钟会撰四本论始毕条后》一文中，从袁绍、曹操交争看到社会阶层高低差别的实质，这是他识见卓越之处。但是陈先生将这一阶层差别的分析一直贯串到几十年后的司马氏和曹氏之争之中,而忽视了昔日较低社会阶层代表的曹氏势力业已转化为皇权这一本质的事实,因而他对曹马党争的分析,就显得有些牵强,似不尽符合历史实际。这一问题离开了本书主旨,这里不多作探讨。

从理论上说来,在皇权政治格局下,不但宗族力量处在皇权控制之下,而且一切其他社会力量都处在皇权控制之下,不可能与皇权平行,更不可能超越皇权。甚至东汉宦官外戚擅权,也只能视为专制皇权发展到空前强大水平而出现的皇权旁落现象。掌握了皇帝(通常是婴幼的或弱智的皇帝),等于掌握了一切权力,因而弄权者得以假皇帝之名行事。这只是对皇权的窃取,而不是对皇权的否定。与之相应的政治现象,则是宫廷阴谋不断,多数是拥立或废立之争,争则大开杀伐。而且胜利者很难长久维持权力。这仍然是皇权政治而不是其他。世家大族为维护皇权的正常运转而与宦官、外戚斗争,受到外戚、宦官的重大打击,但结果是更扩大了世家大族的社会影响和政治影响。这又是一种辩证的关系。

曹魏时期,士族在曹马之间各属一方,以学术助长政治纷纭。司马氏代魏,他们悉归于晋。西晋时期,士族在政治舞台上发挥的作用,比过去显著,但也还不足以超越皇权和司马宗室之权。直到八王之乱,士族名士仍然只能算是西晋诸王的附庸。甚至王与马的结合,起先也只是士族名士王衍依附于西晋的东海王司马越,助司马越经营洛阳朝廷。王与马的结合发展到了江左,权力结构才发生变化,门阀士族势力得以平行于皇权或超越于皇权。皇权政治从此演化为门阀政治，竟维持了一个世纪之久。这是皇权政治的一种变态，是皇权政治在特殊条件下出现的变态。

西晋琅邪王司马睿，本来不具备在江左运转皇权的条件。司马睿在晋室诸王中既无威望，又无实力，更无功劳，如果不借助于门阀士族的扶持，根本没有在江左立足的余地。此外，他在司马皇室中并没有坚强的法统地位，与西晋武、惠、怀、愍的皇统疏而又疏。而长安一隅，愍帝所奉晋室正朔还在，这个时候，只有门阀士族的砝码，才能增加司马睿的政治分量。除了王导兄弟已偕来江左，追随司马睿以外，其他作为中朝东海王司马越府掾属的众多士族名士，也纷纷渡江，他们恰好为司马睿提供了这种有分量的砝码，因而江左门阀政治格局才能水到渠成。

司马睿固然需要南渡士族的支持，南渡士族也需要司马睿政权的保障。这同样是政治条件使然。两晋之际，胡羯交侵，民族危机骤现。南渡士族既是晋室臣民，以避胡羯侵凌晋室而南渡，自然不会也不可能舍弃晋室而另立新朝。他们只有奉晋室正朔，拥晋室名号，才是保全自己家族利益的最好办法。既然武、惠、怀、愍的皇统已没有合法的继承人，既然愍帝只是苟延残喘，岌岌可危，据有江左地利条件的司马睿自然成为他们瞩目的对象。这是司马睿得以继承晋统的有利条件。司马睿明白自己的有利条件，也明白自己的不利条件。所以他权衡形势，必须等待关中的愍帝被俘，北方抗拒胡羯的华夷人士联名劝进再三之后，才答应先以晋王名义居位，然后再做皇帝。有了士族支持，有了华夷劝进，其他武力事功之臣也就跟着靠拢过来，不敢心存觊觎而甘冒不韪。这样就形成了皇权与士族结合的门阀政治的较为广阔的社会基础。不过皇权与士族毕竟是两回事，它们之间从来不是交融无间。元帝正位时伴作姿态，引王导同登御床，并不是王与马完全协调一致的表现，它只是表明王马之间，也就是士族与皇权之间的关系，由于特殊的原因，暂时处于不平常和不正常的状态。

南渡士族都是亡官失守之士，有其迫切的家族利益急待追求。首先，他们要庇托有所，脚跟能够立定。他们固然要保全司马氏的皇朝，使司马皇朝能对南渡士族起庇护作用，但绝不乐意晋元帝真正发挥皇权的威力来限制他们。而从晋元帝方面说来，与士族共有神器，毕竟不是他所心甘的。所以，要稳定共天下的政治秩序，要取得皇权与士族的平衡和士族之间的平衡（这里又包括侨姓士族与吴姓士族的平衡和侨姓士族各门户之间的平衡），还需要经过一场政治倾轧和实力较量才行。于是我们看到，有晋元帝重用刘隗、刁协以抑王氏兄弟之举，由此又引出王敦与执政王导勾结，以南人钱凤、沈充为援共叛晋室之举。

王敦叛乱两次举兵，牵动的矛盾并不全同。王敦一叛，以"清君侧"即反对刘隗、刁协为名，得到士族的普遍支持，这说明士族在东晋的特殊地位和特殊权益，是不容皇权侵犯的。王敦再叛，欲取代司马氏而独吞江左，以士族共同反对而告失败，这说明司马氏皇权也不容任何一姓士族擅自废弃。历史的结论是，只有皇权与士族共治天下，平衡和秩序才得以维持。所以，本来只是两晋之际具体条件下形成的"王与马共天下"的暂时局面，就被皇权与士族共同接受，成为东晋一朝门阀政治的模式。此后执政的庾氏、桓氏、谢氏，背景虽各有不同，但都不能违背这一结论，企图违背的人，都未能得逞。因此，王与马、庾与马、桓与马、谢与马共天下的格局延续多年，始终没有大的变动。

淝水战后，形势出现了重大变化。其时士族势力已经大不如昔，东晋政权也成为枯木朽株。孝武帝所作重振皇权的努力，功效甚微而触发的矛盾却很复杂。门阀政治的格局，以太原王氏两支各自凭借后党妃党的地位，交斗于主相之间而呈崩坏之势。孝武帝死后，破坏门阀政治的代表人物，是执政的皇室人物司马道子、司马元显父子；而门阀士族的代表人物，则是原为孝武帝亲信而居徐州京口之任的太原王氏王恭，以及上游的殷仲堪与桓玄。

王恭起兵败死后，桓玄并吞殷仲堪等上游兵力，进驻建康，消灭了司马道子父子的势力。如果桓玄处置适宜的话，这本来是重振门阀政治的一个时机。都下重要的门阀士族人物，几乎都支持桓玄，接受了桓玄政权授予的官职。《通鉴》元兴元年（402）谓"玄初至，黜奸佞，擢隽贤，京师欣然，冀得少安"。《世说新语·文学》还说其时泰山羊孚从京口诣玄，致笺赞颂曰："明公启晨光于积晦，澄百流以一源"，桓玄即用羊孚为记室参军①。但是桓玄走得太远，不旋踵而代晋立楚，破坏共天下的局面。对此，门阀士族自有其不安之处，但亦未见有多表现，我们只知赞颂过桓玄的羊孚此时又坚持异议。《世说新语·伤逝》："桓玄当篡位，语卞鞠（卞范之）云'昔羊子道（羊孚）恒禁吾此意（按此时羊孚新丧，故云"昔"。"此意"指篡事）'"，云云。

---

① 关于门阀士族支持桓玄，参看祝总斌《试论东晋后期高级士族之没落及桓玄代晋之性质》一文（载《北京大学学报［哲学社会科学版］》1985年第3期）。

羊孚禁桓玄篡晋，可能反映了怯懦的门阀士族的共同心愿，但并无实际作用。真正有力量反对桓玄此举的，是北府将子遗的刘裕。《宋书》卷一《武帝纪》刘裕语何无忌曰："桓玄必能守节北面，我当与卿事之；不然，与卿图之。"

看来，都下的门阀士族对桓玄的态度，颇似昔日他们之对待王敦。迎桓玄入都并与之合作，意在去司马道子父子的专擅而长门阀士族的威风；阻桓玄称帝立楚，意在维持门阀士族与司马氏共治而防桓玄独吞江左。江左之初，诸门户与王敦关系，正是如此。这是门阀政治在权力分配上所必需的。君以此始，亦必以终。不同的是，王敦一叛再叛，门阀士族不但直接表示了意见，而且也采取了有力的行动，即赞同其清君侧之举而用兵力阻止其篡晋之谋，态度明朗，反映门阀士族力量强大，足以有所作为；桓玄兴师入都及后来废晋立楚，门阀士族赞同其消灭司马道子父子势力而未敢公然阻止其篡晋，态度暧昧，反映门阀士族的虚弱，丧失了举足轻重的力量。

刘裕驱逐了桓玄，使桓玄的起落成为东晋门阀政治的一次回光返照。昔日决断机枢的门阀士族，此后一般都无所作为，从王谧奉玺册于桓玄开始以至南朝之末，在改朝换代之际总是随例变迁，无复秦楚。与之相应，东晋统纪由次等士族刘裕恢复以后，重建士族与司马氏共治的门阀政治局面是再也不可能了。不过次等士族收拾残局，代晋建宋，格于各种原因，也并非可以一蹴而就，还需要相当准备，还得有一个过程。东晋义熙之政就是这样一个过程，其历史内容，无非是为门阀政治回归皇权政治准备必要的条件。

四　门阀政治和流民

东晋门阀政治，严格说来，居政而有实权者限于侨姓士族，吴姓士族只不过是陪衬。吴姓士族政治上不能获得更多好处，经济上却必须坚守既得利益，不容侵犯。王敦起兵，曾责备刘隗辈行刻碎之政，其中一条是"复依旧名，普取出客"。唐长孺先生认为侨民旧籍无从稽查，依旧名所取的当为江南土著豪强地主的佃客，因而王敦此举，意在联络江南大姓，激起他们对晋室的怨恨和反抗①。这一分析是中肯的，同以后司马元显发东土诸郡免奴为客者为兵，激起东南八郡大姓和被征发者一起反抗，情况大体一样。

吴姓士族坚守自己的经济利益，东晋政府正常的租赋兵徭取给，越来越困难，而兵役征发，困难尤大。因此，从北方南来止于江淮的流民群，就成为东晋朝廷注目的对象。流民群驻足未稳，田宅不立，同仇敌忾，有抗胡的热情。但是他们在艰险中觅道南来，本未受江左政权的羁绊，对江左政权未必竭诚效忠。江左政权也必然能够理解，流民群可用而未可随意用，要用得其时，用得其法，用得其人，用得其所，而且还要估计风险。虽然如此，朝廷每当困窘之时，总会自然而然地想到流民群。可以说，东晋一朝大事，几乎都与流民群有直接的或间接的关系。

征发零散流民之为扬州与江南诸郡僮客者为兵，成为王敦之

---

① 《魏晋南北朝史论拾遗》（中华书局，1983 年）第 162—163 页。

乱的导火线，是众所周知的。东晋为平王敦之乱，没有其他兵力可资凭借，仍然只有动用流民武装。此事发谋于郗鉴、桓彝等人而为明帝采纳，卒灭王敦。但是作为后果，却孕育出流民帅苏峻之乱，这当然是郗、桓辈始作俑者和晋明帝始料所不及的。

尽管苏峻之乱教训了东晋当轴诸公，但仍无法改变东晋对于使用流民的需求。于是，产生了安顿流民以图得其死力的长远打算，即给流民田宅，用强藩加以控制，组织流民军队屯驻在京师以外的要地作为威慑力量。这样组织起来的流民武装，本意主要是用于防御外敌，不是用于北伐，更不是用于内争。使用流民成功的事例，首先是郗鉴对京口的经营。后来谢玄从流民和流民帅中募北府兵将成功，由此而有淝水之战的胜利，这与郗鉴早期经营京口因而得以羁縻江淮以北的流民帅，当有重要关系。

与下游北府经营相应，上游也出现了襄阳的经营。诸庾、诸桓控制上游时都十分重视襄阳流民的作用，其经营办法与下游京口相似。所以襄阳的流民武装，得以成为屏蔽荆、江的重要力量。不过，下游的建康得京口的保障，上游的荆、江有襄阳的武力，彼此各有所恃，又使东晋一朝上下游势力对峙的局面得以长久相持。本来是用于防御外敌的威慑力量，在内争中实际上起着作用，而且作用越来越大。

东晋一朝门阀政治，通常是由两三家当权士族分据内外，相抗相维。表面看来，这只是荆、扬的地域条件形成的，但是归根结底，还是由于上下游两支由门阀士族支配的主要是流民组成的武装形成均势，互相制约使然。苏峻乱后的七十余年中，分据上下游的武装力量没有刀兵相见，使东晋社会赢得了和平发展的时间,也使上下游的流民武装免除了为士族门阀间的权力角逐而流血牺牲,这毕竟是一件颇有积极意义的事。

孝武帝死后,随着纷纭政局的发展,上下游所分别依仗的流民武装北府兵和襄阳兵,纷纷从抗御外敌的前线直接转入内战,其领袖人物,上游是杨佺期,下游是刘牢之,都可以归入次等士族代表人物一类。他们本来分别统辖于长江上下游的藩镇,属于门阀士族武装。后来他们卷进内战,都是自觉或不自觉地想使自己脱离门阀士族附庸武装的地位,逐渐发展成为独立的政治势力。但是数十年相沿的门阀政治束缚了他们的手脚,禁锢了他们的头脑,使他们摸索不到成功的道路,杨佺期终于成为门阀士族桓玄进入建康,代晋自立的垫脚石,刘牢之也被桓玄迫蹙至死。不过,他们失败的教训终于使刘裕聪明一些而获得成功,而刘裕的成功终归又是靠京口流民的力量。

东晋一朝,皇帝垂拱,士族当权,流民出力,门阀政治才能维持。等到士族不能照旧当权,司马氏也不能照旧垂拱而居帝位的时候,已经走到历史前台的流民领袖人物既抛弃了司马氏,也改变了门阀政治格局,树立了次等士族的统治秩序。但是历史并未因此而断裂,历史的逻辑在晋宋之际仍在顽强地起作用。次等士族的代表刘裕既继承了孝武帝伸张皇权的遗志,又在朝堂上安排了虽丧元气但有余威的门阀士族的席次。皇帝恢复了驾驭士族的权威,士族则保留着很大的社会政治影响。这就是具有南朝特点的皇权政治。刘宋前期,士族人物还凭借历史遗留的优势地位,在相当的程度上干预和操纵政治。不过这种情况并不长久,越到后来就越不显著了。

五　门阀士族的经济基础

世家大族和士族的存在，都是以大田庄为其物质基础。依靠宗族，大田庄经济比较容易形成，比较容易巩固，也比较容易持久。东汉大田庄经济状况，已有相当多的文献和考古资料足以说明了。

汉魏之际的大动乱，使北方本来是比较巩固的大田庄突遭破坏，普遍地发生了抛荒易主的情形。《三国志・魏志・司马朗传》所谓"民人分散，土业无主"，《后汉书・仲长统传》所谓"田无常主，民无常居"，等等，当是包括大田庄破坏情况而言的。等到大乱稍息，流民渐归，田庄主抢占土地，恢复产业，又形成了一股浪潮。荀悦《申鉴・时事》所忧富人专封专地，主张"耕而勿有，以俟制度"，就是针对这股浪潮而言。司马朗、仲长统、荀悦，都是其时农村产业变化的见证人。至于荀悦所俟的"制度"，依魏晋的实际而论，其内容不是遏止这一浪潮，而是寓承认于限制。

乱后复起的大田庄主人，有些是原来的世家大族，但并不都是原来的世家大族。他们之中，有的成为魏晋士族中的旧族门户，有的就是所谓新出门户。我们可以从新野樊、庾二族的兴衰，大略窥见这种历史情况。

《水经・淯水注》谓新野樊氏陂："东西十里，南北五里，俗谓之凡亭陂。陂东有樊氏故宅。樊氏既灭，庾氏取其陂。故谚曰：'陂汪汪，下田良，樊子失业庾公昌。'"新野庾氏代东汉国戚樊氏而兴,当是东汉末年大乱之后的事。《隶释》卷二有《樊毅复华下民租田口算碑》及《樊毅修华岳碑》,谓樊毅于灵帝光和元年至二年(178—179)任弘农太守,其门户"出自中兴,大汉之舅,本枝繁昌,延庆长久"云云,还看不到这个家族的衰象。这说明樊氏之衰,庾氏之兴,当在光和初年以后。庾信《哀江南赋》叙其先人"经邦佐汉,用论道而当官",当即指后来成书的《元和姓纂》卷六所载司空新野庾孟而言。兴于樊氏之后的庾公,应当就是这个庾孟。但庾孟子嗣无闻,门户似乍起乍落,这又说明新野庾氏在当时也只能忝附于旧族门户之尾,最多也不过与太原王氏、琅邪王氏差不多。新野庾氏在魏晋时期并没有真正昌盛起来。庾信所叙,不过是夸饰姓族而已。永嘉南渡时新野庾氏未得至建康而止于江陵,到南朝齐、梁间,新野庾氏居江陵者才在政治上和文化上兴起,这距汉末已三百年了。至于在西晋崭露头角而在东晋一度执国柄的门阀士族庾氏,却非出于新野而是出于颍川。颍川庾氏无疑属新出门户。

　　大田庄产业,一般都是山川与耕地相连的多种经营,东汉固然如此,魏晋也是如此。《宋书》卷六七《谢灵运传》所载《山居赋》注,对此有所征引。如谓仲长统曰:"欲使居有良田广宅,在高山流川之畔,沟池自环,竹木周布,场圃在前,果园在后……"① 又如引应璩《与程文信书》:"故求道田,在关之西,南临洛水,北据邙山,托崇岫以为宅,因茂林以为荫……"② 又

---

① 参《后汉书》卷七九《仲长统传》,文字小异。
② 参《文选》卷六〇任昉《齐竟陵文宣王行状》注引,文字小异。

如引石崇"别庐在河南界,有山川林木,池沼水碓"①,即所谓金谷。魏和西晋士族在北方的田庄,大抵类此。这种田庄经济,都具有比较强的自给自足性质,与东汉《四民月令》描述相似。

永嘉以后,士族南来,都汲汲于求田问舍,经营产业。他们都是山泽并兼,同北方田庄情况大体一样,所以才有东晋禁止封锢山泽的法令。《宋书》卷五四《羊玄保传》记东晋成帝咸康二年(336)令:"占山护泽,强盗律论。"但是,"民俗相因,替而不奉,炕山封水,保家为利",士族竞夺之风,不可辄止。他们竞夺的产业,与未离地著的北方士族的大田庄相比,由于缺乏强大的宗族势力而显得根基不稳,但就其规模来说则有过之。谢玄晚年经营的始宁山居,其规模和状况因有《山居赋》行世而得以知其详情。《山居赋》云前举仲长统、应璩所说的田庄,"势有偏侧,地阙周员",比之谢氏累代开发的始宁山居,要局促多了。谢氏其余产业及别家士族产业的详情,我们就知之甚少。不过从《山居赋》注所云蔡氏、郗氏、陈氏以及昙济道人各与谢氏占有始宁一奥之事,以及《梁书》卷五二《顾宪之传》所云齐竟陵王萧子良"于宣城、临城、定陵三县界立屯,封山泽数百里"之事看来,其规模之大也是惊人的。至于吴姓士族的田庄,虽然规模不一,但由于土著之故,稳定性当有过之。

侨姓士族的这类产业,全是依仗与司马氏共天下的政治势力

---

① 金谷不但是苑囿,而且是田庄。《世说新语·品藻》"谢公云金谷中苏绍最胜"条注引石崇《金谷诗叙》及《太平御览》卷九一九引石崇《金谷诗序》,对金谷有更详细的描述。

得来，又成为支持江左百年门阀政治的物质基础。谢灵运一方面夸耀其始宁山居的富实，一方面表示应当知足，但前提还是要有田业。《山居赋》注说到"非田无以立"，可见田产毕竟是士族立家的根本。《宋书》卷五八《王惠传》：琅邪王氏王惠"兄鉴，颇好聚敛，广营田业。惠意甚不同，谓鉴曰：'何用田为？'鉴怒曰：'无田何由得食？'惠又曰：'亦复何用食为？'其标寄如此"。这是晋宋之际的事。按照王鉴之见，无田者是无由得食的。至于王惠"何用田为""何用食为"，恐怕只是本传所谓士族名士"言清理远"的标寄之词，不能证明他不食，也不一定能证明他无田。而王鉴若只靠聚敛营田而不假借政治势力，最多也只能成为一般富户，断难置得像谢氏始宁那样的山居产业。

门阀士族与司马氏共天下的局面，其经济表现是，东晋朝廷主要靠稀少的自耕农的赋役维持其存在，门阀士族主要靠占山护泽以图发展，而占山护泽自然又要分割山泽之内本属朝廷的自耕农民户口。所以，经济上的矛盾是一直存在的。朝廷为了图存，或诏免田庄奴僮为兵，或限禁占山护泽。但这些只能偶一为之，难收长期实效。因此，反映在政治上，是皇权无法伸张，士族自行其是，门阀政治就在这种情况下延续下去。

刘宋树立了皇权政治，严格意义的门阀政治已不复存在了，但是门阀士族的经济势力依然如旧，甚至刘宋大明年间的法令，实际上还承认他们竞夺山泽田园的既成事实。南朝士族犹得骄矜作态，可以从这种经济背景中得到部分的解释。而且，即使连这种经济背景也不复存在，士族还能凭借其社会势力和意识形态作用，在一段时间内继续发挥影响。

国内外有的学者说，士族家庭往往有家境贫困者，但并未影响其社会政治地位，因而认为经济因素对于构成士族阶层并不重要，重要的是其文化面貌和政治权势。我认为，士族阶层成型以后，情况有时确实如此，但长期看来，却又不然。士族人物由于际遇的原因，偶有少年家贫而成年以后富者，也有此代贫而下代富者，但不会累世贫穷而犹得称为士族。正因为他们先人已具备各种条件，包括经济条件，使其家族得以跻身士族，所以骤遇逆境，虽可能一时贫困，但是逆境既迁，贫犹得富，与常人毕竟不同。像《颜氏家训·涉务》所言，南渡"至今八九世，未有力田，悉资俸禄而食"的"朝士"，不能说没有，但并不多见。

侨姓"朝士"虽都力求在江左建立家业，立足生根，但欲得到像吴姓士族那样的经济规模以保障其社会、政治地位，并非每一个家庭都能做到。所以南朝结束，时过境迁，吴姓士族仍然有所凭借，继续雄踞乡里，而侨姓士族则多寂尔无闻了。诗人所咏"旧时王谢堂前燕，飞入寻常百姓家"，既是感叹人事浮沉，也是曲折地说出侨姓士族的社会经济背景不全同于吴姓士族。如果放眼全国，通南北士族而言，我们还可看到北方的山东士族入唐后虽然已就衰颓，仍不失为强大的社会力量。他们不但与迁居南方而倏然消失的侨姓士族不同，亦吴姓士族所望尘莫及。究其终极原因，还是由于山东士族具有更为长久的宗族历史和更为深固的经济根基，所以政治变化虽然极为频繁巨大，其社会影响仍得发挥久远，史家每喻之为百足之虫，虽濒死犹得不僵。从这几种不同地域或不同类型士族的比较之中，我们不难发现，总的说来，经济因素作为士族阶层出现和存在的基础，毕竟是不能否定的。

六 门阀士族的文化面貌

经济条件是士族阶层存在的物质基础，从东晋侨姓士族整体看来是这样，但是对于每一个门户来说则不尽然。每个门户的发展还有其他条件起作用。文化条件是其中之一，它有时也能起决定作用。

社会上崭露头角的世家大族或士族，在学术文化方面一般都具有特征。有些雄张乡里的豪强，在经济、政治上可以称霸一方，但由于缺乏学术文化修养而不为世所重，地位难以持久，更难得入于士流。反之，读书人出自寒微者，却由于入仕而得以逐步发展家族势力，以至于跻身士流，为世望族。《颜氏家训·勉学》："自荒乱以来，诸见俘虏，虽百世小人，知读《论语》、《孝经》者，尚为人师；虽千载冠冕，不晓书记者，莫不耕田养马。……若能常保数百卷书，千载终不为小人也。"颜氏之言为劝学而发，容有夸张。他于梁末俘虏行列中所见所感，不能概括魏晋南北朝的常情，特别是不能概括以九品之法官人而又是上品无寒门，下品无势族的晋代常情。他所谓"百世""千载"云云，只能是极而言之，不切实际。但所言文化条件对于获得和维持家族门户地位的重要性，则是确凿不移的。

反过来说，文化条件也须凭借其他条件，才能起到这种作用。千乘欧阳生，世传伏生《尚书》，始自西汉文景之时，至东汉初年的欧阳歙，八世皆为博士，欧阳歙本人且超擢大司徒。但欧阳氏并未能凭借家学而成显族，《后汉书》歙传犹谓其"门单"。而东汉弘农杨氏,杨宝于哀平之际始习欧阳《尚书》,至子杨震即成显族。杨震于父死之时,以年幼无从随父受业,其后杨氏家世所传欧阳《尚书》章句乃转受于太常桓荣。由于其他条件各异,家学传授与门第形成的关系,杨氏与欧阳氏就颇为不同。当然,家法传经,甚至家法读史①,都是指儒学家族,而且多是东汉的事,魏晋以来就比较罕见了。

魏晋以来,玄学逐渐取代了儒学的统治地位,过去的世家大族阶层也逐渐演变而成士族阶层。玄儒兴替伴随着政局的变化,所以染有一定的政治色彩。近世史家曾就玄学清谈与政治的关系进行深入研究,成绩斐然;晚近余英时先生又从思想发展的内在逻辑,作了独到的发挥②。这些全是创新之作。在我看来,学术思想演变同政治演变很有关系,但前者并不简单地只是后者的先导或反应,两者更非同步发展。得天下的司马氏是政治上的胜利者,却不是学术思想的胜利者;司马氏以儒学著称,而儒学却是一种其统治地位行将被取代(哪怕是暂时的和部分的)的意识形态。这当然是不正常的。此后出现的情况是,司马氏得势后虽然还标榜儒学,但逐渐软化了反对玄学的态度,以至于进一步向玄学靠拢,甚至皈依。

---

① 《三国志·吴志·孙登传》谓张昭读《汉书》有师法,昭子休从昭受读,还以授太子孙登。按张昭的师法,以张昭的年岁推之,当是得之于汉代人的传授,并非孙吴时的学风仍然如此。师法和家法是相关的封闭性的经学传授系统。

② 余英时《汉晋之际士之新自觉与新思潮》,见《中国知识阶层史论(古代篇)》,联经出版事业有限公司,1980年。

司马氏消灭政敌时,并不轻易以名教杀人。嵇康之死,还有一条钟会所谮的"欲助毌丘俭"的军事反叛罪。魏晋禅代之际,真正以身殉魏之士实际并不多见,较多的是,或沉默以避嫌疑,或远世而为消极的表示。《晋书》卷九四《隐逸传》载孙登、董京①、范粲②等人事迹,类皆如此。《东坡志林》卷四讥讽阮籍见张华《鹪鹩赋》而叹其有王佐才之说,直谓"观其(按指张华)意,独欲自全于祸福之间耳"。司马氏代魏局面一经确定,玄学之士纷纷归于司马氏,连嵇康之子嵇绍,在几经踌躇之后,亦经山涛荐而仕晋。西晋朝野玄风吹扇,玄学压倒了儒学而成为意识形态的胜利者,连昔日司马氏代魏功臣的那些儒学世家,多数也迅速玄学化了。两晋时期,儒学家族如果不入玄风,就产生不了为世所知的名士,从而也不能继续维持其尊显的士族地位。东晋执政的门阀士族,其家庭在什么时候、以何人为代表、在多大程度上由儒入玄,史籍都斑斑可考。他们之中,没有一个门户是原封未动的儒学世家。东晋玄学一枝独秀,符合门阀政治的需要。

然而,儒学自有其社会效用,是玄学所不能完全代替的。玄学阵容中,很少有人完全站在儒家基本思想的对立面。儒家基本思想或者被包含于玄学之中,或者尚独立存在于玄学之外,继续起着或多或少的作用。《三国志·魏志·王昶传》王昶诫子侄

---

① 董京,《太平御览》卷五〇二引王隐《晋书》,谓以魏晋禅代,遂被发为狂。

② 范粲阳狂不言,寝所乘车,足不履地三十六载。以其卒年计之,当始自嘉平元年,即司马懿诛曹爽之年。

"遵儒者之教，履道家之言"，是多数当政居位的玄学名士立身行事的共同倾向。这实际上就是《庄子·天下》所说的"内圣外王"之道。

玄学名士之中，也不乏佯狂醉酒、放浪形骸的人物，所思所行与儒家格格不入。他们多在玄学士族身处困境的时候出现，如魏晋易代之际，元康八王之乱之中，永嘉南渡之初，以及太元之末。这些很难说就是士族的常态。东晋时还有一些声誉特高，为上流社会所仰慕的玄学名士如刘惔、王濛辈，他们但求放达，不婴世务，"居官无官官之事，处事无事事之心"①。这些人以虚誉为荣，可以充当门阀政治的点缀，而不能运转门阀政治。能够运转门阀政治的人，仍然只能从"遵儒者之教，履道家之言"的出入玄儒的名士中产生出来。王导、庾亮、谢安都是这样的人物，桓温也是浅涉玄风而又不囿于玄的人。

余英时先生论玄儒问题，曰："魏晋南北朝之士大夫尤多儒道兼综者，则其人大抵为遵群体之纲纪而无妨于自我之逍遥，或重个体之自由而不危及人伦之秩序也。"又曰：汉代以后，宋明理学以前，"儒家性命之学未弘，故士大夫正心修身之资，老释二家亦夺孔孟之席。唯独齐家之儒学，自两汉下迄近世，纲维吾国社会者越二千年，固未尝中断也。而魏晋南北朝则尤可视为家族为本位之儒学之光大时代，盖应门第社会之实际需要而然耳！"② 余氏谓魏晋南北朝为"儒学之光大时代"，这一见解尚可

---

① 《晋书》卷七五《刘惔传》孙绰诔刘惔语。
② 前引余氏书第 326 页。

斟酌。但是余氏所论在玄风竞扇之中，儒学犹得不绝，齐家之学更有发展，确是事实。

以东晋时期的人物思想而论，按儒家所本诚意、正心、修身、齐家、治国、平天下为衡量，玄学于诚意、正心甚至修身诸端，确有其独到之处而异于儒学。但在士族本位的社会中，维系士族本身之存在，保持一姓士族内部之凝聚，即所谓"齐家"者，确实不能从玄学之中找到有用的思想工具。所以，士族通常并不废礼学，还特重丧服之礼，以之为维系士族门户的重要手段之一，表明士族为了"齐家"而不能废儒。名士庾亮，一方面是"性好庄老"，另一方面又是"风格峻整，动由礼节，闺门之内，不肃而成"（《晋书》卷七三《庾亮传》）。这就是史家所谓儒道兼综，或者说玄礼双修。至于"治国""平天下"，从理论到实践，都是玄学所不具备的，必须依赖儒学。所以阮氏子弟入晋，有"三语掾"之称①；竹林人物向秀直谓"儒道为一"②；向、郭注《庄子》，更谓圣人身在庙堂，心在山林③。

玄学名士在理论上不能废弃儒家的治平之说，在两晋时已经确定了。出入玄儒，内圣外王，东晋门阀政治中当轴主政的衮衮诸公，似乎无一例外，只是各人思想风貌的偏重容有不同。他们

---

① 事见《世说新语·文学》、《晋书》卷四九《阮瞻传》。

② 《广弘明集》卷一八谢灵运《与诸道人辨宗论》引。

③ 《庄子·逍遥游》，郭庆藩《集释》本。值得注意的是，号称隐逸的陇西辛谧，居然也赞美此说，竟称"斯穷理尽性之妙，岂有识之者邪？"见《晋书》卷九四《辛谧传》。

交游于玄学名士之间，一般说来，又并不特别敬重名望虽高但是不经世务的玄学名士。何充说他自己如果不勤理文簿，处理庶政，王濛、刘惔之辈就无以得存；庾翼谓玄学名士杜乂、殷浩辈只宜"束之高阁"，清平无事，始拟其用；而当殷浩竟被起用以抑桓温时，桓温果然把殷浩"束之高阁"了。

但是，东晋儒学毕竟处于偏枯地位，虽然义疏之学往往而有，但毕竟习之者少，没有活力，也缺乏传授途径。以孔传《古文尚书》之学为例，《尚书·尧典·正义》引《晋书》[①]：西晋太保荥阳郑冲以古文授扶风苏愉，苏愉授天水梁柳，梁柳授城阳臧曹，臧曹授汝南梅赜，梅赜为东晋豫章内史。传授源流如此，家法不复存在了。南阳范汪、范宁两代成《春秋穀梁传集解》，在东晋是罕见事例。但是儒学虽衰而未绝，毕竟为南朝儒学的渐兴留下了一点根基，而南朝儒学渐兴，正是皇权政治代替门阀政治在意识形态方面的迫切需要。刘裕禀分有在，不学无文。据说他晚年颇好清谈，这只是个人附庸风雅的尝试而已，真有实际意义的，倒是他所颁兴学之诏。

七　门阀政治的暂时性和过渡性

东晋门阀政治，是中国古代皇权政治在特定条件下的变态，

---

① 今本《晋书》无。按汉末《古文尚书》孔氏之本绝，魏晋之际荥阳郑冲私于民间得而传之。参吴承仕《经典释文序录疏证·注解传述人》。孔传《古文尚书》异说颇繁，不多置论。

已如前论。如果没有一个成熟的有力量有影响的社会阶层即士族的存在，如果没有一个丧失了权威但尚余一定号召力的皇统存在，如果没有民族矛盾十分尖锐这样一个外部条件，如果以上这三个条件缺少一个，都不会有江左百年门阀政治局面。反之，这三个条件中任何一个条件的变化，都会导致江左门阀政治的相应变化。丧失了第一个条件，势必诱发司马氏皇权的自我膨胀；丧失了前两个条件，足以促成东晋朝廷易姓而使门阀政治变为新朝的皇权政治；连第三个条件也不存在，江左政权就失去了生存下去的历史理由，门阀政治就更不用说了。

门阀政治，是皇权与士族势力的某种平衡，也是适逢其会得以上升的某几家士族权力的某种平衡。但稳定的平衡并不容易，所以总有动乱。在门阀政治存在的时限以内，动乱的根源主要不是像专制皇朝通常出现的那种宦官、外戚、宗室专政，因为相对说来，微弱的皇权滋生不了那种必须依附于皇权而行专擅的宦官、外戚、宗室，滋生了也难于长期起重要作用。动乱的根源却较易来自士族中的权臣。不过权臣挑起动乱，还不至于影响门阀政治的根本，因为其余的士族将通过各种可能的方式，来制约企图破坏平衡甚至企图独吞江左的权臣如王敦、桓温，而使门阀政治格局维持不变。在门阀政治条件下，动乱的方式一般不表现为宫廷政变，因为宫廷政变虽然有可能导致皇位在司马氏皇族中的变更或某一宰辅地位的变更，但皇位或宰辅地位的变更也不能决定全面的局势。不愿接受这种变更的士族，将拒绝、制止、纠正这种变更。动乱的方式较多地表现为长江上下游之争，因为在士族专兵条件下，彼此制约的士族，其权力的分配正是表现为上下游实力的相持。但是，上下游的这种关系又受南北民族矛盾的制约，冲突一般是适可而止，较少达到决裂地步。从王敦、苏峻之乱以后门阀政治格局最终确立算起，东晋七十余年和平环境的获得，与这种种条件很有关系。我们不能不承认，门阀士族是这个时期社会的重心所在，是江左社会的稳定因素。

但是，门阀政治所依靠的条件总是有变化的。侨姓士族本身如前节所论，在江左立足不易，生根更难。橘逾淮而为枳。比起在本籍继续发展的北方士族，比起吴姓士族，他们毕竟是移植过来的，土不厚，根不深，宗族不大，一受摧折就容易凋零。士族专兵本是门阀政治的常情，王、庾、桓、谢都是如此。但是他们一般只是掌握军队的指挥之权，很少自己驰骋疆场。而最后一个在政治舞台上浮现出来的士族太原王氏，指挥军队的能力也没有了。《颜氏家训·杂艺》云：江南冠冕儒生，多不习射，只能演习"弱弓长箭，施于准的，揖让升降，以行礼焉"的所谓博射；而"河北文士，率晓兵射"。两相比较，江南士族积弱的趋势，是显而易见的。

检验王伊同先生《五朝门第》中的《高门世系婚姻表》，可知侨姓士族终东晋世居显位不衰的，并不很多。极其狭窄的通婚范围，可能是士族人才日趋退化的一个重要原因，司马皇室也是如此。到了东晋之末，王导、谢安那样的士族人才，元帝、明帝那样的皇帝，史籍中再也找不到。士族凋零，本是重振皇权的机会；可是同时出现的是王朝腐朽，孝武帝欲振兴而无方。这样，昔日王马结合的那种政治局面，不论从哪个方面说，都难于维持。加以淝水战后北敌压力的暂时解除，皇权与士族协力求存的需要也不复存在。末代皇朝险象环生，局面在酝酿着大变，只是收拾残局的力量究竟何在，一时还看不清楚。刘牢之借北府兵力，本来可能结束门阀政治，推倒东晋朝廷，但他并没有这种自觉，只能以自己的失败，为刘裕开拓道路。

东晋门阀政治，终于为南朝皇权政治所代替。南朝皇帝恢复了绝对权威，可以驾驭士族；而士族纵然有很大的社会、政治优势，却绝无凭陵皇室之可能。只是士族有人物风流的优势，皇帝擢才取士，赞礼充使，都离不开士族，甚至还要向士族攀结姻娅。过去优容士族的各种成规还没有立即失效，士族特殊性的消失还有待时日。从这些方面看来，宋代、齐代以至梁代的某些制度设施带有相当的过渡性质，就不难解释了。

从宏观考察东晋南朝近三百年总的政治体制，主流是皇权政治而非门阀政治。门阀政治只是皇权政治在东晋百年间的变态，是政治体制演变的回流。门阀政治的存在是暂时性的，过渡性的，它是从皇权政治而来，又依一定的条件向皇权政治转化，向皇权政治回归。皇权政治的各种制度经过南朝百余年的发展，终于与北朝合流而形成隋唐制度的重要渊源。皇权政治在这一曲折反复的变化过程中，本身也起着变化。隋唐的皇权政治并不全同于秦汉的皇权政治。它们之间存在着显著的差别，但毕竟都是皇权政治。

从宏观来看东晋南朝和十六国北朝全部历史运动的总体，其主流毕竟在北而不在南。只是北方民族纷争，一浪高过一浪，平息有待时日，江左才得以其上国衣冠、风流人物而获得历史地位，才有门阀政治及其演化的历史发生。但是不论在北方或在南方出现的这些事情,都不过是历史的表面现象。历史运动中的胜利者,不是这一胡族或那一胡族,也不是江左的门阀士族或次等士族。历史运动过程完结,它们也统统从历史上消失了。留下来的真正有价值的历史遗产,是江南广阔的土地开发和精致的文化创造,是北方普遍的民族进步和宏伟的民族融合。这些才是人民的业绩和历史的核心,而人民的业绩和历史的核心,又要通过历史现象的纷纭变化才能完成,才能显现。

  这就是本书的最终结论。这种结论,仅从东晋百年历史还难看得清楚。只有当沙石澄清、尘埃落定的隋唐时期到来,我们放眼南北,后顾前瞻,才能把握这一历史进程的脉络。

改版题记

《东晋门阀政治》初版（1989年）两年以后，作者利用重排发行第二版的机会，对本书做了较大修改，有的是更换不恰当的资料和完善欠周详的论点，有的是大段落的内容增删，有的只是修正原稿在抄、排、校中形成的漏误。初版中提到门阀政治即士族政治，这个提法易生歧义，第二版中删去了。

本书问世，大陆和台湾有诸家书评发表，国外也有书评，作者多获教益，深为感谢。书评中有所指正之处，第二版中尽可能作了修正、补充、调整。

1991年4月

本书第二版刊行时，当改而来不及改的地方还有不少，后来又发现了一些不妥之处，统统在第三版中作了修改。几年来又陆续读到一些国内和国外的书评，听到不少口头评骘意见，说明本书继续受到史界同行关注，因而推动作者为本书再加一把劲，以报同行厚爱。不少读者把见到的问题，细大不捐，随时告诉作者，这些都是修订本书的重要参考。作者谨向所有关心本书的学者致谢。

1994年8月

改版题记

　　本书第一版于1989年刊出，于2004年印行四版之后，2009年收入《中国文库》，仍以北京大学出版社名义，按《中国文库》统一格式，重新排印出版，署为第一版。据知本书脱销已久，出版社方面早要再印，商之于我。我本想增补一章，约二三万字，题目是《温峤与江州》，酝酿多时，思路和内容基本敲定，正斟酌动笔，并已告知编辑部等待几个月付印。但是去秋以来，我的健康状况退步，估计难得有足够的力气完成这个题目，只好作罢。现在印行的，是在《中国文库》本第一版的基础上，和以前各版一样，在史料和文字上有补充和改正之处，但基本内容未动。

田余庆

2012年2月，年八十八